庆元年鉴

2023

庆元县党史和地方志研究室（档案馆）编

方志出版社
Publishing House of Local Records

图书在版编目（CIP）数据

庆元年鉴. 2023 / 庆元县党史和地方志研究室（档案馆）编. —北京 : 方志出版社, 2023.11
ISBN 978-7-5144-5972-2

Ⅰ. ①庆… Ⅱ. ①庆… Ⅲ. ①庆元县－2023－年鉴 Ⅳ. ①Z525.54

中国国家版本馆CIP数据核字(2023)第241702号

责任编辑：刘方圆
责任校对：张玉霞
责任印制：梅中英
出 版 者：方志出版社
地　　址：北京市朝阳区潘家园东里9号（国家方志馆4层）
邮　　编：100021
网　　址：http://www.zgfzcb.cn
发　　行：方志出版社图书营销中心（010-67110500）
印　　刷：丽水市旺盛印刷有限公司
开　　本：889毫米×1194毫米　1/16
印　　张：18.5
字　　数：579千字
版　　次：2023年11月第1版
印　　次：2023年11月第1次印刷
定　　价：150.00元

庆元县地方志编纂委员会

主　任：田健晖

副主任：余晓君　贺海宁

委　员：周　峰　吴世鸿　全长荣　陈定光　胡冬玲
姚增辉　叶永飞　吴人豪　王丽青　方　军
胡金焕　陈文化　黄嗣进　陈肖波　周利民
范传龙　彭秋伟　吴传彪

办公室主任：王丽青（兼）

办公室副主任：吴传彪（兼）

《庆元年鉴（2023）》编纂人员

主　　编：王丽青

副 主 编：吴传彪　姚德龙　龚开坤

执行主编：吴　青

编　　辑：周明全　吴英妹

编　　务：雷丽丹

编辑说明

一、《庆元年鉴》是由中共庆元县委、庆元县人民政府主办，庆元县党史和地方志研究室（档案馆）编纂的年度资料性文献。2007年开始编纂出版，《庆元年鉴(2023)》为第17卷。

二、《庆元年鉴(2023)》以马克思列宁主义、毛泽东思想、邓小平理论、“三个代表”重要思想、科学发展观、习近平新时代中国特色社会主义思想为指导，坚持辩证唯物主义和历史唯物主义的立场、观点和方法，全面、系统地记述和反映庆元县在努力建设美丽浙江、美丽中国“最生态窗口”，争当浙江高质量发展建设共同富裕示范区的山区范例中所取得的成就，为社会各界了解和研究庆元提供翔实的基础资料。

三、《庆元年鉴(2023)》记述时限为2022年1月1日至2022年12月31日。

四、《庆元年鉴(2023)》采用分类编辑法，主体框架略有调整，基本结构分为类目、分目、条目3个层次，以条目为基本记述层次。全书设特载、专文、大事记、县情概览、中国共产党庆元县委员会、庆元县人民代表大会、庆元县人民政府、中国人民政治协商会议庆元县委员会、中共庆元县纪律检查委员会 庆元县监察委员会、群众团体、法治、军事、经济管理、农业、工业 建筑业、商贸服务业、金融业、旅游业、交通、城乡建设与管理、生态建设、科学技术、教育、文化 体育、卫生健康、人力资源 社会保障、社会事务、乡镇(街道)概览、人物 荣誉、附录、索引。

五、《庆元年鉴(2023)》资料、图片由县直部门、单位(含条管单位)和乡镇、街道提供，并经供稿单位负责人审核。数字用法、标点符号用法分别采用国家标准《出版物上数字用法》(GB/T15835—2011)、《标点符号用法》(GB/T15834—2011)，计量单位采用国家技术监督局1993年12月发布的《量和单位》系列国家标准。农田土地面积仍沿用“亩”(1公顷=15亩)等为计量单位。主要数据要求以庆元县统计局公布的数据为准。

六、《庆元年鉴(2023)》资料、照片均由各有关单位、乡镇(街道)提供，并经庆元县党史和地方志研究室(档案馆)编辑人员编辑修改。

2022年庆元县重大建设成果

2022年2月22日，庆元坑里生物多样性体验馆正式开馆，这是浙江省首批开馆的生物多样性体验馆

（县文广旅体局 供）

2022年5月29日，兰溪桥水库扩建工程进入水库大坝浇筑阶段

（县水利局 供）

2022年7月30日，庆元县枫堂至曹岭公路成功入选浙江省交通运输厅公布的浙江省首批“十大最美农村路”

（县交通运输局 供）

2022年10月，庆元县人民医院迁建工程门诊医技楼主体结顶

（县卫生健康局 供）

2022年11月2日，全省装机容量最大的陆上风电项目百花岩风电场开工建设

（县发改局 供）

2022年12月25日，薰山光伏并网发电

（松源街道 供）

“山水赋菇乡”（第十二届庆元香菇文化节大型山水实景演出）

2022年11月10日晚，第十二届庆元香菇文化节大型山水实景演出“山水赋菇乡”在庆元濛洲公园举行。图①②③④为演出现场 （县文广旅体局 供）

2022年庆元县乡村农事节

2022年5月19日，庆元县"荒野茶"开发启动仪式暨首届斗茶大赛在龙溪乡举行 （龙溪乡政府 供）

2022年7月23日，第八届"漫闲凉·亲水节"暨浙闽两省三县边界乡镇"区域大联盟"联谊活动在贤良镇举行

（贤良镇政府 供）

2022年9月4日，"我在庆元疗休养"启动仪式暨百山祖啤酒音乐节举行

（县文广旅体局 供）

2022 年 9 月 16 日，“声动礼堂”文化礼堂系列活动暨江根乡第二届浙闽歌会举行

（江根乡政府 供）

2022年11月26日，“山屿海杯”庆元廊桥越野赛开跑，来自全国的1700余名运动员参加比赛

（县文广旅体局 供）

2022 年 12 月 14 日，第二届庆元甜橘柚文化节在竹口镇举行

（竹口镇政府 供）

庆元防抗“6·18”特大暴雨洪灾纪实

2022年6月18日，庆元县发生特大暴雨洪灾。图①②③为屏都街道办事处组织群众转移避险

（屏都街道办事处供）

①

②

③

2022年6月18日，屏都街道群众转移到避灾点（屏都街道办事处 供）

2022 年 6 月 18 日，
五大堡乡濛淤村水情

（五大堡乡政府 供）

2022 年 6 月 18 日，
屏都街道水情航拍

（胡礼贵 摄）

2022年6月18日，县消防救援大队解救五大堡乡新处洋村被困人员　　（县应急管理局 供）

2022年6月19日，屏都街道菊水村村民开展灾后自救

（屏都街道办事处 供）

“大爱菇乡·善行庆元”慈善品牌助力山区共同富裕

庆元县慈善总会获第七届浙江慈善奖

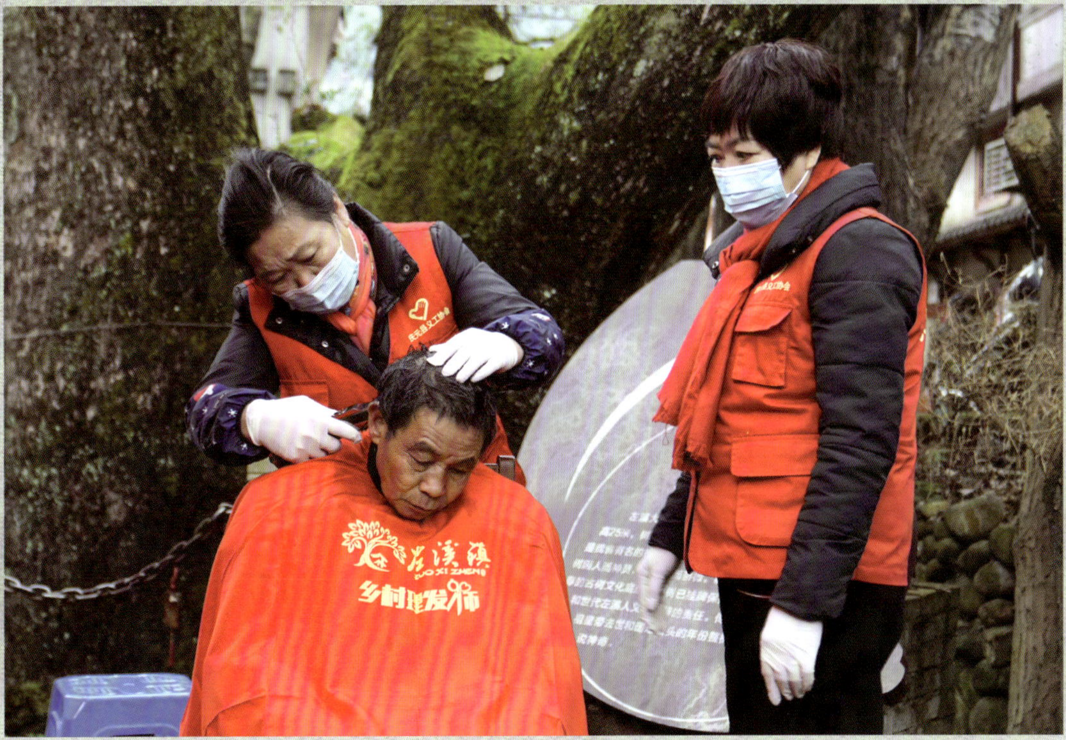

2022年1月26日，乡村理发师正在为留守老人理发　　（县慈善总会 供）

2022年3月，“暖巢敲门灯”公益行动启动

（县慈善总会 供）

2022年，庆元成立大爱菇乡村级慈善基金体系。图为5月，兰泥村慈善爱心基金成立及参加敬老活动人员合影

（县慈善总会 供）

2022年7月，公益摄影师队伍成立，为60岁以上老人免费拍照 （县慈善总会 供）

2022年10月4日，庆元县百山祖镇斋郎村的“爱心食堂”在重阳节当天迎来首次“开火” （县慈善总会 供）

目　录

中国共产党庆元县委员会

庆元县人民代表大会

庆元县人民政府

法　治

军　事

经济管理

农　业

工业 建筑业

商贸服务业

金融业

旅游业

交　通

城乡建设与管理

生态建设

科学技术

教　育

文化　体育

卫生健康

人力资源　社会保障

社会事务

乡镇（街道）概览

人物　荣誉

附　录

特　载

关于塑造“大爱菇乡”县域品牌的实施方案（2022—2025）

为深入贯彻落实省第十五次党代会、市第五次党代会、县第十五次党代会精神和《浙江高质量发展建设共同富裕示范区实施方案（2021—2025）》《加快推进新时代文化浙江工程的意见》，结合我县实际，现就塑造“大爱菇乡”县域品牌，制定如下实施方案。

一、指导思想

坚持以习近平新时代中国特色社会主义思想为指导，认真贯彻习近平总书记关于社会主义精神文明建设的重要论述，围绕举旗帜、聚民心、育新人、兴文化、展形象的职责使命，突出以人的现代化为核心，以新发展阶段、新发展理念、新发展格局推进“大爱菇乡”县域品牌塑造，让“大爱菇乡”成为庆元最具标志性成果、最具辨识度标识之一，牢记“庆元嘱托”，传承“庆元精神”，为争当高质量发展建设共同富裕示范区的山区范例提供良好社会氛围与强大精神力量。

二、主要目标

以人的现代化为核心，实现庆元人思想道德素质、科学文化素质、身心健康素质显著提升，全县形成培育“大爱菇乡”的浓厚氛围，每位庆元人努力成为“大爱菇乡”的品牌代言人与受益者，以文兴庆元、礼润庆元、共享庆元、善行庆元、有爱庆元、暖心庆元为内核的“大爱菇乡”县域品牌成为争当高质量发展建设共同富裕示范区的山区范例标志性成果和鲜明标识，让“大爱菇乡”成为全民认可的县域品牌，菇乡大地呈现正气充盈、温暖如春的幸福图景。

三、实施载体

（一）扎实推进“大爱菇乡·文兴庆元”文化新实践

1. 实施红色文化铸魂行动。突出以文铸魂，深入开展党史、新中国史、改革开放史、社会主义发展史宣传教育，培育特色理论发声平台和宣讲品牌。实施“红色基因代代传”工程，推动浙西南革命精神弘扬践行活动与时俱进、不断深入。完善浙西南革命精神理论研究机制，对相关文献资料进行系统整理和研究，形成一批浙西南革命文化研究成果和普及读本，推出一批浙西南革命题材的文艺精品，持续举办“4·28”斋郎战斗纪念日、“5•17 ”庆元解放纪念日等活动。建设百山祖斋郎、官塘白柘洋、五大堡濛淤、竹口后坑桥、黄田崔上、安南半岭等一批党性教育、爱国主义教育、党史教育、国防教育、廉政教育基地。(牵头单位：县委宣传部；责任单位：县文广旅体局、县委党校、县党史和地方志研究室，各教育基地主管单位)

2. 实施全域文明提升行动。突出以文培元，增强社会主义核心价值观引领作用，推动学习习近平新时代中国特色社会主义思想走深走实。积极弘扬践行“特别肯吃苦、特别能战斗、特别有韧劲、特别善创新”的“庆元精神”，精心创设传承载体，推动浙西南革命精神与庆元精神交相辉映。广泛开展爱国主义教育、公民道德建设和群众精神文明创建，深化“庆元好人”“劳动模范”“道德模范”等评选活动，打造礼仪之乡、文明之城。全面施行《丽水市文明行为促进条例》，开展文明程度指数测评，巩固“省示范文明县城”创建成果，加强家庭、家教、家风建设，深入推进移风易俗，完善志愿服务体系，提升公民文明素养，打造“花菇朵”优质志愿服务品牌，建设诚信庆元，探索新时代文明实践中心建设的庆元模式。(牵头单位：县委宣传部、县文明办、县总工会、团县委、县妇联；责任单位：各乡镇(街道)，县属各单位)

3. 实施文化空间拓展行动。突出以文化惠民，推进现代公共文化服务体系建设，提升群众文化获得感和幸福感。实施文化设施补短工程，建成公共文化服务中心、体育中心、广播电视制作中心等重大文体设施。建设一批城市书房、文化驿站、乡村博物馆、特色文化村，提升农村文化礼堂、非遗工坊等阵地空间。优化公共文化服务供给，开展全民艺术普及、全民美育、全民阅读、全民健身行动，实施艺术助推乡村振兴计划，开展“艺术乡建”，深化乡村村晚建设。[牵头单位：县委宣传部、县文广旅体局；责任单位：各乡镇(街道)，县属各单位]

(二)扎实推进“大爱菇乡·礼润庆元”文明新实践

1. 推进文明礼仪进机关活动。全县各机关单位发起以弘扬践行“浙风十礼”为主要内容的“浙江有礼·机关先行”倡议，为党员干部开展“学礼、知礼、守礼”主题培训活动，重点培训办公礼仪、会客礼仪、会务礼仪、宴请礼仪、服饰礼仪、举止礼仪等公务礼仪；组织机关干部“上街道、进社区”开展文明有礼志愿服务。在办公场所显著位置播放文明礼仪公益广告，设置遵德守礼提示牌，引导广大党员干部率先垂范、践行“有礼”。[牵头单位：县文明办、县机关工委；责任单位：各乡镇(街道)，县属各单位]

2. 推进文明礼仪进企业活动。以创建文明单位为载体，开展“百企讲百礼”活动，通过线上线下相结合的方式，组织商贸流通、旅游服务、公共交通等重点行业开展礼仪培训，重点培训仪容仪表、仪态举止、谈话沟通、文明引导、行业规范等内容，提升行业服务水平。开展“企业文明礼仪之星”“文明班组”等评选，做到从业人员仪态、服饰、语言、服务等规范有序，塑造企业文明形象。(牵头单位：县经济商务局；责任单位：县交通运输局、县文广旅体局、县市场监管局、经济开发区管委会、县国投集团公司)

3. 推进文明礼仪进农村(社区)活动。结合文明村镇创建，举办“百村百场”礼仪教育活动，利用农村文化礼堂和新时代文明实践所(站、点)等阵地，举办丰富多彩的“有礼”文化活动，经常化开展礼仪培训，重点培训节庆活动、清明祭扫、婚丧嫁娶等风俗礼仪，大力推广乡风评议、文明体检、道德银行等文明举措。常态化组织村居环境整治行动，组织编排文明礼仪三句半、顺口溜、快板、童谣、歌曲等，通过展览展示、文艺宣演、送戏下乡、农村公益电影放映等方式助力乡风文明建设。[牵头单位：县农业农村局、县民政局、县文广旅体局；责任单位：各乡镇(街道)]

4. 推进文明礼仪进校园活动。围绕“浙风十礼”积极开发文明礼仪教育校本课程，开展一系列新时代文明实践活动，让每一个青少年都成为“大爱菇乡”的传承者、践行者、传播者，在全县中小学形成向上、向善、有礼的浓厚氛围。组织开展学习“浙风十礼·从我做起”主题班会课(中队会)，观看文明礼仪宣传片。举办以“庆元有礼”为主题的绘画和手抄报创作比赛。结合学科特点入手，开展课程研读，课程开设等活动。举行文明礼仪经典诵读比赛活动。开展“大爱菇乡·十礼先行”新时代文明实践体验活动。广泛开展“文明班级”“文明寝室”“有礼少年”评比，在全县广大师生中形成崇德向善的良好氛围。(牵头单位：县教育局；责任单位：团县委)

5. 推进文明礼仪进窗口活动。大力开展窗口工作人员形象礼仪培训，各窗口服务单位组织全员轮训，做到从业人员全覆盖。健全完善群众评价机制和投诉机制，制定评价考核办法，将评价结果和服务人员绩效考核相挂钩。开展“文明示范窗口”评比活动，从仪容仪表、礼貌礼节、坐姿站姿、言行举止、办事效率、服务满意度等方面进行评比，以评促改，推进窗口工作人员提高服务水平。(牵头单位：县行政服务中心、人民银行；责任单位：各窗口主管单位)

6. 推进文明礼仪进家庭活动。开展“文明家庭”“最美家庭”“六星文明户”等评选工作，在全县范围内评选表彰一批“和美家庭”“好婆媳”“好内助”。举办“最美全家福”家风家教好故事征集活动，展示优秀家庭故事。举办百场家庭礼仪培训课，利用“有礼讲堂”等载体重点培训家庭美德、邻里关系、沟通交往等礼仪，以好家风助推好民风建设。[牵头单位：县文明办、县民政局、县妇联；责任单位：各乡镇(街道)，县属各单位]

(三)扎实推进“大爱菇乡·共享庆元”发展新实践

1. 构建社会救助体系。健全分层分类、城乡统筹的社会救助体系，形成政府主导、社会参与、制度健全、政策完善、兜底有力的综合救助格局。推进社会救助的范围由收入型贫困扩大到支出型贫困，减缓因病、因学致贫返贫等现象。加大对最低生活保障人员、特困供养人员、残疾人等特殊人群保障力度，优化针对相对困难群众的日常帮扶机制。构建“资源统筹、部门联动、社会参与、平台支撑、数据共享”的大救助体系，提升精准救助水平，确保共同富裕路上一个都不掉队。[牵头单位：县民政局、县残联、县红十字会、县慈善总会；责任单位：各乡镇(街道)，县属各单位]

2. 构建健康庆元创建机制。深入实施“健康庆元 2030”行动，倡导全民健康理念。全面推进体育创强工作，落实庆元全民健身实施计划。建立健全健康教育体系，开展全民健康宣教活动，普及应急自救互救技能，倡导全民健康生活方式。深化健康服务，以巡回诊疗为支点，继续为偏远乡镇群众送医上门。强化健康公益活动，拓展医疗卫生事业的深度和广度，精心组织各类义诊，为群众提供力所能及的服务。以“健康庆元”为主阵地，及时发布疫情防控、慢病防治、预防养生等知识，推进健康街区、健康村等健康细胞建设。(牵头单位：县卫生健康局；责任单位：县文广旅体局、县医疗保障局)

3. 构建幸福养老服务体系。构建居家社区机构相协调、医养康养相结合的养老服务体系，加强社区小型养老护理机构建设。丰富老年人精神文化活动，建设一批孝文化教育基地和主题公园。培育壮大“银发经济”，发展老年体育、智慧养老、康养联合体等新业态新模式，推动社会力量共同参与养老事业的发展，打造养生养老福地。(牵头单位：县民政局；责任单位：县文广旅体局、县卫生健康局、县医疗保障局)

4. 构建义务教育“双减”机制。着力推进减轻义务教育阶段学生作业负担和校外培训负担。大力提升校内教育教学质量，强化作业等“五项管理”，确保在校内教育教学过程中实现“应教尽教”“学足学好”。做优免费线上学习服务，推进区域义务教育优质均衡发展和城乡义务教育共同体建设。全面规范培训机构，实施培训机构分类管理，规范线上线下审批工作，从严规范培训行为。支持和规范学校引进非学科培训机构，规范校外培训机构师资来源，将“双减”工作纳入教育质量评价体系，完善家校社协同机制。(牵头单位：县教育局；责任单位：县科技局、县市场监管局、县文广旅体局)

5. 构建育儿友好型社会机制。落实三孩生育配套支持政策，建立生育成本共担机制，加强生育妇女就业、工资待遇等权利保障，多渠道降低生育、养育、教育成本。加快婴幼儿照护服务体系建设，发展普惠托育服务，支持有条件的幼儿园到社区开设托班服务点，积极推进母婴室建设。农村学前教育补短板改革试点，建立健全农村学前教育发展“兜底”机制，保障农村学前教育质量持续增强。（牵头单位：县卫生健康局；责任单位：县教育局、县人力社保局、县医疗保障局）

（四）扎实推进“大爱菇乡·善行庆元”慈善新实践

1. 创新全方位的菇乡慈善项目载体。大力发展农村、社区服务类慈善平台，打造一批有标识度、有影响力、有生命力的慈善“共富”代表性品牌项目。擦亮“圆梦微心愿”县域慈善爱心活动品牌，情暖困难家庭。实施“慈善助老、情暖夕阳”“慈善助幼、护航成长”行动，深入推动“暖巢敲门灯”行动，支持做好乡村理发师、留守老人“暖冬行动”等项目，推动慈善力量在弘扬中华民族敬老爱幼的传统美德。组织实施“助学筑梦”“百村崇学”等项目，着力帮助孤残儿童、留守儿童健康快乐成长。谋划推动慈善光明行·白内障复明手术、脊髓损伤者生活重建等系列大病救助项目，推进恤病助残。[牵头单位：县民政局、县残联、县红十字会、县慈善总会；责任单位：各乡镇（街道），县属各单位]

2. 培育全参与的菇乡慈善爱心群体。做特“百个慈善爱心伙伴”，融合各职能部门、各类社会团体以及爱心企业、爱心人士资源力量，不断做大慈善“朋友圈”，凝聚慈善“向心力”。做强“百个村级慈善爱心基金”，不断总结提炼村级慈善爱心基金的经验做法，推动由“百村慈善”向“村村慈善”跃迁，努力实现村级慈善爱心基金全覆盖，将其打造成为庆元助力“共同富裕”的一张亮丽名片。做新“百个冠名慈善基金”，扎实推动个人冠名、企业冠名、专项冠名三类慈善冠名基金不断扩面提质，让“建个基金，做点善事”的理念夙愿成为菇乡新时尚。[牵头单位：县慈善总会；责任单位：各乡镇（街道），县属各单位]

3. 构建全流程的菇乡慈善激励办法。设立“庆元慈善奖”，大力表彰在庆元开展慈善活动中事迹突出、影响广泛的单位、个人、社会组织、爱心团队及慈善项目等。加大优秀慈善组织、慈善项目、慈善人物（企业）的善行宣传，提高社会知晓度，赋予慈善爱心主体更多尊荣和礼遇。推动慈善反哺释放更多善能量，包括在教育、就业、医疗、社保等方面给予优先帮助和持久关爱，真正让“善有善报”成为一股社会正能量。推动慈善数字化建设，建立慈善爱心指数，开展星级慈善组织和慈善达人评定，进一步增强人民群众投身慈善事业的获得感。[牵头单位：县慈善总会；责任单位：各乡镇（街道），县属各单位]

（五）扎实推进“大爱菇乡·有爱庆元”助残新实践

1. 实施残疾人就业普惠工程。结合实际开发完善残疾人就业培训项目，出台支持残疾人技能培训扶持政策，提升残疾人职业技能水平。将残疾人及残疾人家庭子女考编培训作为技能培训的有机组成部分。完善政策机制，支持建设残疾人县级辅助性就业产品配送基地，提升残疾人之家工疗服务水平，确保有意愿、有条件的残疾人实现辅助性就业。主动承接落实浙江省支持山区 26 县困难残疾人异地就业扶持政策，三星级以上“残疾人之家”异地按比例就业实现全覆盖。启动实施超比例安置残疾人就业奖励政策，逐步提高超比例安置残疾人就业奖励标准。（牵头单位：县民政局、县人力社保局、县残联）

2. 实施残疾人生活宜居提升工程。开展困难残疾人“净居亮居”工程，每年扶持一批残疾人家庭改善居住环境，逐步解决困难残疾人家庭“黑乎乎、脏兮兮、乱糟糟、臭烘烘”等问题；开展残疾人公寓试点工作，加快困难残疾人家庭无障碍改造。启动实施重点公共场所无障碍改造，推进无障碍标准化建设，组建无障碍建设改造督导员队伍，加强无障碍通用规范培训指导。（牵头单位：县住建局、县残联）

3. 实施困难残疾人社会保障普惠工程。严格落实困难残疾人生活补贴和重度残疾人护理补贴，落实社会救助残疾人家庭收入核定以及依靠家庭供养的残疾人按单人户纳入低保，确保符合条件的残疾人应保尽保。全面落实残疾人社会保险补贴政策，巩固提升城乡残疾人基本养老和医疗保险参保成果；完善残疾人各类保险险种，让更多残疾人尽快尽早参加长期护理保险。（牵头单位：县民政局、县人力社保局、县医疗保障局、县残联）

（六）扎实推进“大爱菇乡·暖心庆元”社会新实践

1. 打造青春献礼品牌。开展大爱菇乡·争当有礼少年系列活动，举办未成年人道德文化节，继续办好“我是小红军”“我是小农人”“我是小博士”等具有辨识度的夏令营活动，举办N场红领巾会客厅，通过沉浸式的活动教育引领未成年人的思想道德，弘扬社会主义核心价值观。开展大爱菇乡·争当志愿先锋系列活动，举办志愿项目大赛，组织志愿者开展志愿服务进社区、流动广场志愿服务等活动，揭榜N项服务任务，实现志愿服务精准触达。开展大爱菇乡·争当共富铁军系列活动，持续深化“团团当主播·带你吃游购”活动，以“团员干部+创业青年”的组合形式开展带货，争当庆元生态产品“代言人”“销售员”；普及电商直播培训课程，推选一批“网红”“主播”，在东西部电商服务站开展直播带货活动，助农增收、助企增收。[牵头单位：团县委；责任单位：各乡镇（街道），县属各单位]

2. 打造温馨工会品牌。稳步推进职工医疗互助保障工作，减轻患病职工的医疗负担，提高职工医疗保障水平，建立职工医疗互助服务网上报销系统，实行职工医疗互助参保、报销线上办理，实现职工医疗互助“跑零次”目标。着力加强职工文化家园建设，依托工人文化宫活动场地，积极举办劳动技能、心理疏导、艺术提高等公益性培训，努力为职工群众提供法律援助、心理咨询、健康娱乐等各类服务，通过开展多样化多元化的普惠活动，提升职工建功新时代认识，为“两个先行”汇聚职工群众力量。[牵头单位：县医疗保障局、县总工会；责任单位：各乡镇（街道），县属各单位]

3. 打造有爱巾帼品牌。大力实施“巾帼爱”行动，建设“妇儿驿站”，注重“妇儿驿站”运行实效，不断增强妇女儿童及家庭与驿站的黏合度；擦亮“妇”字号公益品牌，持续深化“三关爱”“‘两癌’免费检查”“小园丁妈妈”“焕新乐园”“圆梦助学”“康乃馨女性健康关爱计划”等公益项目，推进“美丽帮帮团”品牌建设，进一步提升妇女儿童的获得感幸福感安全感。大力实施“巾帼创”行动，推动“来料加工共富项目”迭代升级，实现从“来料加工”到“来料制造”“来料智造”的转变，助推群众实现“家门口”增收致富；推动“妈妈的味道”产业化发展，因地制宜打造浙闽边际“妈妈的味道”创业集市，推动“妈妈的味道”形成产业链；打响“增花添彩共美”品牌，培养一批在特色农业、庭院经济、乡村旅游等方面起引领性作用的高素质女农民。大力实施“巾帼家”行动，建设“好家庭”，开展最美家庭、红色基因家庭、清廉家庭、文明家庭、绿色家庭等典型家庭选树活动；普及“好家教”，建立健全家庭教育工作网络，建立县级家庭教育指导中心；弘扬“好家风”，开展“和美家庭”“好婆媳”“好内助”等评比活动，弘扬中华民族传统美德，以好家风促民风带乡风。[牵头单位：县妇联；责任单位：各乡镇（街道），县属各单位]

4. 打造荣耀老兵品牌。为新兵入伍举办欢送仪式、举行座谈、挂光荣牌、拍集体照“四尊崇”活动，为返乡退役军人举办迎接仪式、谈心谈话、宣讲政策、推介岗位、高效办事“五关爱”活动，为退役军人开展返乡必访，立功受奖必访、英模典型必访、重要节日必访、遇到困难必访、重大变故必访“六必访”活动。常态化组织各单位到县人武部、县武警中队开展拥军走访慰问活动，深入驻庆元部队送温暖、解难题。开展最美退役军人评选活动，将荣获二等功以上奖励的退役军人事迹载入地方志。建立并推行退役军人老兵逝后告慰机制，实现退役军人全生命周期管理“最后一千米”，让退役军人的家人感受到来自党和政府最大的关怀和温暖。[牵头单位：县退役军人事务局；责任单位：县人武部、各乡镇（街道），县属各单位]

四、工作保障

1. 组织保障。坚持整体谋划，系统集成，构建党委政府主导、部门协同、社会联动、全民参与的良好工作格局。庆元县委宣传部要充分发挥协调指导作用，“大爱菇乡——文兴庆元、礼润庆元、共享庆元、善行庆元、有爱庆元、暖心庆元”县域品牌各牵头单位要各司其职，深层思考，结合实际，制订相应的实施方案，共同打响“大爱菇乡”县域品牌，相关部门要发挥品牌建设主力军作用，各乡镇（街道）可结合各自实际抓好任务落实。充分发挥社会组织、新闻媒体等优势，推动形成全县上下群策群力的良好氛围，共同推进“大爱菇乡”县域品牌繁荣发展。

2. 政策保障。进一步加大公共财政对“大爱菇乡”品牌建设的投入力度和资金保障，建立品牌事业发展专项资金，建立财政投入稳定增长机制，提高县域品牌打造所需支出占财政支出比例。鼓励引导社会力量通过多种方式予以支持，完善公益性文化捐赠政策，拓宽公共文化投资渠道，形成以政府投入为主、社会力量积极参与的公共文化品牌投入机制。

3. 机制保障。构建目标引领、载体推动、宣传推广、考核评价的工作闭环。建立“大爱菇乡”发展指标评价体系，编制“大爱菇乡”县域品牌标志性成果系统构架图，制定年度任务清单，项目化运作机制，机制化推行，确保工作取得成效。

庆元县"千千万万"助农增收行动方案

为深入贯彻落实中央、省、市农村工作会议精神，巩固和拓展脱贫攻坚成果、全面推进乡村振兴、加快农业农村现代化，促进农民收入进一步提速，根据《丽水市人民政府办公室关于加快农民增收的意见》《庆元加快跨越式高质量发展建设共同富裕示范区行动方案(2021—2025年)》等文件，制订本行动方案。

一、总体思路

以"共同富裕"为导向，谋划推进农户"扩中""提低"，把"千千万万"助农增收行动作为全力推动共同富裕的重要举措(开展千名技能干部联系千家新型农业主体，带动万户小农户、低收入农户增收万元行动)，通过技能型干部的指导培育，发挥新型农业市场主体的带动引领作用，增强小农户、低收入农户增收致富的内生动力和技能本领，努力实现农村居民收入年均增长11%以上，到2025年达到34700元，城乡居民收入倍差缩小到1.9以内的目标。

二、实施内容

围绕技能型政府建设，培养技能型干部，提升干部的工作能力，突出发展新型农业市场主体的辐射带动作用，做好小农户、低收入农户提质增效的"造血式"帮扶，打造技能型政府升级版，重点实施五项内容。

深化技能型干部培育。以数字化改革推进技能型政府建设，围绕技能干部有序开展数字化改革应用场景建设工作，用数字化的手段提高干部工作质量。开展"干部技能大比拼"、技能实训、举办干部技能讲堂等活动，提高干部带富本领。(县委组织部、县委党校、县农业农村局、县人力资源和社会保障局等单位)

培育新型农业主体。深入实施"两进两回"行动，引导大学生、科技人员、乡贤能人、返乡人员、退役军人和农创客到乡村开展创新创业活动。到2025年，实现小的村培育新型农业主体1—2家、中等的村3—5家、大的村5—10家，全县培育提升高质量家庭农场1000家以上、农民专业合作社50家以上、社会化服务组织20家以上；新培育农业龙头企业10家，争取国家级农业龙头企业1家、农业企业上市1家。(县农业农村局、县委统战部、团县委、县科技局、县人力资源和社会保障局、县自然资源和规划局、县食用菌产业中心、县退役军人事务局、县科协、县金融发展中心等单位)

培育产业"新三宝"。鼓励发展农家乐民宿、农村电子商务、来料加工"新三宝"。到2025年，全县新培育50家农家乐民宿，农家乐民宿主体稳定在300家；实现网络零售额超70亿元，带动就业岗位1万个；发放来料加工费5亿元，新培育一手经纪人45人，来料加工队伍稳定在

2万人。(县农业农村局、县经商局、县妇联等有关单位)

深化"三位一体"农合联改革。充分发挥农合联联农带农的资源优势,形成合作制、股份制、订单农业等多种利益联结模式,带动和组织小农户、低收入农户参与农业产业发展,实现增收致富。到2025年,全县农合联会员数达到800个,联系和带动农民1万人以上。(县供销社、县农业农村局等有关单位)

实现脱贫攻坚和乡村振兴有效衔接。持续完善动态调整机制,健全防止返贫动态监测和精准帮扶机制,强化保障救助和托底救助,保持帮扶政策的连续性和稳定性,推动脱贫攻坚与乡村振兴的有效衔接。到2025年,低收入农户人均可支配收入年均增幅保持16%以上,低收入农户人均可支配收入水平达到25000元;全面消除年家庭人均收入低于13000元现象。(县农业农村局、县民政局、县教育局、县住建局、县残联等有关单位)

三、重点举措

聚焦缩小"收入差距",全面实施"415"工程,抓好产业强农、就业富农、改革兴农、帮扶惠农"四大行动",落实加快农民增收十五条举措,构建以共同富裕为导向的持续增收机制。

(一)聚焦提高农民经营净收入,实施产业兴农行动。

1. 大力发展品质农业。大力实施科技强农、机械强农"双强行动",用心引育新型农业主体,大力发展现代高端农业、品质品牌农业。推进高标准农田建设和粮食生产功能区提升,稳定粮食播种面积8.9万亩以上。提质食用菌、毛竹、甜桔柚、中药材、锥栗、茶叶和高山蔬菜等"多彩"农业,建设山居、山货、山路、山景等"山"字系产业链条。加大先进适用农机推广和农机购置更新补贴力度,加快产业基地宜机化改造,补齐农业基础设施和农机装备短板。(县农业农村局、县发改局、县经商局、县自然资源和规划局、县食用菌产业中心等有关单位,排第一的为牵头单位)

2. 健全农业科技服务体系。建立"一产一策一专家一团队"机制。充分发挥科技特派员、星期天工程师、专家工作站等科技人员和科创平台的作用,探索构建"专家+农技人员+示范基地+示范主体+辐射带动户"推广服务模式,做好农业技术服务,多渠道提供农业灾害预报服务,减少农业因灾损失。(县农业农村局、县委组织部、县科技局、县自然资源和规划局、县食用菌产业中心等有关单位)

3. 提高农民组织化水平。建立副县以上领导、农村工作指导员(第一书记)、科技特派员、乡镇干部和县属部门农业技术干部每人联系1家现代农业经营主体制度。加快农业企业、合作社、家庭农场高质量发展,大力培育农创客,推动农业适度规模经营。引育一批领军全产业链发展的省级以上农业龙头企业。加快完善农业多种价值实现机制,推动80%的传统小农户家庭收入达10万元以上,50%达20万元以上。(县农业农村局、县发改局、县经商局、县自然资源和规划局、县食用菌产业中心、县供销社、县妇联等有关单位)

4. 实施农产品出村进城工程。加强供销优选品牌建设和供销社"三位一体"改革,发挥流动供销致富车服务功能,加强偏远山区农资、农技、农产品进城等服务。加大对农村电商、合作社的扶持力度;充分发挥结对帮扶、山海协作单位优势,鼓励各级帮扶单位利用工会经费、疗休养经费购买结对乡村农产品,切实加强消费帮扶。(县供销社、县经商局、团县委、县农业农村局等有关单位)

5. 增加民宿农家乐的推介。利用好各种平台资源,加大推介庆元优质的旅游资源,促进农家乐民宿业态的发展,提高经营净收入。支持机关、企事业单位在符合疫情防控政策前提下,组织干部职工到县域内农家乐民宿开展疗休养。(县农业农村局、县文广旅体局、县融媒体中心、县总工会等有关单位)

（二）聚焦提高农民工资性收入，实施就业富农行动。

6. 鼓励农民创业就业。开展就业惠村、创业富村、技能兴村行动，实施“雁归”返乡创业引领计划，健全“乡村工匠”培训培育机制，落实创业补贴、职业技能培训补贴、创业担保贷款及贴息政策。建立基层劳动就业社会保障公共服务平台，常态化开展农村劳动力余缺调剂，促进农村人力资源与市场需求精准匹配。加强公益性岗位安置，支持企业开发爱心岗位，对就业困难农户实施托底帮扶，确保“零就业家庭清零”。（县人力资源和社会保障局、县农业农村局等有关单位）

7. 全面提升就业岗位创造能力。持续开展县领导助企开门红、助企纾困专项行动、助企服务保链畅链活动等，促进企业平稳发展，有效发挥城镇、产业平台带动效应，为农村转移劳动力提供更加充分更高质量就业岗位，确保地区生产总值增幅、规上工业人均薪酬和规上服务业人均薪酬增幅可持续增长。完善最低工资标准调整机制，健全最低工资标准与经济增长和社会平均工资增长的联动机制。（县人力资源和社会保障局、县农业农村局等有关单位）

8. 实施“十万农民大培训”行动。加强农民职业教育和继续教育，建立部门联动、形式多样、方便群众的新时代农民全员、全生命周期培训体系。整合农民培训相关资金，统筹开展农民培训，培养有文化、懂技术、善经营、会管理的高素质农民和农村实用人才、创新创业带头人。（县人力资源和社会保障局、县委组织部、县教育局、县民政局、县农业农村局等有关单位）

（三）聚焦提高农民财产净收入，实施改革兴农行动。

9. 深化农村集成改革。聚集财产性收入“短板”，有序推进农村土地、农房、金融、人才、文创、治理、业态、生态、服务、数字等十大激活行动。全域推进农村“三块地”改革，坚持“退化和复活”并举，实施100个自然村农村土地综合整治和10村100幢闲置农房激活计划，推广土地预流转制度，引导农户自愿以土地经营权、林权等入股发展农业产业化经营，增加农民财产净收入。稳妥推进农村集体经营性建设用地入市，建立健全城乡统一的建设用地市场体系。（县农业农村局、县发改局、县自然资源和规划局等有关单位）

10. 深入实施“大搬快聚、富民安居”工程。完善“大搬快聚、富民安居”工程扶持政策，引导更多农村人口向县城、中心镇搬迁转移。在建成同心新村的基础上，再谋划建设1个以上农民搬迁安置小区，实现100个自然村约1.5万名农村人口搬出大山、融入县城。同时，按照“同城同待遇”的要求，有序推动搬迁农民市民化，保障其在迁入地的基本公共服务和发展权益。（县农业农村局、县委组织部、县发改局、县民政局等有关单位）

11. 深入推进“两进两回”。实施新乡贤带富工程和农创客培育计划，推动人才、科技、资金、项目等要素集聚乡村、服务乡村，增强村庄发展活力，形成村强民富互促共进的局面。（县农业农村局、县委统战部、县科技局、县金融发展中心等有关单位）

12. 深入开展金融改革。加大乡村振兴重点领域金融支持，大力发展农业供应链金融。健全农村产权确权办证、价值评估、交易流转、处置变现等配套机制，拓宽农村抵押融资渠道。创新农户信用贷款服务，实现农户小额普惠贷款3万元以上额度全覆盖，农户信用贷款年均增速高于15%。推进金融支持生态产品价值实现机制创新，推广“生态主题卡”“生态区快链贷”等绿色金融模式。开展低收入农户小额信贷，完善农村保险服务体系，推动农业保险“扩面、增品、提标”，扩大政策性保险覆盖面。（县金融发展中心、中国人民银行庆元县支行等有关单位）

（四）聚焦提高农民转移净收入，实施帮扶惠农行动。

13. 加强困难群众帮扶救助。落实落细农村困难家庭应保尽保和危房改造即时救助、子女教育费用减免、医疗补充性政策保险等精准扶持政策，做到“不漏一户、不落一人”。与全市同步提高最低生活保障标准，合理把握低保提标的时、效、度。（县民政局、县住建局、县教育局、县医疗保障局、县农业农村局、县残联等有关单位）

14. 迭代升级低收入农户帮扶机制. 完善“1个农户、1个帮扶干部、1条主要帮扶措施、1份医疗补充保险、1张‘幸福清单’和1月一走访”的帮扶措施。用好省级提低促富数字化平台，深入实施“1个村、1个驻村工作组、1个村级发展思路、1套村级治理机制”精准帮扶，多维帮促低收入农户持续增收。（县农业农村局、县委组织部等有关单位）

15. 壮大村级集体经济。聚焦村富带民富“普惠”，通过构建新型帮扶共同体和大力推行强村公司、飞地抱团、片区组团等发展模式，实现先富带后富，推进全县行政村经营性收入达20万元、50万元以上占比分别超过43%、15%。鼓励发展旅游、服务、光伏等多元业态，打造一批年经营性收入50万元以上的“强村样板、富民典范”。实施第一书记、农村工作指导员、科技特派员每年为当地领办一个产业发展项目的制度，为乡村振兴注入活力。（县农业农村局、县委组织部、县“两山”投资集团有限公司等有关单位）

四、保障措施

（一）强化组织领导。建立由党政分管领导任会议召集人的联席会议制度，统筹协调15项重点举措实施。县委农办会同县级有关部门找准切口、量化目标、细化措施、设定时限、分别落实具体政策，合力助推农民收入持续稳定较快增长。各乡镇（街道）要结合本地实际，把富农强农惠农的各项政策措施落实到产业、到项目、到农户（县委办、县府办）。

（二）健全投入机制。进一步建立健全财政支农稳定增长机制，使财政支出重点向助农增收工作倾斜。在积极争取上级财政支持的基础上，通过调整和优化支出结构，每年整合各类涉农资金5亿元以上用于乡村振兴，以财政投入为杠杆，撬动社会多元化支农投入（县财政局）。

（三）强化督查考核。确立农民增收“第一指标”的理念，对农民增收关联部门及乡镇（街道）进行考核，县在市级农民增收位次与相关部门年度考核绩效挂钩。县委、县政府督查室定期组织开展惠农政策、增收举措落实情况督查，并对落实情况进行通报（县委考核办、县委县政府督查室）。

（四）营造良好氛围。积极引导各相关部门和乡镇（街道）技能干部联系新型农业主体，主动参与小农户、低收入农户帮扶工作。及时总结宣传报道“千千万万”助农增收行动工作成效、典型案例和先进典型，动员各方社会力量共同参与，营造共同致富的舆论氛围（县委宣传部）。

庆元香菇国家地理标志产品保护示范区建设实施方案

为深入贯彻落实习近平总书记关于知识产权工作的系列重要指示论述，认真落实《知识产权强国建设纲要（2021—2035 年）》和《地理标志保护和运用“十四五”规划》决策部署，进一步深化庆元香菇地理标志管理改革，加快地理标志保护规范化建设进程，打造庆元香菇公共品牌，提升庆元香菇产地形象和市场竞争力，促进产业提质增效，为推进“两个先行”赋能发力，根据《国家地理标志产品保护示范区建设管理办法（试行）》要求，结合我县实际，制定本实施方案。

一、指导思想

坚持以习近平新时代中国特色社会主义思想和党的二十大精神为指导，全面贯彻落实党中央、国务院和省委省政府关于知识产权工作的决策部署，严格地理标志保护，深化地理标志管理改革，通过统筹推进“庆元香菇国家地理标志产品保护示范区”建设，探索和建立庆元香菇地理标志保护新模式，促进庆元香菇产业提质增效、菇民持续增收，充分发挥地理标志产品保护示范区建设的引领作用和品牌效应，助力乡村振兴，实现生态价值转换，为丽水市努力创建革命老区共同富裕先行示范区作出贡献。

二、建设目标

通过示范区建设，促进庆元香菇生产经营规模化、标准化、专业化，加快地理标志产品产业链的延伸，构建“四带二园一都一心”全产业链，至2025 年，实现一产栽培规模达 9000 万袋，深加工率达 25%，全产业链总产值达 50 亿元。

通过示范区建设，以绿色有机产品为核心，实施庆元香菇质量安全信息化全程可追溯项目，质量安全贯穿产前、产中、产后全过程。庆元香菇产品质量安全水平明显提高，充分体现地理标志产品的质量特色，有效推动产地区域经济发展。

通过示范区建设，形成完善的庆元县地理标志产品技术标准体系、质量保证体系和检验检测体系，生产过程和专用标志的授权、备案、使用规范；检测手段和能力不断提升，产品监管机制更加健全。

通过示范区建设，进一步严格规范生产经营行为，更好地加强庆元香菇地理标志保护工作，生产经营和管理者的地理标志保护意识普遍提高，维权意识明显增强；开展标准技术培训和地理标志专项保护培训，形成相对稳定的技术服务和监督管理人才队伍。

到 2025 年，建成产业结构更加合理；产业布局更加科学；产品质量更加安全；品牌管理更加规范；工作机制更加健全；保护水平显著提高；品牌价值、经济效益和社会效益明显提升的国家地理标志产品保护示范区。

三、工作任务

（一）夯实保护制度，聚力协助提升

健全社会共治的保护制度体系。加强区域资源整合和制度衔接，进一步完善《庆元香菇地理标志产品保护管理办法》和《“庆元香菇”地理标志证明商标使用管理规则》等地方性地理标志管理办法。探索建立与省知识产权部门、保护中心、司法衔接相联动的协同保护机制，建立知识产权互联网+保护，对接电子商务平台构建保护合作机制。建立完善“12315”等举报投诉快速反应机制、违法行为惩戒机制、地理标志保护执法信息定期统计报送机制，形成以政府主导、产业部门和行业协会自律、监管部门监督的多元化运行机制。（县市场监管局、县食用菌产业中心、县法院、县检察院、县公安局、县统计局）

（二）健全工作体系，聚力质量提升

1. 完善涵盖全程的技术标准体系。充分运用标准化手段支撑地理标志产业发展，根据国际、国内市场发展，及时修订完善《地理标志产品 庆元香菇》（GB/T 19087—2008）、《香菇生产技术规范》（GB/Z 26587—2011）以及《香菇》（GH/T 1013—2015）等系列标准。加大对标准的宣传贯彻力度，强化标准的执行，对地理标志相关产品的种植、上市、流通过程进行全程监督。（县食用菌产业中心、县市场监管局、县农业农村局）

2. 优化职责分明的质量管理体系。加强保护区域内水环境、土壤等治理，重点抓好产地环境标准、种植标准、良好农业规范（GAP）的实施，强化农药、化肥等农业投入品使用指导和安全监管，以及植物检疫防疫等标准的实施。落实庆元香菇生产经营企业主体责任，加快庆元香菇核心基地建设，对现有的“三品一标”生产基地进行逐个规范，严格落实生产标准和操作规程，积极创建省级精品绿色农产品基地。开展“品字标”企业培育，对授权企业的“品字标”认证进行指导，提高地理标志产品生产者质量管理水平。（县农业农村局、县食用菌产业中心、县市场监管局、县水利局、市生态环境局庆元分局）

3. 建设全面精准的检验检测体系。加大检验检测经费的投入，提升产地环境质量检测能力，强化种植环节、流通领域庆元香菇初级产品和深加工产品的检测。定期开展生产过程合规性检查，按批次持续进行产品检验检测，保障地理标志相关产品质量和品质。（县市场监管局、县农业农村局、县食用菌产业中心）

4. 构建纵横贯通的信息溯源体系。充分运用地理标志改革契机，进一步完善庆元香菇地理标志相关数据信息归集，积极推进地理标志数字化监管，应用“浙农码”“浙食链”产品溯源系统，推动地理标志积极加入全球二维码迁移计划。开发建设“香菇云”信息化平台，纵向、横向贯通庆元香菇地理标志综合数据，推动庆元香菇地理标志授权企业上链赋码，实现从农田到餐桌的全周期追溯闭环管控。（县市场监管局、县食用菌产业中心、县农业农村局）

（三）加大改革力度，聚力管理提升

1. 深化综合集成的管理制度改革。积极探索地理标志产品、地理标志商标、农产品地理标志“三合一”管理模式，强化专用标志使用监督管理，综合运用法律、行政、经济、技术、社会治理等手段提高地理标志保护水平。制定出台地理标志专用标志使用奖补政策，规范地理标志产品外包装设计，鼓励符合标准的企业使用地理标志专用标志，促使辖区内地理标志专用标志使用者数量达县域内生产者总数的80%以上。（县食用菌产业中心、县市场监管局、县农业农村局、县财政局）

2. 开展一体联动的专项整治行动。借助大综合一体化行政执法体系，整合各相关执法部门力量，组建联合执法队伍，每年至少开展两次地理标志专项整治行动，制订日常巡查计划和“双随机、一公开”计划，定期不定期地开展执法检查，重点检查地理标志相关产品的质量、专用标志的使用情况，严厉打击损害地理标志的违法违规行为，并及时公布有社会影响力的典型案例。（县市场监管局、县食用菌产业中心、县公安局、县法院、县检察院）

（四）强化知识宣传，聚力意识提升

1. 加大载体多维的普及宣传力度。充分利用全国知识产权宣传周、中国知识产权年会、中国国际商标品牌节等各种活动载体，普及地理标志知识。健全庆元香菇市场品牌指导服务站，深化“知识产权服务万里行”活动，走基层、办实事，深入乡村、企业开展地理标志技术讲座、现场观摩、咨询培训等活动，向农村地区提供专利、商标、地理标志等一站式便利化服务。（县市场监管局、县食用菌产业中心、县农业农村局）

2. 加强形式多样的文化建设。深度挖掘庆元香菇的文化内涵，重点打造包括香菇博物馆、香菇主题公园、香菇特色小镇、剁花法展示区、农业文化遗产和菌物多样性展馆等在内的庆元香菇保护宣传阵地。积极举办并宣传香菇始祖吴三公朝圣和庆元香菇文化节等重大节庆活动，参加各类展销会、农展会，提升庆元香菇地理标志知名度。开展庆元香菇地理标志广告创意设计、摄影、绘画等活动，扩大文化传播和影响。（县文广旅体局、县委宣传部、县融媒体中心、县食用菌产业中心、县经济商务局、县供销社、县市场监管局、县农业农村局）

3. 加快立体复合的人才队伍建设。加强引才育才，打造高端人才培育基地，实施好“希望之光”等人才培育项目，组建一支结构合理的人才培养师资团队，培养一大批涵盖庆元香菇技术研究、栽培生产、产品加工、市场营销等领域的专业技术人才、学院派后备人才、菇乡师傅、新型菇农等不同层次人才，为产业转型升级提供技术与人才保障。做好知识产权行政人员能力提升轮训工作，开展地理标志政策解读和经验交流。加强与优质知识产权服务机构合作，提升地理标志服务能力和水平。（县人力社保局、县农业农村局、县食用菌产业中心、县市场监管局、县法院、县检察院）

（五）加强合作互助，聚力市场开拓

1. 拓建理念重构的营销体系。鼓励地理标志主体创新推介举措，整合线上线下渠道资源，深度与互联网、电子商务合作，充分发挥电商创业园作用，积极扶持培育庆元香菇网店经营商入驻电商平台，依托“双品网购节”等活动开展网络直播营销。推进贸易高质量发展，强化出口备案基地监管，做好出口服务工作，推广庆元香菇跨境电商发展。（县经济商务局、县食用菌产业中心、县市场监管局）

2. 加大关联产业的招商引资。建立健全适应行业产业特点的精准招商引资优惠政策，积极引进国内外香菇生物科技型企业、知名制药企业等精深加工龙头企业投资入驻，大力培育高科技产业龙头，积极推进自主创新能力提升，加快香菇科研成果向现实生产力转化，促进香菇产业高级化和产业链现代化。做大做强香菇食品加工，开发香菇脆片、菌菇代餐粉等康养产品，推动香菇深加工产业提档升级。（县经合中心、县经济商务局、县科技局、县食用菌产业中心）

3. 深化互利共赢的国际合作。充分运用中欧地理标志产品保护协定，积极参与中法地理标志研讨会等国际会议，持续推动商标国际注册，加强地理标志国际合作，助推庆元香菇产品走向世界市场。（县食用菌产业中心、县市场监管局）

4. 加强契合配适的金融支持。推动庆元香菇地理标志产业与银行、保险、信托等金融机构合作，积极探索地理标志金融融资新模式，创新开展“生态区域公用品牌综合金融”业务，推动庆元香菇地理标志+整体商圈授信。运用金融产品，做大做强产业规模。组织开展银企对接活动，进一步加大金融对地理标志产业发展的支持力度。（人行庆元县支行、丽水银保监分局庆元监管组、县市场监管局、县农业农村局、县食用菌产业中心）

四、进度安排

（一）筹建启动阶段（2022 年 10 月至 2022 年 12 月）

成立示范区建设领导小组和工作机构，建立定期会商制度，召开专题会议，制定实施方案和工作任务分解表，研究示范区建设工作保障政策，完成 2022 年度筹建成果报告。

（二）开展创建阶段（2023 年 1 月至 2024 年 12 月）

1. 整合政府资源和企业资源，以大规模宣传培训为抓手，营造示范区创建氛围。

2. 在国家、省和市市场监管局（知识产权局）的统一指导下，全面落实示范区建设方案的各项工作任务。定期召开领导小组成员会议，督促各成员单位落实工作责任，有序开展示范区创建工作。

3. 推进地理标志产品标准体系、质量管理体系、检验检测体系的建设。核准企业使用地理标志专用标志，开发建设“香菇云”信息化平台，建立可追溯系统，加快网络交易监管系统建设，搭建地理标志专用标志管理及舆情监测平台。

4. 推进产业协同发展，发挥好产业化经营龙头企业的主体、主导作用。搭建交流平台，加强国际合作，组织参加各类展销会及商标节等活动。加大保护力度，全面推进地理标志集成改革，探索地理标志全方位保护、全产业链提升、全要素化保障的地理标志富农新路径。打造集地理标志产品生产、加工、贸易、仓储物流、会展服务、电子商务、文化创意、生态旅游等功能于一体的国家地理标志产品保护示范区。

（三）验收准备阶段（2025 年 1 月至 2025 年 9 月）

按照国家知识产权局关于《国家地理标志产品保护示范区管理办法》要求进行自查，对庆元香菇国家地理标志产品保护示范区创建工作进行总结，迎接国家知识产权局的检查验收。

（四）落实整改阶段（2025 年 9 月以后）

验收结束后，针对存在的问题进行整改，探索示范区长效发展机制，形成具有庆元特色的地理标志产品保护模式。

五、工作保障

（一）成立领导小组，层层落实责任

建立政府牵头，各部门共同参与的地理标志产品保护示范区建设机制。成立由主要领导任组长，各相关单位主要领导为成员的创建领导小组，专班实体化运行，研究决定示范区工作的重大决策事项，统筹协调，切实推动各项工作开展。根据建设实施方案的目标任务和工作任务分解表，按照职责分工，落实责任，确保任务完成。

（二）争取政策扶持，落实专项资金

建立创建国家地理标志产品保护示范区专项资金，积极争取相关政策支持。统筹整合中央、省、市以及县本级各类资金，多渠道投入扶持庆元香菇产业发展。贯彻落实土地、税收、投资等方面的优惠政策，制定地理标志专用标志使用奖励等政策，全力支持地理标志相关产品产业发展。

（三）严格督查考核，狠抓工作落实

将示范区创建工作纳入对各有关部门年度综合目标考核。建设工作领导小组办公室对示范区建设工作开展情况进行跟踪督查、定期通报，确保各项工作任务落实到位。定期召开专题会议，分析存在问题，提出意见建议。各单位定期汇报工作进度，及时总结工作开展情况，形成总结材料于每年 6 月 25 日、12 月 25 日前报送县市场监管局。对责任不落实、工作推进不力、目标任务未完成的加大督查、通报和责任追究力度，确保国家地理标志产品保护示范区创建工作持续深入推进。

专　文

浙江庆元林—菇共育系统入选全球重要农业文化遗产保护名录工作纪实

庆元县地处浙江西南部，总面积1898平方千米，是中国17个具有全球意义的生物多样性关键地区之一。这里雨量充沛，冬无严寒，夏无酷暑，日夜温差大，植被类型多，森林覆盖率高达86.13%，为菌物生长创造了极为有利的自然条件，蕴藏着丰富的菌物资源多样性。至今保留了从剁花法到段木法再到代料法的食用菌栽培技术完整演化链。

庆元林—菇共育系统是千百年来庆元菇民合理利用森林资源发展食用菌产业而形成的以森林可持续经营、食用菌产业发展、资源循环利用为核心，包括独特的林—菇共育技术体系、丰富的森林生态文化与香菇文化以及结构合理的生态景观在内的山地林农复合系统。

“不与人争粮，不与林争地，不与农争时”的“林—菇共育系统”为人类开辟了崭新的食物源，为百姓的食物与生计安全提供了重要保障。绵延千百年生生不息的林—菇共育系统，形成了菇民戏、菇山话、菇神庙会、香菇功夫等丰富多彩的香菇文化，森林生态文化，饮食文化，使得系统在传承中焕发新活力，成为人与自然和谐相处的典范。

申遗之路纪实

2007年4月，庆元提出“庆元香菇”全球重要农业文化遗产计划；2012年，正式启动“香菇申农遗”工作；2014年，“浙江庆元香菇文化系统”入选第二批中国重要农业文化遗产。2016年被列入农业农村部全球重要农业文化遗产预备名单；2017年正式启动全球重要农业文化遗产申报工作；2019年通过农业农村部遴选，成为向联合国粮农组织推荐的全球重要农业文化遗产项目之一；2021年4月12日，农业农村部对“浙江庆元林—菇共育系统”提出修改要求，申遗团队对文本进一步作了修改；2021年，联合国粮农组织（FAO）官网对“浙江庆元林—菇共育系统”候选遗产地进行了推荐；2022年9月，联合国粮农组织（FAO）全球重要农业文化遗产（GIAHS）科学咨询小组专家对“浙江庆元林—菇共育系统”进行了线上考察；在2022年11月4日，“浙江庆元林—菇共育系统”正式获批入选全球重要农业文化遗产保护名录，成为全球首个食用菌领域的重要农业文化遗产，填补全球食用菌领域遗产类型的空白。

（一）加强组织领导，强化工作保障。成立由县委书记蔡昉和县长田健晖为双组长的“浙江庆元林—菇共育系统”申报全球重要农业文化遗产考察工作领导小组，对申遗工作负总责，下设考察点位工作组、文字材料组、翻译组、后勤保障组、宣传组、医疗和疫情防控组、安全保障组、环境整治组等8个工作小组，7月5日，召开“林—菇共育系统”申遗考察工作推进会。组建了申遗考察工作专班，专班设在县食用菌产业中心，由县政协副主席吴小军任专班组长，抽调县食用菌产业中心、百山祖镇、农业农村局、综合执法局等单位精干力量为专班成员，专班化推进申遗工作。召开考察准备工作会议30余次，线上专家咨询会3次，线下现场专家咨询会1次，不断修改完善申报问题答复、汇报PPT、直播脚本。

（二）强化上下联动，借智借力申遗。从启动申遗之日起，庆元香菇申遗就成为庆元的一项重点工作。在农业农村部和省农业农村厅的大力支持指导下，县委、县政府积极主动作为，举全县之人力、智力、财力，全力推动申遗各项工作。向专家、高校院所借智借力，提高申报成效。2013年，李玉院士组织专家组对《浙江庆元香菇文化系统农业文化遗产保护与发展规划》进行评审，八访庆元，为庆元申遗提供技术支持、提出意见建议；委托中国科学院地理科学与资源研究所闵庆文研究员为代表的专家团队，承起草申报文本，并全程给予细致的技术指导与大力支持。

（三）建立工作机制，申遗保护齐头并进。系统编制农业文化遗产保护与发展规划和保护办法，每年投入6000万元，用于封山育林、遗产保护和产业发展，牵头建设李玉院士工作站、省食用菌工程技术研究中心等科研平台，先后育成6个香菇、灰树花全国主栽品种，国内率先建立菌物资源保护体系，建成“一区一馆五库”，推进优质菌物资源永续利用，建成野生香菇、黄殿牛肝菌、灰树花的保育区900亩，香菇传统剁花法保育区1200亩，收藏野生菌种质资源1900多份。建成回龙湾剁花法、珠连坑段木法以及标准化代料法香菇示范基地，完整保留一整套食用菌栽培技术演化链，打造农遗传承“活态博物馆”。通过香菇文化进校园、设立香菇文化传习所等方式推动传承创新，截至2022年年底，已申报遗产相关的非物质文化遗产项目省级5项、市级9项，培育文化传承人15人，成立菇民戏传承教学基地2个，并将香菇山歌、香菇功夫纳入中小学特色课程。

（四）培育富民产业，提升农遗文化价值。培育形成完整的食用菌全产业链，推行“两头集中、中间分散”新模式，深化产业数字化改革，构建全产业链数字化（香菇云）平台，建成省内领先的规模最大、自动化程度最高、技术最先进的全自动数字化菌棒生产和热泵节能“集中烘干”示范基地，建立食用菌标准化生产基地100个、标准菇棚100多万平方米。构建涵盖规模销售的七大类400余款精深加工产品体系，品类涵盖食用菌保鲜品、休闲食品、预制菜、饮品、保健品、药品等，打造中国食用菌第一品牌“庆元香菇”，全产业链产值超50亿元，成功入选全国农业全产业链典型县。

（陈　丽）

第十二届庆元香菇文化节暨2022年庆元人才科技峰会纪实

2022年11月10日至12日，第十二届庆元香菇文化节暨2022年庆元人才科技峰会成功举办。活动期间，围绕唤醒文化元素、顺应潮流形式、鼓励全民参与等重点，完整的诠释庆元香菇文化、廊桥文化、宋韵文化、生态文化，是一次高水平、有特色、有亮点的盛会，是一次聚集人气、加快推进庆元发展的盛会。

11月10日晚，以“千年宋韵、香菇传承”和“‘药’约天下、才聚百山”为主题的第十二届庆元香菇文化节暨2022年庆元人才科技峰会开幕。该次活动由中国食用菌协会、浙江省农业农村厅、浙江省文化和旅游厅、丽水市人民政府主办，浙江省民族宗教事务委员会指导，中共庆元县委、庆元县人民政府，浙江省中医药大健康联合体，浙江省中医药学会承办。中国工程院院士李玉、市人大常委会主任李锋共同为本届庆元香菇文化节按下启幕键，中国食用菌协会会长高茂林，浙江省文化和旅游厅副厅长叶菁，市委常委、宣传部部长李一波出席开幕式并致辞。开幕式上，一场名为“山水赋菇乡”的山水实景文艺演出精彩上演。该演出以松源溪、濛洲公园、廊桥为舞台，围绕庆元香菇、廊桥、生态等多种特色元素，通过声、光、电等现代科技手段，打造一场穿越千古，重温香菇发展历史的综合性文艺演出。

活动期间分别举行庆元人才科技峰会、香菇始祖吴三公朝圣大典、浙西南中药产业高峰论坛、院士庆元行活动、高层次人才创业大赛决赛等系列活动，来自全国各地的食用菌、医药界知名专家学者，以及国内香菇主产区、食用菌行业知名企业家将围绕食用菌产业发展和品牌建设，推动全球重要农业文化遗产保护与传承，探索食用菌新技术、新业态、新模式，开展一系列交流活动。

该次活动让香菇文化节有“灵魂”。一是实景文艺演出多元融合，结合庆元香菇文化、廊桥文化、生态文化、宋韵文化等元素，以廊桥、石桥、球山、绿树为背景，以静美的松源河为舞台，通过水上水下的奇幻表演，为广大嘉宾和群众呈现出“典雅、现代、时尚”的庆元全域旅游新景象。二是以“天青色”为主基调，形成一系列广告、景观节点设计方案，配合独具特色的宣传标语，不断强化视觉冲击，唤醒庆元香菇文化、宋韵文化记忆。三是精心制作“把庆元带回家”伴手礼，将庆元瓷器、彩铅、食用菌、化妆品、黄精食品等地域特色产品整合包装，汲取庆元历史与文化元素，兼具实用性、新颖性，为庆元注入新的活力与记忆。

该次活动让香菇文化节有“归属”。一是充分发动群众力量，以“实景演出演员”海选、社会团体招募等形式，共200多名群众参与文艺表演，100多名志愿者、义工全程参与节庆活动。二是接地气地举办音乐美食节，利用音乐网红和本地音乐团队烘托现场气氛，设置香菇食用知识、本土文化常识的竞猜环节，迅速掀起全民参与的热潮。三是以街头访问、网文点赞、观看直播等形式，多渠道邀请广大群众免费观看文艺演出，网红达人、本地年轻干部们借助抖音、小红书、微博等自媒体平台，并通过短视频、直播等方式，传递着节庆的喜悦，通过积极参与，切实增强人民群众的获得感和幸福感，诠释浓厚的香菇文化和庆元人民的香菇情怀。

该次活动让香菇文化节有“活力”。一是“山水赋菇乡”大型实景文艺演出，是传统与现代艺术表现形式的碰撞，菇民戏、山歌等表演焕发新生机，说唱、流行等演绎出文化新韵味，并以香菇化身的“香姑娘”用宋词串场，不断丰富了演出的表现形式，在《浙广直播》平台上收看次数首次突破660万次。二是运用大众喜欢、习惯的传播方式，充分发挥“掌上庆元”“文旅庆元”等官方媒体账号的作用，不断创新新闻报道方式，如记者探营、打卡、街拍等，真正利用好流量时代的特色，进一步扩大节庆的影响力和传播力。三是邀请千万、百万粉丝级抖音网红到庆元打卡，调动本土网红力量，在营造氛围、事件解读上发挥号召力，确保庆元特色风景、菌菇美食得到更加广泛宣传。截至2022年年底，以抖音为主阵地的各自媒体平台原创视频发布1100余个，播放量超1200万人次，点赞量转发量超800万人次，自媒体活跃度提高60%，“1818黄金眼”微博直播点击达60多万人次，有效提高了庆元的社会关注度和影响力。

（庆元香菇文化节组委会办公室）

大事记

1月

6日　在全省推动台商台企融入新发展格局暨新年座谈会上，庆元与旺旺集团签订“丽水市庆元县神旺酒恒温洞藏基地及生产线投资项目”。

7日　央视《荒野至上》节目组到庆元拍摄百山祖冷杉。

同日　位于淤上乡山根村的方格菌博园开园。

11日　《庆元县第三次全国国土调查主要数据公报》公布。该公报以2019年12月31日标准时点，汇集8.2万个调查图斑，查清全县国土利用现状。

12日　全县首个爱心献血屋成立并投入使用。

20日　《南峰故事》在县新华书店举行首发读书会。

21日　全县首个乡镇特色产品品牌“隆宫山予”上市。

23日　庆元与杭钢集团就相关领域达成合作工作会议召开，双方就能源、环保、总部经济、税收、产业发展、服务业营业收入等相关领域展开深入研讨交流。

27日　县党史学习教育总结大会召开。会议学习贯彻中央、省委、市委总结大会精神，全面总结庆元县学习教育成效、做法和经验，就下一步巩固和拓展学习教育成果进行部署。

29日　全县首个乡镇(街道)应急管理站——荷地应急管理站成立。

是月　淤上乡山根村（胡庆余堂方格菌博园）和香菇小镇入选第二批浙江省职工疗休养基地，全县共有省级职工疗休养基地3家。

是月　庆元出台政策福利，鼓励员工留在庆元过年。

是月　庆元县达到90岁的高龄老人共258人，达到100岁的高龄老人共13人。

是月　“香菇文化”入选浙江省首批100个“浙江文化标识”培育项目。

2月

9日　全民义务植树活动暨林业碳汇先行基地创建启动仪式举行。

9—12日　政协第十届庆元县委员会第一次会议在县城举行。

11—13日　庆元县第十七届人大第一次会议在县城举行。会议选举田健晖为县人民政府县长。

14日　浙江文茂信用管理有限公司总部经济项目签约仪式在庆元举行。

22日　庆元县公开发布生物多样性本底调查成果显示：共记录到高等植物2314种，陆生脊椎动物280种，陆生昆虫2200种，鱼类53种，底栖动物98种，大型真菌149种。发现全球新物种3个（百山祖角蟾、皱盖油囊蘑、丽水丽丝盖伞），中国新记录种27个，浙江新记录种99个，庆元新记录种117个。

同日　中央广播电视总台浙江总站共同富裕示范区（人与自然和谐共生）观察点揭牌暨浙江省生物多样性保护新闻采风活动启动仪式在庆元举行。

同日　庆元坑里生物多样性体验馆在屏都街道蔡段村坑里自然村开馆，7月入选全省首批生物多样性体验地名单。

23日　全县干部大会暨县委经济工作会议召开。县委书记蔡昉围绕"担当作为、比拼争先，奋力推进跨越赶超"主题讲话。

28日　中铁建—庆元县"央地结对合作"工作座谈会召开。会议听取双方拟合作项目情况汇报，与会人员就下步项目合作开展座谈交流。

3月

2日　全县首个小区图书馆——菇香公寓图书流通点开馆,

4日　庆景青公路（规划国道）庆元县景庆交界至照田圩段改建工程可行性研究报告通过审查。

7日　县第十五届纪律检查委员会第二次全体会议召开。

同日　县工商业联合会（总商会）第八次代表大会召开。吴静安当选主席（会长）。

10日　省级结对帮扶庆元团组2022年度工作座谈会在庆元召开，会上启动"红耀百山祖、奋进共富路"党建联盟。

11日　第二届闽浙边区域交通发展研讨会暨交通服务共同富裕大会在庆元召开。会议签订《闽浙边省际公路规划建设暨红色共同富裕路建设合作协议》，成立闽浙边红色富裕标杆路党建联盟。

15日　全市首个黄粿技能工作室——吴祥宝技能大师工作室挂牌成立。

24日　中共浙江省委书记袁家军到竹口镇黄坛村宣讲全国两会精神。

是月　县人民政府重新设置禁渔期，禁渔时间为每年3月1日0时至6月30日24时，同时设立全年禁渔区。

4月

11日　庆元抽水蓄能电站通过预可行性研究报告审查。

15日　全县市场主体总量突破20074家，为历史新高。其中，企业3404家，个体工商户16249家，农民专业合作社421家。

19—20日　中央电视台新闻频道在庆元拍摄节目《万水千山总关情·老区行》（浙西南篇）。

26日　庆元县全面启动非标电动自行车提前淘汰置换工作。

28日　国网庆元县供电公司竹口供电所被中华全国总工会授予全国工人先锋号。

5月

9日　浙江庆元经济开发区挂牌成立。

17日　县政协"兴业共富"委员工作室成立。

19日　浙闽边际茶产业联盟成立仪式在龙溪乡举行，松源街道、龙溪乡、举水乡、江根乡和福建省寿宁县下党乡共同签订《浙闽边茶产业技术技能联盟合作协议》。

同日　庆元县荒野茶开发启动仪式暨首届斗茶大赛在龙溪乡举行。

23日　义龙庆高速公路庆元段通过工程可行性研究报告通过审查。

同日　全县首个乡镇综合行政执法队——黄田镇综合行政执法队挂牌成立。

25日　县公安局百山祖派出所所长刘琼获全国特级优秀人民警察称号。

26日　全县首个省级"妇女儿童综合服务

驿站”在淤上乡成立。

27日　中共庆元县委农村工作领导小组办公室挂牌成立。县委农村工作领导小组办公室设在县农业农村局，接受县委农村工作领导小组的直接领导，承担县委农村工作领导小组具体工作。

同日　54省道庆元黄坛至菊水及55省道菊水至松源段公路改建工程通过竣工验收。

是月　淤上乡山根村方格菌博园灵芝基地试验的大棚无土栽培灵芝取得成功。

6月

1日起　全县主城区全面实行生活垃圾“撤桶并点，两定四分”投放模式。

2日　庆元召开山区26县跨越式高质量发展工作推进部署会。

8日　庆元县快递行业工会联合会成立。胡逢树当选为庆元县快递行业工会联合会第一届委员会主席。

9日　庆元启动国家监测项目特定健康问题哨点监测工作。

18日　庆元普降特大暴雨，19个乡镇（街道）受灾，累计受灾46752人，紧急转移10329人，直接经济损失约9.74亿元。

30日　全省食用菌产业技术项目（2021—2023年）中期检查交流会在庆元召开。会议汇报交流全省食用菌产业技术团队项目（2021—2023年）中期进展情况，分析存在的问题，研究部署下阶段工作。

是月　竹口瓷窑文化博物馆正式对外开放。

7月

1日　县慈善总会第四次会员代表大会举行。毛茂丰当选庆元县慈善总会第四届理事会会长。

2—3日　中国工程院院士、温州医科大学校长李校堃到庆元考察生态环境、健康产业等情况。

4日　“6·18”特大暴雨赈灾捐赠仪式（铅笔行业专场）举行，16家企业共捐赠现金100.5万元。

5日　全省首个亚高原运动基地——浙西南高原运动基地在荷地镇启用。

5—6日　省人大常委会副主任李学忠到庆元调研山区26县高质量发展工作情况和钱江源—百山祖国家公园建设情况。

12日　庆景青公路G638青田至厦门段正式被纳入《国家公路网规划》。

18日　庆元县与丽水职业技术学院签订战略合作协议。

19日　全省首批绿色农田建设项目——黄田镇绿色农田建设项目开工。

20日　浙江大学国家语言文字推广基地庆元工作站成立。

23日　浙闽两省三县边界乡镇抱团发展促共富座谈会在贤良镇召开，各乡镇签署《浙闽边界乡镇抱团发展促共富党建联盟合作协议》。

29日　庆元“风展红旗如画”国旗展在县档案馆开展。

是月　“庆元香菇数字贸易”入围第二批省现代服务业创新发展区名单。

是月　《庆元县2022年基本建设项目投资计划》印发，计划安排基本建设项目（50万元以上）197个，总投资450.31亿元。

8月

2日　全县发放首批退役军人优待证。

4日　城区地下综合管网工程通过竣工验收。

8日　“浙江庆元林—菇共育系统”申报全球重要农业文化遗产线上考察筹备会召开。

16日　庆元—中铁建“央地合作”工作座谈会召开。会上，中铁建介绍共同富裕推进总体思路、近期合作项目推进情况，与会人员就具体项目合作事宜进行座谈交流。

24日　全省慈善会系统基层慈善网络建设

现场会(金衢丽)在庆元召开。

25日 《中国共产党浙江庆元历史》第二卷复审会暨第三卷编纂工作动员会召开。

同日 “大爱菇乡”慈善项目签约仪式举行，16家省内慈善公益组织为庆元注入善款1830万元。

30日 县社会生态公益性公墓项目全面完成政策处理签约。

30—31日 638国道景庆交界至照田圩段改建工程初步设计技术审查会议召开。会议原则同意该项目工程初步设计技术审查，形成专家组审查意见。

9月

1日 五都幼儿园和屏都幼儿园投入使用，新增720个学位。

4日 “百山祖国家公园杯”庆元古道徒步赛、“我在庆元疗休养”启动仪式暨百山祖啤酒音乐节在百山祖镇举行。

14—15日 “江南书画名家走进百山祖国家公园”采风献艺大型文化活动在庆元举行。

19日 “大爱菇乡·礼润庆元”文明礼仪培训基地挂牌成立。

20日 全县第一个未来社区——同心未来社区开工建设，

22日 庆元县邮政管理局挂牌成立。

23日 县城东片区CD01-44地块国有建设用地使用权由庆元县恒庆置业有限公司以6.7亿元竞得。

27日 县委十五届二次全体(扩大)会议暨县政府十七届一次全体会议举行。

28日 庆元县经投产业发展有限公司挂牌成立。

同日 屏都综合新区香菇小镇工业区块基础设施配套建设项目开工建设。

是月 竹口窑瓷文化博物馆、庆元坑里生物多样性体验馆、月山村晚展览馆、庆元县三山根博园上榜浙江省第二批乡村博物馆名单。

10月

5日 638国道庆元段万年隧道进入实质性施工阶段。

10日 全县首个危险废物收储转运中心正式投入使用。

10—11日 省人大常委会副主任赵光君到庆元调研全过程人民民主基层单元建设和百山祖国家公园立法工作。

14日 S209奉化至庆元公路庆元杨楼至门林后、举水至龙溪段工程通过初步设计审查。

25日 县残疾人联合会第八次代表大会召开。会议推选产生县第八届残疾人联合会主席团主席、副主席，执行理事会理事长、副理事长、理事，通过各专门协会主席、副主席。

26日 庆元发布“大爱菇乡”县域品牌。

是月 庆元香菇国家地理标志产品保护示范区入选2022年国家地理标志产品保护示范区筹建名单。

是月 百山祖国家公园核心区庆元片区发现国家一级重点保护野生动物、濒危鸟类黄腹角雉。

11月

2日 庆元百花岩风电场正式开工，项目总投资19亿元，总装机规模250兆瓦，建设工期为2022—2025年。

4日 “浙江庆元林—菇共育系统”被联合国粮农组织认定为全球重要农业文化遗产。

10—11日 第十二届庆元香菇文化节暨2022年庆元人才科技峰会举行。

11日 香菇始祖吴三公朝圣大典在西洋殿举行。

同日 2022年庆元人才科技峰会暨浙西南中药产业高峰论坛举行。会议表彰高层次人才创业大赛获奖项目、百山杰出技能人才；为人才专家团出征授旗、专家聘任、“人才驿站”授牌；开展招才引智项目签约和关键技术难题揭榜挂帅。

13日 “庆元甜桔柚”地理标志证明商标注册成功。

13—18日 庆元县召开抽水蓄能电站可行性研究报告审查会。与会专家及各单位代表充分肯定庆元县抽水蓄能可研成果，同意通过评审。

16日 中国共产主义青年团庆元县第十九次代表大会召开。大会听取共青团庆元县第十八届委员会工作报告，选举产生第十九届团县委委员、候补委员，产生第十九届团县委常委、书记、副书记。

同日 金融支持山区跨越式高质量发展建设共同富裕美好庆元合作协议签约仪式举行。中国银行丽水市分行、庆元县支行分别与庆元县签订《金融支持山区跨越式高质量发展建设共同富裕美好庆元合作协议》《银企合作协议》。

19日 庆元获全国“绿水青山就是金山银山”实践创新基地称号。

21日 北京卫蓝新能源科技有限公司投资的“年产20Gwh固态电池生产线项目”签约落地南太湖新区——庆元“产业飞地”内。

24日 浙闽边际笋竹产业农民合作经济组织联合会成立大会暨第一次会员代表大会在庆举行，成立全国首个跨省域产业农合联——浙闽边际笋竹产业农合联。

26—27日 2022“山屿海杯”庆元廊桥越野赛举行。

30日 屏都综合新区生物科技（食用菌）产业园工程——两山梦之园项目通过竣工验收。

12月

2日 浙江交工集团与庆元县人民政府就推动产业发展、实现共同富裕等方面达成共识，双方正式签署合作共建协议。

同日 香蕈社区揭牌成立。

6日 浙江立盛工程科技有限公司总部经济项目签约仪式在庆元举行。

8日 全球濒危物种百山祖冷杉保护成果发布，百山祖冷杉从最初的3株培育母树种子实生树83株，母树下自然萌发幼苗600余株，建成野外种群基地82亩，回归种植4000株。

13日 庆元县与葡萄牙莱里亚市签署结好意向书。

15日 安馨嘉园项目安置房选房工作启动。

16日 庆元入选浙江林业共同富裕试点县。

22日 培养技能型干部建设技能型乡镇15周年座谈会召开。会议为15名“优秀技能党员干部”颁奖，为十佳技能团队授旗。

28日 衢宁铁路庆元站货运开通运营。

是年 省旅游饭店星级评定委员会发文同意批准庆元明悦大酒店为四星级旅游饭店。这是庆元首家被评定为四星级旅游饭店的酒店。

（县党史和地方志研究室）

县情概览

自然地理

【位置面积】 庆元县位于浙江省西南部，北纬27°25′—27°51′、东经118°50′—119°30′。东与福建省寿宁县、南与福建省政和县、西与福建省松溪县交界，北与浙江省龙泉市、景宁畲族自治县接壤。庆元县东西宽67千米，南北长49千米，总面积1898平方千米。县政府驻地松源街道，东北距丽水市公路里程210千米，北距杭州市公路里程506千米。

【地形地貌】 庆元县属浙闽丘陵，有河谷、丘陵、低山、中山四种地貌类型。全境山岭连绵，群峰起伏，海拔1500米以上的山峰有266座，居全省之冠。东、北部为洞宫山脉所踞，多崇山峻岭、深谷陡坡，海拔1500米以上山峰有23座，主峰百山祖海拔1856.7米，为浙江省第二高峰，百山祖北麓斋郎村海拔1210米，是全县最高居民点，山间盆（谷）地相对高度海拔600—800米；西南部和中部是仙霞岭、枫岭余脉，地势较东、北部平缓，谷地较宽，山间盆（谷）地相对高度海拔330—600米，新窑村海拔240米，是全县最低点。

【水文】 庆元县是瓯江、闽江、赛江3条河流的发源地之一，有“三江之源”之称。县境内有大小溪流926条，较大的有松源溪（总长59千米，支流202条）、安溪（总长29千米，支流87条）、竹口溪（总长29千米，支流164条）、南阳溪（总长44千米，支流115条）、西溪（总长26千米，支流51条）、八炉溪（总长25千米，支流55条）。分布在东部地区的南阳溪、左溪向东流入瓯江，西部地区松源溪、安溪、竹口溪向西南流入闽江，东南的西溪、八炉溪向东南注入交溪（福安江）。较大的人工湖泊（水库）有兰溪桥水库（水域面积70公顷）、马蹄岙水库（25公顷）、大岩坑水库（41公顷）、左溪水库（83公顷）。庆元县水资源总量为22.55亿立方米，是全省人均占有量的5倍。多年平均年径流量21.9亿立方米，5—6月径流量最大，约占全年16%，最小月是12月或1月，约占全年的2%—5%。庆元县年均侵蚀模数为15.67万千克/平方千米，输沙量约2.96亿千克。庆元县属山区基岩裂隙地下水分布区，地下水总量5.50亿立方米，以潜水为主要埋藏形式，分布极不均匀。沟谷、洼地及低级阶地前缘是地下水的主要排泄出口场所。　　（县党史和地方志研究室）

【气候】 庆元气候属亚热带季风气候，温暖湿润，四季分明，气候总体特点是冬无严寒，夏无酷暑，年平均气温17.4摄氏度，降水量1760毫米，无霜期245天。境内地势高低悬殊带来的垂直差异，造成明显的立体气候。大致海拔500米以下相当于中亚热带；海拔500—800米，相当于北亚热带；海拔800米以上相当于暖温带。7月、8月日照时间长，2月、3月日照时间短。7月最热，1月最冷，年较差大。雨水丰沛，但降水的时空分布不均衡。就局部而言，东、北部气温较之西南部和中部低，无霜期短，昼夜温差大，最宜于香菇等菌类生长。

2022年，庆元站平均气温18.8摄氏度，比常年高0.6摄氏度。各乡镇（街道）的年平均气温分布在13.6摄氏度—19.3摄氏度，百山祖镇最低，濛洲街道最高。全县的极端最高气温40.7摄氏度，7月25日出现在濛洲街道，本站39.2摄氏度（出现在7月25日）。各乡镇（街道）的年极端最高气温分布在32.8摄氏度—40.7摄氏度，巾子峰最低。极端最低气温-10摄氏度，12月18日出现在斋郎村，本站-3.8摄氏度。各乡镇（街道）的年极端最低气温分布在-10摄氏度—-2.7摄氏度之间，濛洲街道最高。全县平均高温（日最高气温≥35摄氏度）日数30.1天，本站58天。各乡镇（街道）的高温日数分布在0—69天，黄坛村最多。全年庆元站降水量2038毫米，较常年偏多280毫米。全县平均降水日数186天，本站168天。各乡镇（街道）年降水日数分布在146—224天，山根寺最少，举水乡最多。全县平均暴雨日数8天（暴雨概念为24小时降水量≥50毫米），本站6天。各乡镇（街道）年暴雨日数分布在4—14天，上际村、淤上乡、竹口镇和屏都街道最少，百山祖镇最多。2022年，庆元站日照1658.1小时，较常年偏少32.7小时。

寒潮、低温冰冻。受冷空气影响，1月11—14日全县大部分地区出现低温冰冻天气，本站1月12日最低气温-0.1摄氏度；1月30—31日城区有霜冻或结冰，高海拔山区出现低温冰冻天气；2月3—8日高海拔山区出现低温冰冻天气；2月20—25日城区有霜冻或结冰，高海拔山区出现低温冰冻天气，本站2月21日最低气温-0.8摄氏度；3月8—9日高海拔山区有霜冻或结冰；12月1—2日高海拔山区有霜冻或结冰；12月13日全县大部分地区出现霜冻或结冰；12月17—20日全县出现严重低温冰冻天气，12月19日城区达到全年极端最低气温-3.8摄氏度。

冷空气。3月21—22日、3月31日至4月2日、4月15—16日、11月29日至12月2日、12月16—19日，本站日平均气温降幅分别是6.7摄氏度、8.4摄氏度、6摄氏度、14.4摄氏度、9摄氏度。

暴雨。3月起受西南暖湿气流加强和冷空气影响，3月22日全县有暴雨天气过程，面雨量78.8毫米，城区累计降水量73.9毫米，最大累计降水量为官塘乡100.4毫米；3月25—26日全县有暴雨天气过程，面雨量69.6毫米，城区累计降水量66.6毫米，最大累计降水量为蔡地村102毫米；3月31日全县有暴雨天气过程，面雨量66.2毫米，城区累计降水量59.5毫米，最大累计降水量为张村乡91.1毫米。4月起受梅雨带南北摆动影响，4月26—27日全县有大到暴雨天气过程，面雨量61.9毫米，城区累计降水量89毫米，最大累计降水量为五大堡乡112.4毫米。5月26日全县有大到暴雨天气过程，面雨量41.9毫米，城区累计降水量36.2毫米，最大累计降水量为合湖村58.1毫米；5月29日至6月6日有一段连阴雨天气过程，全县各站点累计雨量150—300毫米，面雨量213.2毫米，城区累计降水量195.4毫米，最大累计降水量为百山祖镇298.8毫米。6月9—10日全县有暴雨到大暴雨天气过程，面雨量122.6毫米，城区累计降水量129.2毫米，最大累计降水量为青草村177.1毫米；6月18—20日全县有大暴雨到特大暴雨天气过程，面雨量264.3毫米，城区累计降水量282.7毫米，最大累计降水量为五大堡乡344.3毫米。庆元本站日降水量227.6毫米，为有气象资料以来日降水量历史最大值，超过1989年7月22日的210.6毫米。8月起汛期结束，受副热带高压影响，多午后强对流天气。11月起受冷空气南下影响，11月29日至12月5日有一次连阴雨天气过程，其中30日全县普降暴雨。全县过程面雨量

156.2毫米，城区累计降水量156.2毫米，最大累计降水量为百山祖镇219.2毫米。

强对流天气。3月14日出现强雷电和短时强降水；3月24—26日出现强雷电、8级以上雷雨大风和短时强降水。4月13日出现强雷电；4月25—26日出现强雷电、8级以上雷雨大风和短时强降水；4月28—29日出现强雷电和短时强降水。5月30日至6月4日出现强雷电、8级以上雷雨大风和短时强降水。6月29—30日出现强雷电和短时强降水。7月28—29日出现强雷电、短时强降水和7—9级雷雨大风。8月6—7日出现强雷电、8级以上雷雨大风和短时强降水；8月12—13日出现强雷电、8级以上雷雨大风和短时强降水；8月16—17日出现强雷电；11月28—29日出现强雷电、8级以上雷雨大风和短时强降水。

高温。6月底至10月初庆元县出现晴热高温天气，其中7月24—25日、8月13日、8月22—23日出现高温天气，本站最高气温超过38摄氏度。

（县气象局）

【自然资源】 土地资源。全县土地面积189800公顷，其中林业用地167796.3公顷，农业耕地15283.01公顷，溪流水域2733.2公顷。

森林资源。拥有庆元林场、营林公司、产业公司等国有林场和一批乡（镇）、村集体林场；各地还营建菇木、竹笋、柑橘、锥栗、厚朴、山苍子等经济林基地。全县16万余公顷山林有林木蓄积量846万立方米，立竹量54520400万株。森林覆盖率86%，是浙江省8个林业重点县之一。

水力资源。全县水力资源理论蕴藏量达28万千瓦，可开发装机有25万千瓦，多年电能6.46亿千瓦时，其中瓯江流域15.56万千瓦，电能40687万千瓦时；赛江流域2.72万千瓦，电能8500万千瓦时；闽江流域6.72万千瓦，电能21032万千瓦时。已开发装机21.275万千瓦时。

矿产资源。境内矿种有23种，其中金属矿有金、银、铜、铁、铅、锌、钨、钼、锡、铀、稀土11种，非金属矿有煤、磷、高岭土、叶蜡石、钾长石、石英、白云母、水晶、大理岩、花岗岩、砖瓦用全风化泥岩、黄砂12种，已开发利用的矿种为11种，其中金属矿2种，非金属矿9种。正在开采的矿种有5种，均为非金属矿产。境内矿产地质勘查程度总体较低，已查明资源储量的小型矿床6个，分别是老鹰岩铅锌矿、官坳铅锌矿、桉树坳铅锌矿、隆宫乡生水塘钾长石矿、山丘大理岩矿、荷地稀土矿。

生物资源。有动物100多种，植物2000多种。珍稀动物有华南虎、短尾猴、猕猴、穿山甲、黑熊、金猫、云豹、金钱豹、大灵猫、獐、鬣羚、黄腹角雉、鸳鸯、相思鸟、大鲵（娃娃鱼）等。珍稀植物有百山祖冷杉、钟萼木、香果树、福建柏、银杏、鹅掌楸、华东黄杉、长叶榧树、天竺桂、沉水樟、短萼黄连、八角莲、天麻、油杉、银钟花、黄山木兰、凹叶厚朴、天女花、花梨木、半枫荷、南方铁杉等。珍贵菌类植物有香菇、木耳、牛肝蕈、灰树花蕈、竹荪、岩蕈、茯苓等。

（县党史和地方志研究室）

历史人文

【建置沿革】 从出土的石锛、石凿表明，新石器时代就有人类在庆元境内繁衍生息。夏、商、周时，境域为越地（越族聚居地）。春秋，为越国地。战国后期（约前306年），楚灭越，境域属东瓯国。秦，属闽中郡（郡治在今福州市）。西汉，汉惠帝三年（前192年），属东瓯国（治所在今温州市）；西汉始元二年（前85年），以东瓯国地置回浦县（县治在今台州市椒江区章安镇），辖今台州、温州、丽水三市区域，属扬州刺史部会稽郡（郡治在今江苏省苏州市）。东汉建武元年（25年），回浦改名为章安县（县治在今台州市椒江区章安镇），属扬州刺史部会稽郡（郡治在今绍兴市）；建安四年（199年），分章安县置松阳县，属扬州刺史部会稽郡；建安二十三年（218年），分太末县南部置遂昌县，属扬州刺史部会稽郡。从三国、两晋、南北朝、隋至唐乾元二年(759 年),松阳县先后隶属扬州临海郡、永嘉郡、处(栝)州、江南道(或江南东道)栝州;遂昌县先后隶属扬州东阳郡、栝州、江南道(或江南东道)栝州。

唐乾元二年(759 年),析遂昌县、松阳县置龙泉县,庆元境域属浙江东道栝州龙泉县。五代十国,属吴越国处州龙泉县;后晋天福二年(937 年),闽国夺取吴越国龙泉县松源乡大部分地(今福建省松溪县溪东、渭田、旧县、河东、茶平,不含钱园桥行政村的松源镇及政和县东平镇和铁山乡锦屏行政村),建松源镇(治在今松溪县旧县村),另半(今屏都、淤上、隆宫、安南、松源、四山、百山祖、合湖、贤良、五大堡、张村、举水、龙溪等乡镇)仍属吴越国处州龙泉县。北宋,属两浙路(或两浙东路)处州龙泉县。

南宋庆元三年(1197 年),析龙泉县松源乡及延庆乡部分地(今龙泉市小梅、查田、茶丰、青溪、四源和庆元县三济、黄真、黄田等地)置县,以宁宗年号"庆元"为名,为庆元县建制之始,属两浙东路处州,县治在濛洲(今庆元县城)。

元初,庆元县属江淮行省处州路;至元二十一年(1284 年),改属江浙行省处州路;至正十九年(1359 年),改为安南府;旋改为处州府。明洪武三年(1370 年),撤庆元县置庆元巡检司,治在查田(今属龙泉市);洪武十三年(1380 年),复置庆元县,属浙江布政使司处州府;景泰三年(1452 年),青田县鸣鹤乡升天西里一部分地域(今江根、竹坪、官塘、左溪、青竹、苏湖、岭头、南峰等乡村)划归庆元县,"延庆乡之半"地域中的小梅、查田、茶丰、青溪等地划归龙泉县。清,属浙江省处州府。嘉庆年间(1796—1820 年),金村、下洋划归龙泉县。辛亥革命时,隶属浙江军政府处州军政分府。

民国元年(1912 年),庆元县直属浙江省都督府。民国 3 年(1914 年),属浙江省长公署瓯海道(道尹驻今温州市)。民国 16 年(1927 年),直属浙江省政府。民国 24 年(1935 年)6 月,属浙江省第九行政督察区。民国 37 年(1948 年)属第六行政督察区,同年 7 月改称第七行政督察区。

1949 年 5 月 17 日,庆元县和平解放。7 月 5 日,庆元县人民政府成立,属浙江省第七专区,同年 10 月改称丽水专区。1952 年 1 月至 1963 年 4 月,撤销丽水专区,改属温州专区。1954 年 3 月,景宁县吴坑乡划给庆元县(今属张村乡)。1957 年 5 月,龙泉县龙岩村划给庆元县(今属百山祖乡)。1958 年 3 月,隆宫乡张天村划给福建省政和县。1958 年 11 月,庆元县并入龙泉县。1973 年 7 月 17 日,国务院批准恢复庆元县建制。1975 年 3 月,四源公社划归龙泉县。1975 年 8 月 18 日,庆元县革命委员会挂牌办公。1981 年 7 月,改称庆元县人民政府,属丽水地区。2000 年,撤销丽水地区,设立地级丽水市,庆元县属丽水市。

(县党史和地方志研究室)

【人口】 2022 年末,全县户籍人口 19.98 万人,比 2021 年末减少 1264 人。其中,男性人口 10.33 万人,女性人口 9.65 万人,分别占总人口的51.70%和 48.30%,性别比为 107(以女性为 100);全

2022 年庆元县行政区划一览表

表 1 单位:个

乡镇(街道)	行政村	社区(居民区)	行政村、社区(居民区)
濛洲街道	14	5	上叶村、大坂洋村、后碓村、吴宅村、姚家村、街尾村、大塘源村、大济村、周墩村、喜鹊村、道岗村、星光村、乌林村、同源村、濛洲社区、玉田社区、洋墩社区、同济社区、同舟社区
松源街道	17	6	城北村、东门村、南门村、西门村、北门村、底村村、会溪村、上庄村、坑西村、五一村、五二村、五三村、兴民村、朱村村、薰山下村、九漈村、四山村、石龙社区、新建社区、咏归社区、同德社区、同心社区、香蕈社区
屏都街道	10	—	八一村、八二村、八三村、菊水村、余村村、蔡段村、洋背村、白岭头村、菖蒲洋村、百丈村

续表1

乡镇(街道)	行政村	社区(居民区)	行政村、社区(居民区)
竹口镇	11	—	竹下村、竹中村、竹上村、平良村、岩溪村、三坑村、新窑村、黄坛村、上垟村、崔家田村、大泽村
荷地镇	13	—	荷地村、底墅村、黄沙村、杨桥村、联丰村、黄洋村、大岩村、高家庄村、石洋村、东坪村、际面村、杨朗坑村、苏湖村
黄田镇	16	—	东西村、黄田村、曹岭村、姚村村、陈边村、仙湖村、柏渡口村、龙头山村、朱黄村、双沈村、双坞村、中济村、桐山村、上济村、李村村、下济村
左溪镇	13	—	左溪村、联坑村、高枧湖村、黄先村、石上村、红星村、石塘岚岭村、留芳桥村、印柘村、永久村、竹坪村、青竹村、岱根村
贤良镇	6	—	贤良村、湖源村、溪林村、新村村、黄淤村、石川村
百山祖镇	9	—	百山祖村、龙岩村、黄水村、黄土洋村、合湖村、三堆村、兰泥村、斋郎村、久住洋村
安南乡	9	—	安溪村、安隆村、甘竹山村、东村村、黄竹村、权山村、山头洋村、吾际下村、上余村
隆宫乡	9	—	隆宫村、里源村、源山村、中村村、桃园村、张地村、小关村、莲湖村、黄坑村
五大堡乡	13	—	五大堡村、梧桐洋村、后广村、西洋村、坑头村、东半村、濛淤村、石坛村、高大村、杨楼村、西川村、盖竹村、八洋村
岭头乡	12	—	岭头村、双坑村、官云村、果洋村、岭源村、龙源村、莲洋村、南峰村、八炉村、杨家庄村、小际头村、大际头村
淤上乡	9	—	山根村、银田村、淤上村、蒲潭村、外童村、坑口村、石坝村、塘根村、长砻村
张村乡	8	—	张村村、库山村、联合村、吴坑村、金后西村、蔡川村、湖山村、南阳村
江根乡	7	—	江根村、洋头寨村、上杉坑村、箬坑村、坝头村、青田村、后洋村
官塘乡	4	—	官塘村、横坑村、白柘洋村、中际坑村
龙溪乡	6	—	西溪村、后洋坑村、大川村、龙丰村、冯家山村、岙里村
举水乡	6	—	月山村、茶源村、丰洋村、炉山村、地山村、照林村

(县民政局)

年出生人口1073人,出生率为5.35‰;死亡人口1239人,死亡率为6.18‰;人口自然增长率为-0.83‰。根据2022年5‰人口变动抽样调查推算,年末全县常住人口14.24万人,比2021年末减少0.03万人;城镇化率为65.19%。

(县统计局)

2022年庆元县分乡镇(街道)人口基本情况表

表2

乡镇(街道)名称	行政村(个)	户数(户)	人口数(人)	乡镇(街道)名称	行政村(个)	户数(户)	人口数(人)
庆元县	201	88870	199837	淤上乡	9	3961	9028
屏都街道	10	4775	10046	安南乡	9	3283	7970
濛洲街道	18	12494	26323	隆宫乡	9	2880	7668
松源街道	22	16037	34453	岭头乡	12	4369	9675
黄田镇	16	5792	15136	龙溪乡	6	1834	4097
竹口镇	11	4523	10751	举水乡	6	2571	5992
荷地镇	13	5639	11933	五大堡乡	13	4771	10376
贤良镇	6	2104	4786	张村乡	8	2747	6318
左溪镇	13	4019	8951	官塘乡	4	1153	2809
百山祖镇	9	3523	7903	江根乡	7	2395	5622

说明:本表户数、人口数来自公安年报

【民族】 庆元县有汉族和畲族、蒙古族、苗族、彝族、侗族、土家族、壮族、满族、回族、藏族、布依族、朝鲜族、仡佬族、瑶族、拉祜族、佤族、白族、哈尼族、黎族、傈僳族、傣族、水族、羌族、仫佬族、鄂温克族、达斡尔族、景颇族、土族、布朗族等30个民族成分。全县少数民族人口2761人，分布在19个乡镇（街道），以畲族人口为主，其中濛洲街道、黄田镇最为集中。全县有道岗村、东西村、李村村、山根村、蔡段村、库山村等6个少数民族村。

（县民宗局）

【菇乡遗韵】 庆元县历史悠久、文化底蕴深厚，有古窑址、古矿冶、古民居、宗祠、桥梁、牌坊等不可移动文物点644处，有全国重点文物保护单位4处14个点，省级文物保护单位9处11个点，县级文物保护单位44处48个点，中国历史文化名村1个。早在唐代，庆元境内竹口镇黄坛村的青瓷技术就已相当娴熟。宋代进一步发展，从新窑到上洋的30千米路上，鼎盛时有98座瓷窑，是举世闻名的龙泉青瓷的发祥地。2005年5月，在全国2348个县（市、区）的生态环境现状调查联评中被评为“中国生态环境第一县”。2008年1月，庆元县以木拱廊桥数量最多、保存最好，被中国民间文艺家协会命名为“中国廊桥之乡”。2009年，木拱桥传统营造技艺被联合国教科文组织列入《急需保护的非物质文化遗产名录》。庆元的民俗文化特色鲜明，香菇文化、廊桥文化、农耕文化、生态文化独具魅力，国家AAAA级旅游景区百山祖、巾子峰，神奇东溪龙井，中国历史文化名村、省级历史文化保护区大济进士村，全国特色景观旅游名村月山村，江根乡双苗尖以及中国香菇博物馆、中国廊桥博物馆等，都是寻幽猎奇、休闲养生、观光揽胜的好去处。

庆元人文荟萃，名人辈出，北宋有刚正不阿、威武不屈的吴枢、吴兢，“廷试第一”上舍生及第的状元刘知新；南宋有发明香菇人工栽培技术、被菇民尊为“菇神”的吴三公，密宗第36代传人、灵隐寺住持吴崇岳，置县功臣、官至工部、礼部、吏部侍郎的胡纮；明代有矿工起义领袖叶宗留，为官清正廉洁廉明的吴倖；清代有名医姚安世。

【庆元方言】 庆元县北接吴方言区，南接闽方言区。因此方言既具有吴语的大部分特征，又因受闽北方言影响，有浊音清化等一些不属于吴语的差异。庆元方言大致可分为城区（县城及周边乡镇）、北区（黄田、竹口一带）、东区（荷地、张村和百山祖一带）三种口音，但差别并不太大，彼此之间都能听懂。庆元方言保存大量古代汉语的特征（如古八声齐全，无浊音清化现象等），属吴语方言的处衢片区。庆元方言形成于晚唐时期，吴祎及其家族为避战乱，从京城辗转迁来庆元，带来当时的“普通话”，为庆元方言的形成奠定基础。由于庆元的地理环境特殊，受外来语种干扰少，故这种“唐宋时期普通话语音”能历经上千年而基本保持原貌。

（县党史和地方志研究室）

经济社会发展

【概况】 2022年，庆元县面对复杂严峻的国内外环境和多重超预期变化冲击，全面贯彻落实“疫情要防住、经济要稳住、发展要安全”重要指示精神，有效应对内外部挑战，经济顶住压力持续恢复，社会大局和谐稳定，跨越式高质量发展取得新成效。

2022年全县地区实现生产总值92.65亿元，同比增长5.9%，位列全市第二，高于全省、全市2.8个和1.9个百分点，与2020年同期相比，增长10.9%，两年平均增长5.3%。分三次产业看，第一产业增加值8.13亿元，增长4.1%，位列全市第八；第二产业增加值31.94亿元，增长5.8%，位列全市第四；第三产业增加值52.58亿元，增长6.2%，位列全市第二。

农业经济稳步发展。全年农林牧渔业增加值8.27亿元，同比增长4.1%，列全市第八。蔬菜产量增长 3.1%，食用菌产量增长 3.6%，蛋类产量下降 19.9%，水果产量增长 3.5%，中草药材产量增长 17.4%，毛竹采伐量增长 6.2%。生猪存栏 3.07 万头，累计出栏 3.30 万头，分别增长 23.2%和 10.8%。其中，能繁母猪 0.25 万头，下降 25.3%。

工业产业迈出新步伐。全年规模以上工业增加值 13.24 亿元，同比增长 6.1%，位列全市第三。规上工业销售产值增长 8.0%，其中出口交货值增长 17.6%。规上工业企业中，民营企业增加值增长 6.8%，增加值占比 87.3%。分门类看，制造业增加值增长 9.0%，电力、热力、燃气及水的生产和供应业增加值下降 6.5%。分产业看，高新技术产业增加值增长 4.5%，装备制造业增加值增长 36.7%，战略性新兴产业增加值增长 19.1%。分主要行业看，食用菌加工业增加值增长 9.3%，竹木制品业增加值下降 6.2%，铅笔制造业增加值增长 30.8%，水电生产业增加值下降 15.5%。12 月，规模以上工业增加值增长 9.2%，比 3 月、6 月、9 月提高 1.5 个、4.6 个和-3.0 个百分点。全年全社会用电量 5.27 亿千瓦时，同比增长7.5%。其中，工业用电量 2.58 亿千瓦时，增长 1.2%。

服务业平稳增长。全年服务业增加值拉动地区生产总值增长 3.5 个百分点。分行业看，金融业增加值增长 4.8%，批发和零售业增长 7.2%，交通运输、仓储和邮政业下降 1.9%，住宿餐饮业增长 4.9%。1—11 月，规模以上服务业营业收入下降 15.5%，其中净服务收入增长 56.8%。

【固定资产投资】 全年固定资产投资增长 16.2%，列全市第三。按项目类型分，基础设施投资增长 8.1%，制造业投资增长 53.7%，房地产开发投资下降 23.5%。按重点领域分，交通投资增长 16.4%，生态环保、城市更新和水利设施投资下降 0.9%，高新技术产业投资增长 13.1%。商品房销售面积增长 4.6%，较 1—3 月、1—6 月、1—9 月提升 26.8 个、29.0 个和 25.2 个百分点。商品房销售额增长 3.1%。

【社会消费市场】 全年社会消费品零售总额 51.35 亿元，同比增长 4.1%，位列全市第六。其中，限额以上社会消费品零售总额 7.19 亿元，增长 35.6%，位列全市第一。限额以上单位零售额中，粮油类零售额增长 49.2%，肉禽蛋类零售额下降 1.7%，蔬菜类零售额增长 24.0%。烟酒类零售额增长 10.7%，日用品类零售额增长 6.6%。据省商务厅统计，全年网络零售额 56.10 亿元，同比增长 40.4%，位列全市第二。

【财政金融】 财政收支稳定。据财政局统计，全年财政总收入 8.55 亿元，同比增长 6.9%；一般公共预算收入 5.91 亿元，增长 10.3%。一般公共预算收入中，税收收入 3.56 亿元，下降 5.5%，占一般公共预算收入的 60.2%，其中增值税下降 7.9%，企业所得税增长 11.4%。一般公共预算支出 42.29 亿元，同比增长 9.8%，其中教育支出增长 0.2%，科学技术支出增长 34.7%，社会保障和就业支出增长 22.3%，农林水支出增长 15.6%，卫生健康支出增长 5.0%。民生支出增长 9.4%，占一般公共预算支出的 70.5%。

金融市场稳健运行。据人民银行统计，年末金融机构本外币存款余额 187.54 亿元，同比增长 11.7%，新增存款 19.58 亿元，比 2021 年同期多增 3.03 亿元。其中，住户存款增长 19.3%，非金融企业存款下降 6.0%。金融机构本外币贷款余额 168.47 亿元，同比增长 11.5%，新增贷款 17.44 亿元，比 2021 年同期少增 3.96 亿元。其中，住户贷款增长 8.0%，非金融企业及机关团体贷款增长 20.0%。

【人民生活水平】 全年居民人均可支配收入 36455 元，同比增长 5.3%，位列全市第六。按常住地分，城镇居民人均可支配收入 49433 元，增长 5.1%，位列全市第二；农村居民人均可支配收入23759 元，增长 5.3%，位列全市第九。城乡居民收入比为 2.08，较 2021 年同期缩小 0.004。

（李奕宁）

中国共产党庆元县委员会

综述

【概况】 2022年，中共庆元县委（以下简称县委）紧紧围绕“以实际行动迎接党的二十大胜利召开”这一主题主线，认真学习贯彻习近平总书记系列重要讲话指示精神，严格执行中央和省、市各项决策部署，落细落实“疫情要防住、经济要稳住、发展要安全”的重要要求，以干部的“辛苦指数”对冲经济的“压力指数”，以创新的“活力指数”对冲竞争的“激烈指数”，以举措的“精细指数”对冲形势的“风险指数”，经济运行稳中向好、发展势头强劲有力、干事氛围日益浓厚、社会大局保持稳定，全县跨越式高质量发展彰显强大韧性，生动诠释了“唯有干事、别无他求”的实干担当，奋力创造了“变不可能为可能”的庆元业绩。

【“变不可能为可能”的十件大事】 2022年来，在全县广大党员干部群众的苦干实干下，干成了事关庆元长远发展，有望重塑县域发展格局、多年来想办而没有办成的十件大事，也是最能体现“变不可能为可能”的十件大事：一是全年地区生产总值增速5.9%，排名全市第二，取得2015年以来最好成绩，是全市唯一连续四个季度增速排名前三的县，实现八年来的突破性成绩。二是投资20亿元的百花岩风电项目在被叫停6年后破例获批开工建设，是全省装机最大的陆上风电项目，标志着庆元打造“清洁能源强县”迈出了实质性的关键一步。三是投资80亿元的庆元抽水蓄能项目跑出前期工作“加速度”，仅用时6个月就完成可研专题审查。四是谋划30多年、投资42亿元的庆景青公路被纳入《国家公路网规划》，道路等级实现从县道到省道再到国道的“三连跳”，项目控制性工程——万年隧道已先期开工，将成为东部乡镇群众出行的主要通道。五是投资120亿元的义龙庆高速庆元段由“十四五”预备类项目成功争取升级为实施类项目，省政府已明确2024年开工建设，2028年建成通车，将推动庆元交通条件实现根本性改变。六是屏都综合新区三期建设拉开序幕，年度新增工业用地360亩，产业平台进一步拓展提升，庆元的城市建设和产业发展将迎来更为广阔的长远空间。七是艰辛拼搏15年的“浙江庆元林—菇共育系统”终于入选全球重要农业文化遗产保护名录，成为中国第19个全球重要农业文化遗产，填补了全球食用菌领域遗产类型的空白。八是获授全国“两山”实践创新基地称号，作为备选名额实现逆袭，历时3年成功斩获全国生态环境工作最高荣誉之一。九是重大项目征迁持续攻坚克难取得重大突破，梦天区块、学后路地块、职高扩建、实验幼儿园迁建等一批困扰多年的政策处理难题得到有力破解，为县域高质量发展奠定坚实基础。十是除险保安成效显著，牢牢守住防控转段前不发生规模性疫情的底线，防汛救灾工作经受住“6•18”特大暴雨考验，庆元大道自通车以来首次实现全年亡人事故“零发生”，在加快经济发展的同时，全力维护了社会平安稳定。

【党史学习教育】 1月6日，市委党史学习教育第四巡回指导组组长王提操一行到庆元县开展党史学习教育评估工作。巡回指导组通过集中座谈、随机测评和个别访谈等方式，全面听取党员干部群众对党史学习教育的反映和评价，深入了解庆元县党史学习教育开展情况和取得的成效。座谈会上，胡显平汇报县党史学习教育自评情况。1月27日晚，全县党史学习教育总结大会召开。会议学习贯彻中央、省委、市委总结大会精神，全面总结县党史学习教育成效、做法和经验，部署下一步巩固和拓展学习教育成果。王提操及全体成员出席。蔡昉作总结讲话。7月1日上午，庆元县“喜迎二十大 争先当猛虎”党员宣誓暨技能干部集中服务活动举行。活动旨在教育引导全县党员干部坚定理想信念、重温入党初心，激励党员干部以勇当猛虎的姿态和优异的工作成绩迎接中共二十大召开。蔡昉宣布活动出征。田健晖为技能服务团队授旗。金业主持并宣读《关于表扬“6•18”防汛救灾先进集体和优秀个人的通报》。

【省领导到庆元调研】 3月24日，省委书记袁家军到庆元县竹口镇黄坛村宣讲全国两会精神。在庆元县黄坛水干果园区，袁家军和种植大户、基层干部等围坐在一起，分享学习全国两会精神的体会、感悟和收获，共话乡村振兴、共同富裕。

7月5—6日，省人大常委会副主任李学忠到庆元，调研山区26县高质量发展工作情况和钱江源—百山祖国家公园建设情况。

10月10—11日，省人大常委会副主任赵光君到庆元，调研全过程人民民主基层单元建设和百山祖国家公园立法。

县委重要会议

【县委十五届二次全体（扩大）会议】 2022年9月27日上午，县委十五届二次全体（扩大）会议暨县政府十七届一次全体会议举行。全会高举习近平新时代中国特色社会主义思想伟大旗帜，坚持以习近平主政浙江时调研视察庆元重要讲话重要指示为指导，深入学习贯彻省第十五次党代会和市第五次党代会精神，全面落实市委五届二次全会作出的决策部署，动员全县上下对标“两个先行”，牢记嘱托担使命，埋头苦干开新局，全力建设革命老区共同富裕先行示范县。县委常委会主持会议。县委书记蔡昉代表县委常委会作工作报告，并作总结讲话。全会审议通过《中共庆元县委关于进一步深化培养技能型干部、建设技能型乡镇的决定》《中国共产党庆元县委员会工作规则》，分组讨论了县委常委会工作报告。

【县委常委会会议】 1月10日上午，县委书记蔡昉主持召开县委常委会会议，传达学习中央、省委近期会议精神，研究贯彻落实意见，听取县“两会”筹备、信访积案化解、“三调”等情况汇报。会议还讨论了其他事项。

1月27日下午，县委常委会召开党史学习教育专题民主生活会。会议主题是大力弘扬伟大建党精神，坚持和发展党的百年奋斗历史经验，坚定历史自信，践行时代使命，厚植为民情怀，勇于担当作为，团结带领人民群众走好新的赶考之路。市委常委、军分区政委徐海宁作点评。党史学习教育市委第四巡回指导组组长王提操、市委组织部副部长徐丽勇、市纪委市监委第三监督检查室主任胡建峰到会指导。县委书记蔡昉主持会议并作表态。县委常委会班子成员参加。县人大常委会主任吴青松、县政协主席洪起平列席。

2月22日晚，县委书记蔡昉主持召开县委常委会会议。会议传达学习中央、省市近期会议精神，研究贯彻落实意见，并听取公安工作情况汇报、2021年度县目标管理责任制考核工作结果汇报。会议还讨论了其他事项。

3月11日下午，县委书记蔡昉主持召开县委常委会会议。会议传达学习习近平总书记近期重要讲话精神和省有关会议精神，研究贯彻落实意见，审议讨论政治生态建设、县委巡察工作、工作专班管理等事项。会议还讨论了其他事项。

3月31日下午，县委书记蔡昉主持召开县委常委会会议。会议传达学习近期习近平总书记重要讲话精神、省有关会议精神，研究贯彻落实意见，并审议讨论了理论学习中心组学习计划、国企改革等事项。会议还讨论了其他事项。

4月8日上午，县委书记蔡昉主持召开县委常委会会议。会议学习贯彻近期省委书记袁家军讲话精神，讨论审议2022年度县目标管理责任制考核办法、信访工作、防汛工作等事项。会议还讨论了其他事项。

5月23日下午，县委书记蔡昉主持召开县委常委会会议。会议传达学习习近平总书记、省委书记袁家军近期系列重要讲话精神，研究贯彻落实意见，研究部署2022年度党建工作。会议还讨论了其他事项。

6月14日上午，县委书记蔡昉主持召开县委常委会。会议传达学习习近平总书记、省委书记袁家军近期系列重要讲话精神，研究审议"红耀绿谷、技能争先、强基共富"工程、现代社区建设等事项。会议还讨论了其他事项。

7月12日下午，县委书记蔡昉主持召开县委常委会会议。会议传达学习习近平总书记、省委书记袁家军近期系列重要讲话精神，研究审议基本建设项目投资计划、高质量推进乡村全面振兴等事项。会议还讨论了其他事项。

8月29日，县委书记蔡昉主持召开县委常委会会议。会议传达学习习近平总书记、省委书记袁家军近期重要讲话精神，研究贯彻落实意见，审议讨论意识形态工作、庆元林—菇共育系统申遗等事项。会议还讨论了其他事项。

9月23日上午，县委书记蔡昉主持召开县委常委会会议。会议传达学习习近平总书记、省委书记袁家军近期重要讲话精神，研究贯彻落实意见，研究县委党校分类建设、培养技能型干部和建设技能型乡镇、庆元香菇文化节和人才科技峰会筹备等事项。会议还讨论了其他事项。

10月25日下午，县委召开常委会会议，传达学习中共二十大和全省、全市领导干部会议精神，研究部署学习宣传贯彻中共二十大精神。县委书记蔡昉在会上强调，学习贯彻落实中共二十大精神是当前和今后一个时期首要的政治任务。要深刻领会中共二十大精神的丰富内涵、核心要义和实践要求，以永不懈怠的精神状态、一往无前的奋斗姿态，真抓实干，开拓进取，把心思用在干事业上，把精力用在抓工作上，在推进中国式现代化的新征程中续写庆元精彩、彰显庆元担当。

11月3日下午，县委书记蔡昉主持召开县委常委会会议。会议审议《中共庆元县委关于认真学习宣传贯彻党的二十大精神的通知》，研究部署中共二十大精神学习宣传贯彻工作。会议还讨论了其他事项。

11月21日上午，县委书记蔡昉主持召开十五届县委第19次常委会会议。传达学习《中国共产党章程(修正案)》文件精神，研究贯彻落实意见。会议还讨论了其他事项。

12月23日，县委书记蔡昉主持召开县委常委会会议。会议学习《推进领导干部能上能下规定》，传达学习习近平总书记在中共中央政治局会议、《生物多样性公约》第十五次缔约方大会第二阶段高级别会议开幕式、中央经济工作会议上的重要讲话精神等。会议还进行了其他事项。

【县委常委会(扩大)会议】 4月14日上午，县委书记蔡昉主持召开县委常委会(扩大)会议。会议传达学习市两会精神，研究贯彻落实意见。县人大常委会主任吴青松、县政协主席洪起平分别传达市五届人大一次会议和市政协五届一次会议精神。

8月29日上午，县委书记蔡昉主持召开县

委常委会(扩大)会议,传达学习市委五届二次全体(扩大)会议精神,研究部署贯彻落实意见。

【全县党史学习教育总结大会】 1月27日召开。会议学习贯彻中央、省委、市委总结大会精神,全面总结县党史学习教育成效、做法和经验,部署下一步巩固和拓展学习教育成果。党史学习教育市委第四巡回指导组组长王提操及全体成员出席。县委书记蔡昉作总结讲话。蔡昉在讲话中指出,党史学习教育,只有进行时,永远在路上。要全面总结党史学习教育成果经验,进一步坚定党百年奋斗的历史价值和历史自信。党史学习教育开展以来,各级党组织在学党史中强党性、增信念,淬炼忠诚之魂;在悟思想中溯源头、悟原理,砥砺担当之责;在办实事中察民情、解民忧,涵养初心之源;在开新局中提士气、鼓干劲,激昂挺进之志。也让党员干部充分认识到这是一次铸魂聚气的忠诚教育、一次固本强基的思想教育、一次践行宗旨的初心教育、一次砥砺斗志的实干教育,必须抓在手上、扛在肩上,必须深入人心、激励人心,必须深入群众、服务群众,必须干字为先、奋勇争先。蔡昉要求,要不断巩固、深化和拓展党史学习教育成果,以强烈的历史主动精神奋进新征程、建功新时代。进一步汲取思想伟力,在深学细悟中砥砺政治忠诚。深刻理解"两个确立"的决定性意义,把"两个维护"作为最高政治原则和政治品格。进一步树牢宗旨意识,在服务为民中坚守政治初心。以真挚的为民情怀滋养初心,以牢固的公仆意识践行使命,解决"急难愁盼"实事、攻坚"增收富民"大事。进一步激发挺进斗志,在知行合一中彰显政治担当。思想要来一次全面彻底、触及灵魂的再解放、大解放、真解放,树立"全市领先、全省争先、全国树标"的比拼斗志;行动要主动融、敢于闯,"引进来、走出去",打好五个"关键性一仗"。进一步发扬斗争精神,在自我革命中永葆政治本色。坚定斗争意志,掌握斗争规律,增强斗争本领,应对重大挑战,抵御重大风险,克服重大阻力,解决重大矛盾,守护社会大局稳定。

【全县干部大会暨县委经济工作会议】 2月23日召开。县委书记蔡昉围绕"担当作为、比拼争先,奋力推进跨越赶超"主题讲话。县委副书记、县长田健晖部署2022年经济工作。县委副书记佘晓君对"当猛虎、找蜗牛,全县干部技能大比拼"主题活动作说明。县委常委、组织部部长金业宣读14个工作专班组成人员名单。蔡昉在会议中指出,从时间维度、空间维度、速度维度上看,在激烈的区域竞争中,庆元发展的差距依然较大,加快发展的任务依旧艰巨。干部队伍还不同程度存在担当意识不强、干事氛围不浓、进取精神不足、自我要求不严等问题。要冷静分析问题,进一步坚定跨越发展的信心和决心。庆元,是屡创奇迹的庆元、开放大气的庆元、创新创造的庆元。庆元人有争先恐后的闯劲、争先比拼的干劲、争先创优的猛劲。要深刻反思极端严峻的发展现状,拿出拼的勇气、闯的劲头、争的意识,激发内生动力、释放发展活力、挖掘自身潜力,保持砥砺前行的奋进姿态,展现担当作为的时代气象。要蹲身起跳比拼争先,开创轰轰烈烈的跨越发展崭新局面。增强忧患意识、实干意识、提速意识、争先意识,振奋精神、自加压力、负重前行,以全新的精神面貌、全新的工作作风,见红旗就扛、有第一就争,努力成为跨越发展的骏马、快马、黑马。敢教日月换新天,要来一场深度的思想观念大争先。把提神醒脑作为打开新局面的金钥匙,应变求变谋变,寻标对标提标,寻机抢机创机,以直击灵魂的思想大变革,推动干部理念大转变、工作思路大更新。越是艰险越向前,要来一场深远的创先争优大比拼。树立"一切围绕发展转"导向,把争第一、创唯一作为战胜困难最好办法、决胜竞争的最佳策略,逢山开路、遇水搭桥,敢于突破常规、超越自我。咬定青山不放松,要来一场深刻的实干实绩大比武。人人争当"实干家",分秒必争雷厉风行,善学善谋善作善成,在"三招三引"上层层示范、在推动发展上苦干实干。狭路相逢勇者胜,要来一场深入的作风效能大竞赛。正确用人激活动力,科学考核激发热情,奖惩分明激昂干劲,当猛虎、找蜗牛,建功勋林,表彰贡献者。

【县委农村工作领导小组会议】 5月27日下午，县委书记蔡昉主持召开县委农村工作领导小组第一次全体会议。会议审议《中共庆元县委农村工作领导小组工作规则》《庆元县落实五级书记抓乡村振兴责任清单》《关于做好2022年全面推进乡村振兴重点工作的意见》《庆元县“千千万万”助农增收行动方案》等4个文件，听取县委农办关于农民增收工作的汇报，审议各乡镇（街道）党（工）委书记抓乡村振兴工作述职。

10月25日下午，县委农村工作领导小组第二次会议召开。会议学习贯彻习近平总书记关于“三农”工作的重要论述，贯彻落实中央和省、市关于“三农”工作的决策部署，审议《庆元县强村富民集成改革行动方案》。县委书记、县委农村工作领导小组组长蔡昉主持会议并讲话。

12月7日，县委农村工作领导小组第三次会议暨2022年度落实五级书记抓乡村振兴工作推进会召开，总结2022年全县乡村振兴工作推进情况，研究部署下一步重要工作。会上，县委农办汇报全县实施乡村振兴战略工作情况，并部署下一步重点工作。

（吴道军　吴怡庆）

组织工作

【概况】 2022年，庆元县委组织部坚持以习近平新时代中国特色社会主义思想为统领，落实新时代中国共产党的建设总要求和组织路线，主攻缩小人力差距，以变革型组织建设和提高塑造变革能力为突破口，以数字化改革为牵引，发挥组织优势、用好组织资源、做好组织文章，实施起底排摸、能力重塑、结构优化、组织变革、内扩外引、改革赋能、组团赛马等“七大行动”，保障全县跨越式发展组织工作。截至2022年12月底，庆元县有中共党员13993名，其中正式党员13751人，预备党员242人，女党员3919人，少数民族党员138人，具有大专以上学历党员6368人。全年发展党员235人。全县有基层党组织786个，其中党委57个，党总支44个，党支部685个。党建引领“共富工坊”建设，建设60家“共富工坊”，高于指标数的49家，争创2家市级示范。

贯彻落实好“第一议题”要求，深入开展学习贯彻省第十五次党代会精神，深入开展护航先行“三大争先”行动，牵头开展“我为基层办实事”“我为基层减负担”等基层服务活动，帮助联系乡镇困难群众、企业解忧排难。开展“一年四技”培训工作，全年组织开展“科局长讲坛”“组工论坛”12次，努力提升干部招才引智、项目建设、经济发展等能力。认真落实全面从严治党主体责任，加强常态化教育、督查和预防，组织学习廉洁自律等制度，牵头开展清廉机关创建工作，创建清廉机关、模范机关示范点10个。

【党组织建设】 将“第一议题”执行情况纳入每月组织生活调度内容，印发《庆元县“三原”集中学习日制度》，推进农村、机关、国企、“两新”、社区等各领域党员干部轮训，覆盖率100%。印发《关于深入开展“七个一”活动　持续兴起学习贯彻党的二十大精神热潮的通知》，确保支部覆盖、党员学习“两个100%”。利用红色根脉强基工程和先锋云社区等数字平台，建立“每月定期通报、每季度实地督查”，督促各级党组织严格执行组织生活制度。

【党性教育】 坚持把习近平新时代中国特色社会主义思想作为干部教育培训的主课、必修课，全县各类班次中，习近平新时代中国特色社会主义思想课程占理论课程的76%。按要求做好“‘践行庆元精神、培养技能干部’现场教学路线”的教学资源整合和提升工作，包含3个习近平总书记到庆元调研的点位。34名县领导包干联系19个乡镇（街道）200个村（社区）。结合包乡走村和党员责任区工作，34名县领导、99个县属单位包联所有村社，全程参与包联村社的疫情防控工作。

【党员管理】 做好农村发展党员违规违纪问题排查整顿工作，巩固整改成效，建立发展党员“十必谈”机制，不断提高发展党员质量。发展35周岁以下党员168人，占比71.5%；发展大专以上学历党员192人，占比81.7%；发展高知识群体党员11人，占比4.68%。下发《流动党员工作提示》，严格流动党员党内政治生活。制定《“五类人员”预审工作指引》，2022年，提交“五类人员”预审7人，通过2人。优先考虑三年未发展村社，2022年全县三年未发展党员村社完成销号。

【党员教育服务】 全年在职党员到社区报到3832人，报到率100%，1487名党员下沉参与网格治理。常态化开展“党群连心·网格走亲”活动。实行农村党员每个月为群众办好事做实事至少1件。开展“96345”党员志愿服务活动，全面开展“点亮微心愿”认领活动，点亮微心愿2711个。落实党员“双报到”制度，建立党员报到台账，组织党员干部下沉联系帮扶和包联村（社区）一线。推动各级干部资源和服务下沉，驻村第一书记（农村工作指导员）和科技特派员均领办产业发展项目一个以上，常态化组团走访服务980人次，帮助解决大小问题1600件。

县委常委会全年多次专题研究基层党建工作落实，县委主要领导领办一个党建重点项目。34位县领导包干联系19个乡镇（街道）200个村（社区）。结合包乡走村和党员责任区工作，34名县领导、99个县属单位包联所有村社，全程参与包联村社的疫情防控工作。建立《村社干部“包网入户”工作机制》完成“1+3+N”模式网格治理团队建设，推动村社干部担任网格长，实现全面“包网入户”。

【公务员管理】 构建前后贯通的储备链，注重从源头上加强干部队伍系统性重塑、整体性建设，科学编制公务员、选调生、事业人员招录计划，全县招录各类公职人员126名，包括公务员52名，选调生6名，人民警察10名，事业人员41名，社工17名，其中全日制大学及以上学历109人，占比86.5%。选调生招录6名，其中“双一流”（大学毕业生）1名、研究生1名，均达到市定目标。科学制定公务员队伍建设实施方案（一县一策），全年招录研究生以上学历公务员6人，选任1人，占新进总数的9.8%。规范公务员队伍管理，严密组织开展考录（选调）工作，完成年度68名公务员招录计划。探索推行“五维考评、四轮圈选”晋升公务员职级，2022年从符合晋升条件的274人中择优晋升96人，差额比例超过65%。全面启动新录用公务员“青蓝工程”成长帮带工作，实现全覆盖。用好公务员人事管理平台，制定《公务员平时考核线上考评操作手册》，2022年第三、第四季度依托浙里干部之家（丽水人事信息管理系统）开展线上平时考评。

【干部人事档案工作】 建立干部人事档案中心，2022年底完成智能化改造、数字化完成率88%。开展干部人事档案专项审核工作，督促各单位开展专项整治工作，县管干部人事档案赋码工作完成初审。进一步加强干部队伍建设，推进档案管理员素质提升，配备主任1名（研究生学历）。

【公职人员交流】 组织开展“百山选虎”和“理响百山”年轻干部选拔工作，持续开展乡镇街道培养性交流，涉及各类人员49名，其中9名干部因表现优秀、实绩突出，从边远乡镇调到近郊乡镇。开展“百山选虎”股级干部交流专项行动，共推出交流岗位16个，142人报名，经过笔试、面试、考察等方式选拔，2名干部平职交流，占比12.5%，14名干部至少提任一个层级，其中8名普通干部直接提任到正股级岗位，占比50%。常态化组织开展全县机关事业单位公开选调，为全县16家党政综合部门和事业单位公开选调公务员6人、11名事业人员。

【干部教育】 2022年，举办培训主体班次26期次、部门专业化素质提升班次27期次，受训学员中科级领导干部475人次，调训率88.79%，培训总学时51890学时，人均96.99学时。持续深化“干部技能培训”“浙闽边干部教育联盟”等特色干部教育品牌，举办浙闽边干部教育联盟教学研讨活动暨第二届联席会议。举办基层干部特色培训班12个、“双招双引”培训班10个；聚焦共同富裕、经济稳进提质、疫情防控等重点中心工作，举办争当共同富裕示范区山区范例、扩大有效投资稳进提质、政府资金风险防控等专题研讨班7期次，受训380人次；优秀年轻干部培训班2期次，受训114人次。

【干部调整】 全县调整干部8批232人次。其中，新提任副科领导干部30人，35周岁左右及以下19人，占比63%，但有4项年轻干部核心指标未达标：乡镇领导班子中35岁以下人员占比达到28.9%、乡镇党政正职中35岁以下比例达到10%、乡镇党政正职中30岁以下至少有1名、县直单位机关35岁左右及以下年轻干部比例达到9.3%。

按照干部“能上能下”要求，明确不适宜担任现职的15种情形，并结合基层实际，细化为35个具体问题，2022年，3名县管领导干部因现实表现较差被免去现职，24名股级干部因不担当不作为被警示谈话、调整职务。下发《2022年容错纠错实施方案》，经调查核实，为5家单位（县发改局、县市监局、县交通局、县综合行政执法局、县机关事务保障中心）和2名县管领导干部进行容错。

【干部抽调工作】 庆元选派1名干部援疆，3名干部到杭州亚运会、亚残运会。配合做好省“千名干部互派交流”工作，庆元县5名干部上挂省直部门，3名省直单位干部下派庆元县挂职。配合市委组织部先后抽调19人到市级工作专班。制定出台《庆元县工作专班（指挥部）设置调整工作方案》和《庆元县工作专班管理办法》，县级工作专班从原有的22个精简到14个，抽调干部由原有的218人减少到75人，精简率分别为36.36%、65.6%。

【干部监督】 履行选人用人工作主体责任和抓整改工作政治责任，深入开展“十大专项整治百日攻坚行动”。开展“一报告两评议”工作，满意度分值较高，对县（市、区）委选人用人工作的总体评价“好”的比例99.3%，对县（市、区）委从严管理监督干部情况的评价“好”的比例99.3%，对新提拔干部“认同”的平均比例99.4%。严格执行《党政领导干部选拔任用工作条例》，干部调整把关较好，各项预审指标落实到位。严格执行重大事项请示报告、个人有关事项报告等制度，未出现漏报情节较重和瞒报情形。严格落实干部提醒、函询和诫勉制度，从严从实抓好干部经常性管理监督，诫勉实现“破零”。较好落实信访受理核查制度，“12380”信访举报平台运转正常。

【乡镇换届回访】 根据省委组织部《关于扎实做好乡镇换届“回头看”的工作提示》有关要求，由常委部长、常务副部长等带队对19个乡镇（街道）进行换届回访谈话，各县领导对联系乡镇进行“回头看”，“五有+X”榜单完成情况较好，群众口碑好评率在95%以上。

针对春节疫情防控、经济社会发展等，分3批次对73名干部进行即时奖励，激发干事热情。

【示范创建】 排摸上报“百千万”工程乡镇（街道）定级分档、争创示范汇总表示范村名单，对照省委“红色根脉”强基指数，在竹口镇黄坛村试点开展“红色根脉”强基示范乡镇（街道）、示范村创建，完成《“红色根脉”强基示范乡镇和示范村创建实践操作手册》，分别选取松源街道同心社区、濛洲街道玉田社区、举水乡丰洋村、屏都工业园区一期作为“红色根脉”强基示范乡镇（街道）和示范村社试点。制定下发《关于实施“红耀绿谷、技能争先、强基共富”工程的意见》，制定下发《“一肩挑”后村“两委”分工指导意见》，将“五有+X”榜单落实情况作为季度“扛旗攻坚、干事赛跑”榜单重要内容。

【现代社区建设】 全面推进现代社区建设，结合全县“六争比拼”活动，评出3个猛虎奖和1个蜗牛杯。社工和网格力量按要求配备到位，充实网格“1+3+N”和微网格“1+1+N”队伍，东部乡镇居住在县城社区的“两委”以上干部386人全部入网格任职；出台《庆元县专职网格星级评定管理办法》，成为全市推行的《专职网格员星级评定工作指引》的基础样板；在全县26个住宅小区组建实体小区党组织14个（其中联合支部6个），实现小区党组织100%覆盖。濛洲社区、新建社区、玉田社区、同心社区完成提升改造，香蕈、同舟等新社区挂牌成立。7个小区无物业管理住宅小区全面“清零”，4个搬迁安置社区成立业委会。印发《庆元县农业转移人口共同富裕试点工作实施方案》，出台《关于建立乡镇（街道）编制周转池的通知》，安排5个编制给松源街道实行单列管理，配备社工13名，达到18.9人/万人的比例；党建统领浙里康养，养老机构公建民营的模式，得到市委张赟副书记的点赞，建成康养联合体1家、智慧养老院1家，建设规范化村卫生室7家。

【村（社区）和服务群众经费管理】 规范村干部报酬：制定下发《庆元县村干部实绩考评与报酬发放管理办法（试行）》，基础和绩效比重保持3:7，2021年发放村干部基本报酬2440万元。离任村干部补助情况：人均补助增加1000元，为826名离任村干部发放补助1968872元。村级运转经费：建立健全运转经费保障机制，2022年运转工作经费569.6万元，结合村集体经济增收、重点项目推进等合理统筹经费使用。社区工作经费：按照现代社区建设工作要求，按每户不少于50元的标准予以保障，统筹党群服务中心建设经费、党费等30万元用于社区办公条件提升。服务群众经费：党费、党员关爱基金用于慰问困难党员群众37.7万元。

【领雁工程】 深化“领雁学历提升计划”，分别开设中专班、大专班、本科班，推荐4名村书记参加市级领雁班，不断提升兴村（治社）名师队伍，截至2022年底有省级名师1人，市级名师8人，县级名师21人。省级兴村（治社）名师吴通亮，在濛洲街道吴宅村成立首个名师工作室。贯彻落实村社党组织书记县级备案管理制，在县委组织部建立村书记档案室。全年调整4名村书记、6名社区书记，全部实现县委组织部预审把关，县级部门资格联审。

【村集体经济增收】 截至11月底，全县191个村全部完成集体经济“20+10”目标。县乡两级强村公司总利润4441.52万元，村均利润233.76万元。全年有4个乡镇强村公司5次收益进入全市前20。2022年，中央和省级扶持资金1550万元，投资于庆元县废旧资源再生利用新型墙材项目（红砖、机制砂项目），竹山机制砂加工点于2022年9月动工建设并产生收益。制订《庆元县村级债务化解方案》和“一村一策”化解方案，指导竹口镇、淤上乡通过银行借款等形式化解单位和个人债务。建立新增债务申报审批制度，参照执行“五议两公开”机制，并报乡镇（街道）党委、政府审核。

【红色美丽村庄建设】 市级红色美丽村庄黄田镇陈边村、省级红色美丽村庄百山祖镇斋郎村完成项目建设和资金拨付。截至11月，陈边村集体经济总收入121.38万元，同比增长116.90%；经营性收入24.63万元，同比增长0.86%。百山祖镇斋郎村集体经济总收入71.92万元，同比增长44.24%；经营性收入26.74万元，同比增长10.13%。

【共富技能建设】 19个乡镇（街道）建设24个共富技能学堂，出台干部技能认证制度，组织开展各类产业技能学用活动157场次，培训乡、村干部3960人次，全年取得职业技能证书的有89人。举行村（社）书记擂台赛暨共富技能大比拼，评选出11名县级兴村治社名师。

【“两新”党建】 成功争取“丽水山递”工作试点，有序推进农村寄递物流体系建设。举办快递小哥技能大比武，联合交通启动绿谷红运之菇乡红运品牌创建工作。完成全县“两新”党组织换届，举办轮训班和示范班两个班次，书记中高管及以上比例超50%。制定下发《庆元县“菇乡红领”资质认证办法》。扎实推进“两新”组织“双覆盖”工作，50人以上企业党组织100%，省定小微园、“四类企业”党组织覆盖率达100%，规上企业党组织覆盖率目前100%。制定财政保障“两新”党建工作经费制度。上报10个“‘两新’党建好故事”，开展“三联三优三跃升”工作，助企“稳进提质”开展三师助企行动。

【党建电视】 制作《盛夏的约定》等短视频5条。《浙江屋脊》系列片获典型事迹片二等奖和“最佳策划”作品称号，《全会精神党员学——从山沟沟到“香馍馍”》获十佳“之江先锋”短视频称号，县委组织部获评党员教育电视片（党建电视节目）制播工作先进单位。《党建播报》录用新闻类10条、人物类5条，《时代先锋》录用1条，《共产党员》录用1条。开展“乡镇书记上党课”“理响百山”“喜迎二十大、飞跃新庆元”三大系列主题党课活动。建成山根村先锋直播间，组建“113先锋直播矩阵”，制定直播间运行管理制度，设计“先锋直播间×遇见芸耕”文创产品。全年上报信息75条，录用13条，得134分。远教站点建管学用每月均达标，完成率100%。

【人才体制机制改革】 迭代更新人才科技新政23条、制定面向世界一流大学优秀毕业生招聘政策补充调整建议等人才保障政策，修订完成《县委人才科技工作领导小组及办公室工作规则》《县委人才科技工作领导小组2022年工作要点》。完善人才科技机制，召开人才科技工作述职评议考核讨论会等，依托省科协和省中医药学会多方资源，组成“院士专家团队+浙江省中医药学会+人才驿站”等10余人“希望之光”组团式帮扶小组，举办浙西南中药产业高峰论坛暨2022浙江省中医药学会中药资源与鉴定分会学术研讨会，开展“人才汇”活动。

【人才引育】 设立“引才联络站”1个，聘请4名“引才大使”，完成国家海外高端人才申报4人，省海外高端人才申报5人，实现省级重点人才计划“破零”。开展2022年度“菇乡伯乐”人才线索征集活动，征集人才线索703条。大力开展专场招才引智活动，招引高校毕业生4745人，其中硕士研究生236人，博士研究生127人。推进柔性引才工作，精准柔性引进高精尖专家63名，为27家企事业引进星期天工程师32人，为当地开展工作帮扶73次。选拔25名在读博士和硕士匹配到基层团组织挂职锻炼。开展职业技能培训4419人次，增加技能人才1919人，其中高技能人才847人。

【人才平台建设】 开展庆元县首届高层次人才创业大赛暨竹木产业发展论坛，举办2022年人才科技峰会暨浙西南中药产业高峰论坛，活动中院士寄语，赋能前沿科技走进菇乡，签约9个总投资10.5亿元招才引智项目，现场揭榜7个关键技术难题攻关项目。围绕庆元三大主导产业发展需求，加强与西湖大学等知名高校、科研院所对接。助推中国农业科学院茶叶研究所专家工作站设立，完成松源街道、江根乡、龙溪乡3个站点授牌工作。建成庆元—杭州人才科创飞地、庆元—宁波（海曙）人才科创飞地和庆元生物医药产业园科研飞地。

【人才服务】 成立人才科技司法服务保障中心，多维度线上线下诉讼服务。持续加大人才引育留用财政保障力度，实现保障人才科技项目资金投入增长48%。发挥高级人才联合会、“人才之家”等载体作用，走访慰问高层次人才，春节期间县领导带队走访慰问食用菌、林业、企业经营管理等领域专家人才。推出人才年“货”七大系列活动，开展新春大礼包、入户宣传新政、暖心见面会、“菇雁回巢”座谈会等暖心活动。推进“人才码”建设工作，督促做好县域人才专属人才码的申领工作。动态更新人才政策，将庆元县最新人才政策录入系统，对系统内政策实时更新。

【数字化改革】 建立数字化改革工作例会制度，全年召开数字化改革工作例会8次，听取部机关数字化改革和“技能百事通”应用建设进度汇报。在2021年“驻村技能小管家”的基础上迭代建设“技能百事通”，通过数据集成、业务多跨，构建技能“查、学、用、评”闭环管理，有效指导干部技能提升，“技能百事通”应用获省委书记袁家军点赞，入选全省组织系统首批重点培育多跨应用场景目录，获评市优秀应用，并在全市推广。相关信息先后在《浙江信息》(增刊)、《共产党员》等刊发。2022年，省市抽查2次，省级评定4.5星，市级抽查排名第二。按照数字化改革的相关要求，做好数据安全工作，通过三级安全等级测评(其中“技能百事通”应用通过二级等保测评)，全年没有发生数据安全事件。

【服务大局】 组建“双招双引”工作专班，配齐配强招引干部。制定《2022年度庆元县目标管理责任制考核办法》和《庆元县“揭榜挂帅”工作实施意见(试行)》，组织开展“当猛虎、找蜗牛，全县干部技能大比拼”主题活动，评选猛虎奖41个，“蜗牛奖”10个，对涉企部门和相关乡镇(街道)的开展服务保障经济稳进提质专项考核12次，督促66家联企单位、74名助企指导员及时深入企业对接调查，帮助企业解决难题。制定出台《庆元县“大综合一体化”行政执法改革下沉人员管理考核办法(试行)》。落实重点人才科技工作十大破零攻坚行动，完善《庆元县重点人才科技工作十大破零攻坚行动方案》。

(叶闽敏)

宣传思想文化工作

【概况】 2022年，县委理论学习中心组探索“主题授课+专题研讨”学习形式，围绕基层实践所需，邀请企业家、新农人、乡贤代表、下派挂职干部等县内外社会各界专家作“抖音网红培育”“庆元瓷文化”“培养新农人”等专题辅导授课，提升学习实效性。县委理论学习中心组完成专题辅导授课11次，专题研讨交流12次，学习指数在“浙理智汇”数字化应用系统排名位列全省第一。出台《庆元县党委(党组)理论学习中心组学习实施细则》，明确党委(党组)理论学习中心组学习10项要求、5项清单，破除以传达学习代替中心组学习，变年底考核为常态化督查考核。建立“党委(党组)理论学习中心组进礼堂”学习机制，邀请基层社会各界参加乡镇(街道)党(工)委中心组学习交流，实现副县级党员领导干部带队到乡镇(街道)理论学习中心组巡听旁听全覆盖。探索“理响百山”理论发声IP品牌打造，重塑理论大宣讲工作体系，组建全域大宣讲联盟，开展首期“理响百山”品牌发布活动，孵化培育“理响青年”“乡村大喇叭”“香樟树下”等20支品牌宣讲团，“宣讲在线”数字化平台宣讲员注册数位列全市第一。重点推出“理响百山”音乐宣讲、诗朗诵宣讲、脱口秀宣讲、微电影宣讲等优质短视频20期，视频均转发量超1000人次、阅读量超2万人次。探索副科级以上党员领导结对下基层宣讲模式，重点宣讲中共二十大精神、省第十五次党代会精神、市第五次党代会精神和县第十五次党代会精神，实现副科级以上领导干部到文化礼堂、新时代文明实践站、所、点等基层阵地宣讲人均2次以上。举办“理响百山”宣讲团路演PK赛、“百山论剑”宣讲名师微课大赛、“理响青年”微宣讲大赛、脱口秀大赛等系列活动，推动各宣讲团、宣讲员以赛促学、以学促行，提升宣讲质量。聚焦新思想、新理念、新思维，推出理论学习专题学习读物《百山瞭望》22期和《新理念摘编》18期，开设“百山云评”理论学习交流研讨专栏，压实理论学习成果分享转化，推动党员干部学习比拼、思想更新成为常态。主动融入社科赋能山区26县高质量发展，组织社团和社科普及基地专家学者成立社科智囊团，围绕学习中共二十大精神、建设革命老区共同富裕先行示范县等主题，举办2022年度庆元县社会科学研究课题征集活动，推动形成一批可落地、可复制、可推广的县域共富经验研究成果。在巩固提升社科讲坛、社科云讲坛等传统社科普及品牌的基础上，积极创新，主动突破，依托“母亲科普”“双减”“双百”等市县专家服务平台，开展科普进机关、进社区、进学校、进农村，借助移动短信微信平台，拓宽线上科普宣传渠道，累计开展“社科服务”活动30场，连续投放短信微信104期，受众12万人次。

【新闻宣传工作】 报、台、网、微、端及时开设“喜迎二十大”“二十大精神在身边”“奋进新征程建功新时代”“共同富裕新征程”等重点专题专栏，深入报道庆元县经济社会发展。宣传中共二十大精神和省、市、县党代会精神，组织策划“六争比拼 勇当猛虎”、“浙江庆元林—菇共育系统”全球重要农业文化遗产、第十二届庆元香菇文化节等专题报道。持续加深与中央、省、市重点权威媒体的交流合作，推出一批极具影响力的外宣稿件。中央电视台新闻频道（CCTV-13）《万水千山总关情老区行（浙西南篇）》专题刊播百山祖国家公园生态守护和巡回诊疗工作；《人民日报》头版报道庆元探索革命老区生态发展富民之路；《浙江日报》头版报道庆元贯彻习近平总书记重要讲话精神，打造技能型政府，培养技能型干部。2022年，在中央、省级主流媒体和境外媒体刊发涉庆元正面报道248篇（条），《人民日报》（含客户端）22篇、中央电视台34条，《浙江日报》28篇、浙江卫视6条。坚持“内容为王”，聚焦“正能量”，通过短视频等传播真善美，让用户共情共鸣。全年，县融媒体中心在各平台发布稿件（视频）3.75万篇；全网总阅读量1.43亿人次，为2021年全年阅读量的3.5倍。阅读量10万余人次的稿件（视频）有47篇，阅读量100万余人次的爆款短视频有2个，融媒指数在丽水9个县（市、区）中处于第一方阵。“6·18”特大暴雨期间，庆元融媒发布新闻稿件319篇，总阅读量超92万人次，发布短视频310个，总播放量超590万人次，提振菇乡干群防汛救灾的奋斗热情和精神风貌。紧贴“热点”，先后完成县党代会、县两会、县干部大会、香菇文化节等系列重大活动直播63场，总播放量679.7万人次，香菇文化节晚会直播形成现象级影响力，全网在线实时收看超500万人次。创新“庆元日历”和“我的庆元记忆”老照片征集等系列融媒主题传播活动，开设文化基因解码融创栏目——《庆元印记》，刊发庆元兰溪桥、二都戏等节目14期，全面展示庆元老百姓心中的老地方、好手艺、好味道、忆乡愁等乡土文化，短视频爆款作品《记忆——月山春晚》被“学习强国”学习平台录用，《乡土风俗年猪宴》得到“印象浙江”Facebook、Twitter平台转载。在人民日报客户端开设“廊桥看‘浙’里”专栏，宣传县域文化特色，深入实施网络文明建设，创新探索浙闽边界网络生态文明联盟，实施联盟联享、联战联训、联合联推“三联”举措，构建新时代网络生态安全，为打造基层网络文明治理提供庆元样本。“图说庆元”新浪微博话题阅读量1.9亿人次，讨论量2.8万条。举办庆元县第七届网络文化季活动，精心策划“我们如此热爱庆元”抖音短视频大赛，征集到53个作品，形成浓厚网上氛围。“e菇元”网络文化家园项目入选第七批浙江省“文润同心”网络文化家园示范基地。有效推进网络国际传播，从各部门、各乡镇（街道）挑选20名海外传播骨干，通过Facebook、Twitter、YouTube等平台，传播庆元好人、好事、好景，将共同富裕示范区的山区范例好声音在世界各地网络平台上共享。

【文化事业工作】 实施新建农村文化礼堂推进八大举措，将礼堂建设进展、使用效能、活动影响等指标纳入意识形态指数每月通报，保质保量完成2022年省民生实事新建45家农村文化礼堂任务，省“礼堂家”数字化平台礼堂平均效能指数位列全市第一。立足省文化礼堂特色项目指标要求，创新“声动礼堂”全域IP品牌打造，确立“一堂一品”创建争优体系，举办文化礼堂创新项目路演PK赛，推动各礼堂轮流进行项目公开竞技，聚焦创新性、实用性、可复制性、认可度等指标，择优评选被纳入全县礼堂项目库孵化。年度“红色故事会”“礼堂家书”“礼堂小园丁”“声动礼堂 百村联动”等特色项目得到孵化、推广，形成明显知名度和影响力。贤良镇湖源村文化礼堂“乡村数字驿站”被纳入全省首批“十大宣教文化活动项目”，湖源村文化礼堂“源梦记”村礼获评全省文化礼堂“我们的村礼”特色项目，百山祖镇斋郎村文化礼堂入选全省2022年特色文化礼堂提名名单，屏都街道蔡段村村歌《小康路上大步行》获“喜迎二十大 村歌最嘹亮——2022‘我要上村晚’村歌线上选拔赛”二等奖，系全市唯一。创建AAA级景区城，在县城集聚区内寻求星级酒店、青少年宫等与城市书房、文化驿站等的融合，提升城市功能、形象品质，年度建成42个“15分钟品质文化生活圈”、2个城市书房、1个文化驿站、5个乡村博物馆、5个有声数字农家书屋。先后举办“喜迎二十大 奋进新征程”第十五届全县农村文艺汇演、第三届“百花齐放”视觉艺术作品联展、“庆元·音为有你”七夕步道音乐会等大型演出展览20场，组织开展“喜迎二十大 永远跟党走 奋进新征程”优秀国产电影展映活动3200场，送戏下乡专场文艺演出110场，组织“推进全民阅读、共建书香庆元”主题读书会、公益沙龙等学习活动120场，流通图书2万册，进一步提升群众文化品牌活动的影响力和惠及面。在第十二届庆元香菇文化节之际，探索《山水赋菇乡》大型山水实景文艺演出，获得县内外观众一致好评。举办2022年“山屿海杯”廊桥越野赛、“百山祖国家公园杯”庆元古道徒步赛、全县干部职工篮球赛。组织开展“我在庆元疗休养”暨百山祖啤酒音乐节活动，推动赛事经济与文化旅游相得益彰。以网络直播方式推动第42届“月山春晚”如约而至，推出2022年“欢乐过大年 喜迎冬奥会”全县线上春晚启动仪式、年味摄影视频大赛等活动，开展“宅家看村晚·云上备年货”2022庆元云端文旅年货节直播带货，让远在千里外的庆元人充分感受家乡的文化热情。开展文旅资源普查，加快文旅项目建设，走访村落118个、古居313幢，形成《庆元县古村资源梳理》《庆元县古村古居资源梳理》等古村居保护利用重要基础资料。

【文创产业工作】 持续挖掘宋韵文化，举办以庆元青瓷历史文化和胡纮夫妇文物为主题的“宋韵华光·天青淬色”庆元县青瓷文化展、“宋韵双珍”浙南闽北银珍织绣展，组织举办“宋韵文化的飞地——庆元”讲座、宋式点茶活动，深入推动文化基因解码利用，让库房里的文物活起来。设立浙江大学“国家语言文字推广基地”庆元工作站，开展唐音宋韵语言文字推广和优秀传统文化传承工作，与复旦大学达成合作，开展“庆元县古陶瓷研究”等系列课题研究，深入研究区域内相关瓷业与制瓷史，为打造“宋韵庆元”提供文化支撑。以青瓷文化为主线，整合豹隐洞书院、大济历史文化村、竹口青瓷窑址等资源，以半湾休闲养生文化园项目平台为基础，打造青瓷大师工作室和瓷产业人才孵化园，规划建设竹口青瓷文化遗址公园，招引古法制瓷产业基地项目，推动宋韵文化地标性建设，打造宋韵文化集中呈现飞地。2022年1—9月，全县文化制造业（规上）实现产值17.84亿元，同比增长24.1%，庆元铅笔产业逆势上扬。围绕打造发展目标，与市委党校达成合作，形成《庆元县建设“世界经典文创高地”行动计划》，培育省市重点、成长型企业，庆元县金时代科技有限公司、浙江美希化妆品有限公司、浙江千艺文化用品有限公司入选丽水市成长型文化企业。用好“跨山统筹”金钥匙，携手龙泉打造世界经典文创高地，联合举办龙庆文创产业培训班，组团参加长三角博览会，为文创人才思想碰撞、资源共享提供交流平台。修订完善《庆元县文化产业发展专项资金管理办法》，发挥文化产业资金撬动作用，不断壮大特色文化企业，培育重点文化项目，申报市文化产业重点县。推动屏都街道蔡段村成功入选市艺术助推乡村振兴扶持项目，组建“美妆创新团队”，围绕“沉浸体验、野奢度假、彩妆展示”三大功能区块，深度融合文化产业优势，融合彩妆、彩铅创作元素，打造独具特色的景观节点和网红打卡点，加快推进中国“美妆村”建设。建立完善艺术家驻村、驻点、驻项目创业创新激励机制，与中国美院、浙江万里学院以及宁波葛家村等院校师生、民间艺术家建立合作研学机制，开展彩妆课程设置、彩铅画校本制定、彩铅画课程研究，推动沉浸式体验美妆文化。举办第十二届庆元香菇文化节，持续打造“香菇始祖朝圣地”品牌，推动庆元县香菇文化、廊桥文化、生态文化、宋韵文化与旅游产业的融合发展，塑造庆元全域旅游新景象，实现从节庆活动走向节庆经济、节庆产业。

【精神文明工作】 创新“浙江有礼”县域实践，推动“大爱菇乡·礼润庆元”县域文明新实践，建成首个文明礼仪培训基地，建成县、乡、村三级有礼讲堂89个，成立“庆元有礼”宣讲团，开展文明礼仪培训宣讲750场次。举办首届“大爱菇乡”庆元县志愿服务公益项目大赛暨社会组织助力基层治理成果展示活动、“大爱菇乡·礼润庆元”文明新实践“六进”主题活动、第十一届未成年人道德文化节活动、第十五届社区邻居节活动等。组织评选表彰庆元县第七届道德模范，深化“最美庆元好人”选树，胡常康获评2022年度“最美浙江人·浙江骄傲”提名人物，吴艳霞荣登“浙江好人榜”（敬业奉献），9人被评为“丽水好人”。推广使用“志愿浙江”“全域文明数智通”，串联文明实践服务圈，2022年累计开展活动938场，5451人次参与其中，服务群众4.2万人次。在巩固省示范文明县城创建成果的基础上提升城市品质和精细化管理，继续以34个网格为抓手，深入开展交通秩序维护、环境卫生整治、市场秩序管理等专项行动，形成卫生文明同步创建、全员联动的管理模式。全年下发巡查收集问题交办单680份，交办问题1920个，整改率100%。开展文明好习惯养成行动，倡导推广“公筷公勺”“厉行节约、反对浪费”等主题实践活动，通过宣传横幅、宣传道旗、大型广告牌、新媒体飘窗等形式密集刊播文明公益广告，打造“节约粮食”主题文化一条街，发布《假期餐饮安全消费提示》，倡导广大餐饮经营者及消费者主动践行“光盘行动”“光瓶行动”，养成良好风尚。针对杂物乱堆放、生活垃圾乱倾倒堆放等各类不文明问题实施有力措施，加大对不文明行为的惩戒处置力度，全年发布公职人员不文明行为通报3期，通报人员479名。与浙江理工大学、西湖大学、丽水学院、浙江金华职业技术学院等高校建立党、团建联盟，利用大学生暑期实践平台，设置县青少年宫、工人文化宫2个固定教学点，为困难家庭子女打造全域性的爱心暑托管理服务模式，为全县200名学生提供校外公益暑托服务。开展“践行‘浙风十礼’喜迎中共二十大”、“文明实践 花开丽水”、“童心向党”、“强国复兴有我”、宋韵文化节暨“品诗歌·唤宋韵”少儿诗歌朗诵活动以及红领巾会客厅等主题实践活动136场。在屏都街道蔡段村建成庆元县首家村级“乡村复兴少年宫”，持续推进以彩铅画品牌教学培训为主，以美术、书法、纸艺、木艺、陶艺、农耕文化和民俗文化等普及教学为辅的多样性文明公益活动。

【意识形态工作】 创新谋划实施宣传思想文化工作“十个一”工程，建立“品牌宣传走心”“历史文化传世”“精品文化传播”等十大体系、34类工作目标、102个子项目，以可量可比、分步实施、销号督促等项目化方法，明确未来一段时间有庆元特色的宣传工作重点，推动宣传思想文化工作系统性重塑、创造性变革。有序推进历史文化系列丛书编纂、“大爱菇乡”县域品牌塑造、国航合作品牌推广、廊桥民谣音乐会等一批年度项目，激发社会各界齐心协力参与庆元宣传的主动性、积极性。尤其是廊桥音乐会、星空音乐节、“理响青年”脱口秀等新尝试吸引大量粉丝打卡分享，以抖音为主阵地的各自媒体平台关于宣传思想文化相关内容话题原创视频发布1100个，播放量1200万人次，点赞量转发量800万人次，“人人关心庆元宣传，人人支持庆元宣传，人人参与庆元宣传”的良好宣传格局正在形成。严格落实省委巡视整改“回头看”意识形态工作整改督查，扎实推动市委意识形态专项检查整改工作，规范开展第十五届县委巡察意识形态专项检查，组织县委理论学习中心组开展“维护意识形态安全”专题学习，县委常委会常态化研究意识形态专项工作。每季度组织召开意识形态工作专题例会，聚焦文化礼堂效能、理论学习、外宣报道等指标，推出意识形态工作考评季度量化清单，点对点下发意识形态工作“交办单”“整改函”，创新“清单督办”“公开比拼”机制，各党委（党组）主要领导和分管责任人公开亮相交流表态，倒逼意识形态工作主体责任制不断落细、落实。加强意识形态和社会舆情综合分析，指导完成城区生活垃圾分类、非标电动自行车提前淘汰置换等重大决策社会民意调查分析，推动引导县委规范决策。深入开展“扫黄打非”正道2022、新风2022集中行动，累计日常巡查出动检查404人次，检查场所182家次，行政处罚立案调查6件，办结案件6件，罚款5万元，文化市场环境更加清朗。紧扣党史学习教育常态化长效化，以思想争先比拼行动提振党员干部精气神，围绕县委“六争比拼 勇当猛虎”工作总基调，聚焦“奋斗”关键词，组织开展短板弱项大起底、解放思想大讨论、向发达地区大学习、作风典型大选树等教育活动，持续开展“奋斗在庆元”“对话‘一把手’”“猛虎有话说”等融媒系列访谈表态，推动党员干部思想破冰、思想提标、思想争先。推出“企动未来”“飞越新庆元”等系列主题报道，进一步凝心聚力，提振发展信心，激励全县上下当好“庆元精神”新时代传承者的干事热情，踊跃投身到“山区范例”建设的生动实践中去。

（郑昌凯）

统战工作

【概况】 2022年，县委统战部围绕“喜迎二十大·奋进新征程”主题主线举办系列活动，不断夯实统一战线共同思想政治基础，为庆元创建革命老区共同富裕先行示范县提供支持力量。持续完善统战工作领导小组运行机制，建立领导小组统筹下的6个议事协调小组。完善县委、县政府党员领导干部与统一战线党外代表人士联系交友，以及与少数民族村、异地商会结对制度。庆元县党政主要领导带头主持召开“积极参政议政，助力建设革命老区共同富裕先行示范县”专题民主协商会，召开党风廉政建设情况通报会、“复活庆元瓷文化”专题民主协商会议，听取民主党派、工商联和无党派人士意见建议。在2022年“两会”上，统战成员提交71件提案建议。

【党外干部工作】 搭建平台建立符合党外干部特点的实践锻炼模式，2022年推荐2名优秀党外知识分子参加市委组织部举办的党外中青班，到市委党校参加为期1个月的学习活动；9月，组织党外干部参加庆元县乡镇（街道）统战委员（党外领导干部）培训班。规范无党派人士加入中国共产党的程序，县委组织部在提拔使用党外干部考察期间，县委统战部参与组织部了解党外干部的各方面情况。做好党外干部梯队建设，落实党外干部队伍的发现储备、教育培养、选拔任用和使用管理等工作，优化年轻党外后备干部队伍。组织部、统战部每年定期召开两部联席会议，共同研究党外人士培养工作。统战部门每年向组织部门推荐一定数量的优秀党外干部，作为领导干部选拔任用人选，按照《党政领导干部选拔任用工作条例》履行程序，提出任用意见，提交党委常委会会议讨论任用。

【党外知识分子和新的社会阶层人士工作】 树立分众统战的工作理念，针对不同统战对象量体裁衣，发挥统战团体自我运行管理能力，最大限度激发社会各阶层的积极性、主动性、创造性，以“五心工程”，集聚统战正能量。创新推进庆元统战之家“和美·同心苑”建设，在原有同心知联实践基地的基础上，整合各统战团体资源，依托知联会会员企业搭建起共建共享的统战活动之家，激发统战团体新动能，全年开展同心社会服务活动60次。深入践行“同心”思想，打造“同心知联+”品牌，充分发挥人才荟萃、智力密集、专业多样的优势，开展科普宣传、送教下乡等多项社会服务活动。以各个统战团体活动为依托，利用重要节点契机，策划特色活动，开展《统战人士“读党史沐党恩”》音频录制、红色经典诵读视频展播、“同心向党 筑梦前行”爱国奋斗宣讲比赛等活动。完善统战助富体系，开展“网联助农直播”主题活动。

【民族工作】 建设江滨小学“石榴红”家园和青少年宫“石榴红”驿站项目；组织乃斯尔丁志愿服务队开展社会公益活动；依托“暖心”工作室为各族群众提供各种“暖心”服务；成立菇乡“石榴红”宣讲团，开展铸牢中华民族共同体意识宣讲活动，促进各族群众像石榴籽一样紧紧抱在一起。完成各级少数民族发展项目和“双百”结对项目。深入推进民族乡村振兴“十百千万”工程和“五畲”系列培育，举办全县民族群众职业技能培训班。完善民族村工作交流例会制度，每两个月举办一次活动，学习政策法规，交流工作经验，开展互比互促，推进各民族村共同进步。

【宗教事务管理】 召开县委统一战线领导小组专项工作会议，举办全县宗教界代表人士培训班，开展法治教育和消防演练，推进平安、美丽宗教场所建设。会同濛洲街道开展行政服务中心网格疫情防控日常工作。组织宗教界人士学习中共二十大精神，开展重走红军路、学党史等红色教育活动。举办“之江问道”文化讲坛，参观庆元家风馆，引导宗教界积极弘扬中华优秀传统文化。落实团体负责人述职评议等“六个一”制度，强化宗教教风建设。举办香菇始祖吴三公朝圣活动，进一步增强优秀民间信仰文化的影响力。

【乡贤工作】 调整乡贤工作领导小组，印发《庆元县新乡贤工作领导小组成员单位职责分工》和《2022年庆元县新乡贤工作要点》，明确各成员单位工作职责及年度重点工作；持续开展“致在外乡贤一封信”活动，在春节前夕寄出500份慰问信；实施“乡贤+数字”探索新路径。贯通使用“同心共富•乡贤通”应用，录入新乡贤460人（完成新乡贤注册449人，注册率97.61%），聚焦服务新乡贤和新乡贤回归这两个重点事项，畅通“家乡服务乡贤”十项暖心服务和“乡贤反哺家乡”十条回归渠道；积极探索开展新乡贤工作品牌示范创建，推进打造“菇乡贤一镇一品”；推荐3名优秀新乡贤代表参与《浙丽同心•新乡贤共富行》栏目拍摄；乡贤吴俊联系宁波九三学社为江根乡“百亩茶园”认领项目做规划设计；依托“菇乡贤”联络站，常态化开展“三招三引”，招引乡贤回归人数162人，招引投资额1000万元以上新乡贤助力共同富裕示范区建设项目7个；走访宁波市庆元商会等5个异地商会及当地乡贤企业，大力宣传“三招三引”政策，招引总部企业98家，同比增长16倍；开展知名浙商助力山区26县工作，推动长兴县天能集团招引项目落地庆元；建立菇乡同心共富实践基地5个，充分发挥乡贤引领示范作用；设立新乡贤爱心基金6家，引导乡贤和商会企业依托慈善爱心基金会开展奖学助学、助老扶残帮困等公益慈善活动72次，惠及困难群众760人次，“6•18”特大暴雨灾情期间，乡贤吴城捐资200万元，各商会及会员企业捐赠资金24.57万元及价值12.6万元的爱心礼包，助力家乡抗洪救灾。

【民营经济工作】 打造“庆商洄”商会工作品牌，融入“商商红”党建工作，充分发挥党组织在企业、商会中的核心引领作用，激发非公有制企业新活力。建立“政务服务+异地商会”党建联盟，打通服务企业、服务群众“最后一公里”。完成总商会换届工作，选举产生庆元县工商业联合会（总商会）第八届执行委员会和领导班子。组织2名新生代企业家参加2022年丽水市品质丽商提升工程暨新生代企业家培训班学习。通过金华庆元商会牵线促成杭州风尚文旅企业管理有限公司投资莲湖“星空露营”基地项目，签订项目意向协议；完成上报制造业项目有效线索7条，其中1个制造业项目完成可行性报告，至2022年年底正在等园区供地；完成引进制造业项目任务

1个，内资到位 1156 万元；总部经济入库税收 7667.86 万元，其中存量总部经济企业入库税收 5539.93 万元，完成年度目标任务（1.5 亿元）的 51.1%。2022 年签约 96 个总部经济项目，实现入库税收 2127.93 万元。

（张舒欣）

机构编制工作

【概况】 2022 年，庆元县委编办贯彻落实上级会议精神及各项工作任务部署要求，结合机构编制工作实际，提升机构编制工作系统化、精细化、法治化管理水平，为庆元县建设革命老区共同富裕先行示范县提供精准高效有力的机构编制保障。

【深化基层管理体制改革】 结合县技能型乡镇建设目标、“技能百事通”数字场景应用及县域实际印发《庆元县深化基层管理体制改革推动基层治理体系建设的实施方案》。根据不同乡镇（街道）的人口规模、地理区位、产业特点和经济社会发展水平，将 19 个乡镇（街道）分为中心型 5 个、复合型 5 个、生态型 9 个，确定各类乡镇（街道）相应功能定位与发展重点，实行分类管理。整合优化乡镇（街道）机构，中心型、复合型增设综合行政执法队、乡村振兴服务中心、社区管理办公室等特色机构，构建“1+4+X”（其中，“1”是指综合信息指挥室；“4”是指对应四个平台设置的党建统领办公室、经济生态办公室、平安法治办公室、公共服务办公室；“X”是指因地制宜设置的特色机构）组织架构。设立乡镇（街道）编制周转池和乡镇（街道）中层职数周转池，推进乡镇（街道）人员统筹使用，建立乡镇（街道）人员岗位管理办法。梳理编制乡镇（街道）岗位目录（参考）69 个，岗位对应县属各部门，设置组团发展统筹岗、平台统筹协调岗、重大项目政策处理协调岗等特色岗位，给予乡镇（街道）在参考目录外设置特色岗位的权力，推动乡镇（街道）人员身份管理向岗位管理转变。

【基层管理体制机制改革】 比对“属地管理”事项责任清单与赋权乡镇（街道）行政执法事项清单，梳理权责“有冲突”事项，做好乡镇“属地管理”事项责任清单动态调整，完成“五个一”工作体系建设。指导乡镇（街道）认领赋权的综合行政执法事项，乡镇（街道）权力清单 140 项在浙江政务服务网公布。联合县行政服务中心梳理庆元县乡镇（街道）可办事项清单 130 项，其中，审批事项 37 项，高频政务服务事项 33 项。精简整合部门执法力量，搭建“1+8”（综合执法+市场监管、生态环境、交通运输、农业、文化、应急管理、自然资源、卫生健康）的部门执法架构，成立庆元县经济开发区综合行政执法中队、庆元县百山祖国家公园综合行政执法中队，县乡两级同步推进“一支队伍管执法”。此项具有庆元特点的“大综合一体化”改革协同县“十台合一”社会治理体系，辐射面积 205.06 平方千米，有效破解国家公园范围内 4 个乡镇 13 个行政村、25 个自然村跨区域联合综合执法难题，8 月被省政府办公厅《浙江政务信息》专刊报道。

【保障重点领域体制机构编制】 为急需重点人才、高端紧缺人才引进、乡村振兴、共同富裕示范县创建以及面向高校选调优秀毕业生进行人才储备等提供编制资源保障，拟订《庆元县县属事业单位周转编制管理办法》。优化中小学编制调整同时增强县学前教育力量，根据 2022 年度对照最新入学学生数、学校规模调整等情况，按照国家标准重新测算中小学、幼儿园、职高、特殊学校等各段编制，解决编制配置上明显超标准的问题；全县 13 所小规模学校实行“一校一策”核定编制；统筹调剂建立教师编制周转池 325 名，其中庆元县中小学教育编制周转池 245 名、庆元县学前教育普及普惠编制周转池 80 名。根据省属公立医院机构编制管理相关文件精神，重新规范公立医院院级领导职数、内设管理机构及对应中层职数管理。设立县邮政业安全中心，推进庆元县邮政管理工作，加强快递行业管理和服务。为推进基层治理系统建设和加快迭代升级“141 体系”，增设正科级事业单位县社会治理中心。

【机构编制管理】 持续做好进出编、股级职数审批及机关、群团、事业单位登记管理日常工作。同步最新要求制作办事指南，点对点个性化指导，必要时预约送服务上门，数字赋能最大化实现“不见面、网上办、无纸化”办事。强化跨部门联合沟通管理机制，由“事后监管”转向“全程监管”。通过机构编制数字化预警平台，强化全县机构编制违规事项监督整改，按照预警规则统计机构编制违规事项形成全县机构编制违规事项清单。分类处置机构编制违规事项清单，完善实名制系统数据的准确性和有效性。规范编外用工管理，开展编外用工实际工作岗位摸底，协同开展临聘人员清理规范工作，提出公办幼儿园及医院临聘人员控制规范原则，对从事教师、医生、护士、药房等专业技术工作的临聘人员实行空编管理，保育员按照公办幼儿园班级数每学年进行动态调整。

（吴建秋）

信访工作

【概况】 2022 年，全县受理登记信、访、网、电信访事项同比批次下降 62%，人次下降 72%。北京冬奥会、全国两会、中共二十大等重点时段，全县信访形势总体平稳有序。信访工作“一图一指数”全省排名从第 86 名上升到第 15 名，“重大信访问题七张清单”指数全省排名从第 88 名上升到第 16 名，市对县信访工作考核获评优秀县。县信访局获评全市平安护航中共二十大系列维稳安保工作成绩突出集体。

【庆元县社会治理中心】 2022 年 10 月，庆元县矛盾纠纷调处化解中心升格为庆元县社会治理中心，隶属县委县政府的正科级事业单位。信访局划转原用于矛调中心的 3 名事业人员（1 名为空编）和 2 名编外用工到县社会治理中心。县社会治理中心，建筑面积 3500 平方米，人员编制 13 名，主任 1 名由县委副书记兼任；副主任 3 名，其中常务副主任 1 名；编外用工 20 名，内设科室 4 个，分别是综合保障科、矛盾调处科、信息研判科、智治指挥科。

【实施“九个一”推进信访积案清零】 全县信访工作依托全县“当猛虎，找蜗牛，全县干部技能大提升”主题活动，将信访积案化解工作列入全县“六争比拼”内容之一，以“日晾晒”“周排名”“月通报”为载体，开展信访积案清零比拼活动。在两期全县“六争比拼、难题争破”评比中，有 6 家单位被评为“猛虎”单位，2 家单位被评为“蜗牛”单位，传导工作压力，落实工作责任，截至中共二十大召开前，国家级、省级交办的 114 件信访积案实现全部动态清零（包括实体化解、汇报化解、依法终结等）。变不可能为可能，成功化解一大批社会影响大、时间跨度长的疑难复杂信访积案，成功化解 4 起长达 7 年之久国家级信访积案，创成省级“无信访积案县”。

【“12345”政务服务热线提升】 庆元县“12345”政务咨询投诉举报服务中心坚持群众利益无小事，以直接、快速、便捷、高效的服务为人民群众解决急事、难事、操心事，群众诉求第一时间得到化解，避免大量民生小事转入信访，畅通民意收集和合理化建议，得到人民群众的肯定和赞扬。根据上级要求，“12345”政务服务中心在原来基础上，增加整合 19 条热线，截至 12 月底，整合 38 个部门 55 条非紧急类政务热线，统一以“12345”一个号码对外服务，形成“统一接收、按责转办、限时办结、统一督办、评价反馈”的闭环工作机制。中心通过对相关事项集中梳理、仔细研判、精准分析，不定期报送各类信息，及时向县委县政府提供决策参谋。

【《信访工作条例》宣传活动】 5 月 1 日，中共中央、国务院《信访工作条例》正式施行。根据省、市信访部门要求，结合实际，庆元县制定出台以“法治信访、以民为本”为主题，以“十个一”为主要内容的《信访工作条例》宣传方案，围绕《信访工作条例》集中宣传活动的要求，加强组织领导，精心筹划，周密部署，开展形式多样、内容丰富、重点突出的《信访工作条例》集中宣传月活动，组织5场宣传活动，张贴固定性横幅200条，电子显示屏滚动横幅2000次，累计发放宣传折页2000份，编发电视台宣传标语15条，联动电信、移动、联通三大通信运营商向广大用户群发相关宣传短信72000条，组织网络宣传有奖竞赛1次，累计2100人参与，获奖640人次，征集微视频和主题征文12份作品，向党代表、人大代表、政协委员寄送564封信件。营造“办事依法、遇事找法、解决问题用法、化解矛盾靠法”的社会环境。

（范延连）

老干部工作(关心下一代工作)

【概况】 2022年底，庆元县有离休干部16人。按地域分：在庆元县安置13人，易地安置3人；按单位性质分：行政机关7人，事业单位4人，企业3人，条管单位2人；按入伍时间分：抗日战争时期入伍1人，解放战争时期入伍15人；按享受级别待遇分：享受副县(处)级以上待遇5人，享受乡科级待遇11人；按年龄分：90周岁以上11人，80—90周岁5人。

【合署办公】 全员推进“合署办公”资源整合。经过前期调研及有效对接，2022年3月全面完成县老干部服务中心与县关心下一代工作委员会合署办公，全面理顺人事、组织、财务、工会等工作关系，各项工作运行良好。

【老干部生活待遇落实】 开展“我为老干部办实事”活动，全面了解18名离退休干部和24名无固定收入遗属身体、生活、精神情况，分四组实行“1名领导+2名普通干部”组团式服务“N名老干部及遗属”，提供因人而异、因需管理专班化服务。升级优化服务保障机制，持续推进离休干部“服务月访”及服务质量双向提升联动机制，做实做细“五个一”服务和“签约医生一对一”专属诊疗服务，全年累计走访慰问109人次，开展“签约医生”诊疗服务80人次。召开老干部大事通报会2次、走看促活动2次、学习考察活动2次。针对新冠疫情变化，联合5家涉老社区、2家社区卫生服务中心组建“老干部疫情防控服务团”，先后两次送上口罩、药品等防疫物资，指导健康防疫，累计为离退休干部送防疫物资1.3万元。发动老干部参与省、市老干部局“建言二十大”“金点子助力省党代会”“我看中国特色社会主义新时代”等活动，累计提交金点子建议25条。

【老干部政治生活管理】 建立“1+36”离退休党建组团，形成12个支部结对子，推进离退休支部“五联共建”，建成规范化支部28个，开展结对共建活动102次。创设“1+3”党建共享平台，深化“老党员驿站”建管用育，作为全县党建示范点的政治功能得到拓展。亮点工作《庆元县以党建联盟推动离退休干部党建工作》刊登在《浙江老干部工作》。组织形式实现从“碎片型”向“矩阵型”跃迁。组织“喜迎二十大、助力共富、银耀有我”主题活动，累计550人次退休党员参加，其中178名退休党员参加“迎七一”志愿洁净服务。将县城的26家离退休支部分成5个“小组团”融入5个社区。庆元离退休党建融入社区治理的经验做法在中组部《组工信息》(第114期)刊登。落实党建大联动大比拼，深化推进党建工作例会和党建联络员机制，发动36名党建联络员协助离退休支部工作，联动离退休支部开展“银龄互助”“银龄助学”“银龄助力”等系列活动。庆元离退休党建经验做法在全市离退休干部党建暨老年教育联盟工作推进会上作典型发言材料。

【“两个阵地”建设】 2022年度老年大学在册学员203人，开设9门课程、10个教学班，聘请教师9人。为满足学员的需求，2022年增设葫芦丝、电子琴专业班，购置电子琴39架。推送“三讲”思政微课堂，先后宣讲共同富裕、省第十五次党代会精神、中共二十大精神。“竹口战斗闪耀庆元”被纳入省老年大学视频课程，舞蹈老师余凤被评为“浙江省老年大学优秀教师”。以“喜迎党的二十大”为主题，举办老干部门球赛、主题征文、书画展及送春联、重阳节踩街等文体活动21场次，送戏下乡演出22场，参与活动的老干部2000人次。

【关工委工作】 全面落实关工委“双百”工程，发挥科技老专家的优势，巩固完善志东甜橘柚“双百”示范基地、好嗲胚家庭农场黄精示范基地、安泰笋竹专业合作社等基地建设，深入调研指导，助力科技富民。落实对边远山区贫困学子“纽扣暖心”帮扶，为偏远山村的43名学生送去暖冬外套及《有趣的职业》等学习用书。筹集建立“庆元县关心下一代工作基金”，募集资金3.6万元。争取各方资源，拓宽帮扶途径，借助都市快报、丽水日报等媒体力量，全年资助贫困学生209人次，发放助学金41.78万元。推动“五老”人员面向青少年群体宣传贯彻中共二十大等重要精神，落实未成年人思想政治教育。

（胡梦云）

党校工作

【概况】 中共庆元县委党校贯彻落实习近平总书记关于党校办学治校系列重要指示精神，围绕《中国共产党党校（行政学院）工作条例》的要求，以党建为统领，推进全省党校系统基层党校分类建设和绿色学校创建工作，以争创标杆引领类基层党校为目标，聚焦主责主业，着力打造红色阵地、红色熔炉、红色智库、红色队伍、红色校园“五大红色引擎”。做好离任领导经济责任审计和县委巡察整改工作；推进庆元农民学校终身教育工程建设，完成项目立项、地质勘察及项目建筑方案和初步设计初稿等前期工作。

【干部培训工作】 举办主体班次24期（其中视联网培训7期），培训党员干部1900人次。其中一个月以上培训类班次4期（进修班2期、中青班1期、选调生班1期）；专题研讨班3期，学制5天。与福建省松溪、政和、寿宁三县分类建立“师资库”“专题库”和“现场教学基地库”，举行浙闽边干部教育联盟第二次联席会议暨教学研讨活动，签署《四县干部教育培训计划》，巩固深化浙闽边干部教育联盟成果，举办各类主体班次21个，培训党员干部2400人次。推进现场教学基地建设，在丽水市首批干部教育现场教学基地星级评定现场复核工作中获评四星级现场教学基地1个，三星级现场教学基地2个。打造丽水首个“学习强国”学习角，探索建立常态化党性锻炼机制，创新开展以“参观红色基地、聆听专题党课、开展廉政教育、诵读经典著作、互动教学研讨”等为主要内容的“诵读经典·教学相长”主题实践活动，全年有50个党组织或集体、1250名党员干部或群众到该校开展各类学习活动，15名党校教师完成党课讲授、现场讲解42场次。县委党校机关党建品牌《打造全市首个“学习强国”学习角，筑牢基层党校主阵地，奏响党员教育最强音》作为全市唯一的入选全省党校系统机关党建优秀培育项目名单。

【教科研工作】 探索建立“实践出题目，科研做文章，成果进课堂、进决策”的教研咨三位一体运行机制，教科研工作取得较大突破。开展全体教师党课试讲工作，推选5堂优质党课；开展“理响百山·党校之声”中共二十大精神试讲活动，形成4堂专题课；党校教师以宣传党的理论、中共二十大精神为重点，全年外出宣讲38场次，受众2600人次；举办“三比三赛·百山论剑”（“三比三赛”：比学习、比工作、比作风，赛担当、赛技能、赛业绩）的技能干部选拔大赛，围绕中共二十大精神和习近平新时代中国特色社会主义思想，组织开展专题课讲课比赛和理论研究论文征文赛，评选“名师”10人、“名笔”10人，为党校宣传研究阐释“中共二十大精神”注入新鲜力量；1名教师在2022年全省开大办学体系课程思政教学大赛中获二等奖；1名教师在全市党校系统精品课比赛中获优秀奖。1篇文章入选由中共中央党校（国家行政学院）报刊社等单位主办的《浙西南革命精神论坛》征文；1篇文章在核心期刊《科教创新与实践》上发表；1篇文章在《丽水研究》上发表；1篇文章在《今日丽水》上发表；1篇“山区26县共同富裕一县一策”专项课题研究入选全省党校系统学术年会暨“共同富裕先行和省域现代化先行”理论研讨会文章；1篇文章获全市党校系统山区共同富裕美好社会理论研讨会征文三等奖；1篇文章获全市党校系统“创建绿色学校，共建美好校园”征文三等奖；1篇文章获2022年庆元县机关党建调研论文二等奖；2篇文章入选2022年浙西南革命精神论文征文；7篇文章参加浙江省现代远程教育协会“终身教育助推共同富裕”主题征文；5篇文章在2022年县社科联研究课题中获奖；推出《学思践悟》5期。其中，1篇咨政报告获4名县领导批示，1篇资政报告获2名县领导批示，1篇获浙江省党校（行政学院）系统决策咨询成果一等奖；承担县级以上党政领导委托课题2项；省电大课题结题1项；省委党校2022年度“山区26县共同富裕一县一策”专项课题研究结题；申报2023年度丽水市哲学社会科学常规课题8篇，立项3篇，实现近年来“零”的突破。

【开放教育工作】 2022年，与县教育局联办社区教育相关活动2场。按照上级要求，积极推进电大综合改革工作，主动与省开大、市电大等上级部门沟通汇报，与县委编办、县教育局、县财政局等部门精准对接，配合县教育局制定《浙江广播电视大学庆元分校更名工作方案》并报上级审批，确保综改工作顺利完成。完成春季招生62人、秋季招生163人。截至年底，有49个班级，在籍学员711人。

（林　丽）

史志档案工作

【概况】 2022年，庆元县党史和地方志研究室认真贯彻落实习近平新时代中国特色社会主义思想，深入学习贯彻中共二十大精神，以及习近平总书记关于史志档案工作的重要论述和指示精神，紧紧围绕“编研出精品，资政有作为，宣教求突破，管档存历史，为民谋服务”的目标要求，充分发挥“史料库、研究室、宣传队、智囊团”的作用，围绕中心、服务大局、勇于担当、主动作为，为庆元全力建设革命老区共同富裕先行示范县贡献史志档案力量。

【党史基本著作编纂】 《中国共产党浙江庆元历史》第二卷于2016年启动编纂，2021年1月通过初审，2022年8月通过复审，进入复审稿修改阶段。经过几轮修改、提升工作，全书分4编20章56节165目，包括目录、正文、注释、附录等，约31万字，插图20幅。同时，2022年8月，启动党史三卷资料征编工作。

【红色党史资料整理编印】 为保护红色遗址，传承红色文化，县党史和地方志研究室以原《庆元革命丰碑》为基础，结合2019年弘扬践行浙西南革命精神活动中对革命遗址的普查成果，开展《庆元革命遗址》编修工作。2022年上半年，历经十余次修改、补充、完善，形成终稿，涉及革命遗址点位36处共计89页，约3万字，并于5月完成内部印刷，为庆元县开展革命遗址保护与利用提供党史素材。

【革命遗址数字智治工作】 2021年12月，庆元县省级党史教育基地——斋郎战斗革命遗址群被省委党史和文献研究室确定为“丽水市革命遗址数字智治应用系统”，为数字化改革首批先行试点。2022年4月，县党史和地方志研究室与市委党史研究室、市数管公司等同赴斋郎村实地调研，逐一走访涉及点位，采集信息数据，召开村、镇座谈会，探讨应用建设中存在的问题，并部署具体工作，落实责任人；5月中旬，与百山祖镇、县融媒体中心、县民政局等单位对接，采集电子资料约3万字；5月底，与县农业农村局、县民政局、县住建局、县文广旅体局等单位对接，梳理形成革命遗址数字智治应用职责分工业务流程表，为下阶段工作奠定基础。

【“风展红旗如画”国旗展】 7月29日，曾于2019年6月19日在天安门广场升挂过的国旗顺利在庆元巡展。为提前做好红旗巡展方案，5月初，县党史和地方志研究室通过深入挖掘庆元革命历史、遗址、人物、故事等红色资源，积极谋划巡展方案。历经多次修改，初步确定巡展方案，并提前落实相关工作。此次巡展随同展出的还有红旗相关介绍，通过国旗诞生、国旗知识、国旗法、国旗与天安门广场等内容，全方位讲述国旗之史、国旗之姿、国旗之法与国旗之仪。当天参展人数达2800余人，讲解国旗知识达40余场。

【《庆元年鉴（2022）》出版】 12月，《庆元年鉴(2022)》由方志出版社出版。该年鉴由中共庆元县委、庆元县人民政府主办，庆元县党史和地方志研究室负责编纂，由卷首、百科、卷尾三部分组成，合计32个类目，57.2万字，收录庆元政区图1幅、卷首图片11幅、随文图片21幅，表13个。全书全面、客观、真实、准确地记述2021年度庆元县政治、经济、文化、社会发展的基本情况。从2007年起，《庆元年鉴》每年编纂出版1卷，2022年卷是第16卷。

【民国《庆元县志稿》点校工作】 该稿由清廪生姚文林主修，民国修志馆馆长吴钟祥续修，但均未完成编纂出版。后该书稿散落在外，1985年由龙泉县档案馆转交至庆元县档案馆，现存卷六至卷十四，共九卷1389页。2022年，为抢救和保护近代庆元历史文化遗产，传承历史文脉，县党史和地方志研究室启动志稿的整理点校工作，至年底完成5卷6册共9.5万字的点校工作。

【地方志资政辅政】 助力乡村志书编纂。指导《官塘乡志》编纂，为其提供志书篇目参考；为《底墅村志》编写提供资料。助力“书香政协”建设。向县政协提供县志等地情图书共39册，为政协委员参政议政提供资料参考。助力“庆元历史文化丛书”编纂。积极为该丛书的编写方案、分类设置出谋划策。助力乡村振兴。通过编写入志、查阅资料等方式，先后为“庆元甜橘柚”“庆元黄粿”“庆元大鲵”等庆元特色农产品地理标志申报提供地方志史料支持。

【丰富馆藏档案资源】 一是归集上报疫情防控和脱贫攻坚档案。其中，脱贫攻坚档案上报目录条数56779条，数据容量262吉字节。二是做好衢宁铁路和异地搬迁档案接收。上半年以来，接收庆元县衢宁铁路项目指挥部档案611件，异地搬迁档案6525件。三是征集地方特色档案资源。征集到庆元县底墅村民间契约共100多张，主要是清代、民国时期的山林、土地买卖契约、借据等，其中一份《二五减租告民众书》，内容翔实、保存较好，有较高的历史研究价值。

【深化档案数字化改革】 配合丽水市档案馆申报国家科技项目——《区域一体化档案工作机制服务共同富裕示范区治理的研究与实践》并成功立项，将“数字业务化、业务数字化”理念贯穿到档案业务工作全流程，按照“大场景、小切口”的理念，谋划档案智治应用场景，完善“1+10+N”档案系统功能，发挥档案在政府数字化改革中的效用。抓好电子化归档工作，根据各单位档案工作开展情况，推行电子公文单套制归档试点，指导电子档案和纸质档案的归档衔接，推进网页信息、数码照片、社交媒体、新闻报道等数字资源的采集。

（吴　青）

庆元县人民代表大会

综述

【概况】 2022年，在中共庆元县委的坚强领导和上级人大及其常委会的精心指导下，庆元县人大常委会坚持以习近平新时代中国特色社会主义思想为指导，深入学习中共二十大精神，认真落实中央人大工作会议及省市县党代会精神，聚焦新时代人大工作的新定位新任务，全力践行全过程人民民主，依法履职行权，召开常委会会议10次、主任会议19次，听取和审议"一府一委两院"专项工作报告24个，开展执法检查、视察、调研活动19次，作出决议决定10项、审议视察评议意见20个，任免国家机关工作人员115人次，对8名人大任命干部开展履职评议工作，受理群众来信49件。

【助推乡村振兴】 开展"一区一品"产业建设调研，深入了解产业发展、品牌打造、农业科技创新、农民增收等方面情况，邀请人大代表参与特色农业产业发展等调研活动，推动人大监督全链条贯穿乡村振兴。听取和审议农村土地综合整治利用情况报告，关注"非粮化"整治后土地流转利用情况，全力促进耕地保护和土地集约利用。组织代表开展松源溪流域综合治理工程视察。关注灾后重建工作，发出《致全县各级人大代表参与防汛救灾的倡议书》，专项监督"6•18"灾后重建情况，推动农村生产生活和农业产业有序恢复，促进提升县域防洪排涝能力。听取县域国土空间规划编制工作情况报告，提出科学划定"三区三线"、优化空间资源配置，引领推动城乡融合发展。开展传统村落保护利用工作视察，提出高度重视传统村落保护利用，促进传统文化与产业融合发展，精心打造传统文旅品牌等工作建议。开展民族乡村振兴工作调研，推进民族共同富裕。配合市人大开展"三位一体"农合联改革、家庭农场发展情况、花园乡村建设情况、旅游产业发展情况等专题调研。

重要会议

【庆元县第十七届人民代表大会第一次会议】 2022年2月11—13日在庆元召开，出席会议县人大代表180人，列席会议78人。会议听取和审查县政府代县长田健晖所作的庆元县人民政府工作报告；审查和批准庆元县2021年国民经济和社会发展计划执行情况的报告及2022年国民经济和社会发展计划草案的报告；审查和批准庆元县2021年财政预算执行情况的报告及2022

2022 年 2 月 13 日，庆元县第十七届人民代表大会第一次会议召开　　（县人大办 供）

年财政预算草案的报告；审议庆元县人民政府2021 年环境状况和环境保护目标完成情况的报告；听取和审查县人大常委会主任吴青松所作的庆元县人民代表大会常务委员会工作报告；听取和审查县人民法院院长黄明所作的庆元县人民法院工作报告；听取和审查县人民检察院代检察长丁丰所作的庆元县人民检察院工作报告；对2021 年庆元县人民政府民生实事项目满意度测评，票决 2022 年庆元县人民政府民生实事项目；会议依法选举庆元县第十七届人民代表大会常务委员会组成人员；依法选举田健晖为庆元县人民政府县长，李鹏、吴秋标、张延洪、李颖、赵世杰、熊焕、王伟啸为庆元县人民政府副县长；依法选举王鹏为庆元县监察委员会主任；依法选举黄明为庆元县人民法院院长；依法选举丁丰为庆元县人民检察院检察长；依法决定设立庆元县第十七届人民代表大会监察和司法委员会、财政经济委员会、社会建设委员会，表决通过各委员会组成人员名单；选举产生庆元县出席丽水市第五届人民代表大会的代表 27 名。

截至 2022 年 2 月 12 日 12 时，收到代表个人或联名提出的建议、批评和意见 179 件。议案审查委员会分类逐件审查 179 件建议、批评和意见（其中 1 件作为来信处理）。根据议案审理的规定，179 件（其中 1 件作为来信处理）代表建议由县人大常委会有关工作机构在大会闭会后，移送“一府两院”统一安排办理，由承办单位负责答复代表，由县人民政府将办理结果书面向县十七届人大常委会报告。经县人大常委会主任会议研究，将《关于建设百山祖国家公园游客接待中心的建议》等 9 件建议作为县政府领导重点领办件；将《关于做好科学规划城市建设、避免重复翻修的建议》等 7 件代表建议作为县人大常委会重点督办的建议，实行县政府县长、副县长领办，县人大常委会主任、副主任督办。

【庆元县人大常委会会议】 2022 年，庆元县人大举行常委会会议 10 次。

1 月 13 日，县十六届人大常委会第三十九次会议召开。会议听取和审议各街道工作委员会关于 2021 年度工作情况和 2022 年度工作计划的报告；审议县人大常委会关于表彰 2021 年度先进县人大代表小组和优秀代表建议的决定；审议和提出县第十七届人大一次会议相关事项。会议进行有关人事任免事项，向新任命人员颁发任命书，举行宪法宣誓仪式。

1 月 24 日，县十六届人大常委会第四十次会议召开。会议审议和提出县十七届人大一次会议相关事项；听取和初审县十七届人大一次会议相关工作报告；听取和初审县人民政府关于 2022 年度政府民生实事候选项目；进行其他事项。

3 月 29 日，县十七届人大常委会第一次会议召开。会议听取和审议县人大常委会 2022 年工作要点及《庆元县人民代表大会常务委员会关于县人大常委会组成人员出席常委会会议及列席人员列席常委会会议的规定》《庆元县人民代表大会常务委员会专题询问办法（试行）》《庆元县人民代表大会常务委员会审议意见落实情况跟踪监督办法》《庆元县人民代表大会常务委员会关于县人民政府组成部门负责人履职工作评议办法》，审议通过《庆元县第十七届人民代表大会常务委员会代表资格审查委员会组成人员名单》。会议进行有关人事任免事项，决定任命黄卫剑、朱惠汉为庆元县人民政府副县长，向新任命人员颁发任命书。会上，新一届县人大常委会组成人员和县人大监察和司法委员会、县人大财政经济委员会、县人大社会建设委员会组成人员，新一届县人民政府副县长参加宪法宣誓仪式。

4月21日，县十七届人大常委会第二次会议召开。会议传达学习市五届人大一次会议精神；进行有关人事任免事项。

4月28日，县十七届人大常委会第三次会议召开。会议听取和审议县人民政府关于《庆元县2021年政府重大投资项目完成情况和2022年政府重大投资项目计划（草案）》的报告、关于《中华人民共和国节约能源法》和浙江省实施办法实施情况的报告、关于法治政府建设情况报告；听取县人大常委会监察和司法工委关于2021年度规范性文件备案审查工作情况报告；进行有关人事任免事项；会上，县人大常委会监察和司法工委主任连卫东给与会人员进行规范性文件备案审查培训。

6月28日，县十七届人大常委会第四次会议召开。会议听取和审议县政府关于2022年度政府投资项目财政预算（草案）的报告、关于《优化营商环境条例》实施情况的报告、关于防范打击治理电信网络诈骗工作情况报告、关于城市社区建设情况报告；表决通过相关人事任免事项。

8月31日，县十七届人大常委会第五次会议召开。会议审查和批准县政府关于2021年度财政决算（草案）的报告；听取和审议县政府关于2022年上半年国民经济和社会发展计划及财政预算执行情况的报告、关于2021年度财政预算执行和其他财政收支情况的审计工作报告、关于农村土地综合整治利用工作情况的报告；听取县政府关于民生实事项目落实情况的报告；会议进行其他事项。

10月27日，县十七届人大常委会第六次会议召开。会议听取和审议县政府关于义务教育阶段"双减"政策贯彻落实情况报告；听取和审议县监察委员会关于整治群众身边不正之风和腐败问题工作情况报告；听取和审议部分人大任命干部履职情况报告，进行满意度测评；开展国有企业改革情况专题询问；会议进行人事任免及其他事项。

11月22日，县十七届人大常委会第七次会议召开。会议听取县人民政府关于县十七届人大一次会议代表建议（重点建议、代表团审议工作报告意见建议）办理情况的报告，对重点建议办理情况进行满意度测评；听取县人民法院、县人民检察院关于县十七届人大一次会议代表团审议工作报告意见建议办理情况的报告。

12月23日，县十七届人大常委会第八次会议召开。会议听取和审查县人民政府关于2022年一般公共预算调整方案（草案）的报告；听取和审议县人民政府关于庆元县2021年度财政预算执行和其他财政收支审计查出问题整改情况的报告、县人民政府关于《浙江省综合行政执法条例》实施情况的报告；听取县人民政府关于民生实事项目落实情况的报告；初审县人民政府关于2023年度民生实事候选项目的报告；会议进行相关人事任免及其他事项。

【庆元县人大常委会主任会议】 2022年，庆元县人大举行常委会主任会议19次。

1月11日，县十六届人大常委会第71次主任会议召开。会议听取县人民政府关于2022年度政府民生实事项目候选项目的报告。会议听取县人大常委会各街道工作委员会关于2021年度工作情况和2022年度工作计划的报告；研究讨论县人民代表大会常务委员会关于表彰2021年度先进县人大代表小组和优秀代表建议的决定（草案）；研究讨论县人大常委会办公室关于表彰庆元县第十六届人民代表大会优秀代表的通知（草案）；讨论县人大常委会、各专门委员会工作报告；研究县第十七届人民代表大会第一次会议相关事项；研究拟提交县十六届人大常委会第三十九次会议审议的有关人事任免事项；研究县十六届人大常委会第三十九次会议有关事项；会议进行其他事项。

1月23日，县十六届人大常委会第72次主任会议召开。会议初审县人民政府工作报告；初审县人民政府关于庆元县2021年国民经济和社会发展计划执行情况与2022年国民经济和社会发展计划草案的报告和关于庆元县2021年财政预算执行情况及2022年财政预算草案的报告、庆元县2021年环境状况和环境保护目标完成情况的报告，听取庆元县第十六届人民代表大会常务委员会代表资格审查委员会关于庆元县第十七届人民代表大会代表资格审查的报告，研究庆元县第十七届人民代表大会第一次会议关于各项决议、决定表决方式的决定（草案）、主席团成员及秘书长名单（草案）、副秘书长名单（草案）、主席团常务主席名单（草案）、执行主席分组名单（草案）、列席人员名单（草案）、代表团临时召集人名单（草案）、代表团组团方案（草案）、议案审查委员会名单（草案）、财政预算审查委员会名单（草案）、关于议案截止时间的决定（草案）、关于议案审理的规定（草案）、关于2022年县人民政府民生实事项目人大代表票决办法（草案）。会议研究县十六届人大常委会第四十次会议有关事项；确定县人大常委会2022年2月主要工作安排。

2月17日，县十七届人大常委会第1次主任会议召开。会议传达学习县"两会"精神；研究讨论县十七届人大常委会主任、副主任工作分工；研究讨论《庆元县人民代表大会常务委员会专题询问办法（试行）》《庆元县人民代表大会常务委员会审议意见落实情况跟踪监督办法》，进行其他事项。

3月24日，县十七届人大常委会第2次主任会议召开。会议研究讨论县人大常委会2022年工作要点（草案）、《庆元县人民代表大会常务委员会关于县人大常委会组成人员出席常委会会议及列席人员列席常委会会议的规定（草案）》《庆元县人民代表大会常务委员会专题询问办法（试行）（草案）》《庆元县人民代表大会常务委员会审议意见落实情况跟踪监督办法（草案）》《县人大常委会2022年关于县政府十件民生实事项目实施情况开展监督的方案（草案）》《庆元县人民代表大会常务委员会关于县人民政府组成部门负责人履职工作评议办法（讨论稿）》《庆元县人大常委会办公室关于印发〈庆元县人民政府组成部门负责人进人大代表联络站听取意见的实施方案〉的通知（讨论稿）》《庆元县第十七届人民代表大会常务委员会代表资格审查委员会组成人员名单（草案）》《2022年度庆元县重大行政决策事项目录（送审稿）》《2022年度乡镇（街道）人大工作考核细则》。会议研究拟提交县十七届人大常委会第一次会议的有关人事任免事项和县十七届人大常委会第一次会议的有关事项；研究确定县十七届人大常委会2022年4月工作安排；会议进行其他事项。

4月19日，县十七届人大常委会第3次主任会议召开。会议研究拟提交县十七届人大常委会第二次会议审议的有关人事任免事项；研究县十七届人大常委会第二次会议有关事项；进行其他事项。

4月26日，县十七届人大常委会第4次主任会议召开。会议听取县人民政府关于《庆元县2021年政府重大投资项目完成情况和2022年政府重大投资项目计划（草案）》的报告；听取县人民政府关于《中华人民共和国节约能源法》和我省实施办法实施情况的报告、关于法治政府建设情况的报告；听取县人大常委会监察和司法工委关于2021年度规范性文件备案审查工作情况的报告；研究讨论《〈浙江省物业管理条例〉〈丽水市物业管理条例〉执法检查实施方案（讨论稿）》《关于组织全县各级人大代表开展"六访六促"推动高质量发展建设共同富裕示范区山区范例主题活动的实施方案（讨论稿）》；研究确定县十七届人大一次会议代表建议重点领办件和重点督办件；研究拟提交县十七届人大常委会第三次会议审议表决的人事任免有关事项；研究县十七届人大常委会第三次会议有关事项；研究县人大常委会5月工作安排。

5月6日，县十七届人大常委会第5次主任会议召开。会议讨论《庆元县2021年政府重大投资项目完成情况和2022年政府重大投资项目计划的审议意见（草案）》《关于检查〈中华人民共和国节约能源法〉和我省实施办法实施情况报告的审议意见（草案）》。

5月25日，县十七届人大常委会第6次主任会议召开。会议听取县人民政府关于城市民族工作情况的报告；研究县人大常委会6月工作安排；会议进行其他事项。

6月22日，县十七届人大常委会第7次主任会议召开。会议传达学习全市人大常委会主任学习会精神；听取县政府关于防范打击治理电信网络诈骗工作情况的报告、县政府关于2022年度政府投资项目财政预算（草案）的报告、县政府关于《优化营商环境条例》实施情况的报告、县政府关于城市社区建设情况的报告；研究拟提交县十七届人大常委会第四次会议审议的有关人事任免事项；研究县十七届人大常委会第四次会议有关事项；研究通过县人大常委会7月工作安排；会议进行其他事项。

7月5日，县十七届人大常委会第8次主任会议召开。会议讨论庆元县人民代表大会常务委员会关于庆元县2022年政府性投资建设项目资金预算的审议意见、关于检查《优化营商环境条例》实施情况的审议意见、关于防范打击治理电信网络诈骗违法犯罪工作情况的审议意见、关于城市社区建设情况的审议意见，会议同意将以上审议意见修改完善后移交县政府及相关部门研究处理；会议进行其他事项。

7月26日，县十七届人大常委会第9次主任会议召开。会议听取县人大常委会调研组关于庆元县“一区一品”农业产业发展情况的调研报告；研究确定县十七届人大常委会2022年8月工作安排。

8月24日，县十七届人大常委会第10次主任会议召开。会议听取县政府关于2021年度财政决算（草案）的报告、关于2022年上半年国民经济和社会发展计划及财政预算执行情况的报告、关于2021年度财政预算执行和其他财政收支情况的审计工作报告、关于《浙江物业管理条例》和《丽水市物业管理条例》贯彻实施情况的报告、关于农村土地综合整治利用工作情况的报告、关于2022年度“十件民生实事”项目落实情况的报告；研究确定《浙江省物业管理条例》《丽水市物业管理条例》贯彻执行情况专题询问会议方案、县人大常委会领导和各室委联系乡镇（街道）人大工作制度、县人大常委会领导和各室委联系乡镇（街道）人大安排方案、县人大常委会开展对部分人大任命干部履职评议的工作方案、县十七届人大代表履职能力提升培训相关事宜、县十七届人大常委会第五次会议相关事宜；研究确定县十七届人大常委会9月工作安排。

9月1日，县十七届人大常委会第11次主任会议召开。会议听取和讨论关于全县2022年上半年国民经济和社会发展计划及财政预算执行情况的审议意见、关于2021年度财政预算执行和其他财政收支审计工作报告的审议意见；关于农村土地综合整治利用工作情况的审议意见、关于《浙江省物业管理条例》《丽水市物业管理条例》实施情况的审议意见。会议进行其他事项。

9月26日，县十七届人大常委会第12次主任会议召开。会议听取县人民政府关于《中华人民共和国残疾人保障法》实施情况报告；研究讨论国有企业改革情况专题询问会方案；研究确定县人大常委会10月工作安排；研究人大践行全过程人民民主基层单元相关事宜。

10月24日，县十七届人大常委会第13次主任会议召开。会议传达学习中国共产党第二十次全国代表大会精神；听取县政府关于国有企业改革情况的报告；听取县政府关于义务教育阶段“双减”政策贯彻落实情况的报告；听取县人大常委会评议工作组关于部分人大任命干部履职工作调研情况的报告；研究拟提交县十七届人大常委会第六次会议审议表决的人事任免有关事项；研究县十七届人大常委会第六次会议有关事项；研究确定县人大常委会11月工作安排。

11月2日，县十七届人大常委会第14次主任会议召开。会议讨论通过关于国企改革情况的审议意见、关于义务教育阶段“双减”政策贯彻落实情况的审议意见、关于部分人大任命干部履职情况的审议意见。

11月17日，县十七届人大常委会第15次主任会议召开。会议研究部署县十七届人大二次会议人大常委会工作报告起草工作；研究讨论2022

年度人大考核和信息考核工作；研究2023年度县人大常委会监督议题建议征集工作；讨论县代表联络总站建设布展内容；研究部署县人大代表补选工作；研究部署人大基层单位建设工作；讨论县十七届人大一次会议重点建议民主评议工作方案；讨论丽水市人大代表庆元中心组活动方案；研究县十七届人大常委会第七次会议有关事项；会议进行其他事项。

11月28日，县十七届人大常委会第16次主任会议召开。会议听取县政府关于招商引资工作情况的报告；听取县政府关于县域国土空间总体规划编制工作情况的报告；研究确定县十七届人大常委会2022年12月工作安排；会议进行其他事项。

12月22日，县十七届人大常委会第17次主任会议召开。会议听取县人民政府关于2022年一般公共预算支出调整方案（草案）的报告、关于审计发现问题整改落实情况的报告、关于《浙江省综合行政执法条例》实施情况的报告、关于民生实事项目落实情况的报告；初审县人民政府关于2023年度民生实事候选项目的报告；研究拟提交县十七届人大常委会第八次会议审议表决的人事任免有关事项；研究县十七届人大常委会第八次会议有关事项；研究确定县十七届人大常委会2023年1月工作安排；会议进行其他事项。

人大监督和代表工作

【夯实菇乡治理的法治基础】 开展国家宪法日活动，落实宪法宣誓制度，组织人大及其常委会产生的国家工作人员宪法宣誓377人次。听取和审议2022年法治政府建设情况报告。开展《浙江省综合执法条例》执法检查，在队伍整合、机构设置、业务下沉等方面提出建议，助力综合行政执法改革向纵深推进。听取和审议县监委关于开展整治群众身边不正之风和腐败问题的专项工作报告。听取和审议防范打击治理电信网络诈骗犯罪工作情况报告。组织人大任命干部进行任前法律知识考试，开展人大常委会任命干部履职评议，听取和审议县人大常委会任命的县发改局局长等6名县政府组成部门主要负责人和县人民法院2名员额法官依法履职情况的报告，进行满意度测评。受理、转办群众来信来访49件次，加强综合分析和督办化解，维护社会和谐稳定。

【推动重点工作见行见效】 听取和初审国民经济和社会发展计划执行情况报告。听取和审议上半年国民经济和社会发展计划执行情况的报告，提出积极落实纾困政策、疏通发展堵点、稳定房地产市场、推动农业农村和社会事业发展、降低疫情影响等建议，促进全县经济社会平稳发展。听取和审议县政府2021年度政府重大投资项目完成情况和政府重大投资项目计划（草案）的报告，推动政府加强项目建设、有效防范政府债务风险。听取和初审预算报告，审查和批准预算调整、决算报告等。听取和审议县政府关于年度财政预算执行及其他财政收支审计工作报告以及关于审计发现问题整改落实情况报告。开展国有企业改革情况专题询问，创新专题询问工作方式，邀请专家在专题询问会现场点评。开展《优化营商环境条例》《中华人民共和国节约能源法》及浙江省实施办法实施情况执法检查，听取县政府关于招商引资工作情况报告，督促政府完善招商引资工作举措，突出招商引资工作重点。

【推进生态文明建设】 听取和审议年度环境状况和环境保护目标完成情况报告。开展《中华人民共和国环境保护法》《浙江省环境保护条例》执法检查，推动实行最严格的生态环境保护制度，持续改善生态环境质量。关注国家公园建设，开展百山祖国家公园片区建设情况调研，配合省、市人大开展钱江源—百山祖国家公园管理条例立法调研，推进国家公园建设。开展林业产业发展情况专题调研，助推全县林业产业科学发展、跨越发展。配合中心工作，开展环境卫生巡查大整治行动和垃圾分类点位指导工作，巩固

“创国卫”成果。

【助力提升社会治理效能】 对住宅小区物业管理“两条例”实施情况开展执法检查、专题询问，专题询问会实行网络现场实时直播，在线观看1.3万人次。开展“双减”政策贯彻落实情况工作监督，建议政府加强宣传引导营造良好教育生态，创新教育理念加强师资队伍建设，强化配套保障，提升课后服务质量，加强监管力度，规范校外培训。开展城市民族工作调研，推动民族交流交融，促进民族团结进步。开展城市社区建设情况专题调研，推动社区自治能力作用进一步发挥。开展交通重点项目建设情况视察，助推庆元县构建交通发展大平台。开展《中华人民共和国残疾人保障法》实施情况执法检查。配合省市人大开展涉外婚姻管理工作和3岁以下婴幼儿照护服务体系建设情况调研。对十七届人大一次会议票决产生的十项民生实事项目，全面落实常委会班子成员“牵头督”，常委会工委“分工督”，广大代表“参与督”机制，促进民生实事尽早惠民利民。

【全力践行全过程人民民主】 首次以代表“点单式”参与常委会各项监督活动，邀请36名基层代表列席常委会，43人次代表共同参与常委会视察调研、执法检查、专题询问等工作开展“‘六访六促’推动高质量发展建设共同富裕示范区山区范例”“四级人大八万代表助力八大攻坚行动”代表主题活动，累计走访联系群众3899人次，收集意见建议1856条，推动解决问题1350个。开展代表履职培训，坚持“线上”与“线下”相结合，分两期在福建省宁德市委党校举办县第十七届人大代表履职能力提升培训班。强化制度保障，健全完善“联系接待群众”“民意收集处理”“代表学习培训”等配套制度，系统重塑代表联络站制度流程体系，拓展“联商督促智”五大功能，全面实现制度化、规范化运行。制定出台《关于庆元县人民政府组成部门负责人进人大代表联络站听取意见实施办法》。

（刘子坤）

庆元县人民政府

综述

【概况】 2022年，庆元县上下贯彻落实"疫情要防住、经济要稳住、发展要安全"三大要求，坚毅笃行"丽水之干"，持续打好"五大关键仗"，奋力推进革命老区共同富裕先行示范县建设，经济社会发展实现稳中有进、稳中提质、稳中向好。全县地区生产总值92.65亿元，增长5.9%；财政总收入8.55亿元，增长6.9%；一般公共预算收入5.91亿元，增长10.3%；固定资产投资增长16.2%，规模以上工业增加值增长6.1%；社会消费品零售总额增长4.1%；城镇和农村常住居民人均可支配收入分别增长5.1%和5.3%，较好完成县十七届人大一次会议确定的各项目标任务。

【项目建设提速增效】 坚持"项目为王"理念，强化项目前期和要素保障，37个项目被列入市重大前期项目库，争取专项债4.25亿元，金融工具2.03亿元。双枪日用餐厨具自动化生产基地、污水处理扩建工程（二期）等70个项目开工纳统，20个省市重点项目完成投资的118%。兰溪桥水库扩建及移民安置小区、人民医院迁建、松源溪流域治理、半湾休闲养生文化园等项目加快推进，智慧汽车产业园、黄麻淤安置小区等一批项目顺利完工，生活垃圾综合处理项目投入运行。

【百亿绿能全面启航】 扭住县域发展主要矛盾，全力推进以抽蓄、风电为两大龙头的"风光水储"项目集群。抽水蓄能电站仅用6个多月时间超常规完成所有专题审查和批复，并成功获得核准。全省装机容量最大的陆上风电项目百花岩风电场破土动工。整县推进分布式光伏规模化开发试点工作，薰山光伏正式并网发电，全县新增光伏发电并网5.2万千瓦，超过历年之和，实现翻番倍增。庆东220千伏输变电工程前期加速推进，城南110千伏输变电工程建成投用。

【重大交通再获突破】 全面构建内联外畅大交通格局，经过不断争取，义龙庆高速庆元段开工时间提前至2024年，计划2028年建成通车。庆元段项目建议书获省发改委批复，节点性工程万年隧道完成主体工程的25%。奉化至庆元公路五大堡至龙溪段被纳入省交通运输厅首批交通服务共同富裕试点项目，银屏山隧道具备通车条件。全面启动"四好农村路"示范县创建，新改建农村公路75千米，柏小线、岗双线等一批重点农村公路建成投用。

重要会议

【县政府常务会议】 2022年，县政府召开常务会议15次。

1月11日，县政府召开第47次常务会议，听取《2022年政府工作报告（送审稿）》起草情况说明。

1月24日，县政府召开第48次常务会议，审议《关于庆元县2021年国民经济和社会发展计划执行情况与2022年国民经济和社会发展计划草案的报告（送审稿）》《庆元县2022年财政部门预算方案（送审稿）》《庆元县2021年度环境状况和环境保护目标完成情况报告》。

2月14日，县政府召开第1次常务会议，审议《庆元县来料加工产业高质量发展扶持政策（2022—2024年）（送审稿）》《庆元县房屋征收市场化安置办法（送审稿）》《关于修订〈庆元县食用菌产业发展扶持政策三年计划（2020—2022年）〉的通知（送审稿）》《关于划定高排放非道路移动机械禁止使用区的通告（送审稿）》《庆元县政府投资数字化项目管理办法（试行）（送审稿）》，听取《关于2021年庆元县政府投资项目年度计划调整》的情况汇报，审议《庆元县现代服务业发展"十四五"规划（送审稿）》《废止〈庆元县人民政府关于印发庆元县政府非税收入结算及绩效考核暂行办法的通知〉（庆政发〔2012〕47号）文件（送审稿）》，传达学习全国公安厅局长会议精神，听取《关于2021年庆元县消防安全形势分析和消防安全工作开展情况汇报》，审议《庆元县人民政府关于县长、副县长分工调整的通知（送审稿）》《废止〈关于发展建筑企业总部经济的补充意见的通知（庆招委办〔2021〕16号）〉文件（送审稿）》。

3月21日，县政府召开第2次常务会议，听取《关于2022年度庆元县人民政府重大行政决策事项目录的汇报》，审议《庆元县人民政府关于将部分庆元县部门行政处罚权交由黄田镇人民政府行使的通告（送审稿）》《庆元县商品住宅小区违法建筑处置意见（送审稿）》《庆元县公共停车泊位设置和使用管理办法（送审稿）》《2022年庆元县人民政府禁火通告（送审稿）》，传达学习《河南郑州"7·20"特大暴雨灾害调查报告》、习近平总书记关于统计监督工作重要讲话精神和《关于更加有效发挥统计监督职能作用的意见》的文件精神。

3月30日，县政府召开第3次常务会议，听取《关于庆元凯震古民居生态休闲养生园开发有限公司"百山祖避暑乐氧小镇'生态古民居项目'"给予建设期限延期的汇报（送审稿）》和《竹木和铅笔制品检测认证中心引进扶持政策情况汇报（送审稿）》，审议《庆元县国有企业整合重组实施方案（送审稿）》《庆元县国有资产整合集中攻坚行动方案（送审稿）》《庆元县政府投资项目代建操作细则（暂行）（送审稿）》《庆元县国有企业融资手续费资金管理办法（送审稿）》，传达学习省委书记袁家军在庆元调研重要批示精神、全省公安机关常态化扫黑除恶斗争视频推进会精神和全省公安机关亚运安保工作视频部署会精神。

4月18日，县政府召开第4次常务会议，审议《庆元县2022年基本建设项目投资计划（送审稿）》。

5月4日，县政府召开第5次常务会议，传达学习《中共浙江省委办公厅 浙江省人民政府办公厅印发〈关于进一步强化安全生产责任落实坚决防范遏制重特大事故的实施意见〉的通知》，审议《2021年全县生态工业和商贸经济高质量发展奖励结果的通报（送审稿）》《2021年生态工业高质量发展表彰结果的通报（送审稿）》《关于加快庆元县建筑业转型升级健康发展的若干意见（送审稿）》《庆元县鼓励非标电动自行车提前淘汰置换实施方案（送审稿）》《庆元县"绿水青山就是金山银山"实践创新基地建设实施方案（2022—2024）（送审稿）》《庆元县面向世界一流大学优秀毕业生招聘政策补充调整建议（送审稿）》，听取《庆元县松源街道五二村集体留用地开发方案的情况汇报（送审稿）》，审议《2022年度庆元县土地和房屋征收工作任务表(送审稿)》。

6月8日,县政府召开第6次常务会议,传达学习习近平总书记在主持中共中央政治局第三十九次集体学习时发表的重要讲话、习近平总书记在庆祝中国共产主义青年团成立100周年大会上的重要讲话,全国稳住经济大盘电视电话会议,全省稳住经济大盘续会视频会,省政府第十次全体会议精神、全省反拐联席会议电视电话会议精神、全市房地产市场平稳健康发展因城施策专题会议和庆元县贯彻落实意见建议、习近平法治思想学习纲要,听取《关于庆元县法治政府示范创建工作的情况汇报》《关于庆元县凯震实业发展有限公司请求"庆元县民俗博物馆"项目给予建设期限延期并落实配套设施政策的汇报》,审议《庆元县关于事业单位建立管理岗位职员等级晋升制度实施方案(送审稿)》,听取《庆元县"四好农村路"示范县创建建设及投资模式的情况汇报》《义龙庆高速公路庆元段项目前期责任主体情况汇报》《关于废止〈庆元县人民政府办公室关于印发加强组织收入工作统筹提高财政保障能力方案的通知(庆政办发〔2019〕96号)〉》,审议《庆元县2022年政府性投资建设项目资金预算安排方案(送审稿)》。

7月1日,县政府召开第7次常务会议,传达学习习近平总书记在中共中央政治局第四十次集体学习时发表的重要讲话精神,省第十五次党代会精神,袁家军书记在省委理论学习中心组《干在实处 勇立潮头——习近平浙江足迹》专题学习会上的重要讲话、袁家军书记在山区26县高质量发展暨山海协作工程推进会上的重要讲话精神,审议《浙江净秀控股有限责任公司年产7.2万吨植物超微粉项目投资协议(送审稿)》,听取《庆元县亿联中小企业服务有限公司续签转贷协议相关事宜》的情况汇报,审议《庆元县低效工业企业整治提升暨"腾笼换鸟"工作方案(送审稿)》《关于进一步优化工业发展营商环境十条举措(送审稿)》,听取《屏都综合新区025-1-34-B、025-1-35地块收储工作方案》的情况汇报,审议《关于进一步促进总部经济发展和引导庆商总部回归的实施意见(送审稿)》《庆元县"千千万万"助农增收行动方案(送审稿)》《关于2022年高质量推进乡村全面振兴的实施意见(送审稿)》《庆元县规范民办义务教育发展工作实施方案(试行)(送审稿)》,听取《关于百花岩风电场项目预审及规划选址意见的汇报》,审议《庆元县推动经济稳进提质工作实施方案(送审稿)》。

8月4日,县政府召开第8次常务会议,传达学习习近平总书记、省委书记袁家军近期系列重要讲话精神、《习近平总书记致全球重要农业文化遗产大会贺信精神和全球重要农业文化遗产大会精神》、习近平总书记关于统计工作重要讲话指示批示精神和统计法律法规政令等文件精神、全市"除险保安"百日攻坚行动暨反恐怖工作会议精神,听取《关于庆元县百花岩风电场项目相关事宜的汇报》,审议《庆元县重大项目百日提速活动方案(送审稿)》《庆元县落实国家统计督察反馈问题整改实施方案(送审稿)》和《庆元县开展统计造假不收手不收敛问题专项纠治实施方案(送审稿)》,听取《关于庆元县污水处理二期扩建工程建设模式与招标方式的情况汇报》,审议《庆元县水资源节约保护与利用总体规划(送审稿)》。

9月8日,县政府召开第9次常务会议,传达学习习近平总书记、国务院总理李克强、省委书记袁家军近期系列重要讲话精神,审议《关于公布庆元县公示地价体系成果的通知(送审稿)》,听取《关于统一划拨土地价格标准的情况汇报》《关于庆元抽水蓄能电站项目相关事宜的情况汇报》《关于庆元县百花岩风电场项目推进情况的汇报》,专题学习《中华人民共和国行政处罚法》《革命老区政策谋划和争取的经验介绍》。

9月21日,县政府召开第10次常务会议,传达学习习近平总书记、省委书记袁家军近期系列重要讲话精神,审议《庆元县仙坑水库、后广溪外洋县城饮用水水源保护区划分方案(送审稿)》《庆元县县城饮用水水源地调整可行性论证报告(送审稿)》,听取《关于庆元县兰溪桥水库扩建工程签订PPP补充协议的情况汇报》,审议《庆元县购房交易契税补贴实施细则(送审稿)》《庆元县新建商品住宅购房补助实施细则（送审稿）》《庆元县“大搬快聚”搬迁对象购房补贴实施细则（送审稿）》《庆元县工业企业“房券”奖补实施细则（送审稿）》。

10月21日，县政府召开第11次常务会议，传达学习习近平总书记、省委袁家军书记近期系列重要讲话精神和重要会议精神和习近平总书记9月19日对做好安全生产工作作出重要批示精神，审议《庆元县生态破坏与环境污染突发事件应急预案（修编）（送审稿）》《庆元县生物多样性价值转化实践地创建实施方案（2022—2025年）（送审稿）》，听取《五水共治、河长制年度工作汇报》《关于变更庆元县分布式光伏规模化开发项目招商定租优化方案的汇报》，审议《2022年庆元县招商引资工作目标责任制考核办法（送审稿）》《庆元县创建全国基层中医药工作示范县实施方案（送审稿）》《庆元县人民政府关于公布庆元县新增综合行政执法事项统一目录（2022年）的通告（送审稿）》《庆元县房屋征收市场化安置购房阶段性补偿方案（送审稿）》《庆元县公共租赁住房管理办法（送审稿）》《庆元县农业转移人口共同富裕试点工作实施方案（送审稿）》《关于进一步完善乡镇财政体制的意见（送审稿）》《关于给予练端炳和吴珍两名同志见义勇为行政奖励的决定（送审稿）》，听取《关于要求追认吴思澄、吴文资为革命烈士的情况汇报》，审议《关于全面推行“田长制”落实最严格耕地保护制度的实施意见（送审稿）》。

11月18日，县政府召开第12次常务会议，听取《关于村集体与政府合作开发留地模式的情况汇报》《关于中电庆元县光伏发电项目相关事宜的汇报》，审议《庆元县房屋征收临时安置费、搬迁费、停产停业损失补偿费及房屋改变用途补贴标准（送审稿）》《洋墩区块一饲料公司地块国有土地房屋征收项目更换安置地点方案（送审稿）》，专题学习《信访工作条例》，审议《庆元县县级饮用水水源地保护生态补偿暂行办法（送审稿）》《庆元县重要水系生态修复和生物多样性保护行动方案（2022—2025年）（送审稿）》《庆元县关于进一步强化食品安全属地责任和企业主体责任的实施方案（送审稿）》《庆元香菇国家地理标志产品保护示范区建设方案（送审稿）》并专题部署知识产权保护工作，专题学习《知识产权强国建设纲要（2021—2035）》和《中共浙江省委 浙江省人民政府关于深入贯彻〈知识产权强国建设纲要（2021—2035）〉打造知识产权强国建设先行省的实施意见》，听取《2022年度安全生产、应急管理工作汇报》，专题学习《中华人民共和国行政复议法》。

12月16日，县政府召开第13次常务会议，传达学习习近平总书记对河南安阳市凯信达商贸有限公司火灾事故重要指示精神，审议《关于加快生物科技产业发展的实施意见（送审稿）》《关于加快生态工业高质量创新发展的若干意见（送审稿）》《关于庆元县公共文化服务中心、庆元县广播电视制作中心、庆元县体育中心PPP项目建设用地申请延建的情况汇报》，听取《关于妥善解决乡镇（街道）主导的农民安置小区历史遗留问题的情况汇报》，审议《庆元县农村供水保障行动计划（2022—2024年）（送审稿）》《庆元县河库塘清淤疏浚和疏浚砂石综合利用管理办法（送审稿）》《庆元县新达食品有限公司生猪屠宰场补助（送审稿）》，听取《638国道庆元县景庆交界至照田圩段改建工程建设模式情况汇报》，审议《庆元县行政许可事项清单（2022年）（送审稿）》《庆元县“扩中”“提低”行动方案（2022—2025年）（送审稿）》《事业单位工作人员和机关工勤人员奖金方案（送审稿）》《庆元县2022年部门预算调整方案（送审稿）》，传达学习《中华人民共和国行政强制法》。

【县政府专题会议】 2022年，县政府召开专题会议32次。

1月20日，浙江双枪竹木有限公司“未来工厂”项目建设专题协调会；1月26日，第一次县支农项目管理联席会议。

2月18日，庆元县职业高级中学扩建工程项目政策处理协调会；2月28日，庆景青公路庆元万年隧道及接线工程项目用地报批专题会。

3月1日，竹口镇毛竹分解点验收专题会；3月4日，庆元县推广应用楠木等地方特色树种专题会；3月10日，庆元县双碳科创中心新建工程项目建设专题协调会；3月17日，省委生态环境保护督察反馈问题整改推进会。

4月12日，第二次县支农项目管理联席会议；4月18日，庆元县融媒体中心广告经营战略合作变更事项协调会；4月20日，庆元县成人职业技术教育基础设施提升项目用地协调会；4月24日，浙江鑫光竹木科技有限公司屏都综合新区025-01-35、025-01-34-B地块收储专题协调会；4月27日，庆元县天然气利用工程配套项目建设专题会。

6月7日，濛洲街道大济村环村公路损毁修复项目协调会；6月13日，濛洲街道上坑口基础设施工程协调会；6月24日，县供销合作社联合社改制前调入新合公司人员退休统筹外费问题处置专题会；6月28日，省委生态环境保护督察反馈问题五都污水预处理站整改推进专题协调会。

7月1日，“6·18”灾后基础设施修复项目有关事项协调会；7月13日，第三次县支农项目管理联席会议；7月14日，2022年土地供应推进工作专题会。

8月1日，庆元县县城近期（2023—2028年）供水工程专题会；8月4日，打击网络违法犯罪活动提供线索奖励相关事宜专题会；8月8日，百山祖国家公园庆元片区项目建设推进专题会；8月30日，庆元县规范公款存放管理领导小组会议。

9月6日，原县联合农场房屋置换遗留问题处置会；9月16日，省级水域监管“一件事”试点县推进会；9月19日，第四次县支农项目管理联席会议。

10月25日，庆元县屏都综合新区025-01-33-1-C地块、025-01-21、22-1地块和025-02-31地块出让事项专题会。

11月25日，庆元县院前急救服务站（点）运行经费保障工作协调会。

12月8日，规范县公安局交通警察大队辅警招聘使用相关事宜专题协调会；12月13日，庆元县新冠定点救治医院建设协调会；12月15日，第五次县支农项目管理联席会议。

县政府办公室工作

【办文办会】 在公文的全局性、指导性和政策性上严格把关，保障文件质量和规范运行，压减文件数量、压减文件篇幅、实施精准发文，最大限度地提高公文处理时效，规范公文运转。全年发文497份，收文11961份，密件流转传阅6865件次。按照“精简、流畅、高效”的原则，结合工作实际，尽可能合并会议活动、精简文件材料，助力基层减负。印发县政府常务会议纪要15期、专题会议纪要33期，有效推进全县重点工作、中心工作难题化解。坚持厉行节约、杜绝浪费，严格财务管理，按要求做好年度财务支出等各项后勤保障工作。通过无纸化协同办公系统和无纸化会议系统，实现材料打印等经费开支大幅下降。

【政务督查】 围绕决策抓落实，对《2022年度政府工作报告》、省市县民生实事、浙江省“5+4”稳进提质政策体系情况庆元县任务清单、庆元县跨越式高质量发展的若干举措责任分解等重要工作内容进行全程跟踪督查，累计完成督查事项289件，开展实地督查50次，发布专项督查通报50期。围绕交办抓落实，围绕县政府主要领导调研、会议议定事项进行全程跟踪督办，明确任务时间节点，严格审核事项进展，定期汇总通报，梳理发布县长重要事项交办单15期、事项294件、通报22期，完成专项督查任务11项，发布专项通报20期。聚焦“问题清单”抓落实，全年被上级采纳主动发现并办结销号“重大督查问题”8个，以闭环管理督办机制推动问题整改落地见效。

【信息工作】 2022年上报信息590篇，国家级录用26篇，省级录用56篇，市级录用240篇，获省领导批示1篇，市领导批示8篇，获国办批示6篇，《基层反映政策性开发性金融工具使用过程存四方面问题期待关注解决》《基层反映社保缓缴政策推进面临六方面问题导致政策兑现率不高》等获得国务院领导批示；《基层护士呼吁提高“尘封”37年未变的护龄津贴》获得省领导批示；《基层反映全过程预防少儿肥胖面临四大掣肘待关注》《促进和谐共生 填补领域空白——浙江庆元林菇共育系统成功入选全球重要文化遗产》等获市领导批示。编发《政务信息》30期、《信息工作交流》10期，为县委县政府了解全县工作动态、科学把握决策部署提供参考。

【政府信息公开】 全年公开政府信息12769条，其中政府门户网站公开9196条，通过政务新媒体公开政府信息3573条；发布政策文件334件，涉及政策解读87件。向社会公开征求重大行政决策意见117条，发布征求意见结果反馈109条，人大代表建议和政协提案办理结果194件，规范办理政府信息申请公开60件，实现“零纠错、零败诉”。与丽水市同步开放市场监督等与民生紧密相关的公共数据集872个，公共数据项7983个。全年组织政务公开工作专题推进和业务培训5次376人次。累计整改涉及公民个人隐私信息32434条。制订出台《庆元县政务新媒体规范化建设工作实施方案》，注销各类政务新媒体82个，注销数量占总量的85.4%，全面完成基层政务新媒体规范化建设。坚持质量标准，以“精品化”建设为方向，构建纵向以“庆元发布”为龙头，横向以教育、卫生等民生领域部门账号、“掌上庆元”APP为主体，整体联动、集体发声的政务新媒体矩阵，实现政务新媒体制度化、规范化管理。开设营商环境、助企纾困等系列专题，及时发布和智能推送惠企政策清单、服务、减税降费政策等信息302条。围绕稳经济、金融服务、民生保障等，采用线下走访服务和集中宣传等方式开展“政策进万家进万企”活动43场。基层政务公开标准化规范化方面的创新实践《全面推进涉外婚姻“一件事”全流程公开》被省政府办公厅编入浙江省基层政务公开标准化规范化典型案例汇编，再次被浙江省政府“政务公开在浙里”录用。

【金融工作】 深化金融改革创新，提升金融服务质效，强化地方金融监管，守住金融风险底线，为奋力谱写庆元高质量发展新篇章提供有力金融支撑。深化融资畅通工程，截至12月底，全县各项人民币存款余额187.54亿元，同比增长11.66%；各项贷款余额168.47亿元，同比增长11.54%。举办2022年政银企对接会暨助企纾困座谈会，会议现场完成总授信151亿元，全年完成银行制造业信贷投放增量4.51亿元，完成率137.92%。庆元县首笔政策性开发性金融工具——农发基础设施基金2.03亿元落地香菇小镇工业区块基础设施配套建设项目。向全县金融机构下发《关于金融支持“6·18”水灾救灾抗灾的指导意见》，各金融机构加大对受灾主体金融帮扶力度。印发《庆元县企业上市工作推进制度》，庆元县百兴食品公司被纳入丽水市第五轮重点拟上市企业培育名单，全年新增股份公司1家、浙江股权交易中心挂牌企业2家。累计股份公司14家、省股权交易中心挂牌企业49家。落实金融机构开展防范非法集资宣传系列活动25次，累计发放宣传单1.5万份，覆盖群众4万人，提升群众金融风险防范意识和识别能力。

【数字化改革】 加快一体化数字资源管理系统建设，实现全县系统应用“一本账”管理，按照“一个口子进、一批专家审、一个库里挑、一套流程走、一套标准验”原则，统一收集、梳理全县87个数字化项目。制定出台《庆元县政府投资数字化项目管理办法》，组建由18人组成的项目评审专家库，完成第一批、第二批10个项目联审，涉及资金1288.63万元，节约财政资金321万元。数字化改革双月评价不断实现“争星进位”，省对县（市、区）评价由2月的第80位提升至6月、8月的第70位，再到10月跑进第60位，实现“三连跳”，网络安全基础设施保障、组件关联等单项指标都位列全市第一、全省前十。“技能百事通”数据产品、

“‘钉钉+执法’助力城市治理 数字赋能提升服务效能”等3个案例被编入省优秀案例集。

（吴慧珍）

外事和对台事务

【外事】 2022年，庆元县外事办公室认真贯彻落实省市外事工作会议精神，紧紧围绕全县中心工作，求真务实，开拓创新，在服务地方经济社会发展和推进全县对外开放战略方面取得了较为明显的成效。

“双招双引”工作。引进浙江全木齐农林科技有限公司（意大利 Giorgio tesi 公司注册成立），引入意大利橄榄树建设种植基地。助力引进浙江鸿伟新能源科技有限公司，由浙江吸莎新能源有限公司与约旦籍外商（哈尼）合资注册成立。邀请和组织涉外企业参加境外展会、浙江出口网上交易会、中国跨境电商交易会等知名展会47家次，助力企业拓市场，增订单。

友城拓展工作。12月12日，开展与匈牙利索尔沃什市线上互访活动，共同签署合作备忘录。12月13日，与葡萄牙莱里亚市开展云连线活动，现场签署结好意向书，达成建立友好交流关系的共同意向。庆元中学与德国萨克森州里萨市鲁道夫斯坦普文理中学开展校际视频问候活动，巩固两校师生的友好情谊。

境外安全保障和海外利益安全工作。9月，在荷地镇设立涉外事务综合服务中心，并下设13个领事保护联络站。依托松源街道、荷地镇2个中心和35个站点，形成“东部西部两中心，重点村社全覆盖”的“2+35”的服务管理体系架构，推进涉外服务和领事保护网络有效覆盖。修订发布《庆元县涉外突发事件应急处置预案》，组织开展涉外突发公共事件应急演练，强化提升处置应对涉外突发事件风险的能力。及时发布和传达海外高风险地区安全风险提示信息5次（外交部领事保护宣传、乌克兰安全提示等），提醒在境外公民、企业注意安全。

保障对外交流和外事接待。9月20日，召开全球重要农业文化遗产申报线上考察会。牵头组织开展第13次东亚地区农业文化遗产研究会（ERAHS）工作线上交流、“新青年 共筑梦”港澳青年菇乡行文化交流活动、联合国粮农组织对“浙江庆元林—菇共育系统”线上考察活动。“浙江庆元林—菇共育系统”通过专家评审，正式获批入选全球重要农业文化遗产（GIAHS）保护名录。11月10日，协助开展第十二届庆元香菇文化节，国际蘑菇学会主席格雷格西莫发来视频贺信。协助开展“浙江—捷克”产业对接会庆元分会场的对外交流活动。

提升服务管理水平。制订下发《关于“进一步深化基层涉外治理，构建外籍新娘共同富裕样板”的工作方案》，通过创新办法、完善机制、部门联动、数字赋能等10个方面举措，以系统思维再塑外籍新娘社会管理服务体系。《庆元县上线“涉外婚姻管理服务”应用，推进涉外婚姻家庭“落户、安居、共富”全流程管理服务“一件事”》在省数字化改革工作动态刊发。开展“外国人眼中的庆元”系列主题宣传，以外籍新娘、外籍教师的视角讲好庆元发展故事，成为展示和提升庆元形象的“对外窗口”。三项涉外服务管理经验做法被采纳推广。

（周丽丽）

【对台事务】 2022年，庆元县认真贯彻中央和省委、市委对台工作精神，严格落实省、市台办决策部署，融合聚力、干在实处，着力在“深交流、促融合、争民心、强根基”上下真功夫、做实文章，深入推进庆元与台湾地区交流合作。

庆元与旺旺集团交流合作。1月6日，全省推动台商台企融入新发展格局暨新年座谈会召开。会上，县委书记蔡昉代表庆元，与旺旺集团签订了“丽水市庆元县神旺酒恒温洞藏基地及生产线投资项目”合作协议。6月24日，旺旺集团向庆元捐赠物资，用于特大暴雨灾害后救援。8月，旺旺集团生产研发群办公室到庆元神旺酒窖和相关文旅项目调研。

全县对台工作会议。5月23日，县委对台工作领导小组会议和全县对台工作会议召开，全面传达贯彻省委、市委对台工作会议精神，县委书记、县委对台工作领导小组组长蔡昉主持并讲话，具体部署对台工作，并对重点单位和涉台园区进行任务交办，明确分工、压实责任，形成党委指导督促、政府分工推进的工作格局。

庆元台湾聚智共推茶产业发展。龙溪乡与台湾仁爱乡的茶产业互动持续多年，有良好的情感基础和产业基础。5月，庆元邀请台湾制茶专家开展"庆台邻里，共叙茶缘"基层茶产业线上活动，共话茶业发展。以视频连线形式在庆元、中茶所、台湾高山茶产区三地架起茶产业互动学习的桥梁，相互学习借鉴制茶工艺和生态管理、精致农业经验，共同提升茶叶品质，聚智共推两岸茶产业发展。

庆元与台湾青年互动。7月，县台办联合浙江理工大学共同设立"浙江理工大学台湾大学生交流实践基地"，健全庆元与台湾青年互动机制。9月，庆元县邀请浙江理工大学台湾学生到庆元开展"新青年 共筑梦"菇乡行文化交流活动，召开"新青年眼中的庆元"座谈会，深化两岸青年交流互动。

（周冰洁）

机关事务管理

【概况】 2022年，庆元县机关事务保障中心立足服务县委县政府中心工作，迭代开展机关事务数字化改革，保障机关高效运行，在机关党建、集中隔离点管理、公务接待、公务用车应急保障、办公用房统筹管理、数字化管理等方面取得明显成效，切实打造忠诚、数字、品质、节约、专业五个机关事务，为全县中心工作和发展大局提供有力的机关后勤保障。贯彻"预防为主、单位负责、突出重点、保障安全"的保卫工作方针，齐抓共管、群防群治，实现全年无火灾、无抢盗、无重大责任事故发生的"三无"安全目标。规范县党政机关办公用房管理，推进办公用房资源合理配置和节约集约使用，出台《庆元县党政机关办公用房管理实施细则》《庆元县党政机关租用办公用房管理办法（试行）》。

【"虚拟公物仓"建设】 在原有"实体公物仓"基础上，采用"一地创新"全省共享模式推进"虚拟公物仓"建设，于12月正式上架"浙政钉"。2022年，调剂资产159件，节约644405元，有效避免闲置浪费、重复购置等问题，盘活行政事业单位办公资产。

【公务接待】 针对庆元县实际，注重挖掘地方特色，在细节上精益求精，在服务上注重品质。全年接待来宾326批4587人次。完成省委书记到庆元调研、庆元"百菇宴"拍摄、第十二届庆元香菇文化节及庆元抽水蓄能电站可行性研究报告审查会等重要接待12次。其中，接待厅级领导29批375人次。

【公车管理】 2022年，县公务用车服务中心提供用车服务3971次，安全行驶里程142万千米，完成县人代会、抽水蓄能、香菇节、疫情防控、"6·18"洪灾抢险等工作用车任务。

（郑祖铨）

行政审批（公共资源交易）

【概况】 县行政服务中心（以下简称中心）有22个进驻部门设置对外办事窗口，1个部门设立行政审批分中心，8个领域实行综合受理，常驻中心工作人员190人。2022年，办理行政审批和服务事项33.33万件，办结33.33万件，办结率100%，其中即办件28.49万件，即办率85.48%，窗口服务满意率98.87%；公共资源办理建设工程、政府采购、产权交易、其他交易472宗，交易额6.8亿元，其中，建设工程47宗，交易额3.78亿元，节约资金0.38亿元；政府采购155宗，交易额2.44亿元，节约资金0.23亿元；产权交易242宗，交易额0.27亿元，增值资金0.02亿元；

其他交易 28 宗，交易额 0.34 亿元。

【“一网通办”全覆盖】 中心以各乡镇(街道)为单元，以事项为切入口，梳理下放到乡镇(街道)的事项清单，编制事项审查要点及视频指引，逐步理顺部门的“条”，增强乡镇(街道)“块”的统筹能力，协同服务政务的“条”“块”，下放到乡镇(街道)的事项 130 个。在数字化改革的“穿针引线”下，政务服务“一网通办平台”扩面提质，截至 12 月底，“一网通办”网点实现村、社区网点全覆盖，一网通办率 98.02%。

【边界政务服务跨省互联】 浙闽两省三县交叉举办“跨省通办”技能提升培训、下沉跨省窗口跟学、举办县乡村三级跨省业务专题培训，不断打通县乡跨省业务链条，实现浙闽边界政务服务跨省互联。在组织部研发的“技能百事通”中上线“浙闽通办”数字化板块内容，通过上线 20 个跨省政务服务事项办事指南、政策要点，量身打造移动端跨省帮办“百宝箱”。

【标准化现场管理】 加强窗口管理，完善窗口考勤制度，了解群众对政务服务的诉求，接受社会监督，提升窗口工作效能，推进政务服务“好差评”工作，推动群众办事由“可办能办”向“好办易办”转变，打造标准化政务服务体系建设。全年处理群众投诉 51 起，评价文本审核 1783 条，群众回访处理满意率 100%。

【交易系统 2.0 迭代升级】 2022 年，庆元交易系统建设工程被列入丽水市改革试点单位，中心按省市统一部署，强化软硬件保障，开展异地多点评标应用，完善整合建设工程交易服务、监督系统功能，推广优化远程不见面开标，提升公共资源全流程电子化线上交易比重，提升资源利用效率，降低评标成本。9 月，庆元县首个作为主场的政府采购远程异地评标项目顺利完成，实现政府采购“不见面开标+远程异地评标”双模式。

（陈力莉）

2022 年 7 月 8 日，县行政服务中心在义乌庆元商会设立政务服务点。图为中心为政务服务点授牌　　（县行政服务中心　供）

应急管理

【概况】 2022 年，全县安全生产形势稳定。事故情况方面：全县发生工伤事故 265 起，其中建设工程类事故 93 起，企业生产类事故 172 起，工矿商贸领域未发生亡人事故。防灾减灾方面：6 月 18 日，庆元县出现自有气象记录以来最大降雨，日雨量达 227.6 毫米。全县累计受灾人口 46752 人，紧急转移人口 10329 人，造成直接经济损失 9.64 亿元。其中道路受损 3241 处，供电线路中断 21 条；受损通信基站 186 个，线路中断 1610 处；城区供水支管损坏 37 处，农村饮用水管道受损 102 处；受损和冲毁河堤 3000 余处 50 余千米；全县倒损房屋 108 户 435 间，其中倒塌房屋 9 户 48 间，严重损坏房屋 20 户 62 间，一般损坏房屋 79 户 325 间，农作物受灾 1913.33 公顷，受灾企业 68 家，其中规上企业 6 家，规下及其他企业 62 家。应急救援方面：“110”总接警量 47128 起；联动处置应急类案件 351 起；“书记信箱(问政直通车)”受理信件帖子 317 件；基层治理综合信息平台采集信息 37644 条；数字城管案卷派遣 1798 件；96345 服务热线受理来电 2634 起。消防部门共接警出动 187 起，出动消防车 420 辆次，出动人员 2409 人次，抢救被困人员 56 人，抢救财产价值 4037400 元，保护财产价值 9016001 元。

2022年，接警起数上升31.7%(2021年142起)，其中火警77起。

2022年10月，庆元县应急管理局所属公益一类事业单位“庆元县社会服务管理指挥中心”整建制划转至庆元县社会治理中心。

【应急管理责任】 2022年，庆元县应急管理局全面贯彻落实省、市、县应急管理工作总体部署，围绕“防风险、除隐患、遏事故、保安全”目标，以“除险保安”工作为抓手，以“七张问题清单”(指重大巡视问题、重大审计问题、重大督查问题、重大生态环保督察问题、重大安全生产问题、重大网络舆情问题和重大信访问题等)整改为牵引，健全完善制度体系，深化隐患排查治理，落实安全防范措施，强化风险管控能力，全力筑牢安全生产防线，同时强化应急指挥、防灾减灾整体功能建设，着力推进基层应急管理体系和能力现代化。

【安全生产监督】 一是深入推进“除险保安”大排查大整治。全县共排查生产经营单位669家，排查出隐患4071项，完成整改4071项，整改率为100%；生产经营单位开展自查发现隐患2837项，完成整改2837项，整改率100%，共对各生产经营单位完成至少三轮全覆盖式检查排查。二是持续推进“百日攻坚”“执法季”行动。共组织检查组812个，出动检查人员3755人次，检查点位3341个，发现隐患3184条，重大隐患7条，已整改3184条，整改率100%；责令停产停业3家，立案处罚128件，处罚金额50.8万元。三是强化执法监督效能。全年检查工贸企业68家次，办理行政处罚案件36起，其中简易程序15起，一般程序21起，事故处罚案件0起，非事故处罚案件36起。检查处罚率52.9%，非事故处罚率100%，处罚金额共64.41万元。开展危化(矿山)领域检查48次，出动144人次，检查企业97家次，下发执法文书及整改督办单40份。处罚矿山案件1起，危险化学品2起，总计金额18.1万元。四是着力提升企业员工安全素养。严格落实企业主体责任，完成2022年度百万员工线上培训6400人次，开展工贸企业负责人和安全管理人员的线下培训9期，参加培训1100人。

【防汛防台抗旱】 一是健全机制体制。调整更新2022年庆元县乡(镇、街道)和行政村(社区)防汛防台抗旱行政责任人名单和庆元县防汛防台工作“县领导包乡、乡镇领导包村、村干部包户到人”名单，并逐级落实；印发《庆元县人民政府防汛防旱指挥部办公室关于印发庆元县防汛防旱指挥部令机制等八项机制的通知》《关于强化气象、地质灾害、山洪灾害预警和应急响应联动工作的意见(试行)》等文件，健全完善统一指挥、协调联动、反应灵敏、运转高效的防汛防台抗旱应急指挥体系。二是强化风险隐患排查。严格落实汛前检查和再排查再整治工作，累计出动3.7万人次，检查13600余处，发现隐患203处，全部完成整改。县防汛办共下发10份整改工作任务交办单、4份工作提示函和4份督办件，要求各乡镇(街道)和相关单位压实责任、科学部署、持续推进，确保隐患排查整治全覆盖、无死角。三是强化培训演练。全县组织防汛防台抗旱培训共36班次，培训3200人次；开展县、乡、村应急演练共计125场次，参与演练6713人次，进一步提升应急救援队伍及群众的防灾减灾意识、避灾自救能力。

【森林防灭火】 一是强化督查，压实责任。联合发改、应急、林业、电力等部门，开展林区输变电设施设备火灾隐患排查整治行动、野外火源治理专项行动等，累计出动督察组72个，出动检查人员532人次，发现并完成整治森林火灾隐患30起，实现清明期间“零火情”“零火灾”。二是严格管控，加强整治。春节、清明节、国庆节等重要时段，靠前布防队伍70、700人，1400名乡村干部、护林员、网格员开展防火巡查、宣传；县应急管理局、县公安局森林警察大队、县综合执法局、林业综合执法大队等强化巡查，加强对农事用火、祭祀用火、野外吸烟等行为的管控力度，做到分类分级处置，严格闭环管理。2022

年，发放《露天焚烧行为管理告知单》159份，签订《违法行为人自行改正承诺书》206份，劝阻、制止辖区内秸秆焚烧行为235起，立案处罚47起。三是强化宣传，加强引导。全县共签订森林防火承诺书8万份，印发《禁火通告》1400份，结合森林消防安全月活动，开展宣传教育进村入户，共计发放宣传资料11万份，悬挂横幅600条，发送短信60万条，电影下乡25场，县级新闻媒体、村级应急广播等连续播放禁火宣传内容，普及森林防灭火知识；同时组织开展森林防火实战演练暨东部乡镇应急救援队伍技能大比武，进一步提升基层应急队伍应急处置能力和水平。

2022年9月27日，庆元县举行森林防火实战演练暨东部乡镇应急救援队伍技能大比武

（县应急管理局　供）

【防灾减灾救灾】　一是统筹规划本级应急预案体系建设。印发《2022年度县级专项应急预案修订和演练计划》《2022年度县级部门和单位应急预案修订和演练计划》，结合本地实际，及时督促相关部门组织预案修订工作。县级专项预案共53个，已修订46个预案，修订率86.8%。二是开展避灾安置场所规范化建设。严格按照《浙江省避灾安置场所建设与管理规范》，结合“五个一”庆元标准，即“统一安全鉴定、统一建设标准、统一物资采购、统一标牌制作、统一竣工验收”，有序开展建设点位房屋安全鉴定、标识标牌等广告制作、救灾物资储备及可视化建设等工作，2022年新增的15个避灾安置场所规范化建设任务全部完成，建设进度位居全市第一。完成1个省级综合减灾示范社区建设。三是抓好防灾减灾宣传教育。以“3•19”森林防火宣传、“5•12”防灾减灾日、安全生产月、“10•13”国际减灾日为载体，积极推动防灾减灾科普宣传教育、应急救护知识培训和逃生避险演练等活动进学校、进机关、进企业、进社区、进农村、进家庭、进公共场所。先后开展应急救护知识培训2场，电影下乡40场，发放宣传资料8万份，累计受众10万人。

【创新应急工作】　一是建立应急联合救援体。为进一步整合军地抢险救援力量，密切军地抢险救灾协调联动，增强应急救援合力，10月13日，县应急管理局、县人武部共同签订《庆元县应急救援联合体合作协议书》，建立“应急救援联合体”，实现救援队伍共建、救援装备共用、信息资源共享。同日启动“秋冬季除险保安”暨“安全大巡防、武装大练兵”活动，切实提升联合应对处置能力。二是打造“一中心两站点”。积极推进县乡村三级组织架构和救援体系全覆盖，形成指挥高效、反应灵敏、上下联动的应急救援体制，为筑牢山区安全屏障打下坚实基础。县级建立应急救援中心，组建1支30人队伍的县级综合应急救援队伍，配置适应“全灾种”救援需要；乡镇级在荷地、竹口两个重点乡镇建立区域应急救援分中心，辐射庆元东西部地区，同时19个乡镇（街道）设应急管理站，配备站长1名；村级设应急联络站，200个村（社区）均配备1名应急管理员，建立1支5—10人的应急救援先锋队，打通村级应急救援“最后一公里”。三是成立应急救援培训基地。全市首个浙西南亚高原应急培训基地——“庆元县应急救援培训基地”在荷地镇挂牌成立，由县应急救援中心承担应急救援队伍、应急管理员等从事应急管理工作人员的业务技能学习、培训演练等，设立教学室、应急救援体验馆、实训基地等场所，进一步提升全县应急救援队伍能力素质。基地建成以来，已先后承接全县应急管理人员综合素质能力提升培训、执法队伍培训、高校研学等20场次，服务接待3000人。

（吴艳燕）

中国人民政治协商会议庆元县委员会

综述

【概况】 2022年是十届庆元县政协（以下简称"县政协"）履职的开局之年。全面落实中央和省市县委政协工作会议，发挥专门协商机构作用，始终坚持以"党建三力"建设为抓手，打造"红耀绿谷·同心向党"党建工作品牌，不断完善协商民主体系，谋划专题协商活动，建好用好请你来协商、委员会客厅、民生议事堂等协商平台，提升履职质效。围绕"庆元县数字化改革推进情况"进行三级政协联动专项集体民主监督，紧盯"十件民生实事、十件关键小事"、提案办理等工作开展民主监督，聚焦半湾休闲养生文化园、"大综合一体化"行政执法改革等工作开展集体视察，着眼浙闽边基层社会治理联动机制建设、竹产业高质量发展等工作开展课题调研。承办全市政协系统"请你来协商·民生议事堂"平台建设工作现场会、"喜迎二十大 翰墨书华章"全市政协系统第十六次书画作品联展。组织全体委员及机关干部到宁德开展履职能力提升培训，开展文史资料知识、社情民意信息培训。继续编撰《政协足音》，完成《浙江城市名片》庆元篇报送和"庆元往事——我的亲历亲见亲闻"有奖征集活动。全面推动"三项"争先，以实际行动不断提高政治协商、民主监督、参政议政水平，助力庆元县建设革命老区共同富裕先行示范县。

【委员会客厅】 4月21日，在百山祖镇，县政协副主席王林生、中国香菇城委员会客厅（以下简称"委员会客厅"）全体成员参加探访香菇之源，助力林—菇共育系统申遗活动。

6月29日，委员会客厅围绕"委员助力双招双引"主题开展专题调研协商活动。与会人员结合学习省第十五次党代会精神就如何加强庆元县"双招双引"工作展开讨论，并提出相关建议。会议指出，要扎实做好项目招引"后半篇文章"，牢固树立起全程服务理念，各级不断优化营商环境，多站在企业角度考虑问题，想企业之所想，急企业之所急，进一步优化办事流程、简化办事程序，提高审批效率。会议强调，要发挥政协委员自身资源优势进行牵线搭桥。以家乡的情结助力"双招双引"，发挥本土人才"倾情、倾心、倾力"家乡建设的热情和人脉优势，以企招企、以才引才、才企共建。以企业家的情怀助力"双招双引"，充分发挥企业主体作用，开展以商招商、产业链招商。

6月29日，在浙江双枪竹木有限公司，县政协副主席王林生、委员会客厅全体成员参加"学

习党代会精神 争当履职排头兵”活动。

7月19日，委员会客厅全体成员到隆宫乡参加助推毛竹产业发展协商活动。

9月15日，“政协委员话菇农这十年 喜迎二十大”主题活动在委员会客厅举行。与会人员围绕庆元县十年来食用菌产业发展的成就和不足，深入交流探讨今后如何带领菇农增收致富、助力食用菌产业转型升级。会议强调，庆元有着良好的食用菌产业基础和完整的产业链，要立足自身优势，进一步增强发展信心，坚持科技创新，树立品牌意识，强化要素保障，不断做优做强产业，同时讲好香菇故事，传承弘扬香菇文化，推动食用菌产业发展。

11月12日，中国工程院院士李玉“做客”中国香菇城政协委员会客厅，和政协委员齐聚一堂，围绕“借智行业领军人物 助推产业发展”主题，共话庆元食用菌产业发展的未来。王林生参加。李玉院士对庆元县政协多年来助推食用菌产业发展的工作表示肯定。他希望，县政协能够一如既往为庆元食用菌产业发展建真言、献良策、出实招，在食用菌精深加工、食用菌全产业链打造等方面积极协商，让食用菌老产区焕发新活力。

【“兴业共富”委员工作室揭牌仪式】 5月17日，县政协“兴业共富”委员工作室揭牌仪式举行。市政协主席任淑女和县委书记蔡昉共同为“兴业共富”委员工作室揭牌。市政协副主席郑利剑、秘书长柳向阳等参加。县领导洪起平、吴新清、罗艳、王伟松参加。

【全市政协“请你来协商·民生议事堂”平台建设工作推进会】 6月21日，在庆元县举行。会前，与会人员实地考察庆元县黄田镇、濛洲街道、经济开发区等“民生议事堂”建设情况。会上，各县（市、区）政协负责人现场研讨交流2022年平台创建工作和典型案例，部署下阶段全市“民生议事堂”建设工作。市政协主席任淑女出席会议并讲话。

【政协系统乒乓球联谊赛暨趣味运动会】 7月8—9日，县政协举办庆元县政协系统第十届乒乓球联谊赛暨趣味运动会，在庆元的省、市政协委员，县政协委员，县政协机关工作人员参加。比赛项目分第十届乒乓球联谊赛男女混合团体、男子单打、女子单打。趣味运动会分球来运转、一圈到底、巧投沙包、叠紧胶杯4个项目。

【委员履职能力提升培训】 8月22日、8月29日县政协2022年委员履职能力提升培训班分两期在宁德师范学院开班。在首期开班仪式上，县政协主席洪起平出席并讲话，宁德师范学院继续教育学院院长郑允贵作开班致辞。吴新清、夏家天、吴碧兰、陈定光参加首期培训。王林生、吴小军、叶华伟、吴先武参加第二期培训。本次培训班邀请有关专家领导围绕《着力提质增效新时代政协工作、如何撰写政协提案》《山海情怀赤子初心——走好闽东特色的乡村振兴之路》及《中国共产党政治协商工作条例》解读等专题授课。同时安排在“弱鸟先飞”主题馆、百战岩党性教育基地等进行现场教学。

重要会议

【政协第十届庆元县委员会第一次会议】 2022年2月9—12日在庆元县城举行。县政协委员、特邀人员、列席人员277人参加会议。大会执行主席洪起平、王林生、吴小军、吴新清、叶华伟、罗

2022年2月10日，中国人民政治协商会议第十届庆元县委员会第一次会议召开　（县政协办　供）

艳等在主席台就座；县委、县人大、县政府领导及其他副县以上领导在主席台就座。

会议审议批准政协主席洪起平代表政协第九届庆元县委员会常务委员会所作的工作报告，审议批准政协副主席吴新清代表政协第九届庆元县委员会常务委员会所作的提案工作报告。会议选举产生政协第十届庆元县委员会主席、副主席、秘书长和常务委员。与会人员列席庆元县第十七届人民代表大会第一次会议，听取并讨论田健晖代县长所作的政府工作报告，赞同县人民法院工作报告、县人民检察院工作报告及其他报告。

会议认为，过去五年，县政协及其常委会坚持高举习近平新时代中国特色社会主义思想伟大旗帜，深入学习贯彻中共十九大及十九届历次全会精神，全面贯彻落实中共中央和省市县委决策部署，坚持发扬民主和增进团结相互贯通、建言资政和凝聚共识双向发力，紧扣中心大局履职尽责，瞄准重大决策、战略性项目等重点难点，聚焦改革发展、民生实事等热点要点，依托“请你来协商”“委员会客厅”“民生议事堂”等平台载体，通过调查研究、提案办理、民主监督、专题协商等方式，把牢主责主业，积极担当作为。

会议强调，今后五年，是庆元加快跨越式高质量发展、与全省同步迈向现代化和共同富裕的重要战略机遇期。县政协要全面贯彻落实县第十五次党代会决策部署，充分发挥专门协商机构作用，积极践行全过程人民民主，把忠诚拥护“两个确立”、坚决做到“两个维护”落实到履职全过程，全面提高政治协商、民主监督、参政议政水平，凝聚共识，在协商高质量发展建设共同富裕示范区山区范例中坚定主心骨、画大同心圆、畅通主渠道、锚定方向标、激发精气神，努力干出新样子、展现新作为，奋力当好新时代加强和改进人民政协工作的排头兵。

在闭幕会上，县委书记蔡昉作重要讲话。他代表县委对大会取得圆满成功，对当选的新一届县政协主席、副主席、秘书长和各位常委，表示热烈的祝贺，对九届县政协履职取得的成绩给予充分肯定，对新一届县政协的工作提出四方面意见：要坚定政治方向，体现政协站位。站稳政治立场，强化政治担当，不断提高政治判断力、政治领悟力、政治执行力，确保人民政协事业始终沿着正确的方向前进；要服务发展大局，彰显政协担当。在大局下思考、在发展中服务，明确主攻方向、把握着力重点、彰显意义价值；要厚植人民情怀，凸显政协价值。始终牢记民心是最大的政治，真正做到民之所忧必念之，民之所盼必行之；要坚持守正创新，展现政协风采。进一步发挥人民政协的优势，推动庆元各项事业取得突破性发展。

【政协第十届庆元县委员会常务委员会会议】 2022年，县政协召开常委会会议4次。

2月17日，县政协十届一次常委会会议召开。会议传达学习县“两会”精神；审议通过政协第十届庆元县委员会常务委员会关于设置专门委员会的决定(草案)；审议通过政协第十届庆元县委员会专门委员会主任、副主任名单(草案)；审议通过政协第十届庆元县委员会各专门委员会组成人员名单(草案)等。

7月1日，县政协十届二次常委会会议召开。会议传达学习省第十五次党代会精神；传达学习全市政协系统党建工作推进会精神；听取县政府上半年工作情况通报；听取县营商环境优化的情况汇报；进行《复活庆元青瓷文化》专题讲座等。

9月26日，县政协十届三次常委会会议召开。会议传达学习市委五届二次全体(扩大)会议精神；围绕“盘活东部山区‘空心村’资源,打造全球传统农耕文化保护公园——庆元东部共同富裕发展路径探索”研究课题开展专题协商；讨论通过有关人事事项等。

12月29日，县政协十届四次常委会会议召开。会议听取县委工作情况通报；听取县政府关于重点建议案办理落实情况、《协商建议》办理落实情况、委员提案办理落实情况等通报；民主评议县政协十届一次会议重点提案承办单位等。

【政协第十届庆元县委员会主席会议】 2022年，县政协召开主席会议 13 次。

1 月 11 日，县政协九届五十八次主席会议召开。会议审议政协第十届庆元县委员会第一次会议相关事项；学习中共中央办公厅印发《关于加强和改进新时代市县政协工作的意见》的通知；学习传达省委书记袁家军在县（市、区）书记工作交流会暨疫情防控工作部署会上的讲话精神和市委书记胡海峰在全市新冠本土疫情处置工作培训部署会上的讲话精神。

1 月 21 日，县政协九届五十九次主席会议召开。会议听取县政府关于政府工作报告起草情况通报；书面通报县法院关于法院工作报告起草情况；书面通报县检察院关于检察院工作报告起草情况；通报 2021 年度县政协专委会工作考核情况，审议通过 2021 年度县政协先进集体、优秀政协委员名单；审议政协第十届庆元县委员会第一次会议相关事项；传达学习习近平总书记在省部级主要领导干部学习贯彻中共十九届六中全会精神专题研讨班开班仪式上的重要讲话精神；学习传达十九届中央纪委六次全会精神；传达学习省政协十二届五次会议精神，并研究贯彻落实意见。

2 月 17 日，县政协十届一次主席会议召开。会议研究确定县政协主席会议成员工作分工；审议政协第十届庆元县委员会常务委员会关于设置专门委员会的决定（草案）；审议政协第十届庆元县委员会专门委员会主任、副主任名单（草案）；审议政协第十届庆元县委员会各专门委员会组成人员名单（草案）；研究确定政协第十届庆元县委员会各专门委员会对口联系单位；研究确定《中共庆元县委庆元县人民政府政协庆元县委员会 2022 年度协商工作计划》等。

3 月 24 日，县政协十届二次主席会议召开。会议研究确定县政协 2022 年重点工作任务分解方案；研究确定县政协 2022 年重点调研课题及各专委会调研课题实施方案；听取各专委会 2022 年度工作计划汇报；研究确定县政协十届一次会议重点提案、县政协九届提案办理“回头看”相关事项等。

4 月 27 日，县政协十届三次主席会议召开。会议审议通过《庆元县政协“兴业共富”委员工作室创建工作方案（草案）》；审议通过《庆元县政协“请你来协商·民生议事堂”平台建立和运行方案（草案）》；审议通过《2022 年度庆元县政协“请你来协商·民生议事堂”协商活动计划（草案）》；审议通过《庆元县政协委员活动经费管理使用意见（草案）》等。

5 月 24 日，县政协十届四次主席会议召开。会议传达学习省委《关于加强和改进新时代市县政协工作的实施意见》文件精神；传达学习浙江全省市县政协主席座谈会精神；传达学习市政协主席任淑女在庆元调研时的讲话精神；商议开展“请你来协商”之“浙闽基层社会治理联动机制社会建设”和“加强古村落保护利用，建设新时代美丽乡村”专题活动相关事项等。

6 月 24 日，县政协十届五次主席会议召开。会议传达学习省第十五次党代会精神；研究县政协十届二次常委会会议相关事项；研究讨论《中共庆元县委关于加强人民政协民主监督的实施意见（草案）》；研究贯彻全市“请你来协商·民生议事堂”平台建设工作推进会落实意见以及相关考评办法和工作制度等。

7 月 18 日，县政协十届六次主席会议召开。会议传达学习市委书记胡海峰在贯彻落实省党代会精神专访时的讲话精神研究；商议开展“请你来协商”之“庆元香菇产业高质量持续发展”专题活动相关事项（意见建议讨论）等。

8 月 12 日，县政协十届七次主席会议召开。会议商议开展“探索人口集聚新路径，加快推进新型城镇化建设”和“大力推广拟赤杨种植，恢复庆元本土铅笔用材产业”专题活动相关事项（意见建议讨论）；审议通过《庆元县政协村（社区）协商驿站工作制度（草案）》《关于开展民生议事堂“助力共同富裕示范区建设专题协商议事月”活动的实施方案（草案）》等。

9 月 19 日，县政协十届八次主席会议召开。会议研究县政协十届三次常委会会议相关事项；商议“盘活东部山区‘空心村’资源，打造东部农耕公园——庆元东部共同富裕发展路径研究”重点调研课题相关事宜;审议通过《庆元县政协委员工作室建设实施方案》等。

10 月 24 日，县政协十届九次主席会议召开。会议传达学习中共二十大精神；研究部署 2022 年度县(市、区)党委政协工作评价相关事宜;研究部署县政协十届二次会议筹备工作等。

11 月 14 日，县政协十届十次主席会议召开。会议审议通过《中国人民政治协商会议庆元县委员会主席会议工作规则》；研究部署县政协十届二次会议相关事项;商议开展“复活庆元瓷文化”专题活动相关事项(意见建议讨论);书面通报县数字化改革推进情况和县中小企业惠企助企政策落实情况等。

12 月 28 日,县政协十届十一次主席会议召开。会议研究确定县政协 2023 年 1 月主要工作安排;研究县政协十届四次常委会会议相关事项;研究县政协十届二次会议筹备工作;审议《政协第十届庆元县委员会常务委员会工作报告》《政协第十届庆元县委员会常务委员会提案工作报告》《委员大会发言》;研究人事事项;研究确定县政协参加单位；研究讨论 2023 年度县政协重点履职议题;听取各专委会主任 2022 年度履职情况汇报(书面);传达学习中央经济工作会议精神;传达学习省委十五届二次全体(扩大)会议暨省委经济工作会议精神;传达学习省政协主席黄莉新在全省设区市政协主席座谈会上的讲话精神。

提案工作

【概况】 2022 年,在县政协十届一次会议期间,收到以提案形式提出的意见建议 238 件,其中集体提案 13 件。根据提案工作办法有关规定,提案审查委员会逐件审查收到的意见建议,确定立案 224 件,其中,属于经济建设方面 70 件,占立案总数的 31.3%;交通、城乡建设方面 71 件,占 31.7%;教科文卫体方面 46 件,占 20.5%;民政、劳动人事、统战、政法、精神文明建设及其他方面 37 件,占 16.5%。未予立案的有 14 件。本次会议提案委员参与率高,有 171 名委员提出提案,占委员总数的 92.4%。

【县委、县政府领导领办提案】 县委书记蔡昉领办《关于加快甜橘柚产业扩面提质工作的建议》提案;县委副书记、县长田健晖领办《关于推进庆元东部乡镇共同富裕发展的建议》提案;县委副书记、政法委书记佘晓君领办《关于加快培育新型农业经营主体促进共同富裕的建议》提案;县委常委、纪委书记、监委主任王鹏领办《聚焦粮食安全　奏响田野“最强音”》提案;县委常委、宣传部部长胡显平领办《关于推进网红直播基地建设,加快共同富裕,推动乡村振兴的建议》提案;县委常委、常务副县长李鹏领办《让“风、光”在共同富裕征程中尽显风光》提案;县委常委、副县长吴秋标领办《关于积极发展生物科技产业的建议》提案;县委常委、组织部部长金业领办《建立村干部补贴与村级集体经济发展成效相挂钩的激励机制,推动村级集体经济发展壮大》提案;县委常委、人武部政委周立飞领办《关于组织开展高层小区消防安全提升的建议》提案;县委常委、统战部部长黄丽芬领办《关于大力培养本地企业,改善营商环境的建议》提案;县委常委叶伟林领办《加强职业技能培训　培育新时代产业工人》提案;副县长张延洪领办《关于进一步推行垃圾分类的建议》提案;副县长李颖领办《关于加快甜橘柚产业扩面提质工作的建议》提案;副县长、县公安局局长赵世杰领办《关于加强高速连接线事故高发路段安全管控的建议》提案;副县长熊焕领办《关于加大手机话费收费监管的建议》提案;副县长王伟啸领办《关于把医学检验专业纳入定向委培的建议》提案。

【县政协领导督办提案】 县政协主席洪起平督办《打造世界经典文创高地——复活庆元瓷产业》提案;副主席王林生督办《关于打造跨区域一

体化治理省域边界样板的建议》提案；副主席吴小军督办《关于积极推进锥栗产业发展的建议》提案；副主席吴新清督办《让“风、光”在共同富裕征程中尽显风光》提案；副主席叶华伟督办《关于对庆元方言进一步研究、传承和宣传利用的建议》提案；副主席罗艳督办《关于加快甜桔柚产业扩面提质工作的建议》提案。

专题协商活动

【请你来协商】 2022 年，县政协组织开展“请你来协商”专题协商活动 6 次。

5 月 31 日，县政协开展“共建共治共享 打造浙闽边基层社会治理联盟”专题协商活动。洪起平主持，余晓君，王林生参会。听取课题组说明调研基本情况，县政协委员结合前期调研成果，以打造浙闽边基层社会治理联盟为切入口，围绕浙闽边产业发展、数据互通、矛盾纠纷调解、基础设施建设等问题提出意见建议。县司法局、县应急管理局、县行政服务中心、安南乡、龙溪乡等相关部门负责人针对提出的问题和意见建议一一回应。

9 月 2 日，县政协开展专题协商活动，围绕“大力推广拟赤杨种植，恢复庆元本土铅笔用材产业”主题，政协委员、课题组成员、有关专家以及相关部门负责人一起共同商讨，为补齐铅笔产业链短板出谋划策。会议指出：“让庆元铅笔产业做强、做优、做精，同时实现“议得好”向“办得好”转化，确保协商取得实效。”洪起平认为，要进一步解放思想，进一步做好品质、品牌、品种文章，进一步注重平台建设、数字化提升、产业融合等方面示范引领，进一步优化营商环境、强化科技支撑、落实组织保障等工作，才能加快补齐发展中的各种短板，把庆元县真正打造成“全球铅笔制造之都”。

9 月 6 日，县政协举行“加强古村落保护利用，建设新时代美丽乡村”专题协商活动，邀请田健晖和部分县政协委员、县直有关部门负责人参加。会上，县农业农村局介绍古村落保护利用和美丽乡村建设情况，县政协调研组介绍调研开展情况。与会政协委员围绕协商主题，结合庆元实际进行深入交流，提出意见和建议。

9 月 15 日，县政协举行“庆元香菇产业高质量持续发展”专题协商活动。邀请县委书记蔡昉、部分县政协委员和相关部门负责人参加。会上委员争相献策、气氛热烈。“此次活动选题好、发言好、氛围好，委员们尽智出力，提出的建议务实管用。”蔡昉希望县政协继续发挥“请你来协商”等平台实效，用更加有力的举措推动工作开展，助力党委政府科学民主决策，合力打破制约香菇产业发展的瓶颈问题，推动传统香菇产业向现代化、工业化转型升级，打造全国香菇产业高地。县政协主席洪起平表示，要对此次协商内容进行认真梳理归类，持续跟踪，一抓到底，促进协商成果落地见效。政协委员要进一步开展调查研究，以社情民意信息、提案等多种形式，持续为党委政府科学决策提供更多的政协智慧和力量。

9 月 14 日，县政协举行“探索人口集聚新路径，加快推进新型城镇化建设”专题协商活动。县领导洪起平、张延洪、罗艳，部分县政协委员和相关部门负责人畅谈发展路径，群策群力推进庆元的城镇化建设。会议指出，要做优做大特色产业，以产业集聚带动人口集聚。要做实做细民生工作，用优裕的生活品质让外地人融入庆元。要做深做透青年工作，打造标志鲜明的城市核心品牌，建设令人向往的青年友好型城市。

11 月 25 日，县领导洪起平、黄丽芬、王伟啸、吴小军与县政协委员、有关部门负责人，及部分民主党派、工商联、无党派人士开展“复活庆元瓷文化”专题协商活动，共话庆元瓷文化活态传承之路。委员们围绕主题，从加大庆元瓷文化的挖掘与保护、加快庆元瓷产业的发展、加速庆元瓷人才的培育、加强庆元瓷复活的保障等方面谈问题、提建议。县委宣传部、县教育局、县文广旅体局、竹口镇等相关部门及乡镇负责人积极回应。会议指出，下一步要发掘、挖掘庆元瓷文化，加强考古和历史遗产保护，讲好庆元文化故事；要保护、宣传瓷文化，相关部门发挥各自职能优势形成合力，为瓷文化保护与产业恢复工作提供资金、人才、技术保障；要复活、利用瓷文化，融入龙庆经典文创区建设，为庆元建设革命老区共同富裕先行示范县培根赋能。

【民生议事堂】 作为全省民生议事堂平台建设的先行实践地，庆元县率先形成平台运行“工作流程图”“五步工作法”等工作机制，成功承办首次以现场会形式召开的全市政协民生议事堂建设推进会。全年，各乡镇(街道)民生议事堂开展协商议事活动38场，协调解决基层问题72个。

4月28日，县政协港澳台侨民宗委在淤上乡开展“请你来协商·民生议事堂——发展民族村旅游”专题协商活动。

5月12日，县政协农资环委在五大堡乡开展民生议事堂建设工作推进会暨“请你来协商·民生议事堂——杨楼锥栗低产改造促农增收”专题协商活动。

6月10日，县政协经济委在安南乡开展“请你来协商·民生议事堂——发展湖羊养殖振兴农牧产业”专题协商活动；6月15日，县政协港澳台侨民宗委在黄田镇开展“请你来协商·民生议事堂——未来乡村建设中古民居保护与利用”专题协商活动。

根据省政协统一部署，9月是“民生议事堂助力共同富裕示范区建设协商议事月”，庆元县政协按照协商议事月工作要求，开展系列民生议事堂专题协商活动。9月6日，县政协经济委在屏都街道开展“请你来协商·民生议事堂——中药材栽培产业向生物科技产业转型升级”专题协商活动；9月8日，县政协文史委在江根乡开展“请你来协商·民生议事堂——推进三级联动，助力农村留守老人服务”专题协商活动；9月9日，县政协经济委在隆宫乡开展“请你来协商·民生议事堂——隆宫山予赋能产业发展，助力共同富裕”专题协商活动；9月13日，县政协农资环委在张村乡开展“请你来协商·民生议事堂——如何更好地做好南阳溪张村流域的禁渔工作”专题协商活动；9月15日，县政协教科文卫体委在举水乡开展“请你来协商·民生议事堂——荒野茶开发利用”专题协商活动；9月16日，县政协农资环委在荷地镇开展“请你来协商·民生议事堂——体育赋能乡村振兴 浙西南亚高原运动基地项目初探”专题协商活动；9月20日，县政协港澳台侨民宗委在竹口镇以直播的形式开展“请你来协商·民生议事堂——如何让甜桔柚扩面提质”专题协商活动，县政协社法委在濛州街道开展“请你来协商·民生议事堂——让‘浙里办’走进百姓生活 助力共同富裕”专题协商活动；9月21日，县政协农资环委在贤良镇开展“请你来协商·民生议事堂——新一轮合作造林、推进林业经营提质增效”专题协商活动。

11月2日，县政协港澳台侨民宗委在竹口镇开展“请你来协商·民生议事堂——青瓷文化的挖掘和产业发展”专题协商活动；11月23日，县政协农资环委在五大堡乡盖竹村协商驿站开展“请你来协商·民生议事堂——乡镇技能型干部培养”专题协商活动。

（范君乐）

中共庆元县纪律检查委员会
庆元县监察委员会

综述

【概况】 2022年是中共二十大召开之年，是庆元县新一届党委、政府履职开局之年。全县各级纪检监察组织在上级纪委监委和庆元县委的领导下，捍卫“两个确立”，做到“两个维护”，坚持稳中求进工作总基调，忠诚履职尽责，敢于善于斗争，保持中国共产党自我革命的高度自觉，坚定不移正风肃纪反腐，深化清廉庆元建设，持续释放“三不腐”综合效应，营造山清水秀的政治生态，为打造革命老区共同富裕先行示范县提供纪律保障。荣获“2022年度丽水市纪检监察工作高质量发展金奖”。

【县纪委十五届二次全会】 3月7日下午，县第十五届纪律检查委员会第二次全体会议召开。会议传达学习中央、省、市纪委全会精神，回顾总结2021年庆元县纪检监察工作，部署2022年任务。县委书记蔡昉出席并讲话。县委常委、纪委书记、监委主任王鹏主持并代表县纪委常委会作《坚持全面从严治党启新航 永葆自我革命精神开新局 以纪检监察工作高质量发展迎接党的二十大胜利召开》的工作报告。

2022年3月7日，中国共产党庆元县第十五届纪律检查委员会第二次全体会议召开

（县纪委监委 供）

党风廉政建设

【政治监督】 开展“清风护航”行动，建立“一月一督查、每月一报告”制度，重点对山区26县高质量发展、“当猛虎、找蜗牛，全县干部技能大比拼”主题活动、除险保安等重大决策部署落实情况及“6·18”特大洪灾等重大突发事件开展各类政治监督349次，查纠各类问题728个，对责任落实不力的24名党员领导干部和3个党组织进行追责问责，通报曝光典型案例8起。

【政治生态】 优化调整2022年度政治生态评价指标体系，对各乡镇（街道）、部门政治生态进行分析研判、赋分，每半年进行“清廉指数”排行，县域政治生态不断优化，2022年度全面从严治党主体责任检查考核居全市第一，为近十年取得的最好成绩，百山祖镇荣获全市乡镇（街道）政治生态优胜榜第一名。

【清廉正风建设】 落实“四责协同”要求，梳理“10+4”年度清廉单元建设任务清单，明确具体措施、倒排工作进度，推动牵头单位扛起清廉建设政治责任，提升清廉单元辨识度。2022年增加清廉单元示范点18个，其中省级示范点位4个。深挖本地廉洁文化资源，推进廉洁文化阵地建设，庆元清廉文化教育基地、庆元家风馆入选丽水市廉洁文化示范点，全年有108批次4286名党员干部到示范点接受沉浸式实境教学。开展“四查四治”作风建设专项行动，围绕保障县委“当猛虎、找蜗牛，全县干部技能大比拼”主题活动，针对部门、干部在重大决策部署落实、重点工作推进中存在的“不担当、不作为、不适应、不规矩”四方面20类问题开展联合督查，常态化开展正风肃纪，检查各类单位场所283个，查处违反中央八项规定精神问题21起32人，给予党纪政务处分11人。

【漠视侵害群众利益问题专项治理】 督促10家牵头单位针对11项专项整治任务分别制定治理方案、明确工作责任，发挥派驻纪检监察组驻在优势有序推进专项治理工作。2022年，发现问题41个，推动建立和完善制度16项，查处典型问题22起28人，给予党纪政务处分18人，返赃挽损止付382.47万元。

【基层监督】 承接并全力推进全省林木采伐审批公权力大数据监督场景试点建设，归集行权关键数据5.63万条，建立有效监督模型4个，发现红色预警112条，查实104条，查实率92.86%，“林木采伐违规超量审批”模型被省纪委评为公权力大数据监督应用2022年度设区市级“最佳模型”。高效打好重复检举控告件“清零”攻坚战，全县检举控告量、初信初访量、重复举报量分别下降43.21%、19.23%、86.21%，实现“五年五连降”，纪检监察信访举报“云中心”荣获第三届“基层清廉建设（浙江）十大创新经验”创新奖。

纪律审查

【正风反腐】 深入实施“保生态、护正气”专项行动，深挖彻查、严厉惩治非法采砂制砂、占用林地耕地等严重破坏绿水青山的突出问题。系统治理医疗、环卫、交通、粮食购销等重点领域，紧盯项目建设、资金使用等方面突出问题，试点开展专项监督“洞察行动”，利用片区协作等形式开展选题立项、线索排摸，变“被动等”为“主动查”。处置各类问题线索305件，立案183件，党纪政务处分168人，同比分别上升119%、151%、133%。严肃查办县大数据发展中心原副主任赵小伟严重违纪违法案件，形成震慑。查办市纪委指定管辖丽水市人防工程质量管理站原副站长高波严重违纪违法案件，得到时任市纪委主要领导批示肯定。

【廉政风险防控】 深化以案促改，精准制发纪检监察建议书46份，推动完善制度机制23项，针对日常工作运行中存在的短板弱项，防范违纪违规问题发生。注重抓早抓小、层层设防，宽严相济运用“四种形态”处理363人次，其中第一、第二种形态占94%。

【激励干部担当作为】 落实“三个区分开来”，对一批干部开展澄清正名，对交通、发改等部门涉及一批事项开展容错免责，对78人次开展暖心回访教育，推动干部担当作为。聚焦年轻干部教育管理，强化入职干部廉政教育，制定出台《关于加强干部入职廉政教育的实施办法》，教育引导新入职干部扣好廉洁从政“第一粒扣子”。常态化开展法院旁听、“清廉公开课”等教育活动，营造敬廉、崇廉、守廉的浓厚氛围。

巡察工作

【概况】 科学制订十五届县委巡察工作规划，统筹谋划年度巡察工作，分两轮完成对20家单位和24个村（社）党组织的常规巡察，发现问题699个，移送问题线索21件。

【巡视巡察整改】 实施巡察整改“清仓归零”链条工程，梳理分析巡察发现的共性突出问题，围绕“三聚焦”梳理形成涉及11个方面50类问题的巡察整改标准化清单，督促巡察整改主体责任。启动“五方联审”机制，协调巡察整改相关部门，对被巡察单位巡察整改方案、整改进展情况报告等进行审定并强化后续督办。落实“重大巡视问题清单”工作，对照问题准入标准，实时动态更新“10+10”清单问题库，收集归纳清单问题51个，被上级采纳发布问题31个。挖掘提炼巡视巡察整改成效亮点，11项巡视巡察整改工作做法被中央、省市主流媒体宣传报道或被省级“重大巡视问题清单”示范榜采纳发布，“重大巡视问题清单”指标排名全市第二。

（叶梦菲）

群众团体

庆元县总工会

【概况】 2022年，庆元县总工会（以下简称县总工会）围绕县委、县政府中心工作和市总工会下达的工作任务，以提升职工劳动技能为抓手，开展“中国梦·劳动美”和劳动创造幸福主题教育为载体，助推发展、服务职工为工作重点，加强工会组织建设、服务经济社会发展、维护职工合法权益、发展和谐劳动关系、扩大职工民主管理、强化工会劳动保护和加强工会自身建设，维护职工队伍和社会稳定。

【工会组织建设】 2022年，新建工会组织12家，发展会员1571人。全县有基层工会344家，其中独立建会334家，联合基层工会10个，职工人数20861人，工会会员20638人，职工入会率98.93%。其中非公有制企业162家，职工会员10325人，职工入会率99.38%。创新工会组建方式，通过先服务，后建会的方式，先后组建顺丰速运、千里马快运、佳航物流、捷达物流、恒光快递和京鸿供应链快递等6家快递物流行业基层工会，发展会员249人。6月8日，成立庆元县快递行业工会联合会，该联合会涵盖7家快递企业工会（含邮政公司工会），涵盖会员328人，新就业形态劳动者建会入会工作取得成效。先后召开县总工会十三届五次、六次、七次委员（扩大）会议，选举胡恒照、吴秋荷和吴玉逸为县总工会副主席和挂职副主席。8月9—12日，县总工会在省总干校举办基层工会主席培训班，全县50名基层工会主席和工会干部参加培训。

【职工疗休养】 贯彻落实省委、省政府关于加快推进山区26县跨越式高质量发展的决策部署，做好省级职工疗休养基地申报工作，庆元县香菇小镇和淤上乡山根村（胡庆余堂方格菌博园）入选第二批浙江省职工疗休养基地。做好职工疗休养推介和服务工作，助力乡村振兴和旅游业发展：与县农业农村局联合召开省级单位结对帮扶——庆元职工疗休养推介会，推进职工疗休养工作；举办庆元县职工疗休养站点建设提升培训班，全县35家职工疗休养站点（民宿、“农家乐”）负责人参加培训；联合相关部门对全县职工疗休养接待站（承办单位）进行审核确认，对符合条件的职工疗休养接待站（承办单位）予以发文公布；9月4日，联合县文广旅体局等单位举办“我在庆元疗休养”全县干部职工疗休养活动启动仪式暨百山祖啤酒音乐节；11月10—11日，组织开展“康养庆元·国家公园”2022庆元职工疗休养推介活动，加强与省结对帮扶单位和山海协作及山区26县之间的精准对接合作。截至2022年底，全县有省级职工疗休养基地3家，市级职工疗休养基地站点10家，县级职工疗休养接待站（承办单位）111家，助推职工疗休养工作健康发展。

【职工维权帮扶】 创建工会工作一体化在线服务平台，建立完善工会会员实名制、职工“疗养云”、职工医疗互助和工会财务云操作等服务平台，实现医疗互助报销跑零次。2022年，审核完成172家单位7937名职工疗休养审批；职工医疗互助服务系统投入使用以来，县总工会在网上为职工办理医疗互助报销1721人次，支付保障金179万元；开展职工医疗互助保障工作以来，全县累计报销4437人次，支付保障金552万元。全县有167家行政企事业单位实行工会财务云操作，会员实名制平台惠及346家单位及会员19025人，显著提升工会普惠化服务能力。6月15日，省总工会办公室发布《关于公布2022年浙江数字工会省市县（市、区）联建单位的通知》，县总工会确定为基层工会通用组件包联建单位。

【工会劳动保护】 县总工会深入美希化妆品、艾米家居、庄诚竹业等企业开展“助企开门红”和“助企帮扶”活动，走访慰问企业26家，慰问困难职工和受疫情影响的一线员工518人，发放慰问金和慰问物资55205元。高温天气期间，县总工会及时部署，深入企业和建设工地施工现场开展“送清凉”高温慰问活动，慰问企业和施工单位19家，慰问职工1015人，慰问金额72065元。建立工会劳动法律监督组织158个，工会劳动法律监督员169人；劳动保障法律监督员16人；劳动争议调解组织16个，调解人员32人。3月17—18日，丽水市工会法律工作会议暨学习贯彻《中华人民共和国工会法》讲座在庆元胡庆余堂方格菌博园举行；3月23日上午，县法院、县总工会等部门成立庆元县人才科技司法服务保障中心，奠定工会劳动保护工作基础。

【活动阵地建设】 利用县工人文化宫文化阵地，先后举办茶艺、书法、曳步舞、花艺等培训班6次，参加培训520人次。在工人文化宫开展守护小候鸟、共筑幸福巢“爱心托班”活动，外来务工人员、新就业形态劳动者的子女参加暑托学习，解决外来务工人员子女寒暑假无人照看的难题。

【职工文体活动】 5月9—25日，联合县文广旅体局、县卫健局举办2022“农商银行”杯庆元县干部职工篮球赛，全县有64支代表队900名干部职工参加比赛；5月27日至6月9日，联合县经开区、县文广旅体局举办2022年庆元县“经开区”杯企业职工篮球赛，来自园区内14家企业的职工参加比赛。6月26日晚，联合县交通运输局举办以“遵守安全生产法、当好第一责任人”为主题的2022年交通系统安全生产知识竞赛，交通系统下属9支代表队27名选手参加比赛。8月5日，联合团县委在淤上乡举办“青春激荡谱新篇”浙工缘西部乡镇青年职工交友活动，8月19日，联合团县委在荷地镇举办“青春有约、情动庆元”——浙工缘青年职工（人才）交友联谊活动。11月4—6日，组织38名职工参加“中国梦·劳动美——强国复兴有我”丽水市职工气排球精英赛，县总工会荣获优秀组织奖，庆元县中年女子组代表队获得全市第六名。

（柳庭和　刘明妹）

共青团庆元县委员会

【概况】 2022年，共青团庆元县委员会（以下简称团县委）开展百山祖国家公园青春之旅系列活动，通过党团简史、直播带货和志愿服务三大展播，展示庆元青年青春风貌，引导青年成为庆元建设的生力军。在“庆元青年”微信公众号，定期向9700名青年推送党团队知识、青年发展政策和青年工作动态，发布微文、短视频443篇，增强共青团的凝聚力。推进中学团校、红领巾 e 站等阵地建设，累计增加 3 处。围绕中共二十大等重要会议精神，创新“脱口秀”“圆桌论坛”等新载体和形式，打造一批有趣有料的精品宣讲，辐射青年 3.8 万人次。纵深推进青少年党团队一体化阶梯式政治引领体系，开展红领巾会客厅 12 期。完成 16 个乡镇团组织换届选举，择优选聘乡镇团委书记 1 名。全面启动县域共青团县域改革工作，召开动员部署会，审议通过《庆元县共青团基层组织改革实施方案（试行）》。

【共青团庆元县第十九次代表大会】 11 月 16 日，中国共产主义青年团庆元县第十九次代表大会召开。县委书记蔡昉、团市委书记徐菊珍出席会议并讲话。大会听取了共青团庆元县第十八届委员会工作报告，通过了关于工作报告的决议，向全县团员青年发出了倡议，选举产生了第十九届团县委委员、候补委员，产生了第十九届团县委常委、书记、副书记。

2022 年 11 月 16 日，中国共产主义青年团庆元县第十九次代表大会召开 （团县委 供）

【青年服务大局】 与西湖大学等 4 所院校签订青年人才培育党、团建联建合作协议，打通党建带团建的堵点。推出《基层团组织兼职副书记工作规则》，择优选聘 26 名高学历在校生到基层团组织兼职副书记，相关做法在人民日报、中青报等媒体平台报道。开展“才聚菇乡”暑期创梦行动，推出政策处理、项目谋划、创业支持等 200 个实习岗位，推动柔性引才和招引阵地前移。将青少年宫“童玩空间”打造成浙江省首个青少年主题增收联建项目，为官塘乡强村公司创造经营性收入 5.4 万元。联系电商直播达人，分层分批举办直播电商培训，服务青年超过 600 人次。建立东、西部电商服务站，开展直播带货专场 19 期，举办青耘中国·夏耘梦想专场活动，推进助农增收。助力庆元第十二届香菇文化节成功举办，集结背锅侠、麻功佐、煎盘侠等千万级主播网红，到庆元宣传、引进流量，同本地直播达人座谈分享经验。

【志愿服务】 成立青少年素质拓展中心，引入 10 家校外培训机构，发挥社会力量以“1+N”课程联建机制助力全县“双减”大局，课后服务青少年累计 2300 人次。引进慈善基金 3 个，对接爱心企业、机关党员和爱心人士，完成 715 个困难学生微心愿认领，落实 241 份助学申请核实，为 120 名学生提供系列助学资助。联合浙江理工大学、丽水学院等 4 所院校，打造“四校联动”助力困难家庭子女暑期托班管理等服务模式，为全县 200 名学生提供优质暑托课程，23 名学生家长送上感谢信。

【助力青年】 与团嘉善县委等 12 个山海协作单位紧密联系，制定青年就业创业、青少年文化教育项目、青年人才交流和青少年交流实践四大方面帮扶清单 21 项，开展“青春共富　山海共富”青春帮共体活动 3 个批次，建立青联希望小屋 3 个，组织青年企业家交流 3 批次，在企业互助、红领巾队建等方面签署进一步合作协议。联合宣传部举办“我们如此热爱庆元”抖音短视频大赛，挖掘一批优秀的短视频作品和抖音达人。联合举办庆元县快递小哥业务技能竞赛和乡镇干部技能大比武等活动，通过直播技能“培训+比武”打造技能型乡镇干部队伍。巩固调小青服务站建设，组建由 20 名资深心理专家组成的阳光护航志愿服务队，将每月 28 日设定为线上固定服务日，及时解决青少年维权诉求。在全省范围内率先推广“菇乡青春微法课”普法品牌，推出《中华人民共和国环境保护法》《中华人民共和国动物保护法》

等普法微视频13部，解决疫情常态化形势下普法难题，实现全县26所中小学1万余名青少年实现线上同步普法。继续推进“童心同行•关爱成长”青少年维权政府购买服务，完成108人次的“四类重点”青少年走访，提交亲青帮案例2个；常态化开展青少年“三禁三自三防”活动21场，覆盖1.6万人。

【青少年宫】 强化下属单位青少年宫（县级红领巾学院）阵地建设，提升青少年宫“红绿古”三色研学基地建设，拓展“我是小红军”“运动小农人”系列研学夏令营5期。探索庆元县红领巾学院“先锋营”实践教育系列活动创新模式，举办心有榜样红色电影欣赏、货币小小银行家、我是小小法官、踏寻古村落等主题教育课程15场次系列活动。完善管理制度，加大青少年宫教职工及外聘教师管理力度，定期开展青少年宫培训成果展示活动，提升培训实效。加强师资力量的培训力度，每季度对外聘教师和本宫教师进行相关培训、强化外聘教师规范流程操作，促进招生情况的良性循环。

（朱栩栩）

庆元县妇女联合会

【概况】 2022年，全县有乡镇（街道）妇联组织19个，社区妇联组织9个，机关事业单位妇委会54个，“两新”组织中妇委会100个，村级妇联191个。

庆元县妇女联合会（以下简称县妇联）开展“共同富裕　巾帼建功”“巾帼心向党”“我奋斗•家国美”等群众性主题宣传教育活动，围绕中共二十大精神、省第十五次党代会精神开展主题宣讲105场次。开展“共同富裕　巾帼建功”“最美巾帼奋斗者”展播活动，寻找和表彰在推动乡村振兴、科技创新、服务共同富裕中涌现出的优秀妇女和典型家庭103个。3月28日，蓝春青被评为浙江省巾帼建功标兵。庆元县人民医院重症医学科、国网浙江省电力有限公司庆元县供电公司财务资产部被评为浙江省巾帼文明岗。3月30日，中国银行股份有限公司庆元县支行营业部被评为2021年丽水市巾帼文明岗。吴依冰被评为2021年丽水市巾帼建功标兵。5月15日，吴青花家庭获评“2022年全国最美家庭”，全市仅两户。管林鹏家庭获评2021年度浙江“最美家庭”。11月，安南乡陶祥群家庭被评为2022年第三季度浙江“最美家庭”。11月7日，濛洲街道朱小兰家庭被授予2022年度浙江省绿色家庭暨节能降碳家庭称号。

推进乡镇（街道）妇联换届，优化基层妇联干部年龄、学历结构，19个乡镇（街道）选举产生妇联主席19人、副主席35人、执委289人。巡察组反馈的四大方面12项主要问题，31个具体整改任务，全部整改到位。列入市级重大巡视问题清单1个，11月完成销号。用好“浙里家•连心桥”数字化应用平台系统。以数字化手段全面深化“四必访四必应”行动，截至年底，全县妇联执委走访1263人、7898次，发现解决问题335个。组织各级妇联执委、“美丽帮帮团”走村入户，开展疫情防控、安全生产、反诈、反邪、儿童防溺水及垃圾分类等主题宣传活动12万次。

【妇联系统“勇当猛虎　共富有我”誓师大会】 4月26日，庆元县妇联十三届六次执委（扩大）会议暨妇联系统“勇当猛虎　共富有我”誓师大会召开，县委副书记、政法委书记余晓君出席会议并讲话。县妇联党组书记、主席吴月娇代表县妇联十三届执委常委作工作报告，报告全面总结了县妇联2021年度履职尽责情况，明确了2022年工作目标。会议还举行2021年度市级十大“平安丽姐”“共同富裕巾帼建功”来料加工产品设计大赛颁奖仪式和“勇当猛虎　共富有我”誓师、“巾帼共富”五大行动先锋队授旗仪式。

【妇女创业】 3月11日，县政府出台《庆元县来料加工产业高质量发展扶持政策（2022—2024）》。审核发放来料加工以奖代补资金2010380元。举办“共同富裕 巾帼建功”平车技能、“中国结编织”、手工穿珠等各种类型培训班20期，解决600人的就业问题。举办“共同富裕 巾帼建功”来料加工产品设计大赛。异地安置社区来料加工产业党建联建机制在全县全域党建联盟大比拼中获评“五星级党建联盟”。截至年底，全县发放加工费3.5亿元，新增经纪人20名，建成来料加工式共富工坊17家。6月13日，市妇联党组书记、主席管伟春一行到庆元调研婚姻家庭纠纷调解、巾帼助共富项目、来料加工产业发展等工作。9月26日，浙江方格药业有限公司被认定为省巾帼农创基地。联合县农商行开展金融支持妇女创业助力共同富裕行动。推荐11名创业女性参加村播丽姐、花园庭院等巾帼创业共富系列培训班。宣传新时代巾帼创业创新典型事迹，培养女创客3人，挖掘巾帼“新农人”2名，在省妇联官方微信公众号推送庆元茄子干、黄粿、乌米饭等“妈妈的味道”5期。1月13日，竹口镇黄坛村被评为2021年丽水市花园庭院样板村，毛永荣等10户被评为2021年丽水市花园庭院样板户，吴美丽等12户被评为2021年丽水市花园阳台样板户。9月28日，竹口镇平良村被认定为省美丽庭院特色村。

【妇女儿童权益维护】 出台《庆元县反家庭暴力联动工作机制》，开展“法治新征程 平安进万家”维权普法线上线下宣传活动，加大民法典、反家庭暴力法、家庭教育促进法等法律法规宣传力度。通过微信平台开展妇女权益知识、家庭教育促进法等“云”竞赛，31988人次参与。反家庭暴力法、家庭教育促进法被纳入8月、9月全县理论学习中心组夜学内容。联动法院、公安等职能部门结合反家庭暴力集中宣传这一主题，开展“百万警进千万家”“法官送法下乡”“反对家庭暴力 构建和谐校园”等主题宣传活动100场次，惠及1.3万名师生、2万名基层群众，提升基层妇女依法维权的意识。联合法院、司法、公安等部门培养婚姻家庭纠纷调解人才10人。主动对接司法、法院等部门，“美丽舅妈”婚调室进驻县矛调中心，共享法庭进驻婚调室。“美丽舅妈”婚调室获庆元县“十佳技能团队”称号和庆元县首届“大爱菇乡”志愿服务公益项目大赛暨社会组织助力基层治理成果展示评比优胜奖。1月19—20日，市妇联副主席章燕虹一行到庆元走访调研，开展“我为群众办实事”“五必访”活动。

【家庭文明建设】 评选表彰县级“和美家庭”“好婆媳”“好内助”各10户（名），在市民广场大型邻里节活动现场表彰，先后在县妇联微信公众号、融媒体中心、菇乡先锋等新媒体推送典型事迹。围绕“送法进万家 家教伴成长”主题，联动教育等部门开展“家庭教育宣传周”“家庭教育大讲堂”“助力教育双减”“母亲科学人文素养倍增计划”等活动，帮助家长树立正确的育儿观、成才观；举办“幸福e家”庆元家教亲子课堂10期，在同济、同心等社区举办家庭教育讲堂3期。增聘4名家庭教育志愿讲师，利用家风馆、红色教育基地、妇儿驿站等阵地开展巡讲，以好家风促民风带乡风。

【关爱妇女儿童行动】 全力打造“妇女儿童综合服务驿站”。5月7日，淤上乡淤上村妇女儿童驿站被认定为2022年度首批浙江省三星妇女儿童驿站。建成市二星妇女儿童驿站6家，县一星妇女儿童驿站13家。结合春节、“三八”妇女节、“六一”儿童节等特殊时间节点开展乡村儿童暖冬关爱、外籍新娘关爱帮扶、“小园丁”妈妈、快乐的小脚丫、“两癌”患病妇女慰问等农村“三留守”人员关爱活动。春节期间全覆盖走访外籍新娘，送上暖心包380个；带动外籍新娘和涉外家庭投身共同富裕示范区建设，举办外籍新娘来料加工平车技能培训3期60人次；“三八”妇女节期间走访慰问118名残疾妇女和26名快递物流行业女性从业者；组织来料加工经纪人协会先后两次到东西部乡镇开展留守儿童关爱活动，为296名留守儿童送去牛奶、学习用品和体育用品。发动全县妇联组织开展“6·18”特大暴雨灾后自救工作。与省儿童基金会签订儿童教育助学、女性健康关爱、家庭赋能支持、特殊群众关爱等公益项目。1月24日，庆元县巴学园亲子农场、庆元县胡庆余堂方格菌博园被认定为首批“丽水市家庭亲子活动基地”。12月20日，松源街道坑西村儿童之家被省妇联、省民政厅命名为2022年度“浙江省示范型儿童之家”。12月28日，屏都小学儿童之家、五大堡乡中心小学儿童之家被命名为2022年度“丽水市示范型儿童之家”。

（黄海平）

庆元县科学技术协会

【概况】 2022年，庆元县科学技术协会（以下简称县科协）按照省、市科协的工作部署，围绕县委、县政府的中心工作，发挥自身优势，推进人才科技、科学普及、乡村振兴等各项工作，服务全县经济社会发展。

【服务科技人才工作】 制订庆元县“希望之光”组合式人才帮扶团三年工作方案，2次与浙江省中医药学会召开座谈会商讨相关工作。在2022年庆元人才科技峰会暨浙西南中药产业高峰论坛开幕式上，“人才驿站”正式授牌成立，由浙江省科协副厅长级领导谢牧人为专家团成员授“出征旗”，庆元县委副书记、政法委书记佘晓君授“百山智库”人才证书，庆元县人民政府与浙江省中医药学会再度签订合作协议，明确“希望之光”帮扶工作的目标任务。申请博士创新站5家，分别是庆元县乾宁道地药材有限公司与浙江农林大学邵清松博士、庆元县三禾元农业有限公司与东北林业大学薛哲勇博士、庆元县鱼富种植专业合作社与丽水市农林科学研究院郑生宏博士、庆元县御竹香农林专业合作社与浙江理工大学杨东风博士、浙江悦庆生态农业开发有限公司与上海创宏生物科技有限公司赖志博士，完成年度目标任务。11月23日，指导组织庆元县鱼富种植专业合作社开展认定筹备工作，邀请合作建站博士郑生宏到庆元开展“荒野茶加工技术提升培训”，为庆元培育本土人才，促进荒野茶产业健康有序发展。完成第三届“菇乡新秀”选拔考核公示工作，开展“菇乡新秀”培训，提升“菇乡新秀”工作技能。

【基层科协工作】 建立结对村与专家合作的长效机制，组织市县科技专家到各乡镇（街道）、行政村开展双百专家技术指导活动60次，科普宣传和现场咨询活动12次，组织科技专家和农户现场交流会8次；华东药用植物园科研管理中心主任刘跃钧到荷地镇实地考察调研林下中药材发展情况，提出加强黄精黑斑病防控等相关建议，为庆元中药材种植户开展“珍稀特色林下中药材栽培技术”和“中药材产前加工方法与技术”培训55人次。完成第九批县级农村科技示范户认定工作，组织交流培训会、技术培训班等3次，支出扶持资金20万元。班子成员走访农村科技示范户基地10次，组织全县农村科技示范户开展学习教育，带领40名科技示范户到屏都街道、竹口镇、五大堡乡参观食用菌示范基地、甜橘柚基地和香榧基地，为乡村一线的种植户、“土专家”，提供互相交流、学习的平台，凝聚力量，实现乡村振兴。邀请丽水学院的博士团进企业开展“百名博士进百企，百名专家连百乡”活动，先后调研浙江久灵笔刷有限公司、浙江双枪竹木有限公司等5家企业，了解公司发展现状和存在问题，针对性地提出意见建议，为企业发展出谋划策。改选19个乡镇（街道）科协班子；8月，在试点乡镇淤上乡举行庆元县“三长一员带三会”工作启动仪式，介绍淤上乡“3+1+N”基层科协组织框架模式经验，探索形成新时代基层科协有效联系服务，团结引领一线科技工作者，提升基层科协组织建设能力和水平。

【科普工作】 庆元县科协通过线上线下多种方式开展科普活动。每周二、周五通过移动短信平台发送科普短信给两代表一委员、机关事业单位干部职工、村干部、农村科技示范户等人群，全年发送短信36.9万条。9月全国科普日期间，举办“喜迎二十大，科普向未来”庆元县2022年全国科普日活动暨城东小学第七届“求真”科技节开幕，香菇功夫、机器人展示、科普大篷车、科技游园等活动精彩纷呈，1400 名师生参与其中；联合县消防救援大队开展消防安全进企业活动，指导企业排查消防隐患，讲解消防安全知识，教授正确使用灭火器的方法等，提升企业员工消防安全意识和火场自救能力；给同济新村爱绿幼儿园送去科普绘本 75 册，助力小朋友们学习科学知识，种下科技梦想的种子。组织“母亲科学”科普讲座 4 场，“中科院老科学家”科普报告 6 场。

（周　贞）

庆元县工商业联合会

【概况】 2022 年，庆元县工商业联合会（以下简称县工商联）围绕县委、县政府展现中国式现代化庆元图景工作目标，以服务“两个健康”为着力点，增强工商联的引领力、凝聚力、推动力，助力创建革命老区共同富裕先行示范县。3 月 8 日，完成机关党委（机关纪委）的选举工作，机关党委下属支部有 10 个，党员 110 名；7 月 5 日，“两新”党组织集中换届。

人才培育。北京庆元商会会长沈俊、宁波庆元商会会长吴俊被聘为庆元县“引才大使”。根据人才驿站设立标准，在杭州、金华、宁波、北京等四个庆元商会建立“人才联络站”，服务县招才引智工作，提供高校毕业生有效线索 11 条，推荐高层次人才 31 人。

【庆元县县工商业联合会（总商会）第八次代表大会】 3 月 7 日召开。县委书记蔡昉出席，并代表县四套班子对大会的召开表示热烈祝贺。县委副书记、县长田健晖主持，市工商联党组成员、副主席吕志充到会祝贺并讲话，会议听取和审议了县工商联（总商会）第七届执委会工作报告，选举产生了第八届执委会，并举行了授牌仪式，宣读《共同富裕倡议书》。吴静安当选新一届主席（会长）。

3 月 7 日，庆元县工商业联合会（总商会）第八次代表大会召开　　（县工商联　供）

【企业家信念教育】 依托商会平台，组织工商联班子深入企业、商会宣讲中共二十大精神、省第十五次党代会精神、市第五次党代会精神；组织各商会、支部开展中共二十大精神宣讲 10 次。11 月 28 日，庆元县委书记蔡昉前往新生代企业家联合会向青年企业家宣讲中共二十大精神；6 月 27 日，组织执委企业参加省工商联“永远跟党走•奋进新征程”浙商理想信念报告会，倡导各商会组织会员同步在网络平台上观看直播；5 月 30 日，组织商会党员赴龙溪乡西溪村“庆元县生态环境第一县主题馆”、宁波市鄞州区塘溪镇沙村的沙文求烈士故居陈列厅等红色教育基地参观学习；6 月 10 日，通过理论教育和现场教学，引导广大非公有制经济人士拥护中国共产党的领导，坚定不移听党话、跟党走，坚定走中国特色社会主义道路。3 月 7 日，组织开展“浙商永远跟党走”主题活动，邀请庆元县宣讲名师工作室导师吴永德为企业家作十九届六中全会精神专题宣讲，强化企业家理论武装；8 月 11 日，组织 2 名新生代企业家参加 2022 年丽水市品质丽商提升工程暨新生代企业家培训班学习；10 月 25 日，完成“新生代企业家双传承”信息入库及维护工作。

【服务企业工作】 做好政协委员推荐工作，引导工商联界别政协委员参政议政，发挥参谋助手作用。定期与各涉工职能部门联合举办“亲清直通车•政企恳谈会”，每期聚焦一个主题，组织相关部门与民营企业家开展面对面恳谈，根据企业家反映的问题和意见建议，形成问题清单和责任清单，建立办理、反馈、跟踪评价机制，形成工作闭环管理，切实为企业解难题，办实事。自2020年“亲清直通车”启动以来，累计举办恳谈会8场次。5月，与县行政审批中心联合下发《庆元县“政务服务+商会”帮办服务模式工作方案》，梳理高频办理事项45项，在商会选取10名政务帮办员，依托“政务服务+异地商会”党建联盟，以“政务服务连接线”云平台兜底，通过专员办、预约办、上门办等形式，“一对一”专人接转异地企业群众诉求，打通服务企业、服务群众“最后一公里”。8月，该做法被县纪委作为清廉庆元建设创新做法推广，该项工作经验做法被省委统战部《情系中华》刊登发表。7月25日，召开长兴—庆元“山海协作”产业项目对接洽谈会，促成长兴县两家企业与五大堡乡东半村、张村乡库山村签订村企结对协议，利用当地优势产业资源，发展民宿、休闲产业；海曙山海协作“科创飞地”一期海曙科创大厦初步确定宁波市庆元商会为辅助运营方，场外客服数字经济项目由会长企业浙江贝讯信息科技有限公司作为首个招引项目进驻。11月16日，召开清廉民企建设工作推进会，推动创建企业建设进度，完成2022年建设任务；提炼总结清廉民企创建工作中的特色亮点，其中浙江鸿星文具有限公司的《做好手中笔　守好廉洁线》被清廉丽水、省工商联微信公众号录用刊登；5月，浙江鸿星文具有限公司被市委统战部评为浙丽•清廉民营企业。

【法律助企工作】　县工商联与检察院联合下发《庆元县人民检察院庆元县工商业联合会保障民营企业健康发展“四个一”行动实施方案》文件，在工商联设立保障民营企业健康发展服务站；与司法局就法律服务民营企业达成战略合作，组织商会与律师事务所签订法律顾问合同；与县人民法院联合成立庆元县商事调解委员会并入驻法院诉讼服务中心；举办法律宣传、企业管理、劳动纠纷等法律宣传活动，为会员、商会提供法律服务，帮助化解民营经济领域矛盾纠纷。组织民营企业参与劳动用工、万家民营企业评营商环境、社会责任、绿色发展、民营企业运行状况等问卷调查，为中央、省工商联获取精准调研信息提供数据支持。

【光彩事业】　“6•18”特大暴雨灾情期间，县工商联各商会、企业、爱心人士纷纷捐钱捐物驰援庆元，庆元商会和企业家在第一时间洞悉灾区真实需求，精准对接，通过高效采购和快速的物流运输，将大米、棉被、食用油、八宝粥、矿泉水等救援物资以最快的速度送到灾区群众手中。短短3天时间，各商会和爱心企业捐出爱心善款24.57万元，爱心物资价值12.6万元；“六一”期间，县工商联组织濛洲汽车运输有限公司党支部、县服务行业商会党支部到举水乡小、隆宫乡小开展慰问活动，为孩子们送去学习用品等；温州庆元商会先后组织22批次党员志愿者到社区参加疫情防控志愿服务活动，协助医务人员开展核酸检测工作；浙江艾米家居用品有限公司与四川省绵竹村结对，艾米家居给予绵竹村帮扶资金1万元。

【招商引资】　借助商会平台发挥以商招商、以企招企作用，为工商联招商引资提供招商线索，通过金华庆元商会牵线促成杭州风尚文旅企业管理有限公司投资莲湖“星空露营”基地项目，签订项目意向协议；上报制造业项目有效线索7条，其中一个制造业项目完成可行性报告，正在等园区供地；引进制造业项目任务1个，内资到位1156万元；2022年，庆元县总部经济专班办公室设在县工商联，由县工商联党组书记担任办公室主任，负责总部经济招引工作。截至12月15日，总部经济入库税收7667.86万元，其中存量总部经济企业入库税收5539.93万元，完成年度目标任务（1.5亿元）的51.1%。2022年，签约96个总部经济项目，实现入库税收2127.93万元。

（沈颖超）

庆元文学艺术界联合会

【概况】　2022年，庆元文学艺术界联合会（以下简称县文联）发挥文联的组织优势和人才优势，开展文艺活动、采风交流、文艺创作和展示、文艺志愿服务等，带领文艺工作者以高度的文艺自觉，服务、推动庆元文艺事业发展。下设作家协会、美术家协会、音乐家协会、舞蹈家协会、书法家协会、摄影家协会、民间艺术家协会、戏剧曲艺家协会等 8 个协会及诗词楹联学会。有会员 650 人，其中市级会员 196 人，省级会员 44 人，国家级会员 9 人。

鼓励各文艺协（学）会会员申报加入国家、省、市级协（学）会，全年累计加入市级以上会员 17 人，其中加入市级会员 13 人，省级 1 人，国家级 3 人。谋划开展《庆元文艺》杂志改版，根据“濛洲八景”名称重新设置《名家特约》《菇乡人文》《石龙故事》《濛洲文苑》《嘤鸣百山》《云鹤新声》《霞帔万象》《双谭争鸣》等 8 个栏目，组建由老、中、青文艺人才构成的编辑团队，力求将杂志打造成为宣传庆元、展示庆元的一个重要文艺窗口。举办“以史为鉴 开创未来•喜迎二十大”暨第三届“百花齐放”视觉艺术作品联展，以书法、美术、摄影等形式再现庆元发展历程；举办“秀水大联动•献礼二十大”暨第一届“五水共治”书画摄影展，通过“文”与“书”合璧的策展思路，生动展示庆元作为“中国生态环境第一县”亲水、爱水、护水、节水的治水实践。

面向全市范围举办“学习庆元县第十五次党代会精神”文学创作大赛，吸引社会各界人士和文学爱好者广泛参与，收到投稿作品 126 篇，为庆元争当共同富裕示范区建设擂鼓助威，凝聚山区跨越式发展的洪荒伟力。主动对接，与省委宣传部、省文明办、省文联联合开展“浙风十礼 艺路同行”文艺志愿服务走进五都文化礼堂，让老百姓在家门口就能欣赏到精彩的文艺节目；与省书法家协会签订结对提升书法合作协议，并邀请西泠印社理事、篆书委员会主任王义骅现场开展专题书法讲座，给众多书法爱好者提供学习和交流的平台。配合县委宣传部，到省文联争取数字化改革试点项目；配合县文广旅体局，鼓励各协（学）会会员积极参与《宋韵庆元》书籍编纂；县诗词与楹联学会会员参与第十二届香菇文化节《山水赋菇乡》诗词创作和吴三公朝圣大典祭文创作。

发动会员和社会各界人士捐赠书籍，向遭受“6•18”庆元特大暴雨洪灾的屏都小学、安南小学等赠书 1166 册；组织开展屏都街道调研考察，助力灾后重建；与方格菌博园合作开展“灰树花征文”，助推食用菌产业发展。组织开展“文兴庆元，艺起共富”践行中共二十大精神——县文联下属 9 个协会联合采风活动，走进隆宫乡、淤上乡，深入隆宫山予工作室、毛竹特色产业园区、莲湖星空露营地、浙江图书馆旧址、方格菌博园、三山根博园等地采风。通过采风活动，在乡村田间地头、特色产业园区，文艺家们感受到庆元县在乡村振兴、特色产业、旅游发展等方面发生的巨大变化，开阔文艺创作的视野。

【文学诗词】 诗词与楹联学会到方格菌博园开展“学习中共二十大，弘扬香菇文化”主题采风活动，在菌菇大棚里参观学习，把诗词作品写在田间地头。诗词赋能，助力共富，菌菇无限意，诗词有深情。通过采风活动了解庆元香菇文化，用诗词弘扬香菇文化，宣传庆元。

吴丽娟作品《大济荣光》荣获 2022 年丽水文学创作大赛优秀奖，吴少云作品《吴三公与他的剁花法》荣获创作奖，姚传标作品《宋韵华光》荣获三等奖；曹荐科作品《西江月•瓷笔架》在浙江诗词大会获省级二等奖，并入围第四届浙江省“青春诗会”优秀奖；姚传标作品《瓯江山水诗词艺术手法浅探》论文在第一届浙江“人文之美”研讨会论文集发表。

【摄影】 在 2022 年“美丽中国丽水行生态环保主题摄影大赛”中，叶松敏的作品《猴趣》获二等奖，叶松敏的作品《绿色家园》《野生娃娃鱼》、吴青松的作品《草深无处不鸣蛙》《虫虫之家》《光之影》分别获优秀奖。叶松敏的作品《菌菇》在“丽农奔共富”全省摄影大赛中获银质收藏奖。在“山川美育•寻欧记”——瓯江山水诗路影像艺术大展中，叶松敏作品《猴趣》、姚方翠的作品《百山之祖》《青龙峡猕猴》、吴青松的作品《光之影》、毛长森的作品《白菇》入选参展。在中国摄影家协会主办的2022年"童话云和杯"瓯江行丽水摄影大展中，叶松敏的作品《灿烂百山祖》、毛长森的作品《小伞伞》分别入展。

【美术书法】 吴通正的书法作品《潘天寿诗二首》"潘天寿杯"浙江省首届青年书法篆刻展；在"秀山丽水 宋韵浙江"——"书同"第一届书法大赛中，方兴的书法作品《草书小品》、沈从满的书法作品楷书《行书条幅》入展；在金丽衢书法篆刻联展中，方兴的作品《草书条幅》、沈从满的书法作品《急就章》、吴通正的书法作品《草书条幅》分别入展；沈从满的书法作品行书《袁宏道西湖游记》入展省书法家协会举办的2022年行书百家展、行书《送东阳马生序》入展浙江省书法篆刻主题评展。吴明全的美术作品《棕榈树》入展丽水市油画双年展，作品《黄家大院》系列获浙江省群文美术文旅融合写生优秀作品展银奖。

【表演艺术】 叶雄演唱的声乐作品《阿家里格啰》在第十届全国残疾人艺术会演中获声乐一等奖；由吴利华、陈伟红编剧导演，杨洪峰、杨香珍、陈丽宇、吴佶静、胡佳怡等表演的菇民戏现代小戏《网红桥》在"喜迎二十大，同走共富路"浙江省第十一届群众戏曲小戏大赛中荣获银奖；由吴峰、吴利华导演，杨洪峰、陈丽宇等表演的音乐作品《小康路上大步走》在省文联举办的2022年浙江省山区26县村歌故事会大赛中荣获优秀奖；由杨洪峰编剧，吴峰、吴利华导演，吴峰、杨洪峰等表演的小品《儿时的记忆》荣获"喜迎二十大，挺进共富路"丽水市第六届原创戏剧小品大赛创作、表演银奖。

（吴昌珍）

庆元县残疾人联合会

【概况】 2022年，庆元县残疾人联合会（以下简称县残联）积极履行"代表、服务、管理"职能，围绕县委、县政府中心工作，在省、市残联的关心支持下，残疾人事业发展成效显著。2022年，县残联获评庆元县精神文明建设工作先进单位，《康复辅具一码通平台》获县数字化改革场景应用路演二等奖。

8月，吴理广任县残联理事长，赵剑芳任县残联党组成员、副理事长，胡晓卫任县残联副理事长。进一步完善乡镇（街道）和村级专职委员考核管理，拨付16名乡镇（街道）专职委员专项经费83.7万元，为60名村级专职委员发放补助资金9万元。

【庆元县残疾人联合会第八次残疾人代表大会】 10月25日召开。正式代表103人，残疾人及亲属68人，占总数的66.02%，特邀代表43人。会议选举产生新一届主席团委员28人，残疾人及亲属16人，占57.2%。主席团会议推选熊焕为第八届主席团主席，叶兆全、吴理广、吴军、吴听菊、叶贵明、吴新花、吴燕玉、虞栾为第八届主席团副主席。主席团聘请佘晓君为第八届主席团名誉主席，吴建华、王林生为第八届主席团名誉副主席。推选产生第八届执行理事会，吴理广为理事长，赵剑芳、胡晓卫为副理事长，胡剑锋为理事。会议选举叶兆全、叶卓军、叶贵明、刘火金、吴美芬、吴理广、吴新花、吴燕玉、胡纯亮等9人为市残联第八次残疾人代表大会代表。会议期间，成立孤独症人士协会，19个乡镇（街道）建立残疾人专门协会。肢残、盲人、聋人、精亲、智亲、孤独症人士协会推选产生主席、副主席、秘书长和委员人选，并提交大会主席团会议通过。

【惠残扶残法治建设】 完善扶残惠残政策制度建设，修订完善《庆元县"残疾人之家"规范化建设考核和资金补助办法》，明确补助对象范围和考核标准。联合县税务局、县财政局出台《关于庆元县超比例安排残疾人就业企业进行奖励（试行）的通知》，对超比例安置残疾人就业的集中就业、按比例就业企业分别给予1个月、4个月最低工资奖励。为进一步解决行动不便疑似残疾人办证困难，制定出台《庆元县残疾人联合会关于残疾人证上门评定服务有关事项的通知》，与县人民医院开展定期上门残疾人证办理服务。

【残疾人社会保障】 贯彻落实残疾人社会救助政策，残疾人社会保障实现应补尽补。集中托养、残疾人意外伤害保险、残疾人城乡医疗（浙丽保）、城乡养老保险补助实现全覆盖，为159名灵活就业参保职工养老保险残疾人发放补助53.24万元。持证残疾人中，2473人纳入特困、困境儿童、低保或低保边缘户等社会救助保障，占持证残疾人的29.99%；2206人享受困难残疾人生活补贴，2871人享受重度残疾人护理补贴，年度发放补助资金1474.48万元。为10名重病残疾人争取省福利基金会大病医疗救助10.59万元。

【残疾人教育就业扶持】 通过助学奖励和生活补贴政策，对残疾人大学生、困难残疾家庭大学生、基础教育阶段学生等教育助学全覆盖，发放助学补助615人次103.15万元，其中为15名残疾大学生发放学费住宿费减免18.56万元，为282人发放大学奖励金61.3万元，为318人发放基础教育生活补助23.28万元。

按照以集中、按比例就业为主，自主创业、来料加工、电商创业等为辅的原则，增加就业53人，职业技能培训145人。实施残疾人就业帮扶，发放贷款贴息152人20万元，残疾人就业创业16人3.2万元，残保金征收入库675.6万元。完成省民生实事之残疾人之家规范化新建1家，7个残疾人之家，为263名残疾人提供庇护服务，发放补助资金252.62万元，为8家企业发放超比例奖励资金12.14万元。

【残疾人康复医疗服务】 落实残疾儿童康复服务制度，为残疾儿童提供基本康复服务补贴59人，补助资金131.41万元，发放困难残疾儿童家庭生活救助18人14.12万元。享受精神病人免费服药全额保障政策754人，发放轮椅、助听器、拐杖等各类辅助器具412件次，无障碍家庭改造30户。洋墩社区成功创建省级无障碍社区，蔡段村、巾子峰景区成功创建市级无障碍村、景区。

【社会助残】 通过全国助残日等重大节日开展宣传融合等活动16次，组织19名运动员参加丽水市第五届残疾人运动会，获得2枚金牌、7枚银牌、4枚铜牌，同时荣获组织奖。庆元县红树实业有限公司、庆元县左溪镇残疾人之家、庆元县志愿者协会、庆元县慈善总会获丽水市助残模范集体，叶雄获丽水市自强模范，刘火金、叶镶、叶贵明、范传桂、瞿思庆、胡剑锋、吴金灵、毛冬来、吴式华、陈序明等10人获最美残疾人。组织开展首届县级“最美残疾人”“最美助残人”评选，叶自光等10名残疾人被评为最美残疾人，毛青等10人被评为助残工作成绩突出个人。

【残疾人康复中心项目建设】 10月，通过参与市场竞争，获得残疾人康复中心项目用地用房，用地3689.97平方米，总建筑面积4322.8平方米。该房产用于残疾人康复中心项目建设，将为残疾人提供专业儿童康复、大龄融合班教育、成人康复等服务，打造辐射浙闽边界残疾人康复新样板。

（胡慧华）

庆元县红十字会

【概况】 2022年，庆元县红十字会（以下简称县红十字会）深化“数字红会”建设，通过各类渠道宣传推广造血干细胞捐献，做好采集入库登记、

2022年5月8日，庆元县红十字会开展“5·8”人道公益日活动 （吴舒曼 摄）

人体器官(遗体、组织)捐献登记、会员入会、救护培训、附近AED(体外自动除颤器)设备查询等工作。利用"数字红会"仓库管理应用,推进储备物资管理信息化;推动人群密集场所设置AED,完成5台AED采购、安装、调试,对5个点位管理人员进行救护员培训。

"6·18"特大暴雨洪涝灾害期间,县红十字会帮助受灾群众解决燃眉之急,接收社会捐赠物资6批次,价值17.9万元,接收省红十字会调拨物资1批次,价值17.5万元。每月12—13日及"世界献血者日"、我为"七一"献热血活动期间,开展无偿献血和造血干细胞捐献知识宣传动员活动,29人采集入库成为造血干细胞捐献志愿者。做好人体器官(遗体、组织)捐献工作,新增人体器官(遗体、组织)捐献登记101人,累计登记571人。加强红十字青少年工作,依法在青少年学生中开展生命教育活动,开展宣传教育、举办培训20场5738人。在"世界红十字日"和"世界急救日"等重大纪念日期间,开展一系列主题宣传活动,提高红十字会的知晓率、知名度和社会影响力,开展活动21场,参与5515人。发展成人会员2430人,壮大成人会员队伍;拓展基层组织覆盖面,村(社区)红十字会建会数81个。

【应急救护培训】 县红十字会开展应急救护"救在身边"八大专项行动,在重点行业、重点人群中开展救护培训工作,普及群众性救护培训,开展应急救护员培训18场,培训1047人,心肺复苏(CPR+AED)培训30场,培训2054人,救护知识普及培训110场,培训16766人。

(陈 妍)

法　治

政法委与综治

【概况】 2022年，庆元县委政法委坚持以习近平新时代中国特色社会主义思想为指导，在市委政法委的有力指导下，紧紧围绕平安护航中共二十大这条主线，紧盯县委、县政府争创共同富裕示范区山区范例的总体战略部署，聚焦平安建设主轴，深耕主业履行主责，充分发挥牵头抓总、协调各方、督办落实职能，在促进庆元经济发展和社会和谐稳定奠定中体现政法担当。

【“平安庆元”建设】 2022年4月，庆元以全市第三、全省第八的成绩，被省委、省政府授予2021年度“平安县”称号，连续17年获此殊荣，群众安全感满意率连续五年98%以上。全年来，平安建设工作以构建闭环管控为着力点，牢固树立“大平安”理念，画好“职责、任务、问题”三张清单，推进“摸排、整改、提升”闭环管控，筑牢长安久治根基。以考核评审条件为依据，细致梳理任务分工，形成平安建设职责清单，“一对一”逐项交办落实，确保平安建设在各乡镇（街道）、各行业、各领域都有人抓、有人管、有人负责。以重点部门结合日常工作，非重点部门结合暗访内容，常态化组织开展行业自查的形式，全面推进重点领域、重点场所风险隐患自查，健全完善平安建设常态化工作机制，切实把各类风险隐患解决在萌芽、化解在一线。结合平安月检，梳理分析平安建设存在的短板弱项，构建问题清单，以重点问题晾晒通报，重点任务交办，严重问题约谈提醒的形式，构建平安建设的闭环管控，推动各项工作落实落细。全年共组织开展督查7次，检查点位62个，发现问题143个，整改率100%。

【维护社会稳定】 始终牢固树立安全工作“100-1=0”的理念，以除险保安专项工作为主抓手，全方位开展大排查大起底大整治行动，全力维护社会大局安全稳定。切实将风险关口前移，累计做好28个重大项目（活动）的风险评估，全力防范化解重大风险。完成中共二十大等重要节点、重大活动的维稳安保任务，实现县域内政治安全及暴恐案（事）件保持“零发生”，履行“庆元本地不出事、庆元人不外出惹事”的郑重承诺。在省方案基础上，增加安全生产、消防安全、道路交通安全、自然灾害防御能力提升、校园安全、“厂中厂”整治等6项内容，制订下发《庆元县“除险保安”百日攻坚十大专项行动实施方案》及各专项行动子方案，将任务分解表点对点下发，并倒排十大专项行动时间表，分解任务列表上墙、挂图作战，每周公布各单位工作动态，实行专项行动项目清单化、清单责任化、责任具体化，实现单位之间、单位与属地乡镇之间权责清晰明确。县委副书记、政法委书记每两周组织召开除险保安工作例会，分析形势，部署任务。一级响应期间，县委书记、县长每日召开会商研判会，分析研判问题隐患，作出具体工作部署，并每日带队就维稳安保工作部署、重点场所整治、值班值守情况等情况有重点有针对性地开展常态化暗访督导检查，层层传导，落实任务。副县以上领导每人组织3次以上暗访督查，到一线督查调研并进行整改“回头看”，统筹联动解决工作推进过程中遇到的重点难点问题。除险保安专班每两周组织一次联合督查，并“一对一”确定责任单位进行交办，要求各责任单位查漏补缺，反馈整改，并以类型化思维举一反三，以个例问题发现机制问题，使“除险保安”行动与相关机制形成良性互动。对涉平安稳定突出风险隐患，督查检查中发现的问题以及“除险保安”行动中的优秀经验做法进行晾晒通报，将结果与压力传导到点到位。全年累计晾晒14期，下发提示单11份。

【县域社会治理】 牢固树立大抓基层、大抓基础理念，以“数字赋能”为牵引，以提升基层治理能力为发力点，全面提升县域社会治理水平。全县电信诈骗发案、案损实现大幅“双下降”，全县未发生重大事件，社会大局平稳有序。推行“一支队伍管执法”进百山祖国家公园模式，9月在全省“大综合一体化”行政执法改革大会上获时任省委书记袁家军表扬肯定。推进“141”[县级社会治理中心、乡镇（街道）基层治理“四个平台”、村社网格]社会治理体系迭代升级，推动县级矛调中心向社会治理中心迭代，贯通任务下达、事件上报路径，推广“浙江解纷码”和“共享法庭”，形成县域范围上下贯通、横向打通、指挥顺畅的社会治理格局。按照扁平化管理、矩阵式协同的原则，统筹整合乡镇（街道）辖区内党建、经济、治理、服务人员力量，迭代完善“基层治理四平台”，构建党委领导、党政统筹、平台运行、岗位管理的组织体系和运行模式。按照“东部整合、中部细化、西部优化”的总体思路，开展网格优化调整，多轮联审、逐个把关，有效推动网格划分，全面加强网格化建设。全县共划分网格261个，微网格901个，其中社区网格60个、农村网格195个、专属网格6个。全县已配备“1+3+N”[“1”即1名网格长，一般由村（社区）干部担任；“3”即1名专职网格员、1名兼职网格员、1名网格指导员；“N”即网格内的其他包联干部、专业执法力量、基层党员干部、在职党员志愿者等]人员2921人，建成网格党支部（党小组）261个，实现全覆盖。聚焦网格化管理效能提升作出积极探索，在全市率先推出网格员星级管理办法，以岗定责、以绩定星、以星定酬，责权相统一的专职网格员规范化考评机制，相关经验在全市推广。建成庆元县数字法治综合门户，纵深推进数字法治系统建设。深入开展“党群连心·网格走亲”活动。制订《关于开展“党群连心·网格走亲”活动的实施方案》，迅速动员、加速推进。联合县委组织部、纪委对走亲工作进行“回头看”专项督查和常态化抽查，将督查结果纳入“除险保安”亮晒清单，确保各项工作落实到位。

【专项整治工作】 以推进专项工作为切入点，不断提高工作整体能力和水平。深入开展反邪教专项工作，以“四大攻坚战”为抓手，实现反邪教领域绝对安全、绝对稳定。制定下发全年反邪教重点工作任务清单，并率全市之先召开反邪教业务培训会，推动反邪工作落到实处。先后6次前往乡镇（街道）督导反邪教工作落实情况，现场指导推进无邪教“三级联创”，完成创建无邪教乡镇19个，无邪教村（社区）200个，创建率100%。同时，坚持“宣传教育为重，打击防范为辅”的理念，依托平安反邪教主题公园、反邪教警示教育基地、广场路口等场所，结合网络平台、晚会活动、平安入户宣传等载体，开展形式多样的宣传活动。开展反邪教宣传活动12场次，发放宣传资料5000余份。常态化推进扫黑除恶斗争，加强对信访举报案件的排查梳理、串并分析，深挖隐藏幕后的涉黑涉恶线索，针对恶意竞标强揽工程、项目建设过程中煽动闹事、强行阻工、违法建设集中力量开展整治工作。全面梳理排查了2018年以来审批的临时用地40宗，其中有5宗临时用地涉及违法违规。开展超载货车专项整治行动，整治期间共查处超限超载案件58起。严厉打击利用小汽车非法从事客运经营活动，共查处非法营运车辆4辆，出动执法人员261人，教育当事人12人。扎实开展《中华人民共和国反有组织犯罪法》学习宣传活动。共张贴海报250余张，发放宣传折页500余册，组织专题讲座19场次，宣传活动110场次。有序推进打击整治养老诈骗专项整治。实行专班推进运作，制订《全县打击整治养老诈骗专项行动实施方案》《庆元县打击整治养老诈骗专项行动宣传工作计划》，压实推进各项任务。充分用好传统媒体和新媒体手段，组织开展形式多样的宣传活动，累计张贴各种宣传标语、横幅400余条（幅），印发宣传册15000册，播放宣传标语、宣传片80余条次，制作宣传短视频4条。

（全良良）

法治政府建设

【概况】 2022年，庆元县坚持以习近平新时代中国特色社会主义思想为指导，深入学习贯彻习近平法治思想，贯彻落实中共二十大、省第十五次和市第五次党代会精神，全面落实县委县政府各项决策部署，着力推进法治庆元建设，为争当浙江高质量发展建设共同富裕示范区的山区范例提供坚强法治保障。

【依法治县】 调整以县委书记为主任的县委全面依法治县委员会、法治庆元（法治政府）建设工作领导小组，成立法治庆元（法治政府）建设工作协调领导小组、法治庆元（法治政府）建设工作专班，建立法治政府建设工作会商研判例会机制。召开法治政府建设示范创建工作部署会、县委全面依法治县委员会第四次（扩大）会议、法治政府建设考核指标研判分析会等，县政府常务会议专题研究法治政府建设考核工作，制定《2022年法治庆元建设重点工作清单》。严格落实行政执法“三项制度”（行政执法公示制度、执法全过程记录制度、重大执法决定法制审核制度），确定县级行政执法主体51个，持有行政执法证1191人，持证率为100%。强化督察考核，覆盖全县49家重点法治责任单位，共发现问题706个，当场整改问题335个、交办问题371个，针对重点指标薄弱环节通报亮晒10期。

【行政执法指导监督】 全面排查2020年至2021年度执法信息公示链接48个，确保公示链接有效率100%，信息公示完成率100%。开展“行政执法案卷”评查，对全县12个部门的210卷行政执法案卷进行“线上+线下”模式评查，发现行政执法案卷问题662处，对评查结果进行通报。规范部门执法培训，组织800余名领导干部参加网络庭审观摩，落实全县各执法部门开展执法培训1053人次，共计3310.5学时。推进“大综合一体化”行政执法改革，完成省市规定的25个领域1435项综合行政执法事项划转。聚焦重大行政决策全周期管理，编制重大行政决策归档指南“一本通”，实现重大行政决策目录化管理43家单位，100%全覆盖，法定程序100%规范运行，档案管理等制度100%有效执行。严格规范县政府及县政府办公室制定行政规范性文件流程，实行县政府常务会议议题审查报告制度，审查规范性文件18件，提出合法性审查意见108条，实现合法性审查100%全覆盖。

【行政复议与行政应诉】 根据《中华人民共和国行政诉讼法》规定要求，运用调解、和解、仲裁等方法化解矛盾纠纷，依法纠正违法或者不正当行政行为，维护人民群众的合法权益。全年新增行政诉讼案件31件，办结行政复议案件22件，化解败诉风险案件2件，调解行政诉讼案件10件。

【法治乡村建设】 创建统领“四治融合”（自治、法治、德治、智治）城乡基层治理体系，启动国家级、省级、县级民主法治示范村倍增计划，创市级民主法治村43个，完成市级民主法治示范村（社区）复评129个，达标127个、达标率98.45%，创成月山村国家级民主法治村。加强法治乡村建设，根据省、市普法办部署，在全县201个村（社区）开展“法治带头人”“法律明白人”培育工作，共培育法治带头人411人、法律明白人1001人，实现100%全覆盖。构建“法助共富”党建联盟，同中共庆元县淤上乡委员会、中共浙江省之江监狱委员会友好协商，形成“共建组织、共抓队伍、共办活动、共享资源”的“党建+普法”工作新格局。

（吴　吉）

公安

【概况】 2022年，庆元县公安局在县委、县政府和上级公安机关的领导下，以中共二十大安保为主线，以“公安大脑”建设为牵引，聚焦“实干争先大比拼、改革创新强特色、作风提振铸铁军”三大抓手，忠实履行防风险、保安全、护稳定各项职责，实现了全县社会面的平稳有序，综合实绩评估排名全市第二，公安业务排名全市第一，连续4年获评全省公安机关执法质量优秀单位，连续3年获评全市公安机关综合实绩评估优秀单位。2022年度，1个集体立二等功，1个集体和10名个人立三等功，5个集体和28名个人受到嘉奖，其他集体奖励21次，个人奖励288次。

【安保维稳工作】 深入推进除险保安百日攻坚和夏季治安打击整治“百日行动”，围绕重点物品、重点场所，常态化开展治安大清查。积极配合有关部门和属地党委政府做好涉众型重要风险点化解稳控工作，有力防范化解一批风险隐患。完成中共二十大、北京冬奥会和香菇文化节、廊桥越野赛等安保任务。

2022年7月7日晚，县公安局在市民广场举行庆元县夏季治安打击整治“百日行动”暨“百万警进千万家大走访”活动启动仪式。图为仪式后巡特警队伍开展武装巡逻　　（县公安局　供）

【服务经济发展】 出台服务保障经济发展十项举措，对31个在建重点项目和72家规上企业实行项目警官制，用足用好移民出入境政策，通过对接市、县两级科技局等单位，先后为2名外籍人员申请B类工作居留许可。完善百山祖国家公园警务室运行模式，健全全域生态守护体系，严厉打击破坏生态环境违法犯罪行为，采取刑事强制措施15人。制定出台古窑址保护安全工作联席会议制度，切实保护上垟窑址。扩展与福建松溪、政和、寿宁三县的省际警务协作，累计办理福建省相关户籍业务267件。开通“11087”服务热线，开展反诈进企业等宣传活动，坚决维护企业的合法权益，侦办涉企犯罪案件7起，为企业追回损失483万元。

【打击违法犯罪】 2022年，共破获刑事案件122起，查处治安案件789起，刑事拘留99人，取保候审240人，提请逮捕70人，移送起诉244人。破获黄赌案件16起，打掉1个山林聚众赌博团伙，抓获涉赌人员35人，采取刑事强制措施2人。在打击整治制售假药劣药专项行动中，破获全市首起制售假药案件。常态化开展扫黑除恶工作，侦办9类涉恶案件7起。通过网上作战抓获在逃犯罪嫌疑人43人，追逃工作排名全市第二。发起的“云缴费”全国集群案件入选全省打击黑灰产五大典型案例。深入推进反诈工作，打击境外回流涉诈嫌疑人15人，移送涉诈人员50人，破获养老诈骗案件3起，电诈案件受理数和案损金额分别同比下降23.88%和41.21%。依托派出所综合指挥室，推行盗窃案件“每警必研”和伤害案件“24小时成案、7日内办结”等机制，伤害类案件大幅下降，刑事盗窃案件破案率提升16个百分点。

【深化公安改革】 以“一号工程”推进“公安大脑”建设，聚焦技术、机制、体制“三轮驱动”，积极探索实践，被市局确定为“县级公安机关系统性变革整体性重塑”培育单位。注重总结固化理论成果，梳理上报18篇理论制度成果，4篇入选省厅理论体系和政策体系汇编。积极推进技术变革，成功参与省市县级道路隐患综合治理应用揭榜挂帅项目共建，流出人口信息协同场景应用被纳入全省数字化改革项目一本账“S3”，“绿野寻踪·生态卫士”数据模型获公安部在全国推广。加强指数指标上报工作，汇总指数81条、指标376项，获市局录用指数6条、指标25条，其中推荐省厅指数2条，指标13条。推进“警源治理警网协同”机制全域试点，推动纳入县委重点工作和平安考核，累计流转“非警务类事件”601件，办结率达95.7%，矛盾纠纷类警情及其关联案事件均下降20%以上。将9个农村派出所整合为东部、西部两大联合警区，扁平化一体调配各项资源协同开展应急处突、封控拦截、案件查办等工作，将释放出的警力资源整合为专业办案队，在“春雷行动”中，侵财类案件破案率和盗窃类案件破案率均居全市第一。

【社会面基础工作】 统筹推进全县社会面管控，开展专项行动35次，累计检查宾馆、民宿、KTV等行业场所2602家次，暗访检查寄递业分拣点、集散网点1012家次，监督检查足浴店、棋牌室等场所1454家次，开展重点水域、重点时段巡逻310人次，发现整改隐患点位624处。对全县10家易制爆企业、1家放射源使用企业、2家民爆企业、17处民爆作业点、1家管制刀具销售单位等开展全面排查整治，共发现整改安全隐患6处。累计新登记出租房屋292间，登记流动人口17121人次，累计注销16239人次。审批发放5本旅馆业民宿特种行业许可证，完成158家旅馆业检查复核。开展禁种铲毒行动，发现铲除零星种植罂粟10处，合计177株。

【交通管控】 深化交通事故预防“减量控大”，查处各类交通违法行为57756起，其中饮酒驾驶260起，醉酒驾驶16起，无证驾驶180起，超速7623起，行政拘留86人，移送起诉人数9人。完成庆元大道余村、朱村等8个路口治理，整改隐患点25处，上报隐患治理率90.2%，道路交通亡人事故数和死亡人数同比分别下降15.38%和8.33%，庆元大道自通车以来首次实现全年亡人事故“零发生”。开展进农村、进社区、进单位、进学校、进家庭的“五进”文明交通宣传行动，累计粘贴宣传画800份，集中授课37场次、电影71场次、短信72万条。完成城区中队“枫桥式交警中队”创建项目，投资221万元，启动新窑中队“枫桥式交警中队”创建项目。完成城区46个点位的车辆违法停车智能抓拍和16个点位的系统升级改造项目。完成县民生实事、关键小事建设任务，新建大济路与城南路路口红绿灯、东环路与黄坛高速出口路口3个点位的电子警察系统和视频监控系统建设。加强车驾管工作，全年办结车辆管理事项

20542件，驾驶证管理12801件，其中机动车注册10104辆，电动自行车注册登记16192辆；驾驶员科目一、二、三、四考试23664人次；淘汰备案电动车9439辆，达到90.74%，排名全市第三。

【人口管理】 进一步规范户籍管理和办证出件管理，共办理身份证8433张，办理出生死亡、迁入迁出、变更更正等业务2392件，档案查询、协助县各部门信息查询25500条，组织保安员考试119场。网办中心建成并投入使用，县公安政务服务高频民生事项网办率达100%，政务2.0收件量同比增长28%。打造党员民警、辅警志愿者服务队2.0升级版，到养老院、群众家中为32名身份证丢失的老人现场办理身份证。积极探索档案数字化建设，推出“户籍档案查询快车”服务，由“群众跑”“多次跑”变“内部跑”“跑一次”，该做法被《光明日报》《新民晚报》专栏报道。签发护照19件、往来港澳通行证10件，制证质量准确率100%。立破偷越国境案件4起，查处“三非”(非法入境、非法居留、非法就业的人)案件22起，查处“三非”外国人21人次，遣送出境6人。

【执法规范化建设】 围绕执法警情、案件、人员、财物、卷宗、场所六大要素，落实12张基础管理台账，以中心抽查、所队全查的形式，对案件办理进度、取证情况、文书质量等开展每日填空式跟踪，推动执法管理向精细化、标准化转变。运行执法全流程监督月通报机制，紧盯案件办理进展，倒逼办案民警进一步规范执法。整合执法监督资源，制定并出台《专职法制员派驻制度》《专职法制辅警派驻制度》，形成“执法办案管理中心+所队案管室”两级架构执法监督管理体系。落实全警学法，以每月一考提升民警的法律素养。在全市公安行政执法审核巡查大比武中获得个人第三名的好成绩。全年，行政诉讼案件和行政复议案件各1起，无行政败诉案件，未发生国家赔偿情况。

【公安特色工作亮点】 “6·18”抗洪抢险救灾工作中累计解救被困群众890人，转移群众4000人，得到县委书记蔡昉批示肯定，3人获县委火线表扬。公安事迹同时获新华社、《人民日报》、央视新闻三大国家媒体微信头条报道，系浙江公安历史首次。创新制定“党委成员领办重大事项清单”“重点工作清单”“亮晒比拼清单”等三张清单，明确领办重大事项9项，颗粒化分解重点工作124项，实现目标具体化、责任清晰化、亮晒常态化，有效推动落实重点工作，食药环、黄赌等多个专项行动指标超额完成。持续深化涉外婚姻管理机制，全市“三非”外国人治理工作部署会暨外籍新娘管理云平台推广会在庆元召开，组织参加全省“公安大脑”出入境领域核心应用项目第一次集中晾晒活动，获全场最高分。河北沧州市、江西省黎川县委政法委、浙江警察学院、衢州市公安局出入境管理局等考察组先后到庆元开展涉外婚姻管理服务调研、考察工作。

【公安设施建设】 2022年，累计投入资金380余万元，完成局大楼门卫及法医室建设、派出所警用装备智能管理室、巡特警办公区、庆元县刑事诉讼涉案财物管理中心、松源派出所同心警务室、局执法办案管理中心和警营文化等项目建设、改造、维护基础设施18处。基本确定指挥中心及相关附属工程项目的前期设计方案和安溪、新窑省际检查站智能化改造项目的基础部分。看守所迁建项目完成建设地块永久基本农田到建设用地的转变。总投资377.54万元的松源派出所创建“枫桥式公安派出所”改造工程，基本完成装修施工。总投资70万元的新村派出所标准化改造项目完成项目前期工作。购置、更新执法执勤装备295.23万元，购置、租用警务车辆99.38万元，投入资金75万元建成派出所警用装备智能管理室11处。

【侦破“云缴费”平台涉嫌非法经营案】 通过信息流、资金流、人员流、通信流研判发现“云缴费”平台在境内招募“电费代缴”代理吸拢费白钱，对接网络赌博平台、诈骗团伙为诈骗资金、赌资洗白的违法犯罪线索，涉及全国28个省，落地犯罪嫌疑人262名，涉案资金达10亿元，经研判串并全国诈骗案件192起，涉诈资金3237万元。2022年5月11日，组织警力在湖北、辽宁、河北和浙江等地开展收网工作，共抓获嫌疑人15人，现场扣押电脑、手机32台，扣押冻结资金70万元。发起全国集群案件，该案作为全省五个典型案例之一在省厅新闻发布会上发布，并接受《浙江法治报》等媒体专访。

（叶学民）

检察

【概况】 2022年，庆元县检察院在县委和上级检察机关的坚强领导下，在县人大及其常委会的有力监督下，在县政府、县政协及社会各界的关心支持下，坚持以习近平新时代中国特色社会主义思想为指导，深入学习贯彻习近平法治思想，始终坚持“两个确立”，增强“四个意识”、坚定“四个自信”、做到“两个维护”，紧紧围绕服务保障中共二十大胜利召开和学习宣传贯彻中共二十大精神这条主线，深入落实《中共中央关于加强新时代检察机关法律监督工作的意见》和省委若干意见，扎实推进“质量建设年”，依法能动履行“四大检察”职能，以更强的政治自觉、法治自觉、检察自觉服务县域高质量发展，各项检察工作取得新进展。

【维护安全稳定】 严厉打击各类刑事犯罪，贯彻新出台的《中华人民共和国反有组织犯罪法》，常态化推进扫黑除恶斗争，全年共受理移送审查逮捕案件50件70人，批捕38人；受理移送审查起诉案件176件246人，起诉183人。严惩重大涉枪涉爆违法犯罪和严重暴力犯罪，办理涉枪类案件7件8人。依法惩治电信网络诈骗及关联犯罪，办理电信网络诈骗、养老诈骗案件36件。合力推进反腐败斗争，规范监委审查调查和行政执法司法，提前介入2件3人，办理司法工作人员职务犯罪2件5人。精准认定赃款和非法获利，依法追赃挽损800万余元。

【护航共同富裕】 营造法治化营商环境，依法平等保护各类市场主体，对4起涉企案件作相对不起诉处理，帮助企业减少负面影响，避免办了案子、垮了企业。助力碳达峰、碳中和，联合县法院、财政局、生态环境局等部门在全省率先探索激活生态损害赔偿金的使用办法，助力固碳增汇和共同富裕，该做法被《浙江日报》头版报道，撰写的碳汇论文获“生态环境领域公益诉讼理论创新与实践发展”全国论坛二等奖，并被《中国检察官》采用。依法保护国有财产，追缴入账村集体经济组织、民营加油站各项税款及滞纳金575万余元。助力乡村振兴，持续加大司法救助力度，对因案致贫、返贫家庭“应救尽救”，为15人发放司法救助金19.6万元；扎实开展联系乡镇结对共建，为联系村及困难党员提供帮扶。

【跨省法治防线】 为更好地推进浙闽边界区域保护，针对变型拖拉机违规上路引发安全生产事故问题，联合福建松溪、政和两地检察院及相关职能部门召开跨省听证会，联动整治变型拖拉机40余辆，有效保护省域边界交通安全和人民群众生命财产安全，该案被《检察日报》、新华网客户端报道。积极拓宽合作领域，针对省域边界社区矫正对象生活难、工作难、监管难问题，打造跨省协作监管样板，联合龙泉、福建寿宁两省三地检察院、司法局，共同出台《浙闽边界社区矫正工作跨区域协同监管实施办法》，并联合县人力社保局、司法局成立庆元县社矫对象就业帮扶基地，帮扶解决就业130人，进一步建强浙闽法治共同体。

【保护弱势群体】 守护群众生命健康安全，坚决贯彻落实党委政府因时因势作出的疫情防控部署，依法严惩哄抬物价、制假售假、扰乱正常医疗秩序等涉疫犯罪。保护农民工群体合法权益，加强行政执法与刑事司法衔接，通过与县劳动人事争议仲裁委员会共建法律监督与仲裁工作衔接机制，为6名被拖欠工资农民工发放司法救助金6.2万元，有效解决人民群众特别是弱势群体、困难群众的所急所盼。同步做好办案“后半篇”文章，联合多部门推出“菇乡青春微法课”网络课程品牌，开展“203号”（庆元县人民检察院法治宣讲团）反诈宣讲团进乡村、开学法治第一课、巡回法庭等形式普法宣传活动7场次，各类活动覆盖受众2000余人次。

【办好民生实事】 坚持群众利益无小事，聚焦安全生产、古村落保护等热点，立案办理公益诉讼28件。办理食药品领域刑事案件6件，提起刑事附带民事公益诉讼案件3件，追赔惩罚性赔偿金153.27万元，其中针对食品生产、加工、销售过程中的问题向职能部门发出检察建议，督促落实“三小一摊”（小作坊、小餐饮、小食杂店、食品摊贩）、进口水果销售的防疫安全和卫生整治。坚持和发展新时代“枫桥经验”，积极落实“群众信访件件有回复”制度，依托“12309”检察服务中心驻社会治理中心窗口，院领导带头办理疑难复杂信访案件，全年共妥善办理来信来访94件，开展公开听证9次，做到“法结”“心结”一起解，促进社会和谐。

【守护未成年人】 贯彻落实“一号检察建议”，成立“浙里花开·金盏花”未检工作室，以“一站式”平台深化未成年人综合司法保护。全年共受理审查逮捕案件4件8人，不捕3人；受理审查起诉案件12件16人，不起诉11人，撤案监督4件9人，发出督促监护令9件；办理民事支持起诉2件、监护干预和未成年人抚养费执行监督各3件；发出涉未行政公益检察诉前检察建议4件，考察帮教涉罪未成年人6人。其中，有一例外籍新娘子女由于母亲不送其入学，长期旷课未接受义务教育的案例，县检察院及时向县教育局制发检察建议，并对其祖父母变更监护权支持起诉，帮助该未成年人重返校园，该案被最高检官微、《浙江法治报》报道。

【推进数字检察】 深入贯彻数字化改革、“检察大数据战略”部署，依托浙检数据应用平台，运用数字手段推进监督立案29件，涵盖安全生产、非标成品油等9个专项监督。联合县医保局建立医保金诈骗监督模型，核查处理骗保案件5件，追回被骗医保金18万余元；开展涉车辆查封专项监督，综合筛查线索400余条，发出检察建议5份，有效督促涉案车辆扣押到位，助推相关职能部门依法履职。激发干警数字创造力，自主谋划《医保基金诈骗类案监督模型》和《百山祖国家公园生态守望》项目，在全县数字化改革场景应用谋划大赛分获二、三等奖，获时任省检察院检察长贾宇的批示肯定。

【开展诉源治理】 深入贯彻少捕慎诉慎押刑事司法政策，对严重刑事犯罪坚决从严打击，对轻微犯罪、初犯偶犯等依法从宽处理，全年不捕率45.71%、不诉率34.4%。严格落实认罪认罚从宽制度，认罪认罚适用率、确定刑量刑建议采纳率分别为96.34%、99.39%，认罪认罚同步录音录像率100%。联合县公安局设立侦查监督与协作配合办公室，加强信息沟通、线索移送、措施配合，促进侦查办案质量提升。助力党委政府打好“法治补丁”，办理行政生效裁判实质性争议化解案件2件，实现案结事了政和。保障县域安全生产，落实最高检“八号检察建议”，针对县域买卖伪造叉车证、锅炉证等特种设备证件安全隐患问题，立案监督5件5人，并制发行政公益诉讼诉前检察建议，推动县域1510台特种设备“赋码”管理。“某建筑有限公司虚假司法确认监督系列案”被评为2022年度全省检察机关民事检察精品案例。

【践行绿色司法】 聚焦打造美丽浙江、美丽中国“最生态窗口”，牢记习近平总书记“庆元嘱托”，受理审查起诉非法狩猎、环境污染等生态环境类案件7件14人，提起刑事附带民事公益诉讼3件，发出行政公益诉讼诉前检察建议9件；践行恢复性司法理念，追赔生态环境损害赔偿资金19.04万元，助力打好环境治理仗。护航百山祖国家公园建设，挂牌设立公益诉讼联系点，推进人大代表履职与公益诉讼检察工作深度融合、优势互补。保护生物多样性，重点关注百山祖国家公园冷杉及周边生态群落，联合县法院设立生物多样性司法保护基地，并制发检察建议督促相关职能部门在县域内划定禁猎区、设定禁猎期，优化生物多样性多元共治格局。

【全面从严治检】 以政治定力坚守“忠诚本色”。始终把政治建设摆在首位，坚持深入学习贯彻中共二十大、省市县党代会精神，将精神实质内化于心、外化于行。严格执行中央八项规定及其实施细则精神和省委“36条办法”“五张责任清单”等作风建设规定，围绕政绩观、司法理念等方面，“刀刃向内”整顿纪律作风，落实34项整改措施。落实党风廉政和意识形态工作责任制，严格执行“三个规定”重大事项报告制度，全年共记录报告54件。实质化运转检务督察办公室，开展正风肃纪检查24次，谈心谈话60余人次，抓早抓小、防微杜渐。以严管厚爱激活“内生动力”。全面准确落实司法责任制，抓实“全员、全面、全时”考核，制定一票推（否）优暂行办法，构建“能者上、庸者下”选人用人导向，有11个集体和个人获县级以上荣誉。注重“岗位练兵”，广泛开展“人人上讲台”、庆检“青年说”、政治轮训等学习研讨活动；深化检校合作，建立浙江理工大学法政学院民商法学教学与研究基地、教授工作室，鼓励干警撰写法学理论课题10篇，比学赶超氛围日趋浓厚。将检察文化建设与菇乡文化、庆元精神、红色资源等本土化特色相融，积极争取省检察院支持，改善办公办案条件，持续推进庆检“家”文化建设。以接受监督守牢“廉洁内核”。主动接受人大监督和政协民主监督，坚持定期向县政协、各民主党派、工商联、无党派人士通报工作情况。配合县人大常委会做好检察官履职评议2人。积极邀请人大代表、政协委员等参与检察开放日、案件公开听证各3次，听取意见并改进工作。依法保障律师执业权利，通过检律座谈、建立合作机制等形式，接受律师履职监督，促进公正司法。主动接受社会监督，全年网上公开程序性信息240条，保障人民群众对检察工作的知情权、监督权。做好检察“大宣传”，全年原创宣传和信息文章82篇，被最高人民检察院微信公众号、《检察日报》等市级以上媒体采用32篇，持续弘扬检察正能量。

（范慧玲）

法院

【概况】 2022年，庆元县人民法院在县委坚强领导下，在县人大及其常委会监督和上级法院指导下，在县政府、县政协及社会各界关心支持下，高举习近平新时代中国特色社会主义思想伟大旗帜，全面贯彻中共二十大精神，深入学习贯彻习近平法治思想，坚持服务大局、司法为民、公正司法，全力为庆元跨越式高质量发展，建设革命老区共同富裕先行示范县提供有力司法服务和保障。全年新收各类案件4844件，办结4823件（含旧存，下同），同比分别下降1.1%、上升3%，一线法官人均办案203.03件。全省法院案件质量综合指数得分98.55分，位居全省第四、全市第二，各项工作取得新进展、实现新突破、再上新台阶。

2022年5月16日，庆元法院巡回法庭在荷地镇荷地村集中公开开庭审理案件 （吴烁烁 摄）

【优化法治营商环境】 县委首次召开法院工作会议，专题部署优化“法治化营商环境”工作并下发专项行动方案，党对法院工作的领导优势持续放大；建立破产案件府院联动协调化解机制，稳妥有序推动企业破产处置工作，全年出清土地20353.8平方米，盘活厂房21897.89平方米，清偿565名民工工资440.68万元；针对庆元竹制品产业面临的发展问题与困境，撰写调研报告提出应对建议，获市委常委、副市长楼志坚批示肯定；召开金融纠纷多元化解座谈会，联合金融监管部门、各大银行共同推进金融纠纷多元化解机制建设，促进全县金融市场健康有序发展；设立人才科技司法服务保障中心，精准服务县委“招才引智”工作大局，妥善审结涉人才科技案件23件；开展“发挥执行职能，助企纾困保民生”专项集中执行行动，灵活运用“活扣”“活封”等措施办理涉企执行案件5件，全力帮助有前景企业渡过难关。

【生态环境法治建设】 百山祖人民法庭正式揭牌运行，集中审理全县环资案件，全年高效办结涉环资案件23件，联合检察机关、百山祖国家公园庆元保护中心设立生物多样性司法保护基地，移交首笔保护资金5万元；法检“两长”同庭办理破坏环境资源犯罪案件3件，着力用最严格制度最严密法治保护生态环境；联合检察机关等部门出台生态环境损害资金管理使用办法，明确以碳汇造林进行补植复绿，向百山祖镇移交固碳增汇修复资金15万元；与北京林业大学签订《生态文明司法研究基地共建协议》，设立生态文明司法研究基地，推动环境资源法学理论与审判实践协同发展、互促共赢。

【基层社会治理模式创新】 全力做好中共二十大涉诉信访安保维稳工作，化解各类信访积案13件，荣获县“六争比拼”猛虎奖，1名干警获评全省法院平安护航中共二十大成绩突出个人；建立“芳林”解纷工作室，打造具有庆元辨识度的“在法官指导下的人民调解”模式，指导诉前化解各类纠纷1318件，化解成功率61.68%；大力推进“共享法庭”建设，设立各类“共享法庭”232个，就地化解纠纷430余件，同济社区共享法庭入选全省首批示范“共享法庭”；联合屏都街道、安南乡以及两个乡镇（街道）辖区内19个行政村开展区域化组团式党建联建，努力发挥“1+2+X”的党建合力，着力推进“法助共富”“共享法庭”建设。“6•18”特大暴雨后，组建党员干警突击队第一时间帮助安南乡清淤抢险，徒步为受灾群众送上生活必需品，相关事迹获最高法院推文“点赞”；建立百山祖人民法庭辖区乡镇涉诉纠纷季度报告机制，发布《法庭季报》3期，为基层防范化解风险、加强社会治理提供有力支撑。

【助力平安庆元建设】 受理刑事案件137件，同比下降5.5%，审结137件，判处罪犯192人，其中判处三年以上有期徒刑49人。严惩黄赌毒、盗抢骗、食药环等突出违法犯罪案件63件100人，保护人民群众生命健康和财产安全。积极开展电信网络诈骗协同治理，依法从严惩处电信网络诈骗犯罪及上下游关联犯罪24件30人，推进反诈宣传进学校、进社区、进乡村，覆盖受众3000余人次，切实守好“老百姓”的钱袋子。依法审结吴某洪、吴某芳贪污案等职务犯罪3件7人，联合县纪委监委组织50余名党员干部旁听庭审，保持反腐败高压态势。实行未成年人审判工作统一归口管理，办结涉未成年人案件7件8人，依法保护未成年人健康成长。强化人权司法保障，为53名被告人指定辩护人，对178名认罪认罚被告人依法从宽处理，对111名被告人依法适用缓刑。

【实质化解行政争议】 聚焦创建“全国法治政府建设示范市”目标，参与全市法院行政案件全域智治集成改革，推进行政争议调解中心实质化运作，全县行政机关涉诉案件31件，无败诉案件；联合县综合行政执法局出台《庆元县“大综合一体化”行政执法改革“共享法庭”工作机制》，努力促进执法司法多跨协同，推动行政执法全方位变革、系统性重塑、规范化提升；联合县司法局组织有关执法部门工作人员40余人旁听行政案件庭审，通过“以案释法”实现处理一案、指导一片、规范一类的效果；指定2名资深法官参加兰溪桥水库扩建工程项目政策处理，通过法律指导及专业解纷力量支持，保障重大工程项目顺利推进。

【全力兑现胜诉权益】 新收执行案件2351件，执结案件1763件，执行到位金额1.99亿元。加大对逃避执行的惩戒力度，执行案件违法制裁率47.74%，其中罚款322人，罚款金额33.4万元。在县委的坚强领导和各部门、乡镇(街道)的大力支持下，开展“执行终本库存案件出清 提升司法公正感受度”专项攻坚行动，凝聚全县合力构建综合治理执行难坚实格局，有效执结执行终本案件779件，超额完成原定目标任务，任务完成率全市第一，执行到位金额4915.47万元，涉及20年以上积案91件，10年以上20年以下积案390件。其中，重点做好涉民工工资、抚养、赡养、人身损害等涉民生案件出清工作，累计出清70件，执行到位255.06万元，以实际行动解决好人民群众在执行领域的急难愁盼问题，保障人民群众胜诉权益及时兑现。

【司法质量效率和公信力】 全面构建案件质量管控体系，牢牢守住案件质量生命线。实行类案与关联案件强制检索，召开庭务会、专业法官会议、审判委员会等40余次，解决疑难问题60余个，为法官办理疑难复杂案件提供智力支撑，当事人服判息诉率94.12%，无改判发回瑕疵案件，相关数据居全省前列；发挥院庭长监督管理职责，细化“四类案件”(涉及群体性纠纷，可能影响社会稳定的案件；疑难、复杂且在社会上有重大影响的案件；与本院或者上级法院的判决可能发生冲突的案件；有关单位或者个人反映法官有违法审判行为的案件)监管机制，全年共有76件案件被列入监管，实现智能识别预警、自动辅助监管；深化打击虚假诉讼行为、拒执行为、扰乱诉讼秩序行为专项行动，移送涉嫌虚假诉讼案件47件，判处拒不执行判决、裁定犯罪5件8人，对扰乱诉讼秩序的1人予以司法拘留，1则案例入选浙江法院刑事打击虚假诉讼十大典型案例，传递司法权威不容侵犯、诉讼秩序不容亵渎的坚定决心。

【依法履行监督职责】 自觉接受人大和政协监督，定期通报法院工作。认真办理代表建议和政协提案5件。全力支持配合县人大常委会对2名员额法官开展履职评议。深化代表委员双向联络机制，邀请代表委员参加重要会议、视察法院、旁听庭审、见证执行等50人次；支持、配合检察机关和派驻纪检监察组依法履行监督职责，认真办理检察建议，邀请检察长列席审判委员会会议5人次，共同维护司法公正。全面推广应用“司法公正在线”，切实把监督评判的“表决器”交到群众手中，共收到当事人反馈意见86件，均在第一时间处理、答复，收到当事人测评552件，测评平均得分39.83分(满分40分)，取得全市第一；深入开展作风建设年活动，排查防控廉政风险，集中整治司法作风突出问题，加快构建与新型审判权力运行机制相适应的监督体系，以规范管理促廉洁效能。

【法院队伍建设】 坚持以问题为导向、以需求为引领，不断提升干警政治、业务、变革、执行和团队等五大能力。建立“庆法之星”通报表扬机制，发布“庆法之星”43期，进一步浓厚争先创优氛围。举办“庆法青年说”“法官助理小课堂”等业务技能讲堂25期，着力打造法官“分享经验智慧、解决审执难题、提升能力素养”的重要平台。2名干警获评全县“百佳技能标兵”，1名干警获评“菇乡骨干”。着力提升调研能力，全年参与省高院重点调研课题6个，1个案例获全国法院三等奖，1篇论文获全国法院学术研讨会优秀奖，3篇论文、5篇案例获市级层面奖项，案例获奖数居全市第一，并获优秀组织奖。建立年轻干警实务导师结对、“青蓝工程”成长帮带等培养机制，推动形成崇尚学习、钻研业务、比学赶超的浓厚氛围。

（吴烁烁）

司法行政

【概况】 2022年，庆元县司法局坚持以习近平新时代中国特色社会主义思想为指导，深入学习贯彻习近平法治思想，紧跟省市司法行政工作步伐，以“法助共富 法护平安”专项行动为主线，着力推进法治庆元建设，不断迭代升级司法行政各项工作，为争当浙江高质量发展建设共同富裕示范区的山区范例提供坚强法治保障。

【司法创新工作亮点】 “一支队伍管执法”进国家公园创新经验在《浙江政务信息（专报）》刊发，“一支队伍管执法”进经济开发区获得市委副书记、政法委书记张赟的批示肯定。打造“红盾智坊”（应用以食品小作坊全生命周期“一件事”为改革切入口，通过数据集成、系统整合、架构重塑，完善食品安全全链条闭环管控体系）助力山区食品安全治理新模式，成功入选《省“大综合一体化”行政执法改革实践成果100例》。2022年，社区矫正安全稳定工作得到省司法厅党委副书记、副厅长、一级巡视员劳泓批示肯定，连续三年被评为“社区矫正无再犯罪县（市、区）”成功创建单位。竹口司法所被命名为“浙江省枫桥式司法所”。“浙闽边界法治乡村走廊”项目获评浙江省“十大普法影响力事件”。

【法律援助】 深入开展法律援助、公证服务，累计办理法律援助案件167件、法律帮助案件156件，办理各类公证755件。援助中心咨询窗口实行工作日律师值班接待制度，共接待来访群众1200余人次，咨询满意率为100%。严格落实农民工讨薪专项行动，共受理农民工讨薪类案件81件，帮助农民工讨薪120万余元。创设法律援助异地协作，联合福建省松溪县法律援助中心受理2起未成年人抚养纠纷案件。落实司法协助条约，共受理2起外国籍妇女法律援助案件。

【法律服务】 优化法治化营商环境，组织全县各执法部门共开展执法检查5075次，掌上执法率100%。推进“证照分离”全覆盖，全面落实“证照分离”改革事项520项，解决企业“准入不准营”等问题，各部门累计办件量1158件。推进“无证明城市”建设，共保留证明事项268项、告知承诺21项。发挥法律顾问服务市场主体作用，安排全县4家法律服务机构、18名律师（基层法律服务工作者）承担企业法律咨询、法治宣传、法治体检等服务，为企业开展“法治体检”70余次，免费提供法律咨询意见220条。

【律师工作】 推进公职律师结对帮扶统筹使用机制，实现全县党政机关公职律师全覆盖，引进律师事务所1家，律师万人比达到3.22，较2021年增长171%。

【人民调解】 开展“调解促稳定 喜迎二十大”“矛盾纠纷大排查、大预防、大化解”两个专项行动，充分发挥全县各级调解组织作用，推动群众矛盾纠纷化解，共受理矛盾纠纷1929件，疑难案件918起，调解成功1917件，成功率达99.37%，涉案金额达1.2亿元，调处群众满意度99.2%。结合“法助共富 法护平安”专项行动，发挥行政调解职能，全年行政调解案件共计1152件，调处成功1121件，成功率97.31%，涉案金额达2011.23万元。

【社区矫正】 开展“除险保安”百日攻坚行动，出台《庆元县社区矫正及刑满释放安置帮教除险保安百日攻坚战暨“查漏洞、除隐患、防风险”专项行动的工作方案》，实行社区矫正对象日报告、零报告、“一日一核查”信息化管控制度。完成全县在册社区矫正对象及刑满释放人员安全隐患排摸工作。完成部级“智慧矫正中心”建设，设置“三区十八室”（综合管理区：工作人员办公室、社区矫正指挥中心、档案资料室、社会联络室、装备室和值班室；监督管理区：报到登记室、信息采集室、宣告室、训诫室、驻检室和警务联络室；教育帮扶区：教育培训室、心理辅导室、宣泄室、图书阅览室、技能培训室和自助矫正室）等功能管理区，配齐自助矫正终端、移动执法车等信息化设备。深化“社区矫正社会化精品项目”培育，依托庆元县志愿者协会积极开展社区矫正对象公益服务，参加各类公益服务共计1600人次。成立全市首个社矫对象电商就业帮扶基地，开展就业培训58人次。建立涉狱涉矫司法工作站，协作提审38件。积极主动编写《社区矫正教育读本》，创推庆元社矫歌曲《菇乡新人》。与福建寿宁县、龙泉市检察院、司法局联合发文，出台《浙闽边界社区矫正工作跨区域协同监管实施办法（试行）》。（吴　吉）

军 事

庆元县人民武装部

【概况】 2022 年,庆元县人民武装部(以下简称县人武部)全面坚持以习近平新时代中国特色社会主义思想为指导,紧紧围绕迎接、宣传、贯彻中共二十大这条主线,贯彻落实军分区党委扩大会精神,抓思想铸忠诚、抓备战提能力、抓转型强后备、抓安全保稳定、抓班子当先锋,团结带领全体人员,埋头苦干、奋勇争先,各项工作衔接有序、推进有力。

【思想政治建设】 一是抓深创新理论武装。把学习贯彻习近平新时代中国特色社会主义思想特别是习近平强军思想作为首要政治任务,每月集中 2 天开展党委理论学习中心组学习,全年组织党委会集体学习 23 次、党小组会专题学习讨论 10 次。抓好中共二十大精神学习、宣传、贯彻,落实理论学习、授课辅导、讨论交流、配合活动等环节。二是抓实思想教育引导。聚焦"忠诚维护核心、矢志奋斗强军"深化主题教育,从思想深处树立新风尚。组织观看《不堪回首的"网"事》《无法挽回的悔恨》等警示教育片,针对存在的倾向性问题及时开展党纪教育和谈心谈话,深入挖根除弊。加强营区文化建设,购置电子屏开展日常宣传,更换灯箱建立营区"强军文化墙",让干部职工在耳濡目染中汇聚强军正能量、提振打赢精气神。三是抓好党性修养锤炼。结合"学思想、铸忠诚、担使命"实践活动,七一建党节期间走访岭头乡八炉村革命烈士胡英山起义地遗址,重走红色足迹,追寻初心使命。召开"讲政治、明大义、守底线"专题组织生活会,对照中共二十大精神和新党章,组织人人谈认识、谈体会,锻造永葆忠诚的政治品格,党员队伍素质进一步提升。

【备战建设】 贯彻习近平主席训令,推动"四个立起来"(把新时代军事战略思想立起来,把新时代军事战略方针立起来,把备战打仗指挥棒立起来,把抓备战打仗的责任担当立起来)进入训练实践,加紧加快练兵备战,分层分级按纲施训,夯实备战打仗根基。严格落实议战议训制度,全时保持良好战备状态。修订完善各类方案预案,从严规范首长机关战备值勤,保持战备值勤分队在位率和装备完好率,做好应对突发情况和遂行任务准备。严格战备值班分队轮勤制度,组织开展战备值班分队授旗和战备教育,切实提升备战意识。

【军事训练】 按纲施训要求和年度训练任务，选拔人员参加军分区专武干部集训，完成2名专职民兵教练员招录培训任务。积极筹备民兵岗位练兵比武暨军事体育竞赛活动，获得应急分队综合第四名、专武干部个人第二名。组织民兵骨干参加“浙南协作区”工程抢修专业和防化专业集训，完成年度训练任务。狠抓首长机关训练，严格落实“每周一学”、每周两次队列训练、每个工作日下午一小时体能训练制度。

【应急行动】 结合庆元县地貌特点和生态布局，聚焦森林防火、防汛救灾等重点演训科目，加强应急分队能力建设，定期组织“实案、实域、实兵、实装”拉动演练，切实提高处突能力。庆元“6·18”洪水暴发后，组织指导各乡镇（街道）民兵应急分队2000余人次参加防汛抗洪，共转移群众1500余人、解救被困人员200余人、转运物资8吨，以实战检验新兵队伍建设成效。在11月开展的香菇文化节暨人才科技峰会活动中，组织指挥民兵全程参加安保工作，充分发挥为县域经济文化保驾护航的支撑作用。

2022年6月20日，庆元民兵助力“6·18”抢险救灾 （吴超峰 摄）

【民兵整组】 紧贴实战需求和后备力量建设实际，持续抓好国防动员，一步一动、压实走深民兵整组工作，按时完成基干民兵和普通民兵年度编组任务，并通过抓培训、抓核查、抓验收等方式进行检验。精心筹划组织，严把时间节点，集中精力抓好数据采集，按时高标准完成潜力数据的调查统计工作。

【征兵工作】 精细宣传、精准发动、精心服务，聚力做好高素质兵员征集，为部队战斗力建设输送高质量人才。全县适龄青年100%完成网上兵役登记，入伍大学生士兵比例达100%，大学毕业生比例达67%，完成上级下达的征集任务。联合县有关媒体推出圆梦从军、在读研究生毅然入伍、情牵军营“95”后青年再披戎装、接力从军“00后”传承红色基因系列报道，受到各级高度关注和点赞。

【军地协作】 县人武部与县应急局联合打造应急救援联合体，签订《庆元县应急救援联合体合作协议书》，整合消防救援大队、乡镇民兵连、庆元千峰应急救援队、军蚁救援队等抢险救援力量，密切军地抢险救灾协调联动，建立战略合作关系，形成互助救援联合体系，打造有效链接政府部门、民间救援力量和公益资助组织服务平台，建设上“统”、指挥上“联”、演训上“合”、运用上“融”，提升联合应对重大灾害能力，形成统一指挥、协同作战、分工负责、高效运转的应急救援联动格局，进一步提高全县各类自然灾害事故应对处置能力，相关做法被省军区要讯刊用。

【双拥共建】 着力在开创双拥共建新格局上下功夫，组织观看国防教育电影《边疆军魂》，引导广大干部群众增强爱国热情；邀请国防大学黄祖海教授作国际形势报告，赴县委党校为青年干部主体班开展授课活动，增强领导干部国家安全意识；完成2000余名中学生军训任务，培养学生“爱国家、爱国防、爱武装”精神。推进同心社区国防教育设施建设、同心幼儿园助学兴教活动，构筑完善国防教育阵地。落实1名随军家属安置，走访现役军人家属，联合退役军人事务局、乡镇街道为立功嘉奖军人家庭送“喜报”，开展八一建军节、春节走访慰问；协调公安、网信等4家单位开展“守护戎装”专项活动和2次联合执法行动。牵头成立维护国防利益和军人军属合法权益领导小组、办公室，推进涉军维权工作再上新台阶。深度开展结对帮扶，援建结对帮扶村8万元资金，助力乡村振兴。

【安全活动与建设】 一是开展安全活动。根据省军区统一部署，以“迎接二十大 创建安全年”活动为牵引，有序推进保密工作专项整治、信息系统排查、微信泄密清查、纠治倾向性问题严防案件等多个专项检查，突出做好武器保管设施安全自查和系统整治。强势推进“百日安全活动”，定期开展自查自纠和集中整治。二是推进安全建设。以承办军分区基层建设会议为契机，完成文印室、保密室、军事职业教育学习室等功能房改造，新增台式电脑、移动硬盘等保密设备。

【基层规范化和作风建设】 一是基层规范化建设。高标准承办军分区基层建设会议，召开本级基层规范化建设推进会，采取现地观摩、经验交流、总结讲评、工作部署等四个步骤，全面开展基层武装部督导工作，大力推进基层武装部规范化建设。遴选培育五星级基层武装部，夯实基层武装部硬件基础。二是强化作风建设。扎实开展基层风气整肃，针对问题苗头，及时提醒督促，抓细抓常防微杜渐常敲警钟，不断增强遵纪守法意识。深入开展“迎接二十大 创建安全年”活动，扎实抓好“四严四整”（严抓政治意识、严防政治风险、严实政治担当、严格政治淬炼；整顿思想、整肃纪律、整饬作风、整治队伍）教育整训，推进加强政治建设，严守政治纪律自查整改，定期开展党风廉政形势分析。做好廉洁征兵监督工作，坚持每日“零报告”制度。

（周伟强）

武装警察部队庆元中队

【概况】 2022年，中国人民武装警察部队庆元中队（以下简称“庆元中队”）始终以习近平新时代中国特色社会主义思想为指导，紧跟总队、支队党委决策部署，科学制订年度按纲建队计划，强化政治意识抓看齐、聚焦主责主业抓中心、紧盯部队基础抓经常、筑牢底基底线抓安全，中队全面建设整体向好、稳中有进。

灵活运用“学习强军”APP、“军职教育”APP、总队微信公众号等载体，组织官兵观看《感动中国》《雷锋》等有教育意义视频。深入开展“纪念毛泽东等老一辈革命家为雷锋同志题词六十周年”活动和“武警春蕾计划”捐款活动，共计捐款1950元。

【政治思想建设】 学习贯彻习近平新时代中国特色社会主义思想，深入抓好“学习强军思想，建功强军事业”教育实践活动步骤落实，周密制定官兵个人理论学习计划，每周六组织开展读书分享会，不断引导官兵增强爱读书、读好书、善读书的自觉性和主动性，以“三尺小讲台”引航官兵人生大舞台。利用营区广播、宣传橱窗，视窗网络等载体，大力营造浓厚学习氛围，同时活用知识竞赛、交流心得体会、撰写笔记等配套活动，有效激发官兵履职尽责，干事创业的精气神。

【练兵备战】 庆元中队把警官、警士和后勤人员训练作为重点抓训，坚持干部带头，以上率下。抓好日积月累提升军事素质，进一步拓展训练方法，以先进带后进，形成有兴趣、有目标的良好氛围。每周开展军事训练课目会操，每月组织军事体育单项科目竞赛，及时张榜公布竞赛成绩，官兵训练热情高涨，军事素质明显提升。

【战备执勤】 坚持以执勤任务为中心，担负执勤处突、反恐维稳、防卫作战、抢险救援等各项任务。2022年“6·18”庆元县突发洪水灾害，庆元中队迅速抽组官兵前往屏都街道展开救援，共转移人民群众60余人，完成上级赋予的各项任务。

（吕鑫鑫）

人民防空

【概况】 2022年12月，庆元县国防动员办公室成立，庆元县人民防空办公室整体并入庆元县国防动员办公室。2022年，完成庆元县人民防空

"十四五"规划编制，启动人防专项规划编制。

【人防演练与宣传】 组织"5·12"警报试鸣，全县防空警报器完好率、鸣响率均达到100%，主城区音响覆盖率达90%以上。完成县人防专业队10支队伍整组，新增信息与网络防护、心理防护、伪装防护3支新型人防专业队，开展人防宣传"五进"（进学校、进机关、进企业、进网络、进社区）工作，通过移动平台发送短信7万余条。

退役军人事务

【概况】 2022年，庆元县退役军人事务局（以下简称县退役军人事务局）坚持以习近平新时代中国特色社会主义思想为指导，认真落实工作要求，以"让退役军人获得感成色更足"为主线，坚持稳中求进工作总基调，推进政策法规落实，着力化解突出矛盾问题，不断提高服务保障水平，推动全县退役军人工作发展。

【优待抚恤工作】 做好优抚对象抚恤和生活优待补助调标发放工作，坚持按月发放各类抚恤补助资金，确保精准发放到位。2022年，发放抚恤资金。组织现役义务兵父母和享受定期抚恤的烈属开展免费体检活动。完成全县优抚对象年度确认工作。完成1名带病回乡退伍军人认定和2名残疾军人抚恤关系转移。2022年度，退役士兵安置率100%，接收安置2022年度转业士官，落实多个事业编制岗位和央企编制岗位。

【退役军人服务保障体系建设】 县退役军人事务局以"党建+"模式，打造庆元县同心退役军人服务联盟"升级版"，探索"党建+国防教育+志愿服务"模式。不断提升退役军人服务体系建设和服务水平。创成省级"枫桥式"退役军人服务站乡镇（街道）级10个，村（社区）级11个。将县、乡、村三级退役军人服务中心（站）信息录入百度和高德地图。完善公共法律服务体系及心理服务体系建设，整合资源在县、乡两级退役军人服务中心（站）设置法律援助站及心理咨询室，设置咨询窗口，为退役军人提供法律咨询援助申请心理疏导的服务。落实《庆元县困难退役军人帮扶援助工作实施细则（试行）》，2022年，帮扶援助退役军人和其他优抚对象，发放援助资金。为退役士兵退役报到提供"一站式"服务。组织退役军人就业创业专场招聘会，通过"E信通"工作平台，及时推送就业岗位；开展驾驶证、植保无人机等系列免费职业技能培训，完成退役军人职业技能培训。

【双拥工作】 县退役军人事务局按照省级双拥模范县创建工作要求，制订创建方案，明确责任分工。收集整理创建资料，建设双拥公园，营造浓厚氛围。县委书记专门听取双拥工作汇报，并进行专题部署。围绕"戎耀菇乡、情暖老兵"主题，开展为退役士兵送上书籍《干在实处 勇立潮头——习近平浙江足迹》等系列迎老兵活动，开展新兵欢送暨"从戎之剑"赠剑仪式等送新兵活动。春节、八一期间，全面走访退役军人及其他优抚对象，县领导带队走访慰问驻庆元部队。开展第二届最美退役军人评选活动，深化退役军人老兵逝后告慰机制。开展送喜报活动，为立三等功现役军人家庭送喜报8份，发放慰问金8000元。组织开展"清明祭英烈"、"5·17"庆元和平解放纪念日、"9·30"烈士纪念日等活动，管好用好革命烈士陵园、红色廊桥等宣传教育主阵地。开展烈士追认工作，为红军时期的2名地下交通员查找烈士追认证明材料，获得省厅认可并启动追烈程序。实施"慈善拥军、情暖老兵"项目，帮扶资金9.92万元，建立庆元县退役军人关爱基金，首期募集资金10.3万元。推广老兵码，建立拥军联盟，引导和动员社会各界提供资金、物质、岗位、优惠等帮扶，推动社会化拥军。推广并落实低保、特困退役军人家属第三方捐赠防癌抗癌专属保险。

（黄华成）

经济管理

宏观经济管理

【概况】 2022年，庆元县发展和改革局（以下简称县发改局）始终坚持以习近平新时代中国特色社会主义思想为指导，秉持改革创新之锐气，昂扬克难攻坚之斗志，认真履行参谋、协调、服务职责，恪尽职守、扎实苦干，全力推进庆元高质量跨越式发展。聚焦规划管理，全面完成“十四五”规划编制；聚焦重大项目建设，不断扩大有效投资；聚焦深化改革，持续推进经济、社会领域改革发展；聚焦产业提升，加快产业转型发展；聚焦民生保障，注重价格管理，保障粮食供应有序，各项工作取得新进展和新成效。

【规划编制与管理】 加强规划编制计划管理，深化项目前期谋划，2022年4月组织申报全县规划编制及项目前期计划（第一批），乡镇部门选择较为成熟且近两年内能启动实施的项目进行上报。为有效巩固前期“十四五”规划成果，更好地指导下阶段工作，将《庆元县“十四五”规划汇编》编印成册，供县委县政府决策参考和乡镇部门参阅。统筹安排规划编制经费计划，根据《关于明确庆元县规划编制经费支出标准的通知》，组织申报2022年规划编制经费申报，梳理形成2022年规划编制计划经费安排表，与县财政联合发文年度规划编制经费计划两批共计896.1万元。

【计划编制与监测分析】 强化经济运行分析监测预警机制，加强部门联动信息共享，做好经济运行情况分析和阶段性经济形势研判。加强重点指标监测分析，对全县主要经济社会指标完成情况逐季进行分析比较，科学分析预测经济发展趋势并提出应对措施，为县委县政府科学决策提供有力依据。科学编制《庆元县2022年国民经济和社会发展计划执行情况与2023年国民经济和社会发展计划》，计划报告四大类46项指标中，地区生产总值、人均地区生产总值与全年目标（8%左右）有差距。主要原因：受疫情反复、需求转弱等因素影响，整体宏观经济环境呈现增长放缓态势，全县竹木行业、外贸行业发展速度下降，消费市场整体恢复迟缓，居民消费能力、消费意愿受到抑制，投资内生动力未完全打开，增长速度未能达到年初目标，但增幅排位仍居全市前列。全员劳动生产率由于地区生产总值增速不及预期预计未能完成目标。生态环保和公共设施投资受大项目减少且部分项目接近投资尾声、新增项目不足等问题影响，增长动能减弱；民间投资主要受房地产项目减少缺乏支撑，2022年房地产开发投资同比下降23.5%，增速低于总投资39.7个百分点。社会消费品零售总额、货物出口总额、生产企业出口由于前期疫情形势反复，物流运输、订单拓展受限等因素影响，增长速度不及预期。规上工业增加值由于竹木行业产值下滑、龙头企业增长乏力等导致增速放缓；服务业增加值受出口形势不景气、房地产销售市场趋缓等因素影响未实现全年目标。城镇新增就业人数由于统计口径改为在当地首次以单位名义参加企业职工养老保险并且统计时仍然在保的人员，标准提升，未能完成年初目标。城镇居民人均可支配收入（增长5.1%，预期目标8.7%）、农村居民人均可支配收入（增长5.3%，预期目标11%）受总体经济形势下行，工资性、经营性收入增长困难，地区生产总值等收入评估指标增速放缓等因素影响增长趋缓。同时，也导致城乡居民收入比未完成年初目标。

【项目推进与管理】 一是抓准政策机遇。2022年全县共发行专项债券项目8个，下达资金4.25亿元；成功争取首笔国家政策性开发性金融工具——农发基础设施基金2.03亿元；获省公建资金补助1800万元，补助金额居全省首位。二是抓好固定资产投资。组织开展“项目谋划大比武”、重大项目劳动竞赛等活动。2022年固定资产投资同比增长16.2%，全市排名第三，其中工业投资同比增长47.2%，建安投资同比增长24.9%，制造业投资同比增长53.7%。四大结构性指标，民间投资同比下降1.5%，全市第六；民间项目投资同比增长26.8%，全市第二；交通投资同比增长16.4%，全市第八；生态环保投资同比下降0.9%，全市第六；高新技术产业投资同比增长13.1%，全市第六。三是抓实重点项目。被列入省重点实施类项目2个，市重点项目20个，确定县重点项目30个，省市重点项目年度投资完成率达118%。2022年被列入亿元以上重大前期项目37个，总投资491.89亿元，其中前期推进类33个，总投资370.09亿元；谋划储备类4个，总投资491.89亿元。根据2022年12月丽水市重大前期项目和建设推进考评情况通报，前期项目考核排名全市第三。四是抓细项目管理。建立健全县领导领办重大项目制度，制定加快形成实物量投资项目清单、加快统计入库项目清单、推动新建项目加快开工项目清单、攻坚克难交办项目清单“四张清单”，印发2023年基本建设投资计划。五是抓透行政审批。印发《庆元县政府投资项目审批服务指引》，出台《区域评价+标准地+承诺制改革实施发方案》《容缺受理》《竣工测验合一》《联合竣工验收制度》《审批代办制》等配套措施，依托投资项目在线审批监管3.0平台，全力优化审批流程，实施统一收件、并联办理、限时办结、统一出件，审批项目各环节、各流程、各审批部门无缝对接，协同推进。完成审批事项708项，达到网上申报100%、网上审批100%，全面实现项目审批“最多80天”。

【特色小镇建设】 根据《浙江省发展改革委关于开展浙江省命名特色小镇三年行动计划编制工作的通知》等文件精神及庆元香菇小镇实际发展需要，委托编制单位开展庆元香菇小镇三年行动计划编制与规划修编，拟拓展小镇范围至5平方千米，整合屏都综合新区部分区块，打造庆元香菇小镇2.0升级版，形成《规划修编》《三年行动计划》初稿。扎实推进农业转移人口共同富裕。在香菇小镇同心社区、同德社区等开展农业转移人口共同富裕试点工作，通过村级组织整村转隶、公共服务事项数字化改革、同心社区物业运维管理、农业转移人口融入社区等改革事项，进一步理顺农业转移人口社会治理机制，提升农业转移人口社区服务管理能力，从而进一步释放“大搬快聚”等农业人口转移工程助推共同富裕的巨大潜能。建成庆元县食用菌全产业链数字化（香菇云）平台，并植入省厅种植业产业大脑，入选全省种植业产业大脑推广“先试先行”应用场景，在全省数字化改革推进会上获数字经济系统肯定。全面升级“香菇市场溯源”系统，打造可实现交易结算、食品溯源、信贷融资三大功能的“智慧菇城”

金融系统。浙江庆元“林—菇共育”系统正式获批，入选全球重要农业文化遗产保护名录，成为目前世界上唯一以食用菌为主的农业文化遗产。举办以“千年宋韵、香菇传承”和“‘药’约天下、才聚百山”为主题的第十二届庆元香菇文化节暨2022年庆元人才科技峰会。

【共同富裕示范区建设】 县委社建委深入贯彻落实中央和省市决策部署，认真对照中央意见、省实施方案和市行动方案，加快推动跨越式高质量发展，努力打造共同富裕“山区范例”。一是高标搭建“共富体系”。组建庆元县委社会建设委员会，确定社建委专职副主任，成立社会建设综合科（挂对口资源帮扶科、城镇发展科牌子）；编报《庆元加快跨越式高质量发展建设共同富裕示范区系统架构图1.0版》总领共富工作，印发实施2022年度共富工作要点；围绕共同富裕主题，2022年3月在省委党校举办为期5天、50人规模的单位主要负责人参加的庆元县争当共同富裕示范区山区范例专题研讨班。二是稳步推进“扩中提低”。印发《庆元县“扩中”“提低”行动方案（2022—2025年）》，入围市“共富123行动”乡镇试点项目试点4个，牵头抓总农业转移人口共同富裕试点工作，制定实施方案，开展整村转隶交接仪式，谋划社区自治金。三是持续擦亮“共富名片”。《下“竹”功夫 做“活”产业——浙江双枪集团努力闯出山区民营企业发展路》在《浙里共富》刊发；《庆元创新“国乡合作”新机制 打造兴林富民新样板》等13篇信息在《浙丽共富》刊发；入围丽水共富群众增收优秀案例3篇；印发《庆元共富》专刊14期，《培育壮大甜桔柚产业 探索山区农民增收致富新路子》成功入选全省（第一批）共同富裕最佳实践（全市县市区共3个）；2022年12月1日，在全省共富第八次例会上做共富改革典型发言（丽水各县中第一个发言）。

【26县跨越式高质量发展】 深入贯彻落实中央和省委、市委决策部署，紧扣高质量发展建设共同富裕示范区主线，坚持稳中求进工作总基调，创新新发展理念，加快推动跨越式高质量发展，争当浙江高质量发展建设共同富裕示范区的山区范例。一是积极开展共富及26县年度考核分析研判与工作部署。《对照高质量发展建设共同富裕示范区绩效考评办法（试行）》《26县跨越式高质量发展实绩考核办法》开展自查，积极向上开展对接。深入研究各指标构成、评分标准，开展指标得分、排名预测，分析失分原因，提出针对性举措，开展考核攻坚行动。按县领导“签字背书”落实半月对接报送机制。二是开展高质量发展工作自查。2022年5月，省、市纪委赴庆元开展26县高质量发展工作调研，编制高质量发展工作自查报告，落实县层面访谈材料，整理高质量发展台账资料，开展整改落实省纪委《关于反馈山区26县调研监督发现问题的函》相关工作。三是深化“一县一策”落地见效。实行“一县一策”每月一报，推进32条政策举措，其中29条已基本落实；向地区处报送山区26县“一县一策”发展举措、26县高质量发展有关指标数据、省山区26县推进会“7个一”等落实情况；协助政协开展“加快山区26县高质量发展”调研；编制山区26县“一起跨越”相关材料。

【清洁能源建设】 全年新增光伏发电项目装机5.2万千瓦，实现翻番倍增。熏山地面光伏发电项目，总装机3万千瓦，2022年实现1万千瓦先行并网。庆元县抽水蓄能电站项目，装机120万千瓦，总投资约84亿元，已完成项目预可研、可研相关专题编制，具备项目核准条件。庆元县百花岩风电场项目，总装机25万千瓦，总投资约19亿元，已完成项目前期，获得市发改委核准并开工建设。同步开展氢储能、压缩空气储能、中电地面光伏发电项目等清洁能源项目谋划，推动庆元从“清洁能源大县”向“清洁能源强县”转变。

【公共资源管理与信用建设】 一是开展招投标领域突出问题专项整治工作。从严厉打击违法违规行为、加强评标专家管理、持续优化招投标营商环境、强化部门协同开展工作等方面推进专项整治工作，联合各行业行政监督部门对全县2019年以来国有资金建设项目招投标工作开展联合专项检查活动，对存在的问题逐一提出整改意见。2022年，共完成交易项目485宗，涉及金额13.5961亿元。二是深入推进信用体系建设。加强信用信息归集，健全市场主体信用档案；谋划“爱阅之城”信用应用场景，深入推进信用应用工作；规范信用修复工作，开展失信企业治理工作，抓实优化营商环境工作。

（县发改局）

自然资源管理

【概况】 2022年，庆元县供应国有建设用地42.92公顷，累计土地供应收入84365.53万元；加强国有建设用地供应管理，保障项目用地需求，积极消化利用批而未供土地，盘活存量建设用地，不断提高土地节约集约用地水平，开展城镇基准地价更新、集体建设用地和农用地基准地价以及城镇标定地价编制工作等，规范土地市场建设；审慎稳妥推进农村集体经营性建设用地试点工作。

【国有土地供应】 合理安排国有建设用地供应规模和结构，加强土地市场调控，引导各类项目投资，优化产业布局，积极保障全县城乡居民住房建设、教育医疗民生工程、基础设施项目、工业和服务业等各行业用地需求。2022年供应国有建设用地49宗，面积42.92公顷。其中，划拨项目供地36宗，面积25.32公顷；协议出让供地2宗，面积0.13公顷；招拍挂出让供地11宗，面积17.48公顷，其中商住用地供地0.75公顷。

【土地节集约利用】 通过土地收回收购储备、“退二优二”、腾退利用效率低下土地、挖掘存量建设用地潜力、优先供应存量建设用地等途径，强化规划引领，推进城镇低效用地再开发，把能够利用的存量建设用地利用起来，积极盘活存量建设用地，提高资源配置效率，提高全县存量建设用地的利用效率。2022年，共完成盘活存量建设用地面积20.81公顷，城镇低效用地再开发面积6.73公顷，消化利用批而未供面积17.71公顷。供应工业用地10宗，面积9.11公顷，其中：2宗属于工业项目“标准地”负面清单，面积0.13公顷；8宗为工业项目“标准地”，面积8.98公顷。

【不动产登记工作】 庆元县自然资源和规划局不动产登记中心强化赋能数字化建设，推进“不动产智治”，持续优化营商环境；拓展共享应用，迭代升级登记系统，全力提升数据精准化；规范不动产登记，致力服务于民，深化历史遗留问题处置；加强登记队伍专业化建设和作风建设，以党建为引领，实现登记质量和作风建设“双提升”。受理各类不动产业务20723件，颁发不动产权证书3294本，不动产登记证明3287份；“一窗受理”涉税办件量1528件，企业及个人“绿色通道”办理1103件，办理各类抵押登记2625件，登记金额43.59亿元；档案查询12733余次，查（解）封登记566次，完成“交房即发证”小区1个，“交地即发证”地块1宗。

【土地执法监察】 组织开展卫片执法检查监测图斑339个，面积37公顷；完成2022年度耕地流向建设用地排查整改，2022年度全县共下发图斑351个，图斑面积44.17公顷。组织开展执法巡查2156人次，制止违法用地44起，占地面积2.62公顷。共办理案件18起，其中土地案件14起，矿产案件4起。土地案件总违法面积2.35公顷，共处罚37.5万元。矿产案件非法开采石料总方量7612立方米，共罚款21.68万元。土地案件申请法院强制执行8起。

【矿产资源管理】 严格落实《庆元县矿产资源规划（2021—2025）》，按照规划指标开展矿产资源管理工作；积极做好矿山监管和巡查工作，及时发现、制止、查处非法盗采行为，委托第三方开展持证矿山储量动态监测和开发利用方案实施情况监测；完成浙江省庆元县松源镇横栏金矿详查项目探矿权延续。

（县自然资源和规划局）

国有资产监督管理

【概况】 庆元县人民政府国有资产监督管理办公室（以下简称县国资办）代表国家履行国有资产出资人职责。2022 年，全县有各级国有独资、国有控股企业 50 户。根据企业快报数据，截至 2022 年底，全县国有企业资产总额 189.65 亿元、负债总额 58.29 亿元、所有者权益总额 131.36 亿元，资产负债率 30.74%，形成国有资本及权益 131.36 亿元。营业收入 3.22 亿元、实现利润-0.107 亿元，其中营业活动产生的现金流量净额 0.09 亿元。

【国企改革】 4 月 2 日，庆元县国企改革工作推进会暨全县国有资产整合集中攻坚行动部署会召开。4 月 15 日，国企改革工作会议暨国企党风廉政建设会议召开，严明工作纪律，确保国企改革资产整合工作风清气正。4 月 24 日，县国企改革专班领导小组第一次会议召开，讨论通过《县国有资产整合集中攻坚行动第一批资产处置方案》等相关事项。5 月 11 日，《庆元县国有企业整合重组实施方案》《庆元县国有资产整合集中攻坚行动实施方案》出台。5 月 25 日，县国企改革专班领导小组第二次会议召开，讨论通过《县国有资产整合集中攻坚行动第二批资产处置方案》以及国有资产测绘、权籍调查等相关事项。6 月 9 日，县国企改革专班领导小组第三次会议召开，会议通过《县国有资产整合集中攻坚行动第三批资产处置方案》，审议通过了《庆元县处理国有资产不动产登记历史遗留及疑难问题办法》，为有效推进整合资产工作，解决历史遗留疑难问题提供了遵循。6 月 17 日，县国企改革专班领导小组第四次、第五次会议召开，讨论通过《县国有资产整合集中攻坚行动第四批资产处置方案》，庆元县经济开发区投资发展有限公司临时董事会、监事会人员方案及公司章程，《县属国有企业出资人变更及注销方案》等相关事项。6 月 20 日，庆元县经投产业发展有限公司和庆元县交通投资发展有限公司经县政府批复同意成立。6 月 22 日，《关于要求部分县属国有企业出资人变更或注销的函》出台，标志着国有企业整合方案全面落地，明确庆元县城乡生活污水运行维护管理有限公司等 18 家国有企业的出资人变更，庆元县水电开发有限公司等 8 家国有企业注销。6 月 24 日，县国企改革专班领导小组第六次会议召开，会议讨论通过《县国有资产整合集中攻坚行动第五批资产处置方案》《庆元县交通投资发展有限公司组建方案》。6 月 30 日，庆元县经投产业发展有限公司注册成立。7 月 4 日，庆元县交通投资发展有限公司注册成立，标志着庆元国有企业市场化改革“3+4+N”国企总体构架全面搭建，顶层设计全面优化。10 月 14 日，县国企改革专班领导小组第七次会议召开。讨论在建工程转固相关事项，审议通过庆元县兴庆人力资源开发有限公司、庆元县职工疗休养服务有限公司注销方案。12 月 21 日，县国企改革专班领导小组第八次会议召开，会议讨论通过《庆元县国有产权集中整合攻坚行动第六批资产处置方案》《关于要求成立浙江百山祖公园庆元运营有限公司组建方案》以及庆元县交通投资有限公司的注资方案等相关事项。

【国有企业制度管理】 6 月 20 日，《县属企业实施企业年金的意见》出台，建立和完善企业年金制度，有效完善企业薪酬福利体系，增强企业对人才的吸引力，稳定企业职工队伍。该制度充分考虑到企业的现状、人工的成本以及企业的承受能力，通过合理确定与企业发展阶段相适应的保障水平，来确保企业能够持续健康快速发展。10 月 26 日，《庆元县国有企业经营投资资产损失责任追究办法（暂行）》出台，控制国有企业经

营投资风险，建立健全国有企业经营投资责任追究制度，

【疫情期间租金减免】 根据《浙江省关于促进服务业领域困难行业恢复发展的政策意见》(浙发改服务〔2022〕85 号)要求，庆元县成立减租工作专班，4 月 20 日，印发《庆元县财政局庆元县人民政府国有资产监督管理办公室关于促进服务业领域困难行业恢复发展做好疫情期间县级国有房屋租金减免工作的通知》。对 2022 年度承租县级行政事业单位和国有企业(包括独资、全资、控股和实际控制企业)房屋的非国有服务业小微企业和个体工商户，给予 3 个月的租金减免。疫情期间为 585 家个体工商户及 29 家中小企业减免租金共计 384.64 万元。

【国有资产处置】 2022 年，全县国资监管企业国有产权及资产转让项目处置收入 5447.29 万元，其中横山小区住宅处置金额 5246.38 万元，同济新村处置金额 200.91 万元。

(胡 静)

财政

【概况】 2022 年，庆元县实现地区生产总值 92.65 亿元，按可比价格计算，增长 5.9%。其中，第一产业增加值 8.13 亿元，增长 4.1%；第二产业增加值 31.94 亿元，增长 5.8%；第三产业增加值 52.58 亿元，增长 6.2%。三次产业结构为 8.8:34.5:56.7。按常住人口计算，全县人均生产总值 65019 元，增长 6.2%。社会消费品零售总额 51.35 亿元，增长 4.1%。城镇居民人均可支配收入 49433 元，增长 5.1%；农村居民人均可支配收入 23759 元，增长 5.3%。全县财政总收入 8.55 亿元，增长 6.9%；一般公共预算收入 5.91 亿元，增长 10.34%，其中税收收入 3.56 亿元，下降5.53%。全县一般公共预算支出 42.29 亿元，增长9.77%。全年财政收支平衡。

【组织财政收入】 组建增收节支工作专班，动态研判分析收入运行情况，千方百计拓宽财源。全县一般公共预算收入占财政总收入的 69%，占地区生产总值的 6.4%。税收收入占一般公共预算收入的 60.2%。强化非税收入入库，全年组织非税收入 15.44亿元，增长 215.75%，其中纳入一般公共预算管理的非税收入 2.35 亿元，增长 47.91%。开展预算单位实有资金账户结转结余资金清理盘活专项行动，盘活存量资金 8994 万元。聚焦债券资金争取，全年争取新增地方政府债券资金 7.25亿元，其中一般债券 3 亿元，专项债券 4.25 亿元。

【支持企业发展】 全力助企减负纾困。做好惠企及税费政策支持工作，2022 年累计拨付涉企财政补助资金 1.74 亿元，落实退减缓免税费支持政策 2.32 亿元，积极发挥财政政策稳企业作用。全力落实财政资金直达机制。每月将相关部门直达资金执行情况进行通报，将直达资金支付进度纳入年度目标管理责任制财政专项工作考核。2022 年全县直达资金总支付进度为 99.97%。全力保障项目实施。统筹安排政府性投资项目资金 21.82 亿元，重点支持庆景青公路万年隧道、生物科技(食用菌)产业园等一批基础工程和项目落地，积极发挥有效投资对稳增长的关键拉动作用。全力推动人才科技战略。全年科学技术支出 7112 万元，同比增长 34.7%，增长幅度全市最高。全力支持文化体育事业发展。全年文化旅游体育与传媒支出 9636 万元，增长 7.9%，其中安排全域旅游相关资金 4906 万元，推进庆元旅游业发展；安排预算 500 万元支持“第十二届庆元香菇文化节”的举办。

【保障民生事业】 全年民生支出 29.83 亿元，增长 9.4%，占一般公共预算支出 70.5%。强化疫情防控财政保障，多渠道统筹安排资金 3396 万元，持续抓好疫情常态化防控工作。着力支持社会保障工作。2022 年为低保对象、特困人员等困难群体发放救助金 6037 万元，切实保障低收入群体的基本生活。提高基本公共卫生服务人均补

助标准至年人均97元，持续促进基本公共卫生服务均等化。优先保障教育投入。实施小学、初中生均公用经费850元、1050元的标准，均高于省定要求。落实公办园教师和民办园教师工资待遇保障，成功通过国家学前普及普惠县省级督导。全年投入8419万元支持教育基础设施建设，主要用于实验小学濛洲校区、松源幼儿园等项目建设。强化应急财力保障。“6•18”特大暴雨灾情发生后，第一时间拨付各乡镇(街道)救灾资金835.6万元，确保各项救灾资金快速、精准拨付到位。

【推进乡村振兴】 全年累计完成农林水支出7.54亿元，同比增长15.59%。全年土地出让收入用于农业农村占比达18.42%。全力向上争取涉农资金。低碳农业产业园入选省乡村振兴综合试点名单，获得补助资金3000万元。黄田、黄坛等村入围省一事一议财政奖补支持打造共富乡村试点，获得补助资金2000万元。创新涉农融资担保。全年办理担保业务504笔，新增担保贷款金额1.23亿元，推动金融助力农业特色产业发展。

【强化财政监管】 全年审核政府性投资项目747个，核减政府投资1.1亿元。切实规范债券资金管理。出台《庆元县地方政府专项债券资金管理(暂行)办法》，加强债务变化情况统计监测和分析预警，严格遏制新增隐性债务。加强政府资金风险防控。开展行政事业单位(国有企业)银行存款核查工作，开设庆元县政府资金风险防控暨内审工作专题研讨班，提高单位内部管理水平。《织密政府资金风险防控监督网》入选2022年丽水市巡察整改优秀案例。全面开展财政监督检查。对外开展全县行政事业单位和县属国有企业全覆盖内控检查，对内开展财政内控制度执行情况自查自纠和重点核查工作，建立健全内控检查长效机制。积极配合巡察审计检查整改工作。切实抓好县委巡察组反馈意见整改及认真落实“七张问题清单”(重大巡视问题、重大审计问题、重大督查问题、重大生态环保督察问题、重大安全生产问题、重大网络舆情问题、重大信访问题清单)的整改工作；积极配合市审计局对县2021年度决算的审计工作。

【深化财政改革】 重新成立国企改革领导小组，组建工作专班，国企改革总体构架全面搭建。国有企业整合方案全面落地，有序推进9家国有企业注销工作，完成15家国有企业出资人变更，加快推进国有资产划转速度，进一步提高国企融资能力。累计融资授信49亿元，资产总额172.6亿元，增长77.12%。扎实推进“数字财政”建设(“数字财政”建设具体内容包括基础信息管理、项目库管理、预算编制、预算批复、预算调整和调剂、预算执行、会计核算、决算和报告等8个部分)。完善预算管理一体化系统建设，构建起从预算指标到资金支付“记录、控制、报告、对账”全方位管理机制，实现财政管理的“横向闭环”。着力推进“浙里报”平台嵌入单位内控管理制度，完成报销单审核后，自动生成支付信息，实现无纸化报销、入账、归档，降低财务管理风险。探索“小切口”财政共富改革。以“村级慈善爱心基金”为“小切口”，打造浙西南山区特色慈善样板，成果入选省财政系统高质量发展建设共同富裕示范区“小切口”改革十大最佳实践案例，被《中国财经报》等媒体点赞转载。

(郑　斌)

税务

【概况】 2022年，国家税务总局庆元县税务局以习近平新时代中国特色社会主义思想为指导，认真学习贯彻中共二十大精神及中央经济工作会议精神，全面落实习近平总书记对税务工作的重要批示精神和省、市税务工作会议以及县委县政府工作要求，凝心聚力促发展，实干争先抓落实，全力服务地方发展大局，统筹疫情防控、税收重点工作和服务经济社会发展，主动担当，勇于攻坚，在新时代新征程中团结笃行、创先争优，以担当实干谱写新征程税收现代化庆元篇章。2022 年共组织各项税费收入 21.43 亿元，同比增长 28.95%。其中，税收收入 6.53 亿元，同比下降 2.72%；社会保险费收入 8.8 亿元，同比下降 3.91%；非税收入 6.1 亿元，同比增长 7.1 倍。

【发挥税收职能】 聚焦共同富裕示范区山区范例建设，积极配合地方政府开展稳进提质、扩中提低、纾困解难等重点工作。主动融入地方工作，全力服务经济发展，努力提升地方站位，各项工作成效明显，荣获县政府六争比拼第六期“猛虎奖”。助力地方招引工作提质增效，主动寻找意向企业，积极对接相关部门，为招引企业提供全方位服务，实现项目迁移“一周落地”。2022 年助力地方招引总部经济项目共 100 个，实现税费合计 7079 万元。面对复杂多变的疫情形势，实行联络员工作群和“日报”“周报”制度，开展摸排、登记、核酸扫码等志愿服务 576 人次，黄坛高速路口、安南省际卡口值守 201 人次，服务群众 2.5 万人次，守好“税务小门”和“家乡大门”。建立“每日一税”常态化报送机制，累计向地方党政领导推送税法宣传图文 263 条。组建政策讲师团积极融入县政府“每周例会”，共开展税收专题授课 5 次。充分发挥以税资政作用，聚焦庆元食用菌、铅笔、竹木等支柱产业，定期研判税源发展趋势，客观分析企业产能恢复情况和经济活跃程度，完成每月税收收入分析报告，4 篇专报获得县政府主要领导肯定性批示。

【优化营商环境】 积极拓展“非接触式”办税缴费服务，综合网上办税率实现 99.11%。围绕减税降费政策、电子税务局实操等重点内容，常态化开展“青蓝小课堂”。联合工商部门深入开展“小微企业服务月”“个体工商户服务月”活动，助力小微企业发展。围绕“春风助企 税惠山区”主题，打造以服务山区纳税人为出发点的纳税服务品牌，探索建立“税村共治”工作机制，依次落地 8 个“青蓝微税厅”和 4 个“税费服务站”，有效实现“闽事浙办、浙事近办”，推进山区办税提档升级。深入推进“便民春风”专项行动，邀请全县税务师行业从业人员联合组建“同心服务队”，以“三问”“三送”走访企业，问需求、解难题。开展“绿色税宣低碳有我”、万名党员进万企、便民办税春风行动等“大宣传”“大走访”活动，精准送达税惠政策。2022 年，累计走访企业 5139 户次，服务惠及 6.8 万人次。“银税互动”扩面升级，全县 455 户次纳税人获得“纳税信用贷”2.66 亿元，助力小微企业纾困解难。

【提升税费征管】 严格规范执法，征管改革稳步突破。以贯彻落实《关于进一步深化税收征管改革的意见》《关于进一步深化税收征管改革的实施方案》为契机，对标对表推进各项改革任务，税收治理效能实现明显提升。通过标签化管理做好资源综合利用新政落地工作。加强业务培训，关注舆情动态，确保印花税法顺利实施。积极开展“税务中台”试运行工作，2022 年预警提醒防范或阻断风险点累计 3007 次，处理整改疑点数据 800 余条。结合庆元实际情况，开展“厂中厂”税收专项整治，追缴税款 1046.23 万元。开展“成品油”行业专项整治，补缴税款及滞纳金 406.09 万元。加强横向乡镇、部门联系，规范全县出租房产税收管理，补缴入库税款 240 万余元。加强第三方数据运用，追缴耕地占用税 76.65 万元。与市稽查密切协作，入库稽查补缴税款及滞纳金 1536.41 万元，较 2021 年增收 972.63 万元，进一步规范了行业税收秩序，提升了纳税人的税法遵从度。

【规范法治税务】 持续深化司法、税务双向协作，完善民事执行与税费征缴协作机制，进一步规范执行程序中税费参与分配问题以及司法处置涉及税费缴纳事项。全年企业破产债权申报 8户，不动产拍卖申报债权 2 户，回复法院询价函 2 次，追缴欠税 302.96 万元。紧紧围绕“队伍联建、业务联抓、服务联动”三联机制，规范创建“枫桥式”税务所，推动浙闽两省四县（浙江省庆元县，福建省松溪县、政和县、寿宁县）“矛盾不上交、平安不出事、服务不缺位”。持续深化“纪税协作”“税警协作”联合督导，切实防范化解执法和廉政风险。

（肖　铭）

金融监管

【概况】 2022年，中国人民银行庆元县支行（以下简称“人行庆元县支行”）扎实加强调查统计、国库经理、货币金银、反洗钱工作。提升金融统计和调查研究能力，完成金融统计数据治理中期评估工作，督促指导2家法人金融机构落实环境信息披露工作。继续落实增值税留抵退税跨部门协同机制，办理集中汇算清缴退税10217笔，金额491.81万元。联合市场监管、公安部门对殡葬品市场违规使用人民币图样行为开展专项整治。组织辖内9家银行机构、98人分批次完成人民币反假知识测试。持续开展拒收人民币现金整治，做好农村反假货币宣传工作。制定庆元县现金服务考核标准，构建“银”“社”对接网格。落实“盯案责任制”，深挖案件源头，完善可疑交易线索分析研判机制。

【重点领域金融风险监测和处置】 加强商品房预售资金监管，成立房地产风险防范化解工作小组，联合县住建局出台商品房预售资金监管银行库招标政策；执行好房地产金融审慎管理政策，切实做好“保交楼”工作。2022年，庆元住房贷款利率有序下行，各金融机构首套房贷款利率已全部降至下限。运用多种形式努力压降不良贷款，2022年末，全县银行业不良贷款率1.04%，比年初下降0.25个百分点。

【金融市场管理整治】 落实存款保险制度，开展成立领导小组，制定应急预案，组织庆元村行配合中支开展金融机构突发风险事件应急演练。组织开展存款保险标识使用巡查。开展存款保险红色宣传月主题活动，制作的方言特色微视频被推荐至杭州中支。打击治理虚拟货币交易炒作行为，配合地方政府清理非法“挖矿”行为。组织辖内2家法人金融机构积极参加全市金融系统存款保险知识竞赛，其中庆元村行荣获三等奖。对2家法人投保机构进行流动性和敏感性压力测试，开展资产质量真实性核查，开展央行金融机构评级工作，顺利完成2022年存款保险公众认知评估工作。

【货币政策】 突出抓好“稳总量”工作，全年全县贷款总量168.47亿元，同比增长11.54%。涉农贷款余额、制造业贷款余额均高于全部贷款增速。持续巩固减负降本成果，金融机构贷款平均利率比年初下降30个基点，普惠小微贷款平均利率比年初下降56个基点。做好两项直达工具接续转换，发放支农支小再贷款1.17亿元，发放普惠小微贷款支持工具激励资金1127.85万元。及时推进政策性开发银行金融工具落地，推动县域经济开发区使用农业发展银行政策性开发性金融工具贷款2.13亿元，引导当地农行发放设备更新改造贷款920万元。

【金融稳经济一揽子政策措施】 聚焦稳住信贷总量，确保县域贷款规模稳定增长，积极做好信贷调节和引导，推动召开政银企对接会暨助企纾困座谈会，促进银企对接；聚焦金融助企纾困，对受疫情影响市场主体做到贷款“应延尽延”“应续尽续”；聚焦保市场主体，推动建立金融服务小微企业敢贷愿贷能贷会贷长效机制。年末全县普惠小微贷款余额62.05亿元，同比增长55.67%，增速远远高于全部贷款增速。

【支付结算和征信管理服务】 大力推广移动支付，开展移动支付联合营销宣传活动，指导银行机构出资补贴资金31.5万元。优化征信服务，开展征信信息安全与征信合规管理自查自纠工作；开展“征信乱象治理”活动，联合多部门签订《关于开展征信市场秩序整治工作的合作备忘录》，整治征信乱象行为2起。完成辖内村镇银行二代系统切换工作，并得到征信科加分肯定。

（林方钰）

审计

【概况】 2022年，庆元县审计局完成审计项目17个，其中署省市同步项目5个，县本级项目12个。共查出问题金额111.7亿元，其中，违规金额1.7亿元，管理不规范金额110亿元。向县纪委、监委移送案件线索5起，均立案件，经查处，5名干部受到党纪处分；报送审计专报23篇，均获得县主要领导的批示。

【专业审计】 一是围绕提升财政预算与绩效管理开展财政审计。同步开展财政同级审计与部门预算执行审计，围绕预算编制、执行、绩效和财政资金分配、拨付、使用、管理等关键环节流程，重点关注预算执行情况、招商引资优惠政策及执行情况、违规兴建楼堂馆所情况、政府单一来源采购管理情况等问题。2022年，审计工作报告共反映了3个模块78个问题，围绕5个部分，紧扣预算管理和预算执行审计、增进民生福祉和生态文明建设审计、领导干部履职尽责审计、高压线对违法违纪违规问题查处和党建统领推动审计整改落实情况，提出加强财政管理监督的具体建议。二是完善内部审计。探索构建“1+3”内部审计工作平台，即审计局内审指导中心+行政事业单位内审监督工作站、国有企业内审监督工作站和农村内审监督工作站“一中心三站点”模式，通过内审指导中心牵头，由内审成员单位结合各领域各行业工作重点，按行政事业单位、国有企业、农村等3个领域分片指导内部审计工作。通过“1+3”工作模式，指导各内审成员单位完成内部审计项目110个，发现问题535个，涉及金额1537万元，完成问题整改415个。首次将重点单位内审骨干业务技能提升培训工作纳入县委2022年度干部教育培训主体班次计划之中，于11月组织50余名内审人员赴浙江财经大学培训。从内审成员单位抽调9名内审骨干力量参与重点项目审计，以审代训提升审计实践能力。

【经济责任审计】 2022年共完成领导干部经济责任审计项目9个，同时，结合经济责任审计开展1个部门和4个乡镇（街道）自然资源资产离任（任中）审计，并配合组织部门完成30名县管领导干部离任经济事项交接审核工作。首次探索运用会商研判工作模式，全面完成2021年度安排的9个单位13名被审计领导的会商研判工作，并在会商研判工作中应用审计侧面画像的形式对被审计领导进行画像。召开经济责任审计联席会议，修订经济责任审计分类轮审办法，实行领导干部经济责任ABC分类轮审管理。探索打造“清单式审计”“分领域梳理责任链条”等经责审计工作品牌，并获得了肯定。

【政策执行审计】 开展省政府十大民生实事推进情况、住房与城市建设专项资金使用和绩效、县储备粮管理情况专项审计调查；在财政审计、经济任责审计、政策跟踪审计中开展违规兴建楼堂馆所等5个专题审计。推进“5+4”稳进提质政策审计工作，根据核查清单，核查扩大有效投资、减负强企、科技创新、“两稳一促”（稳外贸稳外资促消费）、民生保障五大政策包，以及财政、自然资源、金融、能源四张要素清单等9个方面77项核查内容。项目推进过程中，始终坚持服务大局的中心思想，做好重大事项报告工作。在人民医院迁建工程审计、违规兴建楼堂馆所审计等项目中，积极向领导汇报审计过程中发现的难点、痛点，为后续整改工作的推进奠定基础，在助推政策落地上发挥审计力量。

【审计管理】 一是开展科技强审，优化数字政府建设。结合上级审计安排和年度项目计划，试行全部审计项目大数据推进模式，研究和确定大数据审计项目17个。制定《庆元县审计局电子数据管理办法》，进一步明确和规范大数据审计的组织模式和审计流程，完善大数据审计工作体系。在已经完成的审计项目中，通过大数据审计发现问题42个，发现问题金额3.35亿元。为推进数字化改革，积极向省审计厅争取列入“审计整改一体化职能管理系统”第二批试点单位，并圆满完成试点任务，在数字政府建设“双月考核”中取得优异成绩。二是强化审计整改，促进整体智治。严格贯彻落实关于“重大审计问题清单”工作要求，认真做好问题报送、整改落实、案例梳理等工作。制订《关于建立健全审计查出问题整改长效机制的实施方案》，不断完善定期通报、联合督查、挂销号等审计整改工作机制。对2019—2021年审计问题清单进行梳理，汇编成册印发审计干部学习。制定《庆元县“审计问题清单”应用工作机制》，认真做好问题报送、整改落实、案例梳理等工作。2022年底，纳入“重大审计问题清单”的问题数共36个，其中市级问题清单10个。入选市级示范案例1篇。12月“重大审计问题清单”管控力指数得分98.15分，全省第41名，全市第四名。三是完善内部制度，推进规范管理。完善《局党组议事议程》《工会人文关怀》等制度，用制度管权、管事、管人，联系国投集团食堂，解决局干部就餐问题；制定《关于进一步加强新时代审计文化建设的实施意见》，形成“忠诚担当、依法求实、团结奋进、廉洁正气”的审计文化；制定《廉政纪律监督实施办法》，强化审计纪律要求，加强廉政风险防控体系；制定《“审计问题清单”应用工作机制》，切实推进“审计问题清单”的应用工作。

（吴钦漪）

统计

【概况】 2022年，庆元县统计局（以下简称县统计局）在县委、县政府及上级统计部门的正确领导下，以习近平新时代中国特色社会主义思想为指导，统筹推进疫情防控和经济社会发展工作，坚持稳中求进工作总基调，以强化统计服务能力建设为出发点和落脚点，聚力省、市、县重点工作和中心工作，为庆元争当共同富裕示范区山区范例提供坚实统计保障。

【统计服务】 一是经济运行监测分析能力不断提升。切实把经济社会发展形势预警预判作为统计部门的一项重要任务抓在手上、落到实处。2022年县统计局专业人员撰写分析文章32篇，上报信息50篇，统计专报3篇，总结经济运行中的亮点，洞察经济运行中存在的问题，在预警、预测方面，充分发挥了统计“晴雨表”“传感器”和“预警器”的作用。二是统计产成品服务更加及时高效。认真开展年度资料整理和开发工作，及时发布《2021年县国民经济和社会发展统计公报》，为各级党委政府、各部门单位和社会各界查阅提供系统的年度参考资料，展现统计重要“数据”窗口形象。三是服务调查对象更加积极主动。认真落实月、季度调研制度，全面了解、掌握企业和项目单位实际情况，及时答疑解惑；及时指导统计调查对象建立健全原始记录、统计台账，不断规范统计工作流程。

【统计报表】 县统计局不断强化数据质量意识，精心部署，周密安排，高质量地完成2021年报和2022年定报工作。一是强化组织实施。局班子专门研究，明确总体思路，科学制定实施方案，提出年报、定报工作的组织方式、操作规程、质量控制、数据处理及上报等各环节工作要求。二是加强沟通协调。建立健全以地区生产总值核算为龙头的数据审核体系，理顺地区生产总值核算与各专业之间、专业与专业之间的关系，使专业人员形成大局意识，消除各自为政的狭隘理念。三是完善评估机制。进一步完善主要统计数据质量评估机制，积极跟踪各项经济指标目标运行进度，客观真实反映庆元经济运行情况。

【统计基层基础建设】 一是内修与借力相结合，提高统计专业人员的能力水平。开展业务大比拼，定期召开局专业业务汇报会，专业人员轮流汇报专业工作情况、经济分析、数据诊断等情况，县统计局领导点评。二是集中培训与针对培训相结合，提高统计员业务素质。除了常规年(定)报会议集中培训之外，县统计局专业人员根据统计方法制度的变化，按照需要不定期组织统计员进行相关业务培训。三是结合“三服务”活动，县统计局领导、专业人员下乡镇、下企业、下项目进行“一对一”专门辅导，夯实基层基础。2022 年县统计局领导完成企业走访 40 家，专业干部下企业业务指导 70 余家。

【大样本轮换】 一是做好住户调查大样本轮换财力物力人力保障，为大样本轮换工作保驾护航。住户调查大样本轮换工作时间紧任务重，县统计局在大样本轮换初期就安排了经费预算将近 40 万元，全程做好全面宣传和重点宣传，做好物资采购，选聘工作人员，严格按照市里截止时间完成各项前期准备工作。二是细致严谨做好住户调查大样本轮换第二阶段工作。全县共完成 3007 户摸底调查和问卷填报工作，及时对摸底表错误进行修改，为抽户打下坚实基础。在开户过程中，三级联动，千方百计提高开户率，最终迁出换户 7 户，拒访换户 4 户，全县换户率 5.5%，较好地完成了开户任务。三是积极走访新调查点和记账户，做好试记账业务对接和培训，通过辅调员集中培训、实地走访培训相结合方式，进一步推进住户调查新户试记账工作顺利展开。

【国家统计督察整改】 2022 年，县统计局认真贯彻国家、省、市有关统计法治工作会议精神，严格落实国家统计督察反馈问题整改和统计造假不收手不收敛问题专项纠治工作。7 月 14 日，组织召开庆元县落实国家统计督察反馈问题整改暨统计造假不收手不收敛问题专项纠治工作动员部署会，结合庆元实际制订了《庆元县落实国家统计督察反馈问题整改实施方案》《庆元县统计造假不收手不收敛问题专项纠治实施方案》，要求乡镇(街道)和有关部门根据清单要求，逐一对照检查。7 月 11 日，统计相关法律法规被纳入 7 份夜学。2022 年，县委常委会会议、政府常务会议专题学习统计法及有关法律法规累计 4 次。

（李昌文）

物价管理

【概况】 一是按时保质完成价格监测工作。落实《浙江省重要消费品及服务价格监测报告制度》，监测点建立 QQ 和微信等联系平台，按时上报价格监测月报表，粮油价格监测快报(旬报)，每周应急价格监测报表。二是不断深化价格改革。调整县非居民生活用管道天然气销售价格，根据省天然气门气价格同步调整，2022 年 4 月 1 日至 2022 年 10 月 31 日，市区非居民生活用气最高销售价格(含税，下同)调整为 2.94 元/立方米。2022 年 11 月 1 日至 2023 年 3 月 31 日，非居天然气价格调整为 4.619 元/立方米，公益性天然气销售价格调整为 3.30 元/立方米；制定《庆元县差别化停车收费政策》，制定《庆元县电力接入工程费用分担机制实施意见》，优化用电营商环境，减轻企业负担。

（县发改局）

【价格认证】 指导提出机关制作和补充材料 64 次、正式出具价格认定受理书 51 份(其中正式办理案件 26 件、不予受理案件 25 件)，采取灵活多样方式及时进行实物查(勘)验 26 次(其中深入现场查勘验 4 次、在办公室进行查勘验 22 次)、制作完成实物查(勘)验记录 26 份，组织开展市场调查 118 次(每次均有 2 人以上参加)、完成市场调查记录 126 份，合理确定 126 个标的的价格认定测算方式，共完成 26 起涉案的价格认定的所有工作(其中，盗窃案件 22 起、损毁案件 3 起、涉嫌假冒案件 1 起)，出具价格认定结论书 26 份、不予受理通知书 25 份并及时送达和归档，涉案价格认定总金额达 201.5562 万元(其中，盗窃案件 19.9395 万元、损毁案件 4567 元、涉嫌假冒案件 181.1600 万元)。完成从 2020 年开始到 2022 年止，66 个存量案卷的网上录入工作，积极参加上级组织的线上业务培训和探索并开展网上办理价格认定工作。

（姚安可）

市场监督管理

【概况】 2022年，庆元县市场监督管理局落实“企业开办一日办结”“准入准营一件事”改革、市场主体歇业一件事办理、深化“证照分离”改革，围绕帮扶纾困，全力落实个体工商户纾困政策，多举措优化营商环境，促进市场主体快速增长。全县新设市场主体共3620户，同比增长13.09%。其中，新设企业共667户，同比增长21.94%，新设个体工商户共2944户，同比增长11.43%。新设农民专业合作社共9户，同比减少25%。注销市场主体共1930户，同比减少1.88%。

【实施知识产权服务】 全县发放知识产权专项补助金额90万元，有效激励企业、个人及社会团体开展技术创新和发明创造。实现新增授权专利562件，其中发明专利29件，实用新型专利319件，外观设计专利214件，有效专利累计数量首次超过2000件，高价值发明专利拥有量达63件，增幅142.31%，增幅位于全省第三。新增注册商标1091件，累计有效注册商标9733件，新增马德里商标注册1件，累计马德里商标13件，“庆元甜桔柚”地理标志证明商标获准注册，庆元香菇国家地理标志产品保护示范区获批筹建。组织企业开展知识产权贯标企业认证，已有4家企业获得认证。开展知识产权质押融资15笔，累计为企业融资1.195亿元，同比增长107.57%。推进知识产权保险工作，指导5家企业落地知识产权保险10份，累计投保31.09万元；指导3家企业对易被侵权的专利进行“公共存证平台”在线存证13份。

【地理标志建设】 深入推进庆元香菇、庆元甜桔柚等地理标志产品保护，促进品牌化发展。新申请“庆元黄粿”“庆元大鲵”地理标志证明商标2件，新获批注册“庆元甜桔柚”地理标志证明商标1件，庆元香菇地理标志产品保护示范区成为丽水市首例入选国家知识产权局国家地理标志产品保护示范区筹建名单，积极申请“庆元香菇”马德里国际商标，已通过美国、德国、西班牙等七国核准。

【“红盾智坊”上线应用】 2022年9月9日，丽水市食品小作坊“五化”建设暨数字化监管现场会在庆元县召开。浙江省市场监管局副局长卢永福、生产处处长石增根、丽水市市场监管局副局长周纪荣、庆元县领导熊焕参加会议。会前，与会人员实地参观庆元傻宝黄粿、珂语红酒坊、青予乌米饭等小作坊，全面了解庆元食品小作坊“五化”(标准化建设、园区化管理、文旅化融合、数字化监管、阳光化共治)建设成果。会议还举行食品小作坊数字化监管平台“红盾智坊”(应用以食品小作坊全生命周期“一件事”为改革切入口，通过数据集成、系统整合、架构重塑，完善食品安全全链条闭环管控体系)启动仪式。作为“浙食链”的子场景应用，“红盾智坊”按照“一库集成、多端协同”建设原则，构建“户户建档、坊坊阳光、人人健康、原料可溯、添加可控、去向可追”等6个子场景，将食品小作坊生产全过程“阳光化”“透明化”。截至2022年底，已推广应用至全省11地市90个县(市、区)，激活上链食品小作坊及经营户3566家，备案从业人员4209人，视频接入1248家，绑定销售区电子显示屏926块，生产备案产品6万余批次，推送风险预警信息1200余条，实现了“建成即推广，落地见成效”。

【强化执法检查】 扎实开展“铁拳”“亮剑2022”“利剑”“药剑”专项行动，重点围绕医疗、食品、养老等民生领域群众关心关切问题开展走私油品、冻品专项整治和“六一”民生专项执法检查和赠品、涉老诈骗专项等各类侵害群众利益问题的专项治理。2022年度，共办结案件268起，大要案12起，罚没款合计116.7233万元，移送公安追究刑事责任案件5起。

【食品安全监管】 依托“浙江外卖在线”“浙食链”“浙冷链”推进食品安全监管智能化、阳光化。严格落实“两个责任”(食品安全属地管理责任和企业主体责任)和“两员”(食品安全总监、食品安全员)制度，通过全面摸清包保底数，完善企业主体信息，及时清理异常数据，明确有效主体存量。截至2022年底，全县43家食品生产企业全部完成分级和包保干部设置，承诺书签订100%。

【药品安全监管】 严格落实“两品一械”(药品、化妆品、医疗器械)、“四个最严”(最严谨的标准、最严格的监管、最严厉的处罚、最严肃的问责)监管要求，严厉打击“两品一械”网络销售违法违规行为，截至2022年底，共检查生产经营使用单位932家次，发现风险隐患54条，整改风险隐患54条。

【强化物防工作】 严格落实冷链食品(进口水果)经营单位常态化监管，落实“三证一码”(检验检疫合格证明、新冠病毒核酸检测合格证明、消毒证明，冷链食品溯源码)相关要求，建立进货报备机制，加强进口冷链食品(进口水果)闭环管理，严防冷链食品(进口水果)疫情风险。共查处进口食品相关案件8起，同时，加强部门联动，联合公安局执法局齐抓共管堵住流动摊贩监管漏洞，完成执法案件4起。全县未发生进口冷链食品新冠病毒检测阳性事件。

【推进民生药事】 建成2家民生药事服务站，为2家企业向省局申报“中药助力共富”项目，其中一家获省局发文支持。全县共有3家民生药事服务站。

【助力纾困帮扶】 以小微企业和个体工商户为重点，围绕激发市场主体活力和稳健发展靶向施策、精准发力，助力小微主体信用融资，全年累计减租193.94万元，涉及承租户474户；失业保险费率下调惠及全县1194家缴费单位，优惠金额209万元；减免各类检测检定费用14.5万元；联合5家银行授信支持清单主体1487家，支持主体授信总额9.79亿元，最终获贷市场主体1682家，获贷总额1.27亿元。

【行政审批】 整合职能资源，精简办事流程，深化“准入准营”一件事改革、落实520项“证照分离”改革事项、推进工业产品生产许可证改革，深入推行企业开办全流程网办等服务措施，建立分类施策、数字智治的市场主体全生命周期管理服务模式，切实解决“准入容易准营难、办照容易办证难、准入容易退出难”问题，有效释放市场活力。全县共有企业3608家，同比增长12.33%。县市场监督管理局行政审批服务科荣获浙江省优化营商环境工作成绩突出集体。

【信用监管】 开展“双随机、一公开”工作，强化经营异常名录管理。通过随机抽查，规范市场监管执法行为，从制度上杜绝选择性执法，保障市场监管公平性，营造公平竞争的市场环境。2022年，全县开展掌上执法检查5114次，掌上执法率100%。全县共有抽查事项300个，完成覆盖率100%。全县共有抽查任务总数316个，完成316个，任务完成率100%。参与跨部门抽查任务总数99个，跨部门监管率31.32%。

【广告监管】 开展漠视侵害群众利益问题专项治理，整治网络直播营销违法行为，建立动态主体数据库，推动直播间承诺亮诺践诺10家，指导建设“绿色直播间”2家，行政指导约谈营销主体82家次，立案调查网络直播违法行为案件线索36件，累计罚没款18.56万元，积极受理网络直播营销投诉举报，累计完成办结30件，按时办结率100%，公开曝光典型违法实例5件，引导直播主体守法规范经营；开展“广告助农”共富行动，积极对接嘉善县传媒中心、丽水市大家广告装饰有限公司，进行广告助农帮扶结对，推进庆元香菇、庆元甜桔柚等特色农产品宣传；有序推进医疗美容专项治理，组建工作专班，制定专项治理工作细化方案，加强信息共享，开展联合执法检查，立办结医疗美容案件2件，罚没款2.005万元。

【市场合同监管】 2022年庆元县同德农贸市场成功续创三星级文明规范暨放心农贸市场。加强合同格式条款监管，开展不公平合同格式条款专项整治工作，累计出动执法人员300余人次，检查主体210余家次，发现不公平合同格式条款问题合同26份，发放合规性审查的建议书13份，案件处罚7件，当场处罚7件。积极开展企业“守合同重信用”公示活动，提高诚信经营水平，完成5家AAA企业、3家AA企业和5家A企业的推荐公示。

【“放心消费在浙江”行动】 2022年，深入推进放心消费建设，完成创建放心消费单位473家，其中无理由退货单位233家、放心工厂59家；完成创建放心金融网点24个、放心消费商圈1个、放心乡村2个、放心消费园区1个、双拥放心消费单位11家、消费维权联络站18家，培育1家县级定制消费基地。开展网上争议解决（ODR）企业建设应用，新发展网上争议解决（ODR）企业20家。充分挖掘庆元优势，筛选优质企业参与浙江伴手礼测评活动，推动庆元合金筷礼盒、天堂山锥栗、香菇礼盒和傻宝黄粿等8个产品获得丽水特色伴手礼称号，百山祖牛肝菌山珍酱获得浙江伴手礼称号。

【消费维权】 2022年，共受理投诉举报793件，其中投诉388件，举报405件，投诉举报处理率为100%。围绕“共促消费公平”活动主题，扎实开展“3·15”国际消费者权益日系列活动，共发放宣传资料500余份，接受群众咨询80余件，发送“3·15”消费主题短信8万条，销毁罚没物品共计540余件，货值金额2.2万元；先后开展进学校、进园区、进企业和进乡镇“四进”宣传活动；以视频形式开展“3·15”消费知识科普讲堂系列活动，推送“你年报了吗”“美瞳买对了吗”和“点外卖更安心”3期线上知识科普讲堂。

（吴建飞）

质量技术监督

【概况】 2022年，庆元县市场监督管理局坚持以习近平新时代中国特色社会主义思想为指导，深入学习贯彻中共二十大精神，认真落实习近平总书记“疫情要防住、经济要稳住、发展要安全”的重要指示，认真贯彻落实县委县政府和省市局关于质量工作的部署，聚焦“双五”（新问题、新打算、新升级、新应用、新成效）竞赛比拼争先，紧盯“六争”（思想争先、服务争效、难题争破、招引争强、项目争速、技能争优）比拼勇当猛虎，在产业高质量发展上有突破，为本地经济社会发展提供有力支撑。

【质量强县建设】 稳步推进质量强县工作，制定出台《庆元县铅笔产业质量提升实施方案》，引导6家企业投入400万余元提升检测能力，解决铅笔滑芯、偏芯问题。新增品字标企业认证1家、丽水山耕4个、浙江农产1个、“品字标”培育库6家、政府质量奖培育入库8家、市级QC成果3项，质量创新项目2个，新设立产品质量伤害信息监测点1个，新建社会公用计量标准2个，建设一站式平台1个，首席质量官培训28人次，完成2021年度品牌与质量建设奖励申报兑现工作。开展质量帮扶行动，围绕竹木铅笔等区域特色产业开展质量提升帮扶专项行动，优选第三方服务机构，通过入企帮扶，举办质量、技能等专题培训等形式，助力小微企业解决核心技术难题，驶上质量提升“快车道”。累计培训企业200余家次、500余人次，帮助企业解决质量提升问题30余个。

【实施标准化战略】 主导制定丽水市首个化妆品类“浙江制造”标准，参与团体标准1项，市地方标准《香菇烘干加工技术规范》立项；完成华重楼和龙溪茶叶两个标准化项目验收；参与对标达标企业3家。县委、县政府发布《关于贯彻落实国家标准化发展纲要的实施意见》。指导64家规上工业和6家限额以上服务业企业完成标准化统计监测。完成省、市、县三级企业(团体)标准抽查、整改，不断提升企业标准化整体水平。

【特种设备安全监管】 推进“除险保安”“护航亚运”“百日攻坚”等专项整治行动，开展城镇燃气、安全生产大检查，完成特种设备安全码赋码1716台，赋码率达100%。扎实推进物联感知接入，累计完成电梯物联网建设接入159台，实现电梯“时时扫码”维保应用率达100%。

【产品质量安全监管】 针对燃气具产品、水泥产品、流通领域消防器材、危险化学品(甲基醇)、电线电缆产品、烟花爆竹产品、非医用口罩等涉疫产品、学生及儿童用品等开展专项检查，全面加强质量把关。严厉打击制售假冒伪劣产品违法行为，维护正常有序的市场经营秩序。在全县范围内组织开展生产领域、流通领域产品质量监督抽查工作，涉及产品包括非医用口罩、塑料制品、燃气具相关产品、成品油、塑料菜板、学生用品等30批次，发现不合格产品6批次，其中立案4起，责令整改1起。

【非标电动自行车置换淘汰】 以“快速、实效、一体化”为目标，做实做细工作机制、用心用情盘活资源，群策群力统筹实施非标电动自行车置换淘汰工作。2022年，共发放宣传单2000余份，对19个乡镇街道开展入户宣传、电话短信宣传共2万余次，组织非标车集中淘汰置换26场。全县备案非标电动自行车总数10402辆，完成淘汰占比90.74%。

【计量惠民服务】 通过组织开展“计量服务进乡镇”、开放计量实验室等活动，定期深入商场超市、农贸市场等开展免费检定等方式，将计量惠民服务送至百姓家门口，2022年累计免费检定计量器具1822台，为企业减免各类检定费用约14万元。

(吴建飞)

农　业

综述

【概况】 2022年，庆元县农业农村局围绕全面推进乡村振兴的总体目标，坚持稳中求进工作总基调，牢牢守住保障国家粮食安全和不发生规模性返贫两条底线，对准“农业‘双强’、乡村建设、农民共富”三条跑道，全力以赴向上争取项目资金支持，千方百计推进重要农产品保供和特色产业发展，多措并举促进农民增收致富，确保农业稳产增产、农民稳步增收、农村稳定安宁。2022年，实现低收入农户人均可支配收入15944元，同比增长16.5%，全市排名第五，高于全省平均水平；农村居民可支配收入23759元，增速5.3%，增速排名全市第九；农林牧渔业增加8.27亿元，同比增长4.1%，增速排名全市第八；村集体经济总收入11827.13万元，同比增长15.25%。乡村振兴考核全市排名第六。

【农产品质量安全监管】 县级农产品监测6102批次，合格率99.1%；省级抽检194批次，合格率98.47%；市级抽检87批次，合格率98.8%。县级以上示范性主体100%纳入省追溯平台管理，开展追溯主体全覆盖抽检工作，检测结果全部合格；截至年底，农产品追溯主体223家，采用“一证一码”方式进行产品追溯，打印追溯二维码合格证7.5万张。开展“治违禁、控药残、促提升”三年专项行动，全年开展各类重点品种定量抽检81批次，检测结果均合格。

【植物疫病防控】 开展植物产地检疫，抽检苗木199080株，签发合格证3份；普查农业植物疫情，摸排红火蚁重点监测区域81个，普查92公顷，未发现红火蚁，发现加拿大一枝黄花发生点位9处，铲除3万株，抽检疑似黄龙病柑橘样品78个，检测出柑橘黄龙病菌28个，扑灭检出植株；建设农业植物疫情监测防控点9个。开展农业外来入侵物种普查工作，调查踏查点位852个，标准样地48个。推广水稻二化螟翻耕灭蛹技术面积2000公顷；水稻白叶枯病应急防控379公顷；推广理化诱控、稻田养鸭等绿色防控技术示范面积346.67公顷，建成省级绿色防控示范区2个；认定县级示范性植保服务组织2家；发布主要农作物病虫情报8期，主要农作物统防统治面积1800.8公顷。

【农业“三品一标”】 打造绿色优质农产品品牌，有效期内农产品地理标志3个(庆元香菇、庆元灰树花、庆元甜桔柚），有机食品23个，绿色食品35个，无公害农产品47个，合计108个。认定面积5512.04公顷，其中农产品地理标志认定1400公顷，有机食品认定面积179.74公顷，绿色食品认定面积510.06公顷，无公害农产品认定面积3422.24公顷。全县绿色优质农产品比率56.62%。

种植和养殖业

【种植业】 签订粮食生产安全责任书，落实粮食安全党政同责。耕地“非粮化”整治1393.34公顷，储备水稻种子5.5万千克，油菜种子50千克。粮食播种面积6050.97公顷，粮食产量3.75万吨，粮食产量增幅11.94%，全市第一；全县规模种粮（3.33公顷以上）面积1554.92公顷，同比增长178.74%，其中水稻1063.6公顷，同比增长114.02%，旱杂粮491.33公顷，同比增长706.99%。蔬菜种植面积2446.67公顷，年产量59045吨，年产值23390万元，其中商品蔬菜播种面积1666.67公顷，产量4.1万吨，产值1.58亿元，在商品蔬菜中，高山蔬菜1466.67公顷，年产量3.19万吨，年产值1.31亿元，主要种植小尖椒、四季豆、西红柿等品种。甜桔柚扩面134公顷，种植面积1292公顷，产量14775吨，产值17730万元。中药材种植面积2442.13公顷，产量2134吨，总产值15654万元。茶叶种植面积1393.33公顷,茶叶总产量598吨，总产值7489万元，其中荒野茶面积700公顷，产量9.3吨，产值1237万元。

【养殖业】 全县畜禽规模养殖场14家。生猪存栏3.46万头，同比增长7.41%；出栏4.55万头，同比增长8.34%。牛存栏2653头，同比增长1.53%；出栏857头，同比增长5.15%。羊存栏5683只，同比增长18.27%；出栏6852只，同比增长8.68%。家禽存栏10.69万羽，同比减少33.11%；出栏28.67万羽，同比减少7.3%。肉类总产量4626.28吨，同比增长6.38%。禽蛋产量533.98吨，同比减少17.9%；蜂蜜产量70.43吨，同比减少2.86%。水产养殖面积202公顷，年产值10100万元。

【畜牧业防疫和监管】 投入动物防疫人员460人次，累计免疫家禽34.98万羽次，免疫牲畜7.93万头次，免疫率达到应免数100%。开展畜禽重大动物疫病免疫抗体监测4132份（血样），免疫抗体合格率81%。监测禽流感等人畜共患传染病，采集外环境标本480份，人群血清标本30份，结果均为正常。动物及动物产品检疫证明核发15302件，屠宰检疫生猪14701头，检验家禽63.2万羽，瘦肉精检测3624批次。使用生猪免疫标识（耳标）4.3万枚，牛、羊免疫标识（耳标）3000枚，实现动物防疫信息实时采集和疫病防治情况可追溯。无害化处理生猪7966头，死亡动物无害化处理率100%。联合执法检查103次，出动执法人员571人次。疫情隐患排查出动3000人次，排查1000场（户）次、生猪4.3万头次,未发生非洲猪瘟等重大动物疫情。

农业机械化

【“机器换人”】 以省委省政府提出的“科技强农 机械强农”双强行动为契机，谋划建设农事综合服务中心，推进农业生产社会化服务综合能力。庆元县“两头集中、中间分散”食用菌生产模式入选农业农村部“2022年蔬菜初加工机械化典型案例”名单，被评为“浙江省第二批农业‘机器换人’高质量发展先行县”。农机购置补贴机具数量577台，受益农户424户，涉及补贴资金2523370元。

【农机安全】 开展主要节假日和重要时间节点的农机安全生产宣传工作，利用农民信箱、微信群等发送短信25条，组织联合执法19次，参与执法135人次；组织开展农机“3·15”、水稻机收减损、春耕备耕暨科技下乡、秋收冬种农机安全生产、农机安全生产宣传月等活动，印发安全宣传材料1450份，开展浙闽三县联合整治外省籍变型拖拉机工作，累计报废清退上道路行驶拖拉机46台，完成中央农机报废更新补贴14台。全年未发生农机上报事故。

农业产业化

【概况】 致力甜桔柚扩面提质延链，争取省级甜桔柚宜机化项目5个、种苗繁育项目1个。全县甜桔柚种植面积1292公顷，产量1.48万吨，产值1.77亿元。竹口镇黄坛村“一个果催生亿元村”案例入选全省共同富裕示范区建设最佳实践名单，黄坛村连续3年入选全国乡村特色产业产值超亿元村。举办第二届“甜桔柚文化节”，评选出“十佳甜桔柚”；注册“庆元甜桔柚”证明商标，举办钵苗育秧与抛秧种植技术现场会；举办庆元荒野茶开发启动仪式暨首届庆元荒野茶斗茶大赛，评选出“十佳荒野茶”，推进集中连片荒野茶园开发利用；建立福鼎白茶非遗传承人——蔡良绥名师工作室和农科院茶科所3个专家工作站。截至年底，庆元有荒野茶生产主体16家，生产荒野茶包装产品77款。招引五养堂（庆元）生物科技有限公司到庆元开展灵芝三叶青全产业链开发与五养堂生命健康产业园建设项目以及岭头乡千亩道地药园建设项目。

【“双招双引”】 引进庆元县生态农产品种植加工项目，该项目拟投资5000万元，在举水乡等地以羊肚菌种植为主，实施羊肚菌与高山蔬菜轮作模式，促进食用菌和高山蔬菜产业发展，项目处于完成土地流转正进行蔬菜大棚搭建阶段。谋划庆元县合源生猪养殖厂改建、庆元县白芨粗加工项目等项目招商引资，涉及农业产业化发展等方面；开展招企引税考核工作，与望潮（浙江）信息技术有限公司签约。

【农业品牌建设】 累计培育“丽水山耕”主体26家，授权产品90款。线下组织国航·庆元专场推介活动、第十二届香菇文化节之香菇音乐美食活动、“三茶节”展销活动，吸引中国国际茶文化研究会以及省市领导到庆元参观。全年展会销售额150万元。举办网上农博庆元甜桔柚专场活动，打响庆元甜桔柚品牌，销售37.5万元。

【农业主体培育】 农村实用人才培训9期、培训580人次；植保讲堂开讲11期，培训566人次；植保无人机驾驶员培训1期，64人获得驾驶证；实施“百万农民大培训”行动，农民普及性培训1万人次。新增中级“农三师”44人（中级“农三师”通过人数位列全市第一）、高级“农三师”6人。增加农创客218名，注册成立“庆元县农创客发展联合会”，挖掘优秀农创客代表3名，参加全省农创客大培训；培育家庭农场130家，创建县级示范性家庭农场14家；开展庆元县首届十佳“新农人”评选活动，在全县县委农村工作会议上表彰。县级以上农业龙头企业62家，其中，国家级2家（全市5家）、省级14家，市级以上农业龙头企业数量位居全市第一。评定二星级农家乐民宿5家，庆元县松风临水民宿和庆元县途画民宿申报“丽水山居”精品民宿。

【生态循环农业】 制订《庆元县取土测土工作实施方案》《2022年庆元县配方肥推广实施方案》，发布主要农作物主推配方18个，建成化肥、农药定额制示范方2个，累计建成6个，主要农作物测土配方覆盖率91%。推广水肥一体化技术面积200公顷，完成率100%。采购紫云英、光叶紫花苕子等绿肥种子6.2吨，推广绿肥种植面积1286.67公顷，完成率101%。回收各类农药废弃包装物130万件，回收率106.1%。建成饲料化秸秆综合利用示范基地1个，秸秆综合利用率96.52%。完成农田氮磷生态拦截沟渠系统建设1条，长度1千米，覆盖农田面积33.33公顷。庆元县被认定为浙江省2022年度“肥药两制”改革综合试点县。

农业科技服务

【概况】 发展优势农产品和特色产业，建立4个高品质绿色农业科技示范基地；重点围绕水稻、食用菌等6个主导产业，推介发布主导品种195个、主推技术82项，在全县遴选培育483个农业科技示范主体；以“送政策、送技术、送服务”为载体开展春耕备耕科技下乡服务活动3次，参加活动农技人员68人次，发放技术、政策宣传资料1万份；选送基层农技骨干61名，分批到农业院校、科研院所、推广机构开展5天以上的集中培训；由庆元县食用菌产业技术创新与推广服务团队实施县级食用菌产业团队项目1个。

【农业数字化服务】 推进“浙农优品”数字化改革，完善系统内相关数据信息，提升肥药两制改革试点主体活跃度，完成浙农码用码赋码量35万个。开展核心业务梳理工作，将十项乡村振兴指标接入省数据平台，完善庆元乡村大脑各模块建设，展示农业高质高效、乡村宜居宜业、农民富裕富足数据。牵头做好县数字化建设工作，包括数字政府、数字社会、数字经济等，按照县深改办要求完成每月信息报送，完成浙政钉、浙里办活跃度等每周节点任务和考核工作。上报省农业农村厅信息29条，录用25条。做好农民信箱信息发布工作，累计发送信息188次318万条。升级水稻智能虫情监测点1个，新建水稻智能虫（鼠）情监测点1个。

农村经济管理

【概况】 建立土地预流转机制，由村集体经济组织把农户撂荒的土地整合集中连片流转，建立土地“储备库”。加大粮食产业土地流转政策扶持力度，其中水稻每亩补助70—80元、旱粮每亩补助50元，2022年兑现补助资金128万元，涉及土地流转面积1490.8公顷，受益新型农业经营主体37个。办理农民建房审批145宗，审批用地面积1.36公顷，线上审批办结率100%。调查全县闲置宅基地（农房）盘活利用情况，盘活利用闲置宅基地979宗，盘活面积18公顷；盘活利用闲置农房819幢，盘活面积12.44公顷，增加农户财产性、经营性收入1774万元。

【农村集体“三资”监管】 打造“农经大脑+智慧三资”，做好“浙农经管”和“全国农村集体资产清产核资管理系统”的数据核实；探索开展“运行管理”模块的会议管理、合同管理、资产卡片等应用的上线使用工作；启动“预警监督”模块，做到对财务、资产、风险等内容实时预警，督促乡村管理规范、防范风险。开展村级财务审计村80个，审计金额5.53亿元，工作目标任务完成率100%。查出问题30个，组织督导检查20次，推动整改问题30个，制发整改通知书25份，整改完成25份，推动建立和完善制度1项，发现的问题基本整改到位。推进村级债务化解，实现100万元以上负债村数为零，化解债务385万元。开展大额闲置资金竞争性存放工作，全县23个100万元以上大额闲置资金的村转入中标金融机构存放金额14667.86万元。

【清廉村居建设】 联合莲都区农业农村局、杭州简臻标准技术有限公司，共同制定清廉村居建设市级地方标准，并于5月30日正式发布。结合标准内容，制定清廉村居示范点建设要求，明确清廉文化、数字化建设、特色亮点、产业支撑、制度建设等一系列工作，确保各示范点按照统一的标准同步推进、减少差异。制定出台2022年度清廉村居建设任务清单，量化创建目标、落实保障举措、明确创新重点、寻求重点突破。坚持对标对表，在底线标准达标和特色课题研究等方面下功夫，创建黄坛村、百丈村、黄田村、濛淤村、山根村5个示范点，同步开展市级规范村（引领村）培育工作，屏都街道蔡段村被评为2022年度省级清廉村居建设示范村(居)。

【村级集体经济巩固提升】 通过“抱团共建”集聚资源、多元发展“共富工坊”“国乡合作”机制创新，壮大村级集体经济。全县村集体经济总收入11827.13万元，同比增长15.25%，经营性收入6760.66万元，同比增长46.59%，191个行政村全覆盖完成达标村、提升村任务，总收入20万元以上，经营性收入15万元以上要求，33个村经营性收入50万元以上，示范村占比17.28%，乡镇强村公司营利能力显著提升，平均盈利192.16万元。

美丽乡村建设

【概况】 安排资金、产业发展项目用于低收入农户“菜单式”产业帮扶、低保边缘户托底救助、低收入农户健康保险。强化防返贫监测和浙农帮扶数字化应用，动态跟踪低收入农户生产生活现状及每个低收入农户享受财政补助等政府类帮促情况，浙农帮扶数字化应用每月使用率100%。强化项目争取和资金管理。以综合第一的成绩争取到乡村振兴综合试点项目——庆元县低碳农业产业园建设项目，获得省补助资金3000万元。庆元县衔接乡村振兴资金管理使用相关做法被省厅推荐到国家乡村振兴局作为全国乡村振兴项目资金管理培训班上的典型经验交流材料。

【“大搬快聚富民安居”工程】 探索多元化安置方式，出台《庆元县“大搬快聚”搬迁对象购房补助实施细则》，鼓励支持搬迁对象购买“指定楼盘”新建商品房，2022年完成搬迁4007人。制定实施《庆元县农村集体土地“一户多宅”分类处置办法(试行)》，让部分“一户多宅”的农户自愿有偿退出宅基地，推进整村搬迁拆房与建设用地复垦同步开展。宅基地复垦29.47公顷，在全市土地整治修复和高效利用工作现场会上做典型发言。

【农村人居环境整治提升】 常态化开展“全民洁净日”活动，累计排查梳理点位328个，交办点位328个，清理垃圾678吨，河道312条。开展“两路两侧”村庄整治行动，下发整改通知，落实整改工作，全面落实周周查、月月评整治提升任务。每月开展农村人居环境“黑榜村”“红榜村”评选，跟进和报道“黑榜村”整治工作，督促完善机制保障，全面提升农村人居环境水平。建设黄田镇、竹口镇、安南乡3个农村垃圾中转站，项目总投资250万元。新建余村村、张地村、双坞村、姚村村等4座农村公厕。完成现有农村公厕提标大改造任务，强化改造后的农村公厕运维管理，开展日常设施维护和翻修，基本形成农村公厕服务网。

【新时代美丽乡村创建】 认定新时代美丽乡村达标村30个(其中精品村10个)，创建花园乡村16个(其中精品村4个)。累计认定新时代美丽乡村达标村174个，新时代美丽乡村覆盖率91%，超额完成目标任务。屏都街道蔡段村、隆宫乡莲湖村、松源街道薰山下村、淤上乡长砻村4个村被评为市级精品花园乡村，获得市级奖补资金150万元。按照“保护为主、抢救第一、合理利用、加强管理”的方针，围绕“修复优雅传统建筑、弘扬悠久传统文化、打造优美人居环境、营造悠闲生活方式”的目标要求，有序推进第八、九、十批历史文化(传统)村落保护利用项目。

【未来乡村创建】 有序推进黄田、百山祖、黄坛等3个未来乡村项目建设，持续推广“浙里未来乡村在线”应用。截至年底，庆元县3个村完成“浙里未来乡村在线”平台上线工作，通过省级审核，移动端村民注册人数2179人，其中黄田村972人、百山祖村886人、黄坛村321人，达到村均注册用户300人以上的考核要求。3个村均完成浙里未来乡村“一舱、一端、一台”推广使用。黄田村在省通用版基础上自主开发邻里关怀、健康小屋、党员党建等个性化应用，百山祖村、黄坛村正在进行数字化建设方案设计，谋划特色应用场景。

（朱丽静）

食用菌产业

【概况】 2022年，全县有4243户种植食用菌，种植总量1.27亿袋，其中香菇8480万袋，灰树花1848万袋，黑木耳1215万袋，秀珍菇、羊肚菌、灵芝、赤松茸等其他食用菌1157万袋，鲜菇年产量10.74万吨，产值6.3亿元。庆元香菇国家地理标志产品保护示范区入选2022年国家地理标志产品保护示范区筹建名单。

成功招引落地庆元县蓝森林食用菌专业合作社的食用菌温控培育房、智能化数字化秀珍菇控温房提升建设等项目，截至年底累计完成招商引资3500万元。庆元县食用菌产业中心获庆元县“跨越发展新突破、技能干部再出发”项目谋划大比武第六名。

【庆元香菇申遗】 11月4日，联合国粮农组织正式认定“浙江庆元林—菇共育系统”为全球重要农业文化遗产。这是全球首个以食用菌为主的农业文化遗产，填补全球食用菌领域遗产类型的空白。

【食用菌产业项目建设】 建设省级乡村振兴示范建设项目“庆元县食用菌产业示范建设项目”，食用农产品经营部鲜菇冷藏库扩建、庆元县菌棒集中生产示范建设项目和集中烘干中心项目等6个子项目建设基本建成并完成县级初验，累计投入资金1.8亿元，累计拨付省级财政资金3954万元。争取“一县一品一策”标准化生产示范建设项目，获省级补助300万元。

【食用菌生产模式创新】 建成全自动菌棒集中生产和热泵节能集中烘干示范点，创新推广菌棒生产、鲜菇烘干“两头集中、中间分散”模式。庆元全自动数字化菌棒集中生产基地（占地2.53公顷）是全省规模最大、自动化程度最高、技术最先进的菌棒生产基地。

【食用菌数字化转型】 庆元县食用菌全产业链数字化（香菇云）项目启动建设，5月24日，浙江省农业农村厅公布农业农村系统重大改革（重大应用）场景第一批“先行先试”单位，庆元县食用菌场景应用入选省厅种植业产业大脑应用场景推广“先试先行”县，成为浙江省唯一一个食用菌类先试先行场景。2022年，完成数据驾驶舱搭建工作及软件开发工作，并在浙政钉、浙里办上架。

【食用菌科研创新】 构建菌物资源“一区一馆五库”保育体系，全年收集香菇等珍稀食药用菌种质资源210份，完成14个野生菌株生物学特性实验，驯化栽培有食药用价值的珍稀菌3种，分别为多脂鳞伞、碳角菌和杂色云芝，收集保藏干燥的活体组织100份，开展基因库建设，完成25个野生珍稀食药用菌物种鉴定。“食用菌生物科技浙江省工程研究中心建设”项目获得中央引导资金补助300万元，制定《项目实施方案》，项目合同通过审核。组织申报县级科技项目2项、市级项目1项。与省农科院签订课题合同，主持开展“十四五”育种专项重点项目“优质高效香菇系列新品种选育”，参与承担珍稀特色食（药）用菌新品种选育、优质高效黑木耳新品种选育、野生食药用菌种质资源收集保存及优特异种质挖掘利用等项目，按项目计划开展年度工作。有序推进6个在研科研项目，开展香菇杂交育种研究与应用，完成香菇杂交配对3600个，制备杂交子900个。新增授权发明专利2项、授权实用新型专利3项。

（陈　丽）

林业

【概况】 2022年，全县新增百万亩国土绿化面积33.93公顷，共29个小班，完成率101.8%。积极开展迹地更新，完成迹地人工更新316.47公顷，完成国家人工造林任务143.96公顷。大力开展“千万亩森林质量精准提升工程”，共完成3160公顷，其中完成战略储备林1826.67公顷，健康森林1333.33公顷。推进“一亩山万元钱”行动，持续推广香榧、甜桔柚高效生态栽培、林下套种中药材复合经营、森林休闲等模式，完成“一亩山万元钱”基地建设1694公顷，其中新建示范基地200.1公顷，辐射推广612.9公顷，巩固深化764.2公顷。

【林权管理服务】 积极探索林地流转和林地经营权流转发证，鼓励和引导家庭林场等新型林业经营主体培育，加快推进林业经营向规模化、集约化发展。2022年，与县农业农村局、县水利局联合组成生态精品农业农场领导小组，共培育新型经营主体12家。发放林权抵押贷款432笔11563万元，余额3369笔47832万元；自2008年开展林权抵押贷款以来，已累计发放林权抵押贷款27.9亿元，盘活森林资源6万余公顷。推进公益林补偿收益质押贷款，余额60笔887万元。落实林权抵押贷款财政贴息，发放林权抵押贷款贴息资金530笔115.8954万元，其中，省财政林权抵押贷款贴息资金365笔70.31万元，中央财政林业贷款贴息补贴资金165笔45.5854万元。开展政策性林木保险，完成森林保险10.5241万公顷，其中生态公益林森林火灾保险9.6741万公顷，完成生态公益林森林火灾保险全覆盖，政策性林木综合保险1.0412万公顷。

【林木采伐管理】 “十四五”期间，省政府批准下达庆元县的年林木采伐限额总量为21.491万立方米，按采伐类型分：主伐14.94万立方米，更新采伐1.5万立方米，抚育采伐4.741万立方米，其他采伐0.132万立方米，低产林改造0.178万立方米。2022年庆元森林采伐限额使用情况：发放林木采伐许可证918份，其中，占限额583份，办证蓄积8.245万立方米（商品林7.832万立方米，生态公益林0.413万立方米），占年度采伐限额指标的33.67%。征占用林地等不占限额指标共发放林木采伐许可证322份，办证蓄积1.247万立方米。专项追加限额办证13份，办证蓄积0.257万立方米，各项指标均未突破林木采伐限额。严格执行林木采伐监督检查制度，组织各乡（镇）、街道林业工作站、各国有林场对本辖区范围内的林木采伐行政许可事项开展林木采伐“双随机”检查、森林督查等监督检查。

【森林督查及林草湿综合监测更新】 按照“一套遥感数据、一次判读区划、一次验证核实、一次现地复核”的总体安排，以第三次全国国土调查及2021年度国土变更调查成果为本底，对接2021年林草湿资源图，形成统一监测图斑底图，通过图斑监测和样地调查，全面掌握全县森林、草地、湿地资源现状和变化情况，形成2022年林草湿资源成果。森林覆盖率位居全省首位，乔木林单位面积蓄积量在26县考核中位居第一。为深入贯彻落实中共二十大精神和习近平生态文明思想，进一步加大对破坏森林资源违法行为的打击力度，夯实森林资源管理，全面加强森林资源保护管理工作，2022年国家林草局共下发2批次森林督查疑似判读图斑，庆元县于7—8月和11—12月在全县范围内开展了2次森林督查工作，共检查图斑334个，其中建设项目使用林地95个、林木采伐124个、造林更新图斑19个、灾害因素和无变化69个以及认定前期地类为“非林地”19个，自然因素8个。

【生态效益补偿】 全县省级以上公益林面积9.6742万公顷，其中国家级公益林1.1615万公顷，省级公益林8.5127万公顷，共发放森林生态效益补偿资金5983.39458万元。省级以上公益林森林生态效益补偿标准为600元/公顷（百山祖国家级自然保护区集体林租赁1.45446万公顷，723元/公顷），其中损失性补偿525元/公顷（百山祖国家级自然保护区集体林租赁648

元/公顷）、护林员管护费 52.5 元/公顷、公共管护费 15 元/公顷、管理费用 7.5 元/公顷。

【国土绿化】 2022 年，全县新增百万亩国土绿化任务 33.33 公顷，实际完成面积33.93 公顷，共29 个小班，完成率 101.8%，主要特点是山地造林多，城市、通道、乡村等平原绿化少。具体按造林类型分：山地造林 19 个小班 26.4 公顷，纳入造林 11 个小班 7.5 公顷。按五大森林分：山地森林 26.4 公顷，坡地森林 0.53 公顷，通道森林 0.93 公顷，城市森林 6.07 公顷。

【绿化造林】 坚决落实中央关于制止耕地“非农化”、防止“非粮化”的部署要求，积极开展迹地更新，完成迹地人工更新 316.47 公顷，完成国家人工造林任务 143.93 公顷，全部完成落地上图。大力开展千万亩精准质量提升，共完成 3160 公顷，其中完成战略储备林 1826.67 公顷，健康森林 1333.33 公顷。组织开展造林绿化空间适宜性评估，全县造林绿化空间图斑 9992 个，面积合计 9195.05 公顷。适宜造林绿化空间图斑中，规划造林绿化空间图斑 17 个，面积 25.27 公顷。

【林业产业】 全县林业总产值 74.86 亿元，同口径比增长 0.18%。其中，第一产业产值 11.78 亿元，同比增长 6.62%；第二产业产值 48.53 亿元，同比增长 4.37%；第三产业产值 14.55 亿元，同口径比下降 15.29%。三次产业结构比重为 15.73∶64.83∶19.44。

毛竹产业。建设毛竹示范基地 317.2 公顷，新建竹林道 47.835 千米。2022 年全县总产值 25.73 亿元，其中，第一产业产值 2.39 亿元，第二产业产值 19.52 亿元，第三产业产产值 3.82 亿元。全县采伐商品竹 1455.13 万支，产值 1.58 亿元；鲜笋产量 1.047 万吨，产值 0.68 亿元；笋干产量 439.4 吨，产值 0.13 亿元。竹筷实现产值 5.10 亿元，竹砧板 6.49 亿元，竹地板 0.56 亿元，竹家具 3.30 亿元。以竹林生态旅游、竹家具为主的电子商务、快递物流快速收发，推动竹产业三产的发展。组织九川竹木、百山祖工贸、三箭工贸、乾宁道地、舒家工贸、和昌裕等 6 家企业参加第 15 届中国义乌国际森林产品博览会，其中庆元县乾宁道地药材有限公司“芨之白”的白芨美白淡斑面贴（医用冷敷贴）获第 15 届中国义乌国际森林产品博览会金奖。

经济林产业。推进“一亩山万元钱”行动。持续推广香榧、甜桔柚高效生态栽培、林下套种中药材复合经营、森林休闲等模式，2022 年完成“一亩山万元钱”基地建设 1694 公顷，其中新建示范基地 200.1 公顷，辐射推广 612.9 公顷，巩固深化 764.2 公顷。

【森林旅游】 2022 年，森林旅游 86.38 万人次，同比 103.96 万人次下降 16.91%，实现森林旅游收入 9.59 亿元，同口径比下降 21.65%。

【林业行政执法】 2022 年，共受理林业行政审批许可和服务事项 1268 件，办结 1268 件，办结率为 100%。其中，143 个林地审批许可，面积共计 223.7186 公顷，调入省同意省际调运植物和植物产品许可 392 件，森林植物检疫证核发 177 件，林木种子生产经营许可 8 件，其他行政许可 548 件。进一步加强林区维稳管控，相继开展“打击野生动物资源违法防控疫情专项行动”“打击非法占用林地涉林违法专项行动”“松材线虫病疫木检疫执法专项行动” 等 4 次行政执法专项行动。开展疫情防控、林区维稳、护林防火巡查 2157 车/（人）次，化解涉林矛盾纠纷 8 起，排查案件线索 17 起。查处各类破坏森林资源违法行政案件 45 起，其中滥伐林木案件 12 起，计蓄积104.3588 立方米，并处罚款 64414.00 元；毁坏林木案件 3 起，计蓄积 7.526 立方米，处罚款 19829.00 元；野生动物案件 7 起，处罚款 52530 元；擅自改变林地用途案件 20 起，涉及面积 3.1555 公顷，处罚款 490108 元；森林火灾案件 2 起，处罚款2000 元，野外用火 1 起，处罚款 1000 元。移送公安机关立案侦查 3 起，上缴财政林业行政罚没款合计 62 万余元。（县自然资源和规划局）

水利

【概况】 庆元县水利局（县水利局）以“节水优先、空间均衡、系统治理、两手发力”治水思路为指引，贯彻落实省、市、县各项决策部署，响应“大干水利、大干民生”发展水利事业。全年总投资8.33亿元（其中向上级部门争取资金1.85亿元），投资额创历史新高；完成抽水蓄能五大水利相关专题，助力抽水蓄能项目前期推进；全县年水资源总量30.70亿立方米；打赢特大暴雨袭击“攻坚战”和历史罕见旱情“保卫战”；庆元县水利局入选第二批省水域监管“一件事”试点单位；创建2条省级美丽河湖。获全省水利考核优秀等次、市水土保持目标责任制考核优秀县称号、县项目推进工作重点建设工作优秀奖等荣誉。

【水旱灾害】 县兰溪桥水库因扩建失去调蓄功能，县城防洪能力从20年一遇下降至不足10年一遇。6月16—21日，出现连续强降雨，遭遇特大暴雨，降水最集中的17日20时至18日20时，城区降雨量227.7毫米，为1956年有气象资料以来日降水量最大值。汛前、汛中、汛后，累计出动检查1370人次，检查666处，查出隐患94处，完成整改94处。邀请省、市、县领导及专家16次调研指导，编制出台《庆元县兰溪桥水库扩建施工期松源溪（山水九章—菊水段）超标准洪水人员转移避险应急预案》《庆元县松源溪超标准洪水防御预案》。洪涝灾后，累计出动5600人次，开展抢修抢险、灾后重建等工作，投入资金400万元，3日内完成102处水毁农村饮用水站临时供水，第一时间抢修水毁工程196处，河道疏浚20处。强降雨过后，又遭遇历史罕见旱情，7月1日至10月11日，全县平均降雨量197.8毫米，较历史同期值418.6毫米偏少52.7%。累计派出5500人次深入一线，带领专家勘探、打井、寻找水源，投入资金7000万元增设仙坑水库和外洋两个水源地，通过新建提水泵站和翻板堰拦水，实现日补水1.9万立方米每吨，配合调节水电站发电频率、延伸管网等措施，打井14口，解决缺水点位76处，保障全县7万人供水需求。

【水利项目建设】 建设项目14个，水利入统投资8.33亿元，比上一年度增长77.23%。持续推进兰溪桥水库扩建工程，5月29日完成基础开挖，正式开始大坝浇筑，标志着该工程实现新突破。全年，混凝土浇筑5.27万立方米，大坝枢纽区大坝混凝土浇筑1—2#坝段浇筑到426米高程，3—7#坝段浇筑到414米高程，9—11#坝段浇筑到411米高程。大坑口安置区完成农贸市场、综合用房主体工程、农民自建房基础地梁工程，洋心安置区块完成综合用房、公厕、农民自建房基础地梁工程等公建设施主体结构工程；大坑口公寓楼一标段完成外墙涂料施工，墙面瓷砖铺装，二标段1—26#楼19幢完成结顶和砌体，投资2亿元。持续推进松源溪流域综合治理工程，河道综合治理6千米，投资5150万元，推动八一桥到岙后大桥8千米绿道建设。推进抽水蓄能项目前期，全面完成5大水利相关专题论证和审批工作。农村饮用水完成管网改造117.1千米，持续巩固农村饮用水工程运行管理，落实专业管水员39名，负责全县222处农村饮用水工程运行管理，全年检测水样3702份，合格率95%。创建安溪、小安溪两条省级美丽河湖。

【水利管理】 严格依法治水管水，强化刚性约束，扎实推进安全生产领域、水资源节约和保护管理效能提升。开展安全生产“遏重大”工作，完成“除险保安百日攻坚行动”，累计出动248人次，检查生产经营单位104家，发现问题并整改143个，约谈生产经营单位2家，移送安全生产处罚案件1起。审批涉及光伏发电、输变电、公路工程等生产建设项目水土保持方案22个，完成水土流失治理6平方千米，投资340万元。砂石资源管理累计出动巡查529人次，巡查河道12625千米，查办非法采砂（石）案件5起；系统治理南门、地山和侧平洋水库，投资160万元。

【水利改革】 聚焦智慧水利建设，增添发展动能。入选第二批省水域监管“一件事”改革试点，出台《庆元县水域监管“一件事”系统考核评价机制》，建设水域监管“一件事”应用场景。“小流域山洪监测预警”应用入选市数字化改革。4月，该应用上线，全年归集水情、雨情、遥感数据等1187.86万条，发布预警信息55504条，助力相关乡镇（街道）、村及时转移群众10329人，提高监测预报水平。建设建溪浙闽省界生态流量监测和预警保障体系，强化省界断面水量保障，开展数字化动态监测、管理，提升断面水质及河湖生态保有量。

（吴倩倩）

工业　建筑业

综述

【概况】 2022年，庆元县实现规模以上工业总产值70.19亿元，同比增长10.3%，实现规模工业增加值13.24亿元，同比增长6.1%，增幅列全市第三位。大力培育发展战略性新兴产业，全年实现规模新兴产业增加值1.24亿元，同比增长19.1%，增幅全市第四位。新增规模以上企业7家，全县规模以上企业达77家。全年完成工业投资9.69亿元，同比增长47.2%，增幅全市第四位，重点技改投资2.3亿元。实现工业税收2.417亿元，占全县税收总收入的37%。全县社会消费品零售总额51.34亿元，同比增长4.1%。完成外贸出口15.3亿元，同比增长-51.2%，全市排名第九。

【制造业纳税十强企业】 2022年度制造业纳税十强企业：浙江双枪竹木有限公司、浙江昌达实业有限公司、梦天家居集团(庆元)有限公司、浙江百兴食品有限公司、浙江方格药业有限公司、浙江可信竹木有限公司、浙江安益新材料有限公司、庆元县顶峰混凝土有限公司、浙江鸿星文具有限公司、浙江久灵笔刷有限公司。

（吴俊豪　杨倩）

浙江庆元经济开发区

【概况】 浙江庆元经济开发区（以下简称开发区）在县委、县政府的坚强领导下，以“六争比拼、勇当猛虎”为抓手，紧紧围绕“高质量绿色发展”主题，坚持“双招双引”先导工程战略，深化平台“二次创业”，稳投资稳经济，抓项目促发展，努力实现经济稳进提质。2022年，开发区规划总面积3248.27公顷，累计开发面积441.13公顷，出让面积248.57公顷，形成以竹木、食用菌、铅笔等特色产业为支撑的“一区两园一飞地”产业格局，即屏都工业园、竹口工业园和山海协作飞地产业园，2022年1月被国家林草局认定命名为第二批国家竹木产业示范园区。

【浙江庆元经济开发区成立】 2022年1月，浙江庆元经济开发区成功获得浙江省政府批复设立，正式荣升为省级经济开发区，2022年5月9日，浙江庆元经济开发区揭牌仪式举行。根据《中共丽水市委机构编制委员会关于同意浙江庆元工业园区管理委员会更名的批复》，浙江庆元工业园区管理委员会更名为浙江庆元经济开发区管理委员会，其机构性质和规格维持不变，与开发区党工委实行合署办公、一套机构。浙江庆元经济开发区的设立，将进一步深化改革、扩大开放，加大招商引资力度，加快形成产业特色鲜明、综合配套完善的现代产业集聚区，更好发挥开发区引领、辐射和带动作用，成为庆元经济新的增长点。浙江庆元经济开发区管委会将以整合设立省级经济开发区为新起点，通过空间布局优化、管理体制提升、产业发展升级、企业管理效能提高及数字园区赋能，推动平台"二次创业"，促进庆元食用菌、铅笔、竹木等传统产业转型升级，加快引进培育生物科技等新兴产业，努力把开发区建设成为浙南闽北特色产业集聚区、绿色发展先行区和产城融合示范区。

【开发区经济运行】 2022年，开发区入园企业149家，投产企业139家，投产企业完成工业总产值63.91亿元，同比增长12.07%；实现税收1.39亿元，同比增长2.11%；61家规模以上企业累计实现产值58.44亿元，同比增长9.71%。园区固定资产投资8.9727亿元，其中政府基础设施投资2.2977亿元，企业固定资产投资6.675亿元。

【开发区基础建设】 屏都综合新区建设有序推进，成功申报省级特色生态产业平台，全年新增工业用地24公顷。生物科技(食用菌)产业园年度完成投资2.133亿元，两山梦之园(标准厂房)20栋厂房竣工验收。企业服务综合体(企业服务中心、人才公寓、商业楼)结顶；南二南三路一期、土石方一二标、挡土墙一期完工，屏东路、南二路及南三路(二期)道路完成雨污水管网铺设，南辅路完成路基工程。屏都综合新区香菇小镇工业区块基础设施配套建设项目金山大道及土石方工程9月底开工建设，争取庆元首笔国家政策性开发性金融工具投资资金2.03亿元。屏都综合新区工业污水处理厂建设工程完成规划选址审批、初设编制及施工图设计项目。屏都综合新区(栖花园、岗后坑、石坝地块)综合利用项目，规划面积380.93公顷，被纳入丽水市矿地开发规划。谋划浙闽边人力资源交易中心及基础设施配套建设项目，估算投资3.2亿元，配备人力资源交易、体育健身、人才公寓等多项功能。统筹推进竹口洋源、淤上坑口产业园、屏都蔡段产业园基础设施建设工程、黄田生态产业园一期、竹口盘龙等区块前期项目。南太湖新区—庆元山海协作"产业飞地"项目入选省级名单。

【开发区企业建设】 以加速审批、验收为切入点，全力保障企业项目建设进度。全年企业新建续建项目27个，其中亿元项目6个。智慧汽车产业园及梦天迁建项目二期完成主体建设，进行室内装饰装修及室外绿化、管网、水、电和道路施工，简创家居、新之助家居、纳朵日用品、叶华机械、醉三公酒业等11个生态产业项目建成投产。屏都综合新区累计出让工业用地141.48公顷，入园企业项目76个，投产66个，在建10个。

【开发区招商引资】 围绕竹木、铅笔、生物科技等重点领域，主动出击引项目。全年招商引资额3.05亿元，完成年度目标的101.67%，出让工业用地12宗15.31公顷。加快生物科技产业招商，拟订《庆元县生物科技产业园入园管理办法》，积极对接生物药业、食用菌提取加工等企业，申请入驻生物科技产业园企业11家，其中伊普诺康、三禾元、普洛机械、浙江侨伯基、山鼎生物科技等5家企业完成入园项目联审。推进传统产业链招商，引进学泰文具、安可文具、金洪家居、万品家居、金驰家居等传统产业关联配套企业，进一步壮大庆元铅笔、竹木产业集群。

【开发区创建】 统筹疫情防控和发展安全保障，努力提升园区综合服务能力。积极配合做好相关企业欠薪上访化解及永丰木业"厂改住房"购房合同纠纷协调工作。推进经济开发区"一支队伍管执法"改革落地。常态化开展企业安全生产排查整治，推进"厂中厂""部分入园企业消防通道"整治，督促企业自行拆除违章建筑物4000平方米，巩固扩大企业消防通道专项整治成果。屏都综合新区污水预处理站废气治理系统通过验收投用。联合交通部门开通屏都工业园区4条助企公交专线。

【开发区体制机制改革】 结合巡察、审计整改，按照政企分离模式，推进下属国有企业改革。6月30日注册成立庆元县经投产业发展有限公司（以下简称“经投公司”），为县政府授权县国资办出资监督管理的国有独资有限公司，9月28日经投公司正式揭牌运行。将原开发区下属庆元县工业园区建设发展有限公司、庆元县低丘缓坡开发有限公司及庆元县竹口新农村建设有限公司三家国有企业出资人变更为经投公司，以充分发挥其市场化融资职能，更好地支持开发区基础设施建设和产业发展。

（季均妹）

工业行业

【竹木加工业】 全县规模以上竹木加工企业30家，主要产品有木门、竹筷、家具、地板、竹炭、竹胶板、竹砧板等十大门类2000余个品种。竹木加工业是庆元颇具比较优势的支柱产业，历史悠久，2022年规模以上竹木加工业实现产值23.89亿元，占全县规上产值的34.04%。庆元竹筷、竹砧板行业占国内市场份额的60%以上；竹产业专项产品居全国乃至世界第一的单项冠军企业有6家；竹产业全产业链入选省示范性农业全产业链，竹木产业创新服务综合体项目被列入省级产业创新服务综合体培育名单。

【食品加工业】 全县规模以上企业8家，2022年实现规上产值9.06亿元，同比增长15.98%。食用菌主要产品有灰树花多糖、灵芝多糖、香菇粒、蘑菇、牛肝菌及食用菌小包装40种，产品主要出口日本、美国和东南亚。庆元香菇市场年交易量占全国干菇生产总量的20%以上；在食用菌精深加工方面成果丰硕，“麦特消”是中国目前唯一的准字号灰树花抗癌制剂，“蕴本酵素”是食用菌保健品；食用菌全产业链入选省示范性农业全产业链。

【文教体育用品制造业】 全县规模以上企业22家，全年实现规模以上工业产值17.47亿元，同比增长34.36%。经过多年的发展，铅笔产业形成了铅笔、笔芯、橡皮头、软化板、印刷包装等一系列完整的生产产业链，产品85%以上出口欧美、东南亚等国家和地区。

（吴俊豪　杨　倩）

招商引资

【概况】 2022年，全县共新引进大项目14个，其中制造业项目9个，占比64.03%，完成内资到位资金13.05亿元，大项目总量、制造业大项目较2021年均实现翻番倍增，获得市招商引资考核优秀等次。

【招引氛围】 招商引资战略性先导工程地位进一步巩固，全县招引氛围进一步形成，县委、县政府主要领导高度重视招商工作，定期不定期听取招商工作汇报，亲自协调解决招商工作中存在的重大问题，亲自修改和审定招商引资重大政策，多次带队赴长三角、珠三角、浙闽赣等区域开展项目考察和洽谈。成立“双招双引”工作专班，分管县领导担任组长，设立综合服务联络部和长三角、珠三角、浙闽赣3个招引中心，瞄准长三角、珠三角浙闽赣等重点区域，积极探索驻点招商模式，做优做强招商引资产业。

【招引机制】 制定完善招商引资考核办法、招商引资工作流程、招企引税考核办法等系列文件政策，进一步优化相关招引政策；建立“一库三清单”及信息通报机制，按落地、在谈、推进、线索库四类建立项目清单，每半月发布全县“双招双引”工作简报；深入实施产业链长制，经开、经合、经商成立三大产业链研究专班，深入研究产业转型和精准招引，开展密集考察洽谈活动；建立“招引争强”赛马比拼机制，突出“以项目论英雄”导向，围绕到位资金、制造业项目招引、人才科技绩效、总部经济等比拼主题，分类评出14只“猛虎”，6只“蜗牛”，开展5个重点招商项目“揭榜挂帅”活动。

【招引成效】 2022年，全县新引进大项目14个，其中制造业项目9个，完成内资到位资金13.05亿元，大项目总量、制造业大项目较2021年均实现翻番倍增；总部经济入库税收8163.17万元，新签约总部经济项目98个；坚持把竹木、铅笔、食用菌三大传统主导产业延链、补链、强链及生物科技产业健康食品、生物提取制品两大优势领域作为招商引资主赛道，强化“外引内育”，着力“资智融合”，成功引育普洛机械年产5000台铅笔及竹制品机械设备项目，安徽伊普诺康抗原、抗体原料研发、生产基地建设项目，学泰文具年产1.2万吨文创环保橡皮智能流水线项目，安可文具年产5亿支高档铅笔项目，岭头乡千亩道地药园建设项目，百兴食品年产1万吨食用菌精深加工产品智能化工厂建设项目等一批优质项目落地建设。

（柳　芬）

山海协作

【概况】 2022年，庆元与长兴、嘉善、海曙三地（以下简称“三地”）高层对接，召开山海协作联席会议，签订三地科教文卫等10余个合作协议，到位援建资金1050万元，消费帮扶2600万余元，培训劳动力1500余人次，干部培训3次110人，对接洽谈会、签约会3次，完成山海协作产业合作资金16亿元，7个乡村振兴示范点的14个项目竣工验收。

【平台合作有序推进】 南太湖“产业飞地”合资公司，浙江南庆飞地投资有限公司完成组建，成立“产业飞地”工作专班领导小组，完成省山海协作“产业飞地”申报专家评审会评审。产业飞地首个签约的年产20条全自动锂离子电池生产线项目开工建设，并入选“省引领性重大产业项目”名单，总投资130亿元的年产20亿瓦时固态电池生产线项目11月正式签约落地“产业飞地”内。嘉善—庆元—九寨沟“消薄飞地”园区入驻企业8家，返利消薄到账资金1070万元，累计完成消薄资金3910万元。

【山海产业融合】 在招商引资、招财引智、招企引税方面开展全方位合作，签订《协作招商》框架协议。长兴天能集团与庆元县签订产业项目合作协议，长兴提供的种羊和养殖技术支持的湖羊养殖基地投入生产。长兴2个总部经济项目落户庆元。嘉善县的浙江—里谷农业科技有限公司、长兴县茶乾坤有限公司、传化物流长兴分公司到庆元考察生物科技产业及物流产业。

【援建共建成效】 “三地”到位援建资金1000万余元，援建项目涉及乡村振兴、促农增收、教育、卫生等各个领域。7个乡村振兴示范点14个产业项目和基础设施提升项目竣工验收，推进结对县区乡镇共建帮扶机制，实现全县19个乡镇街道结对全覆盖。

【交流合作活动】 庆元与嘉善、海曙分别签订《甜桔柚水—肥—药一体化管理技术研究及推广示范》和《庆元高山低碳茶园创建及茶产业链关键技术研究》科技合作项目。跨地区教育共体结对3个县8所学校，派出跟岗学习半年8人次，师徒结对108人次，指导活动200余次，线上拓展课程9门98课时，线上研讨教学活动134次，学生线上集体交流16次；“三地”教学资源互通共享，青蓝工程载体多样，德育帮扶措施具体，派遣24名教师到各受援学校开展支教活动。海曙区卫健委与庆元互派乡镇卫生院干部挂职交流，促进基层卫生事业发展。长兴县联合庆元开展“云端走亲”活动，展现两地文化魅力，促进两地文化交流。与长兴县联合开展“三国七地共读绘本”活动，让三国七地的孩子们感受长小兴（长兴文化旅游的卡通 IP 形象）的故事。

（吴　明）

供电

【概况】 2022 年，庆元县供电局坚持以习近平新时代中国特色社会主义思想为指导，坚决贯彻省公司、市电业局和县委县政府决策部署，以特别的担当、努力和奉献，圆满完成各项目标任务。全年完成固定资产投资 1.15 亿元；全社会用电量 5.25 亿千瓦时，同比增长 7.06%，售电量 4.61 亿千瓦时，同比增长 7.2%；最高用电负荷 9.75 万千瓦；营业收入 3.1 亿元，利润 202 万元；职工劳动生产率 70.45 万元/人•年；连续安全日 7926 天，居全市首位。竹口供电所获全国工人先锋号，财务资产部获评浙江省巾帼文明岗，连续 23 年蝉联丽水市县级供电企业绩效考核优胜单位，23 年荣获“支持地方发展突出贡献奖”。

【安全生产】 面对历史罕见“6•18”特大暴雨，紧密协同 4 家兄弟单位和县内应急救援力量，创下 48 小时内高效复电的电力速度，得到各级领导点赞，复盘抢险经验在全市范围内推广。直面历史“五最”（最高气温、最高负荷、最大缺口、最低水位、最大舆情）考验，顶住施工窗口紧凑、基建任务繁重的巨大压力，广大干部职工以顽强的拼劲韧劲，打赢“保供稳价”攻坚战。成功应用安全域平台，实现五级及以上风险作业视频全覆盖。实现新业务新业态安全管控，促成省管产业安全生产“同质化”管理。开展提级处理、联责处罚重复性违章考核，严重违章查处次数同比压降 70%。开展“双查双促双提升”（党员领导人员到基层必查安全、必查党建；促进“一岗双责”落实见效；实现安全生产提效、党建工作提质）活动，创建无违章班组 1 个。建立“三合一”（施工项目部、工程部、自有施工班组）和“三种人”（工作票签发人、工作负责人、工作许可人）绩效管理办法，改变“重罚轻奖”局面。精准预判供用电形势，接连化解度夏入冬两轮电力保供风险，全面做好亚运会等重大活动网络安全风险防控，优质高效完成中共二十大和全县干部大会、中高考、香菇节等重大保供任务。

【电网建设】 紧跟省公司、市电业局能源互联网战略，迈向数字化牵引全面升级的发展新阶段，主动融入县委、县政府“绿色能源强县”战略大局，全年累计投入城乡电网建设资金 1.20 亿元，建成“1+4+9”（以 1 座 220 千伏濛洲变为主供电源；4 座 110 千伏变为骨干；9 座 35 千伏变电站为支撑）中期目标电网。完成丽水庆东 220 千伏输变电工程站址比选，220 千伏及 110 千伏、35 千伏接入方案审查。全市首创末端变电站跨电压等级备自投装置，推广应用至 7 家县公司及 17 个末端变电站。梳理摸排全域抽蓄资源，顺利并网 35 千伏熏山光伏，10 千伏梦天光伏等 5.48 万千瓦新能源项目。完成百花岩风电项目路径方案审查，110 千伏城南变于 2023 年 2 月建成投运。构建 3 年 3.3 亿元配网项目储备库，供电所“三图两清单”（供电所配网单线图、配网拓扑图、配网地理图；配网问题清单、配网项目清单）实现全覆盖。全年累计完成标准线路改造 14 条，建成标准网格 9 个。全域 10 千伏架空线路实现无人机自主巡检，百公里跳闸次数同比下降 49%，户均停电时长缩短至 2.31 小时内。

【供电服务】 实施“绿电聚合”专项行动，签订绿电电量 231.03 万千瓦，助力企业增加收益 20.66 万元。深推“电 e 贷”绿色金融产品，向小微企业提供融资贷款 600 万元。试点开展老旧小区公共车位统建统营，发布电力接入工程费用分摊机制，规范业扩电力配套出资界面。推动 855 户直接交易用户进入电力市场化交易，交易电量突破 1 亿千瓦时。持续深化“最多跑一次”改革，全年累计完成水电气联动过户 822 次，累计完成业扩报装容量 5.67 万千伏安，完成 10 千伏及以上报装容量 3.06 万千伏安。“网上国网”APP 累计推广 11678 户，实现“乡镇建设规划许可证”在线联动审批，进一步优化全县电力营商环境。实施“暖巢敲门灯”行动，免费为山区社会救助对象解决用电难题。《多方联动构建环境友好型电网建设运维新模式》入选国网公司社会责任根植重点项目目录，《电力铠甲 守护百山之脉》获“金钥匙——面向 SDG 的中国行动”优胜奖。

（吴文彬）

建筑业

【概况】 庆元县建筑业产值 30.17 亿元，同比增长 26.53%。2022 年，新开工装配式建筑面积 11.46 万平方米（完成考核率 37.8%）；完成新开工装配式住宅 1.08 万平方米（完成考核率 10.8%）。装配式建筑占新建建筑比例为 96.8%。2022 年被评为丽水市级标化工地项目 3 个，省级标化工地项目 1 个。守住安全生产底线，建筑施工安全领域实现“零重大事故、零人员伤亡”。

【建筑工程质量管理】 截至 12 月 20 日，县建筑工程质量管理站共受理建设单位申报办理建设工程质量监督手续的各类工程 26 项，总建筑面积 17.0094 万平方米，总工程造价 38444.73 万元。其中，房屋建筑工程项目 11 项，市政工程及装饰装修项目 15 项；出具《工程质量监督报告》40 份，下发各类监督整改通知书 38 份，受理各项工程质量投诉 25 起，处理完毕 25 起。全年竣工验收项目 43 项，其中房屋建筑工程 34 项，建筑面积 60.4177 万平方米，市政工程 9 项，总工程造价 21998.2436 万元。

全年共开展质监安监联合检查 4 次，累计对在建的 20 个工程项目的建设、施工、监理单位的质量行为、工程技术资料以及工程实体质量进行检查；全年共开展全县混凝土质量、“瘦身钢筋”、防水工程等专项检查 10 次，共排查出质量隐患 70 余项，并及时下发整改通知书，整改后及时复查。

【建筑业监管】 加强招投标监管力度。严格遵守建设程序，推进建筑行业发展，认真贯彻执行《中华人民共和国招标投标法》，全面履行建筑市场监管职能，完成建设工程类交易 24 宗，其中建设工程施工类 12 宗、设计采购类 12 宗。有效处理招标投诉 1 起，重新招标 1 起。加强施工许可审核。采用承诺制，加快施工许可审批，促进项目尽早落地开工。全年施工许可证办理 25 件，总建筑面积 15.28 万平方米，总施工合同金额 3.834 亿元，工程竣工验收备案 35 件，摸底四季度建筑业产值约 30.16 亿元，同比增长 26.53%。完成建设行业职业技能培训 405 人次，新增高技能人才 30 人。完成建设工程消防设计审核 3 个，消防验收 5 个。

（县住建局）

商贸服务业

商贸流通

【概况】 2022年，庆元县社会消费品零售总额51.34亿元，比2021年增长4.1%，增幅居全市第六位。分行业看，批发业销售额同比增长27.2%；零售业销售额同比增长10.1%；住宿业营业额同比增长13.2%；餐饮业营业额同比增长10.5%。

【电子商务】 2022年，累计实现网络零售额56亿元，全市排名第五，全省排名第70，同比增长40.4%，增长率全市排名第二、全省排名第二。会溪村、五一村、北门村、大济村、洋墩社区获得2022年浙江省电商专业村申报，其中会溪村、大济村入榜全国淘宝村。众创庆元农特产品直播电商创业(孵化)基地入选省级直播基地。庆元电商创业园园区截至2022年累计入驻企业150家，2022年度入园企业电商销售额约3亿元。持续推动电商直播式“共富工坊”建设工作，先后开展促进共同富裕直播培训，共富工坊建设指导调研走访，双十二电商节慰问等活动。全年共计授牌电商直播式“共富工坊”8家，其中香信谷共富工坊荣登《消费日报》，随后入选省商务厅编撰的《首批百家电商直播式共富工坊百家典型案例》，并作为丽水市优秀代表，在市商务局主办的丽水山播“共富工坊”发展论坛中分享共富经验。县经济商务局主导拍摄的庆元电商直播式共富工坊宣传片荣获省级共富工坊视频大赛铜奖，并在浙江6频道《出发来浙里》栏目播出。

（林　洁　吴维彪）

【粮食业】 贯彻执行《粮食流通管理条例》，严格落实粮食安全党政同责，聚焦粮食安全核心职能，抓重点、补短板、强弱项、防风险、稳市场、保安全，持续提升粮食供给保障能力。一是组织开展全社会粮食供需平衡调查，全面掌握全县粮食、食用油供需的基本情况，为政府部门出台粮食政策提供可靠依据。二是组织开展全县粮食库存大检查，按照“有仓必到、有粮必查、有账必对、查必彻底”的要求对全县国有企业粮食库存进行全面检查，落实各类粮食安全调控措施，保证县级储备粮安全。三是对庆元县粮食储备库的信息化进行提升改造，“浙江粮仓”数字化建设投入使用，提升粮食系统数字化管理水平。四是抓好粮食储备任务，完成粮食订单和粮食及食用油轮换工作。

（郑蓓蕾）

【外贸出口】 2022年，庆元外贸经济有自营进出口实绩的企业109家，其中铅笔行业32家、食用菌行业23家、汽配五金行业9家、竹木加工行业22家。2022年庆元县实现进出口总额15.3亿元，同比增长-52.34%，出口总额15.28亿元，同比增长-52.3%，全市排名第九。铅笔和食用菌两大行业出口额8.68亿元，占全县外贸出口额的56.7%，承担起庆元外贸出口的重任。

【外贸建设】 2022年，庆元县外贸出口经受全球新冠疫情肆虐的严峻考验，举办“RCEP惠浙企”系列政策宣讲会；对全县40余家外贸企业出口信用保险实行政府联保；组织企业参加浙江出口网上交易会、中国（北京）服贸会、2022中国跨境电商交易会、中国国际文具礼品博览会、中国（临沂）小商品博览会、网上广交会等，抱团参展扩大宣传效果，提升庆元产业知名度。庆元竹制品企业浙江三箭工贸有限公司竹弯曲自行车亮相中国服贸会，打造世界第一台“曲竹”工艺的可骑行自行车。举办宁波、庆元文具产业合作洽谈，两地达成产品研发和销售合作，助力庆元外贸铅笔企业稳外贸拓市场。

（吴学益）

供销合作

【概况】 2022年，庆元县供销社紧紧围绕县委县政府建设革命老区共同富裕先行示范县和“三位一体”综合改革的中心工作，牢记为农服务根本宗旨，聚焦实现“两个成为”，即成为服务农民生产生活的生力军和综合平台、成为党和政府密切联系农民群众的桥梁纽带，不断拓展服务“三农”的新领域。

【共富项目建设】 一是创新供富大篷车服务体系。把推进供富大篷车作为为农服务的主抓手，加快推进流动供销致富车体系建设。全县开通10条服务线路，“浙丽供”“浙丽产”“浙丽销”服务车辆10辆，覆盖至全县107个村，开设3家“浙丽销”高山农产品直销服务网点及5家乡村农产品收购服务点，累计服务里程达4万千米，日用品消费品购买等服务5.47万件次，代办事务5425件次。同时，聚焦跨省共富，开通龙溪—下党、庆元—政和跨省供富路线，实现共同富裕成果共享，惠及邻省百姓。二是全面推进高山西红柿产业提升试点项目。流转土地40余公顷，搭建钢架蔬菜大棚22万余平方米，建设高山西红柿种植基地7个，种植西红柿13.33公顷，联结带动500户低收入农户增收和村集体经济增收180万元，成为庆元高山蔬菜产业发展中一道亮丽的风景线。此外积极开展“双招双引”工作，成功引进庆元乡贤菌菇轮作示范基地项目。三是开设山海共富农优产品展销窗口庆元馆。该馆于2022年6月在杭州顺利开馆，展销10家主体约100种产品，成为山海共富农优产品展销窗口首批开业的展馆和庆元农产品在长三角地区展示展销的重要平台。

【拓展销售渠道】 一是充实线下销售主阵地。紧抓山海协作、结对帮扶政策包，进一步拓展“丽耕食集 供销优选”门店、杭州共富展销窗口渠道。二是搭建线上营销新平台。运营维护政采云扶贫馆、网上农博等线上商店，开发建设“庆元山语·供销优选”商城。同时，承办第十二届庆元香菇文化节“网红主播打卡庆元菌菇美食”活动，发布短视频65条，直播带货2场，视频总播放量1400万次，点赞量14万，为探索网红直播营销奠定了基础。三是抓好流动展销新市场。全面融入山海协作县、结对帮扶单位产品展销、推荐、选品等活动，在杭州、湖州、嘉兴等地举办或参加农产品展销活动8场次，组织“供销优选”产品和产业农合联会员参加各地产品推荐会、选品会5次。

【推进农联建设】 一是顺利完成农合联县乡换届。于2022年7月8日召开县农合联第二届第一次会员代表大会，选举产生农合联第二届理事会、监事会。成立笋竹产业农合联，进一步巩固了1个县级农合联、18个乡镇农合联和7个特色产业农合联的组织框架。二是完成数字农合联框架搭建及试运行。共有注册会员759人，覆盖全县19个乡镇、街道，6个产业农合联，以大数据信息化应用体系为服务供给渠道，为农合联会员构建高效、便捷、优质的在线服务体系。三是协助成立全国首个跨省产业农合联。协助承办浙闽边际笋竹产业农合联成立大会暨第一次会员代表大会，有效打破农合联原有的行政区域限制，有望实现跨地域合作、跨系统联动、全产业带动、全要素聚集的“抱团优势”。四是扎实做好农资淡季储备、春耕备耕工作。储备各类化肥2000吨，应急储备补助资金25万元，确保化肥、农药储备数量符合应急储备要求。

（胡海玲）

烟草专卖

【概况】 2022年，庆元县烟草专卖局（丽水市烟草公司庆元分公司）紧紧围绕行业、地方工作部署，聚焦“生态培基年”主题定位，主动融入高质量发展新格局，牢牢把握数字化转型新机遇，实现基础工作有提升、重点工作有突破、特色工作有辨识度，因势而谋、顺势而为、乘势而上，全面建设进取有为的“活力庆烟”。聚焦智慧营销、智慧终端和智慧物流等关键节点，强化市场生态赋能，不断优化运营生态，增强市场掌控力，为全面建设“活力庆烟”提供坚实基础支撑。全年实现卷烟销售额39613.8万元，同比增长10.38%；单箱销售额4.71万元，同比增长5.79%。

【专卖监管】 坚决维护和巩固烟草专卖制度，扎实做好烟草市场监管工作，切实打牢基础，做到守土有责、守土负责、守土尽责。锻造智慧监管新引擎，推动市场管控显著提升，县域监管格局持续优化，行政许可服务跑出“庆烟加速度”。2022年联合市监、公安、教育等部门积极开展向未成年人销售电子烟专项整治行动，稳步推动电子烟监管步入法治化、规范化轨道。

【专卖稽查】 充分运用智慧化监管体系，保持打假打私高压态势，全面提升数字化监管水平，打假破网质量齐升。2022年，全县共查获卷烟违法案件125起，查获违法卷烟21731.65条。其中，假私烟18819.1条；查获专车运假卷烟案件4起，涉案金额达311万余元。

【“香溢帮扶”工程】 实施“香溢帮扶”工程，推进低收入农户“一户一策一干部”结对帮扶，实地走访帮扶对象200余人次，解决各类急难愁盼问题35条；有效利用山区26县助农产品帮扶机制，帮助结对村销售助农产品达20万余元；向结对村定向捐赠资金10万元，促进共同富裕，助力乡村振兴。

（吴梦丹）

服务业

【概况】 2022年，全县实现服务业增加值52.58亿元，同比增长6.2%，高于GDP增速0.3个百分点，服务业成为拉动经济增长主引擎。服务业占地区生产总值比重为56.8%，高于二产比重22.3个百分点，产业结构进一步优化。兑现2021年度服务业引导资金142.4万元，评选出“服务业十佳双创之星”。庆元香菇数字贸易现代服务业创新发展区入选第二批浙江省现代服务业创新发展区名单，指导浙江双枪竹木有限公司入选省级先进制造业和现代服务业融合发展试点名单。

【营商环境】 制定印发《2022年庆元县优化营商环境重点工作清单》，认真落实市场准入负面清单制度，加快“浙里营商”无感监测应用贯通；组织参加2022年浙江省营商环境评价，积极整改提升营商环境“无感监测”指数；据结果反馈，庆元县营商环境便利度得分83.68分，比2021年度提升4.88分。

（县发改局）

邮政

【概况】 中国邮政集团有限公司浙江省庆元县分公司(以下简称“庆元邮政”)普遍服务12项时限指标全面达标,全市排名第二。建制村直接通邮率、属地党政机关《人民日报》《浙江日报》城区当日见报率100%,实现全县机要通信无失密丢损“二十九连冠”和“条码平信信息中断率0‰”的阶段性成果。业务总收入3628万元,同比增长7.47%,其中金融业务收入1729万元,寄递业务收入1134万元,集传业务收入77万元。

叠加邮政综合业务。其中,融资E完成客户数30个,完成率167%;贷款净增1013万元,完成率225%;农产品寄递收入247万元,完成率190%;培育邮乐小店、邮乐优鲜、直播等线上销售渠道,零售交易额完成53.2万元,完成率130%;建成1家区域服务示范合作社——庆元县禾帝农产品专业合作社,919农村电商节打造菌菇万单项目。全年活跃站点216个,完成111%;优质站点60个,完成率113%,开展“网点+站点”“千场活动进乡村”等活动,助力金融、寄递源头获客。后广农家乐邮乐购等9个站点被评为省农村电商示范服务站(点)。

【三级物流体系建设】 主动对接政府相关部门,联合相关部门开展实地调研。持续推进“邮快合作”,代投民营快递41.04万件,代投收入40.7万元,设立中邮驿站建设84家,完成率104%,代投件数、业务收入均居全市第一,助力实现公共服务均等化,推进快递进村工作。

(黄苏慧)

【邮政管理机构成立】 9月22日,庆元县邮政管理局(以下简称县邮政管理局)揭牌成立,由市邮政管理局和县人民政府双重管理。县邮政管理局编制有局领导2人,下属公益一类事业单位庆元县邮政业安全中心有编制3人;全局在岗人员共3人,其中局领导2人,事业编制人员1人。主要职责是:贯彻执行国家邮政法律法规、方针政策和邮政服务标准,研究拟订庆元县邮政快递发展规划,监督管理庆元县邮政市场及邮政普遍服务和机要通信等特殊服务的实施,负责行业安全生产监管、统计等工作,保障邮政通信与信息安全,承办丽水市邮政管理局及庆元县人民政府交办的其他事项。

【邮政基础设施配套建设】 县邮政管理局进行邮政基础设施普查,开展邮政设施普查及法定邮政普遍服务业务开办专项检查,不定期组织抽样普查服务网点,推进全县共富驿站建设。组织住宅楼邮政信报箱专项检查,对县内随机抽查新建住宅楼邮政信报箱建设情况进行专项检查。针对查出未按照要求设计和建设居民信报箱问题,分别对施工单位和物管单位提出整改要求。

【快递行业建设】 县邮政管理局组建“庆元邮政快递行业工作群”微信群,利用微信群进行邮政法律法规宣传学习,加强与企业沟通服务。举办全县邮政、快递企业负责人法律法规及行业安全生产培训,印制宣传材料,借助新闻媒体等方式,宣传邮政法律法规、行业标准、邮政管理。举办庆元县“快递小哥”技能竞赛等活动,提升全县快递员队伍技能水平,建立各企业间的沟通平台,让社会更了解快递行业,更好地宣传本行业。积极谋划建设快递共配中心,协调解决快递企业经营用地难等问题,推动全县快递企业发展。开展企业走访调研,全面了解邮政快递行业发展情况,积极为企业排忧解难。

【邮政行业监管】 县邮政管理局加强监督检查,开展邮票发行监督检查、企业经营行为执法检查,签订寄递服务和安全生产责任书,督促企业纠正违规行为,督导企业提升服务质量。对全县邮政快递行业规范经营情况和服务质量明察暗访,检查全县邮政快递企业现场的信息安全、寄递服务和安全生产，并要求整改检查出的问题。县邮政管理局不定期抽查所有邮政快递企业的企业基本情况、过机安检、安全生产台等台账。组织办理县政府“12345”热线转办的快递申诉和消费者对快递的投诉申诉案件，全年完成信访申诉件10件。

（周芳荷）

通信

【电信业务】 庆元电信坚持以习近平新时代中国特色社会主义思想为指导，坚决贯彻党中央、国务院和县委、县政府决策部署，传承红色电信精神，发挥数字建设主力军的作用，助力庆元县数字化改革，奋力推进在中国式现代化庆元图景中勇担使命、勇当先锋。

基础设施建设。更新江根乡、官塘乡、百山祖镇等7台接入网交换机，升级张村乡、百山祖镇、隆宫乡等机房6台万兆OLT，升级大济村、同德社区等4个XGPON万兆小区，完成162个OLT千兆升级万兆PON口割接，新装调试完美联盟设备24台。开通大济村、余村村、菊水村、明悦大酒店、国际大酒店等5G站点20个，5G室分9处，4G站点3个，4G室分4处；退网拆除2G设备17套，4G设备32套；新建农村4G补点33个。

数字应用赋能。以“专班+专项”融入数改“深水区”，开展三级联动，发挥云网融合、安全可信、属地化支撑服务等优势，全力支撑庆元县数字化改革。2022年，投入信息化专业人才11人，参与数字化改革专班5个，提供驻场人员3人。在推动数字化应用工作中，庆元电信先后助力县“12345”政务热线、县公安局“雪亮工程”线路租赁及运维、县人民政府政务云、县政务外网基础设施升级改造等项目的建设和运维工作。先后完成县交通大数据平台、县交通运输局公路治超非现场执法集成服务、黄田数字农田、安南乡政府智慧安溪综合管控平台技术服务等34个项目的建设。

助力乡村振兴。开展乡村振兴“数智助力行动”。全年完成数字乡村实质签约村23个、示范村11个。针对农村低收入人口、残疾人、现役军人和退伍军人等给予基础通信服务资费折扣优惠，享受优惠21300人。通过“数字乡村基础设施建设”行动，基站补盲9个，行政村和自然村FTTH补点11个，行政村基站覆盖率98%、光网覆盖率98.4%，全力推进农村区域“双千兆”网络优化。

信息化防疫屏障。4月，随着省外新冠疫情变化，内防输入，庆元电信启动三级联动机制，集结纵向一体化专班，以信息化手段助力疫情防控演练，启动大喇叭配合社区通知。

（杨雪波）

【移动业务】 中国移动通信集团浙江有限公司庆元分公司（以下简称庆元移动）围绕迎接和学习贯彻中共二十大这条主线，贯彻落实上级决策部署，落实“疫情要防住、经济要稳住、发展要安全”的要求，在生产经营、安全生产、网络运维、5G建设、降本增效等方面工作实现稳中有进、进中提质。截至年底，本地移动通话用户数13万户，市场占有率83.83%，年度运营收入同比增长4.84%，基本完成丽水市分公司下达的各项目标。客户服务提升行动。庆元移动成立“断卡行动2.0”工作组，开展2022年度“品质引领”工作；各部门充分联动，高效修复和维系不满意客户；做优分层分级客户服务机制，解决“星级越高满意度越低”“入网时间越长满意度越低”等痛点问题；打造客户投诉一站式解决能力，推动专业管理前移，重塑投诉处理流程；提升网络、资费与信安等投诉专席效能，做细考核闭环监督，实现100%投诉进专席、100%投诉处理闭环。

数字化转型发展。庆元移动依托5G、云、大数据、物联网等创新应用产品结合互联网专线、数字电路等传统通信能力，助力庆元企事业单位信息化建设和数字经济发展。2022年，实现全县区域的5G网络覆盖，为政府机关事业单位、大型企业提供5G解决方案；继续落实政企上云服务，增加政府单位政务云5家；持续推动政府单位应用上云，为各单位数字化应用提供案例和技术保障；借助物联网应用，在电力抄表、智慧消防、智能路灯、智能井盖等领域提供数字化连接保障，为社会提供智能管道；依托DICT集成及方案解决能力，完成参与政府数字化改革项目5个，承建多跨场景应用项目。全年发展数据专线、上网专线、语音专线、企业小微宽带等累计1200条。新型基础设施建设。全年在网络建设方面投资4600万元。开通5G站点65个，实现行政村100%覆盖；新建管孔、光缆敷设、新建杆路116千米，新建光交14个，零星补点120个；完成林业车队、工业小区、城南、银泰OLT10GPON板块替换；完成高价值小区端口割接260个。

（王　超）

【联通业务】　中国联通有限公司庆元县分公司（以下简称庆元联通）学习贯彻习近平新时代中国特色社会主义思想和中共二十大精神，开展创先争优活动，开拓创先、扎实工作，提升工作水平，推进各项工作的发展。以5G为引领，始终坚持做好“两个基础”净增发展为目标。完成电力用户维系回访工作，留存用户百余户。直接与企业合作，渠道直接开到企业区，发展渠道多元化。除了传统的业务发展外，向渠道负责人培训大颗粒业务（通信系统中高速颗粒的业务，如GE、2.5G、10G等，这些业务通常由波分系统平面来承载）。

固网光改工作。固网资源扩建保障、光改行动。完成整改光衰不达标用户47户，光衰达标率为99.80%。完成宽带资源清查。截至年底，完成全县3G退网工作，全面实现电信4G共建共享。全力支撑公司业务发展，完成21个零星工程的接入与补盲。在“6·18”抗洪抢险中，支部书记牵头党员及技术人员组成抢修团队，奋战48小时恢复受灾地区的通信。

（吴晓玲）

金融业

综述

【概况】 2022年，中国人民银行庆元县支行（以下简称人行庆元县支行）在丽水市中支党委的坚强领导下，以习近平新时代中国特色社会主义思想为指导，以学习宣传贯彻中共二十大精神为动力，紧紧围绕“红桥”党建品牌创建成果、“廋”品牌家文化创建以及金融服务实体经济等重点工作，精准发力，担当有为，推动各项工作任务圆满完成。截至2022年末，全县各项存款余额187.78亿元，同比增长11.54%。各项存款比年初新增19.43亿元，同比多增2.67亿元。全县各项贷款余额168.47亿元，同比增长11.54%，增速比年初回落4.96个百分点。涉农贷款余额127.32亿元，比年初新增15.67亿元，同比增长14.03%。制造业贷款余额23.96亿元，同比增长12.27%，比年初新增2.62亿元。

【金融助力山区县跨越式高质量发展】 持续深化金融“三服务”（服务地方经济、服务中小企业、服务城市居民），累计帮助企业解决问题246个，解决融资20.41亿元。继续做好“贷款码”推广应用，全县累计1019家小微市场主体通过“贷款码”平台获得17.82亿元贷款授信，累计用信13.88亿元，企业支持率80.68%，融资满足率71.34%。扎实推动“首贷户拓展行动”升级，全年新增小微企业首贷户187户，首贷金额4.53亿元。深入开展乡村振兴金融服务提升专项行动。制定出台金融服务乡村振兴助推庆元县跨越式高质量发展工作方案，组织辖内金融机构开展金融服务精准对接；建立农村乡镇共同富裕金融联络员队伍，精准开展金融结对帮扶，实现全县19个乡、镇（街道）100%覆盖。全年累计拓展新型农业经营主体首贷户76户，农户信用贷款余额增速24.76%。积极推进低碳绿色金融服务提升专项行动。持续抓好法人银行绿色金融评价工作，将评价结果运用到支持地方经济发展绩效考核，推进法人银行进行环境信息披露。积极推动碳减排支持工具落地，加强政策宣传和部门联动，争取地方政策倾斜支持，指导辖内全国性银行分支机构主动对接庆元抽水蓄能、风电、光伏等碳减排项目企业融资需求。庆元百花岩风电项目已开工建设，抽水蓄能电站项目通过审批，有关机构持续对接跟进项目资金需求。督促辖内金融机构针对性开展科创金融服务。

【普惠金融推进乡村振兴】 一是深入推进金融支持生态产品价值实现。积极参与“两山”银行评定，辖内3家银行机构获评2021年度丽水市“两山”银行。持续开展“国家公园+绿色金融”品牌创建行动，推进林地地役权补偿收益质押贷款扩面增量，辖内3家银行机构获评“百山祖国家公园特色支行（网点）”。深入推进农村产权融资巩固提升工程，全年全县林权抵押贷款余额4.78亿元、农房抵押贷款余额6.83亿元、农村土地流转经营权抵押贷款余额0.54亿元，均超额完成年度任务。二是持续提升金融服务便利化。全年累计建成加载“两山”功能的服务站38个、乡村振兴金融服务站113个、“合作共建、资源共享”服务站160个；创建评定乡村振兴金融服务站示范点17家。新增乡镇代理征信查询服务网点1个，创建“三星”级征信查询服务点2个，国债服务全流程示范点4家，五星级服务点18家，辖内2家银行网点、1家金融服务站被评为老年人金融服务示范点，有效提升涉农经营主体、助农取款、个人征信、老年人金融服务等金融服务便利性。三是推进金融科技赋能乡村振兴创新工程，立足“数字普惠”，指导县农商行开发具有溯源、结算、融资等功能的“智慧菇城”系统，构建“全产业链金融”，打造全流程金融服务闭环。依托该系统推出的“溯源贷”累计发放274笔、8776万元。县农商行将食用菌产业链数据融入“惠民贷”，设计开发“仓单质押贷”，全年发放菇农客群“惠民贷”4695户、7.51亿元，“仓单质押贷”21户、4430万元。“智慧菇城”项目获得全市普惠金融服务乡村振兴改革创新劳动竞赛二等奖和优秀主创奖。自我加压积极参与“两小”平台推广应用，2022年庆元县没有“两小”平台推广运用考核任务，但通过多次走访对接台州银行（2022年6月入驻庆元），该行已实现该业务“零”的突破，年末“两小”平台贷款授信总额2667万元。

【金融消费权益保护】 深入实施金融消费权益保护“金惠工程”。扎实推进金融知识宣传活动，积极配合做好“百村示范 千村提升”金融知识普及宣传活动，组织辖内5家金融机构开展线上直播活动。人行庆元县支行在全市金融消费权益保护工作会议上作“金融为民 协作共建金融知识普及新阵地”交流汇报。

【金融知识宣教】 持续推进金融知识纳入国民教育体系工作，确定“金融知识纳入国民教育体系建设”为支行重点工作项目。制订《2022年庆元县金融知识纳入国民教育工作方案》，成立工作专班。开展“喜迎二十大 金融知识青年说”金融知识宣讲，成立第一支“红桥”金融知识讲师团，形成第一批精品课程库。确定金融教育馆建设思路，部署县域银行机构加强银校合作，并开展宣教活动。

（林方钰）

银行

【中国工商银行庆元支行】 2022年，中国工商银行庆元支行（以下简称工行庆元支行）全行上下以中共二十大精神为统领，以习近平新时代中国特色社会主义思想为指导，紧随区域转型升级，深入推进自身改革，扎实推进各项工作，服务地方经济，防控金融风险。坚持客户发展战略、转型发展战略、重点板块发展战略不动摇，提升经营管理精细化水平，确保各项业务稳健快速发展。截至年末，各项存款余额（含同业存款）61334.87万元，各项贷款余额107819.96万元。

普惠金融服务。贯彻落实庆元县委、监管部门关于深化金融服务民营和小微企业的工作部署要求，加快提高普惠贷款投放总量，扩大金融支持企业的覆盖面，进一步降低融资成本，创新金融服务内容，全力支持庆元小微经济体快速健康发展。一是以庆元大搬快聚为切入点，将庆元大搬快聚同心小区作为全市第一个助农、富农金融支持批量授信小区。截至2022年末，工行庆元支行已为765户农户、5户商户提供了7071万元纯信用贷款授信额度。二是以“三权抵押”贷款产品助力农旅融合发展，进一步加大优惠幅度和优惠贷款额度，确保真正让更多更广泛的小微群体受益。在信贷规模上，实现专项规模管理，对普惠贷款予以优先保障。截至2022年末，工行庆元支行普惠贷款较年初增长1.11亿元，普惠贷款支持力度县内领先。

助力地方经济发展。不断创新金融产品，推出网贷通，购建贷，税务贷（结算信用贷款、经营快贷、e抵快贷、e企快贷）等线上审批线上放款的快速融资品种。强化“三服务”，用最短的时间解决企业转贷难问题，执行“无缝转贷”，为小微企业贷款转贷；全面推广无还本续贷业务，截至2022年末，累计实现无还本续贷33笔合计4375万元，大大节省企业转贷时间与资金成本；同时防范银行抽贷、压贷风险，截至12月末工行庆元分行首贷户4户，贷款余额2975万元。

（许湘湘）

【中国农业银行股份有限公司庆元县支行】 2022年，中国农业银行股份有限公司庆元县支行（以下简称农行庆元县支行）贯彻落实上级行党委决策部署，聚焦“服务实体经济、防控金融风险、深化金融改革”三项任务，紧扣县委县政府中心工作，责任担当，砥砺奋进，各项工作在高平台上取得新成效。2022年末，各项存款余额22.50亿元，占四行（工、农、中、建四大国有商业银行）份额43.15%，日均存款余额21.49亿元，四行份额42.94%；各项贷款余额25.52亿元，四行份额39.86%，日均贷款余额24.87亿元，四行份额40.55%，实现存、贷款业务可比同业领先。获2022年度总行级安全保卫“三化三达标”先进单位称号，2022年度庆元县金融支持地方经济发展二等奖。

项目信贷投放。聚力庆元重大项目建设，逐一梳理融资需求，强化信贷服务。2022年，获批项目贷款4个，金额1.21亿元；投放项目贷款4个，金额2.66亿元，投放项目数量和金额位居四行第一。其中，兰溪桥水库扩建项目投放8750万元，大搬快聚富民安居工程项目投放6940万元，黄麻淤安置房项目投放2826万元，火车站项目投放2452万元。

服务实体经济。聚焦庆元跨越式高质量发展和山区共富，加大信贷投放，全力为共同富裕蓄势赋能，为实体经济保驾护航，为乡村振兴注入活水。2022年，日均贷款新增32306万元，四行占比83.19%。迭代升级融资畅通工程，制造业贷款新增7585万元，新增四行占比65.9%，普惠贷款新增12377万元，对国有企业庆元县两山投资发展集团有限公司授信中长期流动资金贷款1亿元，当年投放3000万元。启动农户信息建档“再出发”行动，组建2支走村串户营销队，助力农民农村创业创新，农户信贷有效建档2136户，惠农e贷新增6760万元。支持民生金融需求，全年共投放房贷5928万元，投放量四行第一。加强产品创新推广，发放系统内首笔“生态共富贷”和全市首笔“外贸e贷”“尊享e贷”，“生态共富贷”获新华网等18家媒体争先报道。

防控金融风险。严把新进贷款质量关，落实贷后管理要求，加快不良清收处置，全力防范化解信用风险。2022年，现金清收不良贷款本息1770万元，收回已核销贷款838万元，实现不良贷款余额、不良率持续“双降”。

（陈苏敏）

【中国建设银行股份有限公司庆元支行】 中国建设银行股份有限公司庆元支行（以下简称建行庆元支行）内设综合管理部、客户部、普惠金融经营部3个职能部门，下辖营业部，为单点型支行。2022年，深入贯彻中共二十大精神，新金融行动先发优势有所提升，综合金融服务能力持续增强，各类指标保持平稳增长，不良率降至新低。2022年一般性存款余额14.36亿元，日均新增8993万元，新增存款四行第一；全行各项贷款余额16.98亿元，四行排名第二；营业收入4705万元，实现税前利润3379万元。

支持地方建设。大力支持地方重大项目建设，与国投集团、两山集团、经开公司建立密切的业务合作关系，加大项目贷款投放力度；积极支持杭钢抽蓄项目、中能建风电项目等重大绿能项目建设，全力做好金融服务保障工作；有序推进农担贷、建易贷、商户云贷等普惠金融服务。

科技赋能服务。深入践行新金融行动赋能高质量发展，建设共同富裕示范区“十四五”规划，将金融服务准确投送到重点领域和薄弱环节，以场景平台激活消费新动能，服务客户品质生活。坚守金融服务实体经济本源，坚持科技化、数字化、综合化、智能化发展，提升综合实力，实现高位突破，稳定资产质量。

践行社会责任。聚焦重点乡村产业，向定点帮扶乡镇提供专属金融服方案。依托“裕农通”平台战略支点，让农民认识建行、走进建行，壮大建行下沉服务、助力乡村振兴的声势和影响力。作为庆元县金融顾问团团长单位，制订庆元县金融顾问团活动方案，协助举办金融顾问座谈会，并与铅笔行业协会、竹木行业协会等进行座谈。全年走访企业50余家，解决企业难题20余项。面对庆元县域五十年一遇的“6·18”洪灾，迅速作出部署，及时组织部门及人员积极投入灾后企业生产复工之中。主动对接屏都街道，送上米、油、纯牛奶等价值4000元的物资。

（林朝晖）

【中国银行股份有限公司庆元县支行】 2022年，中国银行股份有限公司庆元县支行（以下简称中行庆元县支行）积极应对疫情影响和国内外复杂形势，励志创新，勇于突破，以高质量党建引领高质量发展。截至年末，各项存款日均余额81885万元，各项贷款余额109775万元，实现净利润1286.43万元。

合作共建。2022年1月，中行庆元县支行与庆元县城市投资发展有限公司签订廉洁伙伴协议书，双方建立监督联动机制，互相公布举报电话、邮箱、通信地址，进一步加强双方在廉洁领域的合作共建；4月，与丽水市住房公积金管理中心庆元分中心签订党建联盟协议书，并于当年多次开展联合党建活动；11月，中行浙江省分行吴敏行长赴庆元开展调研，见证中行丽水市分行与庆元县政府签署《金融支持山区跨越式高质量发展建设共同富裕美好庆元合作协议》，同日，中行庆元县支行与庆元县两山投资发展集团有限公司签订《银企合作协议》，为后续开展合作奠定良好基础。

助农助企。致力于服务地方经济发展，持续推进助农贷款，成功落地“甜桔柚”贷，截至2022年底，累计投放菇乡贷2751万元、信易贷756万元、烟商贷620万元、“甜桔柚”贷220万元，产易贷110万元。2022年6月18日，庆元县遭受特大暴雨侵袭，不少企业损失惨重，中行庆元县支行立即赶往现场看望企业，了解企业受灾情况及金融需求，为帮助企业减轻压力，尽快从灾后恢复生产经营。截至12月末，为45家企业办理无还本续贷4.65亿元，为57家企业下调利率，节约融资成本200万余元。

纾困帮扶。充分践行国有大行“金融为民”的使命担当，深入贯彻落实县委县政府及上级分行关于巩固拓展脱贫攻坚成果、全面推进乡村振兴的工作部署，组织开展一系列结对帮扶活动。主动走访帮扶结对村五大堡乡梧桐洋村，通过实地走访了解村民的生活状况，结合金融支持政策，针对村民急难愁盼的问题，为他们出点子、想法子、找路子，真正把党和国家的为民便民政策、服务保障措施落到实处。

社会公益活动。一是积极投入县义务植树活动，为建设“大花园”最美核心区贡献力量。二是热心开展“慈善一日捐”行动，为学校捐赠书籍以及金融知识进乡村等社会公益活动，截至12月底，共开展金融知识宣传27次，开展社会服务8次，多篇稿件被媒体录用。荣获2022年度庆元县金融机构支持地方经济发展二等奖。

金融赋能。一是在营业网点配备老年人无障碍通道、无障碍ATM设备、放大镜、老花镜、拐杖、爱心座椅等便民设备，同时配备急救箱、急救药品等，最大限度满足消费者需求。二是为行动不便，需要挂失社保卡或是激活社保卡的消费者开通绿色通道，通过双人上门核实，带上移动设备进行激活和开卡。三是定期开展消防、防恐、消费者投诉等应急演练，通过演练进一步提高内部职工的安全意识，为提供安全稳定的金融环境积蓄力量。

（吴秀梅）

【中国农业发展银行丽水市分行庆元专班】 2022年，中国农业发展银行丽水市分行庆元专班（以下简称“农发行庆元专班”）在经济新常态下，积极调整工作思路，把握重点，依法合规经营，强化内部管理和风险防控，克服困难，尽心尽责，完成各项工作。截至2022年末，累计投放贷款7.82亿元，用于支持庆元县兰溪桥水库扩建工程移民安置区大坑口、洋心区块安置房建设项目、庆元县土地整治（二期）及生态修复工程项目等，各项贷款余额达到13.05亿元，创历史新高，比年初增加5.32亿元，增幅68.92%。获批贷款项目2个，审批金额12.4亿元，获批庆元县土地整治（二期）及生态修复工程项目9.5亿元，并投放贷款5.8亿元。积极为企业纾困，获批浙江贝斯特软化板有限公司流动资金贷款950万元，用于企业原材料采购，及时解决了企业资金周转困难的局面。成功投放庆元县首笔政策性开发性金融工具——农发基础设施基金2.03亿元，用于支持庆元县屏都综合新区香菇小镇工业区块基础设施配套建设项目，促进庆元县优化产业结构、增加当地就业机遇发挥重要作用。各项存款余额达到2.65亿元，日均存款余额1.80亿元。

支持企业复工复产。面对新冠疫情，根据庆元县政府投资拟融资项目清单，筛选符合农发行政策的项目，主动对接营销。2022年，发放优惠利率贷款共1笔，根据企业相关情况给予首年利率下降0.8%的优惠，为企业减少利息成本。

强化基础管理。一是提高风险意识，加大风险监控力度。做好贷款风险排查工作，真实反映贷款质量，有效管控风险。加强贷款担保管理和监测。把握风险防控主动权，坚守风险底线。二是强化内部管理。将各类检查与整改有机结合，做到边查边改、立查立改。牢固树立“合规防控风险”的理念，把合规意识渗透到每项业务、每个环节及每个岗位。针对重点部位、重点环节进行安全检查，开展安全隐患分析排查。三是加大信贷资金支持，保障国家粮食安全。重点突出业务发展战略，确保传统业务良性循环和储备粮油的安全，完成年度庆元县地方储备粮油购、销、储任务，收购资金未出现挤占挪用现象，确保收购资金持续稳定封闭运行。四是着力服务“三农”，保证中长期贷款资金发放。2022年支持庆元县基础设施建设，从水利、改善人居环境、安置房等项目入手，着力支持地方基础设施建设。五是持续深化合作。以《支持美丽幸福新庆元建设专项合作框架协议》为基础，积极走访企业，了解企业资金需求，寻找潜在项目，发挥互利共赢的机遇，深化银企合作深度。

（黄乐文 周雪铃）

【浙江庆元农村商业银行股份有限公司】 2022年，浙江庆元农村商业银行股份有限公司（以下简称庆元农商银行），下辖营业部1家，支行7家，分理处16家，流动性金融服务点4家，在岗职工217人。庆元农商银行始终围绕以人为核心的全方位普惠金融，支持乡村振兴战略，坚持把服务挺在最前面。截至12月7日，庆元农商银行各项存款余额达831148.50万元；各项贷款余额669176.36万元，存贷款总额突破150亿元大关，规模持续领跑全县银行业。2022年度，庆元农商银行荣获丽水银行业保险业支持共同富裕先进单位、庆元县支持地方经济社会发展突出贡献奖、创税大户二等奖。

普惠金融服务。坚持“做小做散”，持续深耕农户小额普惠工作，始终将全面推进农户小额普惠贷款“增户扩面”工作作为年度重点工作来抓；全面开展“走千家、访万户、共成长”“金融支持百万市场主体”等走访行动，推进网格化全覆盖走访，真正认识到“做普惠签约指标就是稳客户打基础”，完善客户经理“2063”（每周每名客户经理走访20户以上，农户小额普惠贷款签约6户以上，用信3户以上）走访机制，在全行树立“走访常态化”理念；助推平台搭建，丰富数字应用场景，新增庆元县职业高级中学、庆元县濛洲高级中学校园金融云项目和数字普惠“智慧菇城”项目，积极助力普惠金融服务乡村振兴改革试验区建设；深化政银合作放大零售优势，始终保持与人力社保局的密切联系，提高人力社保业务事项，全面承接人力社保各项业务，新增社保外的企业开办一件事联办、补换领行驶证、天然气费清单打印等特色业务的“一窗受理、延伸服务”，办理事项从41项增至74项，深化“最多跑一次”改革。

履行社会责任。庆元农商银行始终心怀大爱，积极履行承担社会责任，持续济贫、帮困、助学，开展党员志愿纾困行动，引领号召全体党员参与“6•18”慈善一日捐“我为国家公园增绿”、苗木认捐、公益献血等志愿活动。2022年12月，庆元农商银行向四川省叙永县对口捐赠扶贫款60万元、向兰溪桥水库扩建工程指挥部捐赠困难救助金10万元、赞助“第十二届庆元香菇节暨2022年庆元县人才科技峰会活动”20万元。近五年捐赠款总额达881.34万元，被县委县政府授予“爱心企业”。同时，庆元农商银行致力志愿服务，持续开展创卫清扫、疫情摸排、反诈宣传、金融公开课、清凉一杯水等活动，赢得广大群众的一致赞许。

数字化平台建设。一是立足“数字普惠”建设。为全国最大的香菇交易中心庆元香菇市场量身定制“智慧菇城”系统，与食用菌产业中心“香菇云”形成合力，由点及面打通食用菌产业链所有环节，实现融资需求实时对接，可持续延伸菇农、菇商、菇企金融服务覆盖面，构建“全产业链金融”助力食用菌全产业融合发展。自新系统上线后各渠道交易4756笔，累计金额达9130万元。二是构建“校园云”服务平台。新增庆元县职业高级中学、庆元县濛洲高级中学校园金融云项目，结合“乐享开学季 校园云在线充值赢好礼”等系列营销活动，提升丰收互联客户使用率，通过校园“金融云”切入校园服务场景，提升家校服务能力，提高师生、家长产品黏合度，推进行内引流获客。至12月末，“校园云”签约2889户，交易笔数50.42万笔，交易额291.11万元；开立集体食堂账户1家，账户存款余额37.8万元；新增丰收互联客户936个。

（吴仪凤）

【中国邮政储蓄银行股份有限公司庆元县支行】 中国邮政储蓄银行股份有限公司庆元县支行（以下简称邮储银行庆元县支行）坚持以习近平新时代中国特色社会主义思想为指导，深学细悟笃行中共二十大精神。深入坚持以金融科技赋能高质量发展，加速业务模式转型，搭建智能风控体系，提升价值创造能力，打造服务乡村振兴和新型城镇化的数字生态银行。坚持下沉服务，巩固县域优势，重点提升农村竞争力，推进城乡“双轮驱动”的发展格局。2022年末资产总额17.42亿元，较2021年末同比增长4.33%。在坚决贯彻落实国家减费让利政策的前提下，深入推进“中收跨越”战略，中间业务收入继续保持快速增长。2022年贷款总额10.9695亿元，较2021年末同比增长1.2150亿元。同比增长12.45%。存贷占比较2021年同比提升7.16个百分点，中收较2021年度同比增长37.3%。

服务乡村振兴。坚定金融与实体共生共荣，把服务实体经济放在突出位置，加大对重点领域和薄弱环节的资金支持力度，以金融“活水”浇灌实体经济。助力夯实“三农”压舱石。高度重视“三农”金融服务，加强服务乡村振兴的顶层设计，持续加大对乡村振兴重点主体和领域的信贷投放力度，努力追逐“让绝大多数农户都有邮储银行授信”的梦想，推进信用村普遍授信，全力服务乡村振兴。围绕庆元区域战略和实体经济发展，加大对科技创新、制造业和绿色经济等领域的贷款投放力度，致力于为县域小微提供更多样化的融资服务。在“三农”工作重心全面转向乡村振兴，货币政策更加精准有力的背景下，运用产业链贷、普惠房抵贷、信用户贷等新型线上化、移动化的助农贷款产品，加快探索创新普惠金融新模式。2022年，各项贷款净增1.215亿元，小企业贷款净增5547万元，小额贷款净增8881万元，其他消费贷款净增548万元，其中普惠贷款净增 9263 万元；制造业贷款净增 5400 万元；累计办理无还本续贷金额 5788 万元，无还本转贷率达 100%。

经营质效稳步提升。积极应对外部形势变化和挑战，在着力助力经济稳定恢复的同时，进一步加强自身的前瞻性能力和系统性、科学性管理，以全新的理念、扎实的举措，提升邮政储蓄高质量发展。继续全面深化数字化、集约化转型，推进资本管理高级方法建设应用，风险管理能力有效提升，资产质量保持优良趋势。通过大力发展收单、信用卡商圈建设，助力刺激实体消费。截至 2022 年 12 月，共收回不良资产 1020.13 万元，居于行业优秀水平。

（杨　丹）

【浙江庆元泰隆村镇银行股份有限公司】 2022 年，浙江庆元泰隆村镇银行股份有限公司（以下简称庆元泰隆村镇银行）坚持党建引领，专注“三农”和小微，致力产品创新，深化服务内涵，争做庆元人民心中“更亲、更近、更温暖”的银行。截至 2022 年末，各项存款余额 20.32 亿元，较年初增加 1.85 亿元，增幅 9.99%；各项贷款余额 16.69 亿元，较年初增加 0.81 亿元，增幅 5.13%；累计缴纳税金 1.26 亿元；各项监管指标达标争优，2022 年度荣获全国百强村镇银行、十佳村镇银行、庆元县银行业金融机构综合评价 A 类行等称号。

履行社会责任。一是爱心帮扶，强化责任担当。主动对接大济小学开展微心愿活动、与庆元县人民医院共建“志愿服务联盟单位”、帮扶结对村龙岩村低边户等。2022 年 6 月，庆元遭遇特大暴雨，庆元泰隆村镇银行响应政府支持灾后重建的号召，出台五项举措和 5000 万元专项资金为受灾主体注入金融暖流；同时，积极投身灾后志愿服务行动,主动参与灾后重建工作，为洪灾受损的屏都小学捐赠书籍等志愿活动。二是建立志愿服务机制，疫情期间组建网格志愿者队伍，协助街道、村委会疫情防控等相关工作。

普惠金融。坚守支农支小，践行普惠金融使命。一是聚焦农村，下沉金融服务重心。践行乡村振兴战略，启动乡村振兴沃土计划，将金融服务重心向农村下沉，建立乡村振兴长效监测机制；积极与乡镇、农村联系对接，建立乡村振兴金融顾问及服务专员队伍，推进实施乡村振兴战略提供坚实的组织保障和有力的金融支持。二是聚焦小微，切实为企业纾困解难。根据小微企业特征，积极探索小微企业渠道多样化，落实差异化服务举措。充分运用政策资金，将信贷资金引流至涉农主体。坚持不抽贷、压贷、“预审批”制度，积极创新服务方式，为中小微企业纾解融资难题。三是聚焦生态，创新绿色金融产品。贯彻落实碳达峰、碳中和重大决策，深化金融支持生态产品价值实现机制，创新取水权质押贷款等绿色金融产品，持续推进“两山贷”“生态抵质押贷”“光伏贷”等业务，助力生态产品价值转换。

（练卉茹）

【浙江稠州商业银行丽水庆元支行】 2022 年，浙江稠州商业银行丽水庆元支行（以下简称“稠州银行庆元支行”）各项存款余额 11.62 亿元（含稠州银行五都社区支行，下同）；各项贷款余额 4.82 亿元，存贷比 41.48%；上缴税收136.24 万元。

服务站点建设。一是积极创建乡村振兴金融服务站。通过在金融服务站内布放助农金融服务终端，为村民提供小额现金支取、转账汇款、现金汇款、余额查询、生活缴费等业务，使村民足不出村便可享受安全、便捷的金融服务。截至 12 月底，共签约 82 家乡村振兴金融服务站点，正式开业 17 家，服务站存款余额 3.2 亿元。利用助农机具为村民小额取款、转账、查询等交易 5926 次；站长协助村民办理代理缴费（水、电、燃气、话费）业务 127 笔。以金融服务站为载体，积极开展各类金融知识宣传，开展反假货币、反洗钱、反电信诈骗、消费者权益保护等宣传 100 余次，惠及 14 个乡镇、50 余个行政村、4000 余人次。二是大力推进“乡村振兴贷”投放工作。依托乡村振兴金融服务站点，结合整村授信业务的开展，落实“乡村振兴贷”的签约及使用，使村民更好地体验金融服务。截至12月底，在154个村开展整村授信工作，乡村振兴贷签约5025笔，授信金额7.43亿元，贷款余额1.24亿元。

创新服务方式。创新推出“智造贷”。2022年11月22日，稠州银行第一笔“智造贷”落地庆元支行。“智造贷”是稠州银行与浙江省融资担保有限公司在已签署50亿元总对总合作协议的背景下，为响应国家政策，盘活企业存量资产，加大对制造业企业，特别是小微制造业企业的帮扶力度推出的一款特色信贷产品。该产品以制造业小微企业在税务部门的缴税情况为主要依据，通过政府性融资担保公司主担保，并追加企业自有行业主流数控设备抵押，向地方主导或特色制造行业的小微企业（含个体工商户、个人独资企业、合伙企业等）或企业法定代表人发放的用于支持其生产经营的经营性贷款业务。

助农直播专场。解锁山区26县共同富裕新模式。共富路上离不开金融的赋能与助力，2022年9月29日上午，稠州银行庆元支行联合庆元县共同富裕新青年主播，在水上公园设立助农直播“庆元农特产品专场”，此次助农直播专注地方特色产业，以菌菇类产品为切入点，并将反电信诈骗知识教育贯穿于其中，不仅宣传庆元县香菇种植的悠久历史，为菇农增收提供创新的渠道，还有效提升社会公众对金融知识的获得感。

（姚　慧）

【温州银行股份有限公司丽水庆元小微企业专营支行】 2022年，温州银行股份有限公司丽水庆元小微企业专营支行（以下简称温州银行庆元支行）年末各项存款余额39343万元，较年初增长15813万元，增长67%，年日均30880万元，较年初增长10665万元，增长53%。各项贷款余额41559万元，较年初增长19257万元，其中温信贷余额23295万元，较年初增长11532万元，公司贷款新增余额1950万元，农商合作项目新增1户（庆元县水务投资发展有限公司），投放金额1000万元。

金融服务。紧密联系在庆温商，利用温州银行的金字招牌，融入温商群体，通过同叙乡情、共谋发展实战，成功营销规上企业浙江瑞庆汽车零部件有限公司贷款3400万元，配套存款留存峰值达600万元，同时为该公司100余名员工办理代发工资业务。积极参与县域存款招投标，全年共参与招投标6次，其中配合庆元农商行4次，自主招投标2次，中标2次，中标率100%，中标金额6400万元，有效改善对公存款短缺的局面，做到有的放矢，不盲目应标浪费精力。借助温信贷的产品优势，推进业务发展的同时，有效结合网格化工作，为客户提供上门开卡、办理手机银行等服务。

金融合作。与农商行建立长期合作机制，紧盯国企平台类项目落地，共同推动业务发展。持续走访庆元县多个国企平台，联系对接关键人，积极寻求县金融办、人行等部门的政策支持，成功实现平台类项目“零”的突破，为庆元县水务投资发展有限公司投放金额1000万元。

（毛君欣）

【台州银行丽水庆元小微综合支行】 台州银行丽水庆元小微综合支行于2022年7月30日开业，位于浙江省丽水市庆元县濛洲街道银泰丽晶城住宅小区3幢商住楼商铺15-1铺15-2铺，共有员工26人。其中，行长1名，副行长兼业务二部主管1名，业务三部主管1名，前台主管1人，客户经理17人，综合柜员5人。截至2022年12月31日，各大项存款余额11664.45万元，各项贷款余额12555.31万元。

专注于小微企业金融服务，为当地各小微企业和个体工商户、初始创业者、居民提供财运通业务、信用贷款、抵押贷款、自助贷款、兴农卡业务、信用卡等业务。积极参与“两小”平台推广应用，为庆元实现该业务“零”的突破，年末“两小”平台贷款授信总额2667万元。

以市场为导向，以客户为中心，以小微企业金融服务领域所积累的技术与经验，创新“简单、方便、快捷”的金融产品与优质服务。力推“生活圈”“生意圈”平台，为小微客户赋能，打造“更懂客户需求银行”，赢得客户的信赖。大力促进金融理财业务健康、有序发展，保护客户的合法权益，切实使理财业务成为金融理财机构提升综合竞争力和经营效益的重要工具，创建良好金融环境的有效手段。始终不忘初心、牢记使命，致力于为小微及“三农”等弱势群体创造平等金融服务机制，积极推动普惠金融，助推乡村振兴。

（张建敏）

保险　证券

【中国人民财产保险股份有限公司庆元支公司】 2022年，中国人民财产保险股份有限公司庆元支公司（以下简称庆元支公司）有在编员工27人，下设营销服务部1个，并分别在各乡镇（街道）成立保险服务点，服务网络覆盖全县每个乡镇。2022年，公司实现保费收入5755万元，增速4.01%，市场份额58.82%，领先于庆元其他财险市场，公司业务范围已全面覆盖企业财产保险、家庭财产保险、工程保险、车辆保险、责任保险、信用保险、农业保险等保险业务。

支农惠农。重点险种持续实现全覆盖，地方特色险种稳步发展。持续实现水稻、林木（公益林）、农房保险、能繁母猪保险的全覆盖，为农民基本生活、生产提供有力保障。庆元支公司与庆元县农业农村局签订服务乡村振兴战略合作协议，本着“政保合作、深度融合，支农惠农、保障全面，服务到户、高效精准”原则，积极发挥保险的风险保障、经济补偿以及资金融通多方面作用，多措并举创新保险产品，服务庆元地方经济，为建设“美丽菇乡”保驾护航。

政保合作。加强政保合作，加快发展现代保险服务业。庆元支公司承保巨灾保险，为全县20万余名居民提供风险保障；持续主动参与政府的社会风险管理与社会保障体系建设，与全县19个乡镇及街道签订庆元县政策性农村住房保险协议，顺利为农户农村住房提供风险抵御保障；助力地方多层次健康体系建设，筑牢百姓保险屏障，参与推广浙里惠民保——“浙丽保”“长期护理责任”，切实减轻参保人员看病就医负担，提升失能人员的生活质量和人文关怀水平；大力推广食品安全责任保险，致力宣传食品安全知识，关心、支持和参与庆元县食品安全监管工作，充分发挥保险的积极作用；推进庆元县残疾人意外伤害保险工作，充分发挥庆元县残疾人意外保障功能，提高残疾人发生意外风险时的应对能力和善后处置能力，为庆元残疾人撑起平安保护伞。

服务质效。“6•18”暴雨灾害中，开通绿色理赔通道，累计支付赔款4080万余元。设立提供6年内免检机动车申领检验合格标志办理窗口，打造“保险+年检”一站式服务，将“最多跑一次”服务理念深入承保、理赔服务环节。持续深化警保联动，共建农村道路交通安全，建设以庆元竹口为首站的“两站两员”网点，加强“一站式”工作模式，实现双方站（网）点、队伍等资源的“跨界共享”。立足金融保险视野，扎实做好金融保险信息、调研资料报送，支持地方经济发展，组织开展“金融知识进百村进企业”、“3•15”消费者权益维护、“文明出行”等金融知识普及活动，践行“做有温度的人民保险”，在支持地方经济发展中输出保险金融价值。

（吴利红）

【中国人寿保险股份有限公司庆元县支公司】 2022年，中国人寿保险股份有限公司庆元县支公司（以下简称中国人寿庆元县支公司）实现总保费收入7751.59万元，市场占比为56.74%，总保费和市场占比均居全县第一。其中，个人营销保费6717.07万元，公司直销保费514.95万元，银行代理保险保费519.57万元。共受理理赔案3113件，赔款共计1022.81万元，其中，死亡赔付85件，赔付金额222.65万元；重疾赔付208件，赔付金额469.95万元；医疗金赔付2797件，赔付金额290.83万元。该公司共有专业管理人员

12人，专业销售人员114人。

保险业务。2022年，针对不同群体开展多种保险业务，包括重大疾病保险、意外保险、补充医疗保险、独生子女家庭意外伤害保险、计生特殊家庭保险、两性安康保险、农村小额保险、低收入农户保险、学生平安保险、平安大巡防志愿者保险、乡镇保洁员意外伤害保险和农民自建房保险等，同时，协同"浙丽保"承保业务。完成计生系列保险投保5.37万人次，保障覆盖至每一个行政村。深入"社区、农村、学校"开展保险宣传活动50余场次，受益群众2000余人。在"6·18"洪灾中快速响应，开通绿色赔付通道，提供多样化理赔报案途径，积极履行社会责任，向受灾乡镇赠送抗洪救灾物资。与中国工商银行、中国农业银行、中国银行、中国建设银行、庆元县农商银行保持良好的合作代理关系，并签订合作协议，中国人寿的寿险产品以其特有的保障功能，在资产保全、资产传承、风险转嫁等方面发挥着重要作用，深化同业合作，实现互惠共赢。

风险防范。持续开展反洗钱、防范非法集资、扫黑除恶、重点风险专项排查整治等各项风险防范工作，有效治理销售过程中的不合规行为，通过风险教育与现场检查相结合的方式，防范化解销售风险，强化整改责任落实，及时消除风险隐患，促进公司持续稳步健康发展。有效开展客户服务节、总经理接待日、金融知识普及月等客户服务工作。

协助政府工作。协助庆元县社会保险事业管理局开展对全县参保人员外伤案件的调查工作，全年共受理调查外伤案件2231件，其中调查发现案件"阳性件"842件，有效降低政府的财政支出。

参与社会活动。积极参与地方政府扶贫结对、协助社区疫情防控、平安创建、国卫复审、文明城市复评等相关工作，持续开展环境卫生保洁、责任区块巡查、健康教育、爱国卫生等创卫活动；深入淤上乡结对村，针对结对村实际情况，协助完成项目立项、资金落实等相关工作；多次进村入户，详细了解农民的实际困难，上门慰问困难农户，送上帮扶物资。

（吴晓燕）

【中国银河证券庆元濛洲街证券营业部】 2022年，中国银河证券庆元濛洲街证券营业部（以下简称濛洲街证券营业部）有人员11人，其中总经理1人，管理服务人员7人，客户经理3人。全年实现营业收入1055.23万元，利润总额477.66万元，年末客户资产总额109060.47万元。其中，指定及托管证券市值100185.15万元、客户交易结算资金余额7565.98万元，全年代理交易总额为256.93亿元。截至年底，累计开户数23768户（机构客户5户），当年新增开户数2590户。年度综合考核为B等。

濛洲街证券营业部积极开展走访当地民营企业，完成"浙江华御食品有限公司""浙江醉三公生态农业科技有限公司"两家企业在浙江省股权交易中心的挂牌展示工作；向各企业普及理财知识，防范金融风险，为中小微企业提供金融理财的平台和工具，立志更好地服务于实体经济。通过送金融知识下乡、广场宣传、小区宣传等方式向群众宣传打击非法集资、防范金融诈骗等知识累计20余场。

（沈　菲）

旅游业

综述

【概况】 2022年，庆元县以“国家公园康养庆元”为品牌引领，持续推动文化和旅游资源开发，全力构建康旅、农旅、工旅、文旅、体旅融合发展的全域旅游发展格局。全年接待游客123.4万人次，同比增长0.9%，增速排名全市第一，实现旅游总收入13.7亿元，同比下降1.4%。县内4家旅行社接待旅游团队185个，游客6648人次，同比下降54.35%，客源主要来自宁波、杭州、丽水等地。全县全社会住宿业营业额同比增长13.2%，限额以上住宿业营业额同比增长25.7%，增速均排名全市第三。

【发展乡村休闲旅游】 庆元立足全域旅游示范区建设以及景区城、景区镇、景区村创建，整合旅游景区、经典产业、古镇古村等特色资源，发展乡村旅游。古村落观光类的大济村、民俗文化体验类的月山村、亲子研学类的安隆村、红色文化类的斋郎村、体育融合类的荷地村等。同时各乡镇（街道）结合地域或产业特色，举办黄田龙头山杜鹃花节、龙溪休闲茶叶节、安南荷塘文化节、举水廊桥避暑节、贤良亲水节、江根咸菜茶民俗文化节等乡村特色文化节，形成“一乡一品”“一村一特色”的乡村文旅融合品牌集群，共同塑造庆元特色文旅形象，推进文旅深度融合。

【旅游饭店创建】 庆元明悦大酒店通过浙江省旅游饭店星级评定委员会评审，创建四星级旅游饭店，为庆元首家被评定为四星级旅游饭店的酒店。同时，又获评庆元县首家“金树叶级”绿色旅游饭店。

旅游资源

【概况】 庆元依托生态山水资源，开发建设一批旅游景区（点），推进省级全域旅游示范县创建。全县有A级旅游景区5个，其中AAAA级旅游景区2个，分别为百山祖、巾子峰；AAA级旅游景区3个，分别为月山村、莲湖村、香菇小镇。其中，庆元百山祖国家级自然保护区、庆元国家森林公园等自然保护地正在积极建设国家公园。全县累计创成A级景区村庄共104个；景区镇共14个，其中AAAA级景区镇有5个，分别为黄田镇、百山祖镇、贤良镇、安南乡、举水乡，其中AAA级景区镇有9个，分别为濛洲街道、松源街道、屏都街道、竹口镇、荷地镇、淤上乡、张村乡、龙溪乡、江根乡；省级旅游风情小镇2个，分别为百山祖镇、举水乡；特色小镇1个。

【旅游资源建设】 生态古民居项目一期基本完成项目建设，西侧入口立项工作加快推进；半湾休闲养生文化园项目文化创意区块、胡紘书院完成主体建设并开展外墙施工，博物馆基本完成主体建设，配套酒店结顶，明清古居区块4幢主体完成。全年预计完成涉旅投资23亿元。微改造方面，完成30个市级微改造示范点建设，其中完成市级民生实事微改造点位22个。

旅游宣传推广

【概况】 邀请省市或自行组织的摄制团队到庆元县拍摄宣传片、制作宣传书册18次，全程协助杭州摄制团队拍摄《庆元城市文化旅游宣传片》，该宣传片已正式发布。2022年，共发布“文旅庆元”微信公众号微文336篇次，联动9个新媒体平台形成文旅庆元新媒体营销矩阵；与丽水广播电视台、一点资讯、中国旅游网、中国旅游报等传统媒体合作，固深固实传统媒体传播影响。

【旅游推介活动】 2022年，共参加省市组织和自行举办营销推介活动21场次。其中，山海协作对接城市（长兴县）2场；自行组织及配合开展各类线下宣传营销活动5场，分别为“乘着高铁游丽水”2022浙江丽水文化旅游（山东济南、日照）联合推广周活动、“我在庆元疗休养暨百山祖啤酒音乐节”活动、“跨山起航”2022国航浙江分公司·浙江庆元专场推介活动、“2022年山屿海杯”庆元廊桥越野赛乡村文化旅游专场营销活动、2022年浙江省健身气功站点联赛总决赛旅游宣传营销活动；协助各乡镇（街道）举办乡村旅游季活动14场次。

旅游服务与监管

【旅行社】 全县有旅行社8家，分别为：庆元县旅游集散中心有限公司、庆元濛洲旅行社有限公司、庆元沪庆旅行社有限公司、庆元缘游天下旅行社有限公司、庆元明悦旅行社有限公司、庆元县廊桥旅行社有限公司、丽水市莲城旅行社有限公司庆元分公司、江苏乐马国际旅行社有限公司庆元营业部

【旅游服务】 推动惠企政策落地见效。2022年，旅游地接业务引流奖励、A级景区运营补助、专职导游员补贴等共计160.1万元稳岗资金直达市场主体。积极培育技能人才，举办“菇乡工匠”客房服务员大赛、中级茶艺师和高级客户服务管理师培训班，丽水市“金蓝领”共富能力提升行动指标任务完成率达111.2%。优化行政审批服务，全年办理行政许可事项8件。

【旅游市场监管】 围绕“平安护航党的二十大”主线，以除险保安“百日攻坚”行动为抓手，常态化开展旅游行业安全检查160余次，检查对象800余家次，整改问题隐患70余处，高效完成县委、县政府和安委会部署的经营性自建房、私设“景点”、燃气安全、地质灾害风险等阶段性重点任务，加强节假日、冬奥会、中共二十大等重要保障期安全保障工作，组织开展文旅行业消防安全、防汛防台等专题培训12次，疏散逃生、特种设备安全等应急演练5次，确保全县文旅领域未发生安全生产事故和旅游投诉事件，安全形势持续平稳。

（胡慧侦）

交 通

综述

【概况】 庆元县交通局(以下简称县交通局)紧扣“西进武夷山,东出温州港,北连长三角,南接海西区”大交通发展战略,聚焦交通服务共同富裕的发展目标,抢抓省厅五年结对帮扶机遇,攻坚克难,做深做细前期谋划,有序推进工程建设,全面加强行业管理,大干交通、干大交通,取得一系列“变不可能为可能”的成绩。

【重大交通项目谋划】 义龙庆高速公路庆元段获得省发改委项目赋码和核准,该项目在2022年9月全省加快高水平交通强省建设推进会上被明确为省主导项目,计划于“十四五”末开工建设,届时将实现庆元县交通区位的根本性突破。638国道庆元县景庆交界至照田圩段改建工程在2022年1月被列入《浙江省普通省道公路网布局规划》正式提级为省道,7月被纳入《国家公路网规划》成为638国道重要组成部分,一年时间实现从县道到省道再到国道的规划调整,收获庆元交通史上的最大红利。S209奉化至庆元公路庆元五大堡到龙溪段改建工程顺利通过工程可行性研究报告审查和初步设计审查,被省交通运输厅列入首批交通服务共同富裕试点名单。

公路

【概况】 仙居至庆元公路庆元银屏山隧道工程完成投资3017万元。庆景青公路庆元万年隧道及接线工程完成投资1.2亿元、总体工程量的25%。S329(55省道)庆元县兰溪桥段改建工程10月27日通过竣工验收。柏渡口到朱黄到中济段改建工程11月7日通过竣工验收。

【“四好农村路”示范县创建】 庆元县“四好农村路”示范县创建工程完成投资15472万元、主体

万年隧道效果图　　　　(县交通运输局 供)

工程建设的55%。改建工程128千米，农村公路路面大中修工程371千米，危桥维修加固5座，景观提升3条。该项目能有效提升沿线群众出行条件，对开拓农产品销路、带动农民增收、促进乡村振兴具有重要意义。完成2022年度省市县民生实事建设，整治全省5.29千米国道起伏不平等病害点段，新建和改造提升农村公路74.7千米，农村公路养护156.7千米，200人以上自然村公路通达率100%。庆元县下滩至上余防护与农村公路被列入全省防火巡护道与农村公路共同建设六大试点之一。庆元县枫堂至曹岭公路入选浙江省首批“十大最美农村路”，获副市长朱磊批示肯定。

铁路

【概况】 衢宁铁路自浙江省衢州市沪昆铁路衢州站引出，经龙游、遂昌、松阳、龙泉、庆元、松溪、政和、建瓯、屏南、周宁至宁德市杭深铁路宁德站，线路全长379千米，线路于2020年通车。2022年，庆元站累计接送旅客119400人次，其中出发63197人次，到达56203人次。日均接送旅客327人次，其中出发173人次，到达154人次，同比下降50.4%。

【衢宁铁路庆元站货运开通】 12月28日，衢宁铁路庆元站货运正式开通，标志着庆元全面进入了铁路货运时代。庆元站货场占地面积约5.33公顷，拥有货物线2条，配有45吨正面吊1台，可同时容纳33辆货车作业，可办理整车和集装箱货物到发业务以及超长超限货物运输。衢宁铁路庆元站货运的开通，为庆元食用菌、竹制品和铅笔三大产业发展带来了新机遇，将进一步促进庆元物流业加快发展，推动庆元深度融入长三角一体化发展，进一步架起庆元对外开放、问海借力的新桥梁，为庆元经济社会发展注入新的活力。

（县发改局）

运输管理

【概况】 开通6条助企公交专线：助企1号北线（同济新村—屏都工业园区）、助企2号中线（汽车站—屏都工业园区）、助企3号南线（汽车站—屏都工业园区）、助企4号同心线（同心新村—屏都工业园区）、助企5号竹口线（汽车站—竹口工业园区）、助企6号新窑线（汽车站—新窑），累计每日17个班次，途经站点35个，线路总长单程约240千米，惠及100多家企业和沿线群众。

【交通执法安全监管】 开展超限超载治理工作，联合案件数225起，移交交警罚款66800元，扣分419分，卸货4449.97吨。处理现场超限案件3起，罚款5444元。“一超四罚”案件2起，罚款8000元。依托非现场执法设备，处理非现场案件11起，罚款40415元，同时抄告外省车辆15辆。查处使用伪造超限通行证案件1起，罚款5000元；查处“抛洒滴漏”案件1起，罚款1000元；查处危险品运输案件2起，罚款6万元。严厉打击非法营运，出动执法人员131人次，开展联合执法行动10次，专项宣传5次，研判、处置客运问题2个，查处未取得从业资格证件驾驶出租车案件1起，罚款200元。开展迎亚运“两路两侧‘三化一平’”专项整治行动，提升路域环境，排查问题93处，落实整改点位93处，拆除非公路标志180块。推进“平安工地”“品质工程”建设，全面实施拉网式排查整治，确保实现“三个全覆盖”（覆盖所有在建工程、所有标段、所有施工工点）。累计对受监各参建单位下发质量监督检查意见书23份（其中常规19份，小型工程4份），安全监督抽查意见书20份（其中常规18份，小型工程2份），监理监督检查意见书4份，合同监督检查意见书2份，试验监督检查意见书11份。开展在建项目安全隐患大排查大整治“利剑”行动，发现并整改隐患87处，闭环率100%。实施行政处罚3起，处罚金额2000元，办理轻微违法行为告知3次。（吴明甸）

城乡建设与管理

城乡建设

【概况】 庆元县住房和城乡建设系统坚持以习近平新时代中国特色社会主义思想为指导，贯彻习近平对住房城乡建设工作系列重要指示批示，在县委、县政府的领导下，实干担当，推进庆元城乡建设绿色发展。全年完成建设项目投资8.42亿元，房地产投资6.58亿元，实现建筑业总产值30.17亿元。安全生产方面，实现"零重大事故、零人员伤亡"。

【项目建设】 承担建设项目31个，完成投资8.42亿元，基本完成年度建设任务。庆元大桥东半幅桥梁及引线建设并临时通车；完成黄麻淤安置小区、生活垃圾综合处理处置、庆元大桥—老二中堤顶绿道、"全域污水零直排区"创建一期、西大桥人行道改造提升等一批项目建设，市民广场提升改造工程投入使用，受到市民好评。开工建设污水二期扩建工程、同心未来社区等项目，城东未来社区主地块梦天区块挂牌出让。

【房地产业】 出台《庆元县购房交易契税补贴实施细则》《庆元县新建商品住宅购房补助实施细则》《庆元县"大搬快聚"搬迁对象购房补偿实施细则》《庆元县工业企业"房券"奖补实施细则》《庆元县房屋征收市场化安置购房阶段性补偿方案》等政策。核发商品房预售证1本，完成商品房合同备案667套，房地产投资6.58亿元，销售面积63880平方米，同比增长4.6%，增幅位列全市第三，房地产从业人员工资总额增长速度位列全市第一。全面推进无物业小区清零工作，实现庆元县无物业小区全面清零。

【公租房建设和租赁】 修订并发布实施《庆元县公共租赁住房管理办法》，公租房实物配租保障累计911户，在租实物保障380户、轮候13户；全年发放住房货币补贴215户，48.32万元；发展保障性租赁住房，孵化园（公寓楼）项目、屏都生物科技产业园企业服务综合体人才公寓项目争取纳入省保障性租赁住房计划；全年增加住房保障受益人数10460人，城镇住房保障受益覆盖率24.85%，排名全市第一；134户未安置家庭完成黄麻淤安置小区安置，实现5年以上未安置问题"清零"；发放2022年度退休人员住房补贴，86名退休人员发放补贴97万元。

【白蚁防治】 全年受理新建房屋白蚁预防登记面积30.1万平方米，完成庆元县滨江尚品商住小区、庆元县攀首文具厂、庆元县食用菌一二三产业融合提升试点项目——康养中心、庆元县屏都街道八二小区（春澜景苑）等6个项目的新建预防新技术运用面积31.4万平方米，新技术应用率100%；回访复查德锦苑、君望佳苑、书香苑等16个项目的新建房屋白蚁防治新技术；回访复查荷地镇、淤上乡等19个项目的新建房屋白蚁防治药物使用情况；维护、检查老年活动中心、档案馆、公安局、碧桂园、中梁等18个项目的白蚁监测装置。

【园林绿地建设管理】 全年建设绿道5.8千米，建设绿地5.28公顷，建成区绿地率37.71%，绿化覆盖率43.93%，人均公园绿地面积14.47平方米。庆元县园林处荣获2022年度浙江省白蚁防治先进单位称号，濛洲街被评为2022年度省级绿化美化路。

【城建行政审批】 办理发放各类行政许可、备案及公共服务办件4303件；收取城市市政基础设施配套费2笔，合计237380元。推进建筑工程施工许可证“多合一”办理，全年办理浙江双枪竹木有限公司日用餐厨具自动化生产基地建设项目等25个项目的建筑工程施工许可证。

【城区保洁】 城区清扫保洁面积178.3万平方米，机械化清扫面积127.5万平方米，机扫率71.5%，其中主干道机扫率100%。2022年6月起，庆元县全面推行垃圾分类收运处置工作，全县城区餐厨垃圾收集清运到环卫综合基地垃圾中转站，再用餐厨垃圾收集车转运到黄坛生活垃圾处理中心进行厌氧发酵处理；其他垃圾经环卫综合基地、会溪、工业园区3个垃圾中转站转运到黄坛生活垃圾处理中心进行集中分拣及厌氧发酵沼气发电，分拣后的可燃垃圾统一运送到龙泉餐厨垃圾焚烧厂进行焚烧处理。全年，收集处置餐厨垃圾0.82万吨，收集处置其他垃圾3.28万吨，餐厨垃圾及其他垃圾的日产日清率及资源化利用率100%。生活垃圾综合处理处置项目7月完成竣工验收，并投入使用。

【城乡污水运维】 庆元县城乡生活污水运行维护管理有限公司3座污水处理厂总污水处理量850.3万吨，COD（化学需氧量）减排累计1597.46吨，氨氮减排累计150.68吨。庆元县污水处理二期扩建工程开始施工。庆元县农村生活污水治理工作连续两年被省建设厅评为省级优秀县。

【城乡危房治理】 将自建房安全隐患排查专项整治工作和第三次全省城镇房屋调查登记工作相结合，全面推进庆元县行政范围内所有房屋的安全隐患排查工作。实行精准排摸，各乡镇（街道）开展排查并录入住建部系统57962户，其中自建房42947户，非自建房15015户。完成鉴定房屋2319户，发现C级危房676户，D级危房732户，其中经营性自建房78户，非经营性自建房1330户。有序推进整治，2022年经鉴定危险房屋有1408户，完成危房整治1285户，整治率为91.26%，其中经营性自建房78户，整治率100%；非经营性自建房1207户，整治率90.75%。

【村镇建设管理】 开工建设竹口镇岩溪村、黄田镇曹岭村、东西村3个美丽宜居示范村创建项目；完成百山祖镇桥陌村、龙岩村、斋郎村美丽宜居示范村创建省级验收，斋郎村被评为全省美丽宜居示范村创建优秀村庄；成功申报江根乡箬坑村、龙溪乡转水村、贤良镇新村村3个2023年度美丽宜居示范村创建试点。组织乡镇（街道）开展第二批浙江省传统村落和第六批国家级传统村落申报工作；完成松源街道九漈村、官塘乡横坑村传统村落风貌保护提升省级验收，松源街道九漈村被评为全省传统村落风貌保护优秀村庄；开展传统建筑保护名录和历史建筑保护名录确定公布工作，确定公布庆元县第一批传统建筑保护名录和县2022年历史建筑保护名录，完成4处历史建筑挂牌和测绘建档工作。

探索庆元美丽城镇建设路径，2022 年，创成百山祖镇、淤上乡 2 个省级样板乡镇和荷地镇、五大堡乡、岭头乡、举水乡、龙溪乡等 5 个省级基本达标乡镇。

（柳　军）

综合行政执法

【概况】 2022 年，庆元县综合行政执法局取得“省市民生实事办理”“服务企业问题解决率”“现代社区建设”及“国企改革进度”四项“猛虎奖”。成立全市首个综合行政执法体能技能培训基地，干部能力提升培训 126 人次；在市局执法练兵技能竞赛上荣获“大综合一体化改革”实践成果竞赛、行政执法案件办理竞赛团队及个人竞赛 3个二等奖；《创新“党建+群建”机制 构建多元协同社会治理格局》项目获评全市机关党建“实招妙招”擂台赛“优秀创新案例”，濛洲中队获评 2020—2021 年度浙江省青年文明号，为全市执法系统唯一。

【助力全县发展】 领办兰溪桥水库扩建工程项目政策处理任务，协助突破县城仓山路地块老旧小区改造项目攻坚难点，配合县重点项目指挥部开展清表、联合拆违行动 15 次，拆违面积 10.94 万平方米；办结政协委员提案 2 件，代表团建议 1 件，办理率 100%，满意率 100%；助力庆元县成功获评省级夜间经济特色城市。

【“大综合一体化”行政执法改革】 深化“大综合一体化”行政执法改革工作，制定印发 5 项实施方案、19 项制度机制，划转省市规定的 25 个领域 1435 项综合行政执法事项，推动黄田镇赋权制试点，构建赋权、派驻、辐射三种模式相融合的执法体系。把“一支队伍管执法”进百山祖国家公园、省级经济开发区和融合型社区工作做出成效，在推进跨区域联合执法、优化法治营商环境、提升基层治理能力、促进服务效能等方面逐步积累形成具有庆元特色的典型经验，先后在浙江政务信息、浙江信息、省“大综合一体化”行政执法改革专报上刊登，得到市委副书记、政法委书记张赟的批示肯定。

【市容市貌管理】 整治建筑工地不文明施工，登记施工在建单位 20 家，专项巡查 27 次，对夜间施工扰民、工地扬尘等不文明行为立案处罚 161 起；提升整治市容秩序，对商铺超门窗经营行为立案处罚 85 起，对流动摊贩无照经营行为立案处罚 71 起；加强犬类规范管理，在县城限养区开展集中整治行动 21 次，收容流浪犬 113 只，劝导不文明养犬、遛犬行为 357 起，立案处罚 40 起；开展秸秆焚烧专项整治工作，组建专班常态化开展 6:00—22:00 不断档巡查，结合蓝天卫士监控系统、金数据设计智能报表系统打造“秸秆焚烧”信息平台，电子化记录 134 起秸秆焚烧行为，发放《露天焚烧行为管理告知单》134 份，签订《违法行为人自行改正承诺书》134 份，劝阻、制止辖区内秸秆焚烧行为 222 起，立案处罚 62 起；推进生活垃圾治理工作，坚持正面引导和负面约束相结合，实行 6:30—21:30 全时段巡查，加强重点区域、主要街道、人员密集场所的执法检查力度，督促相关负责人履行生活垃圾分类义务，送达《责令限期改正通知书》411 份，立案 207 起。

【规划管控工作】 持续加强农民建房违建管控，累计跟踪农民自建房 145 幢、4.3 万平方米，跟踪危房改造（修缮）70 户、1.2 万平方米，责令停止违法建筑以及监督自行拆除整改 16 处、253 平方米，“即查即拆”违法建筑 41 处、1797 平方米，立案处罚 19 起。持续完善“一区一长一规范”小区防违控违机制，出台《庆元县商品住宅小区违法建筑处罚意见》，强化小区违建管理，深化“执法+物业”联合共管模式，在 13 个小区试点运行“违建·智管通”数字应用，导入业主信息 1700 条。2022 年，检查发现菇城佳苑、小镇大客厅、和家园等小区违建37处，协助户主自行整改10处，"即查即拆"9处，立案处罚18起。持续开展迎亚运"两路两侧"专项整治行动，制订《庆元县迎亚运"两路两侧"违法建筑专项整治行动方案》，排查重点区域内违法建设55宗，违建面积12833平方米，全部处理到位。开展现场抽查2次，发出通报9期。

【违法建筑整治】 庆元县"三改"(旧住宅区、旧厂区、城中村改造)面积1.38万平方米，完成省市下达任务(1.18万元)的117%；拆违面积30.16万平方米，完成省市下达任务(10万元)的301.6%。摸清全县违法建筑"底数"，累计登记违法建筑12124个点位，违建面积156.1万平方米，其中违法暂缓登记8132个点位，违建面积38.97万平方米。全面整治重点区域违建，开展每月集中统一行动12次，累计拆违22.04万平方米，完成省级督查交办点位问题销号，拆除存在安全隐患的企业12家，拆除违法建筑面积8500平方米。

【创新执法方式】 提高智慧执法平台处置率，通过丽水智管通累计上报事件35718起，督查交办1113起，登记、处理35677件，处置率99.88%，掌上执法率100%；推广"大综合一体化"执法监管数字应用，组织全县32个行政执法部门及19个乡镇(街道)业务骨干人员参加"大综合一体化"执法监管数字应用实操培训，实现部门入驻率、执法人员账号开通率、有签名的执法人员占比"三个100%"，19个乡镇(街道)均完成基础参数配置；"摊助富"应用场景先行先试激活城乡多元经济活力，为全市唯一试点，组织培训11次，培训摊主160人次。完成摊主注册224户，摊主预约摊位4715次，累计上报摊主违规情况56起，有效破解"游摊小贩经营难、群众放心消费难、行业管理平衡难"问题；迭代升级人行道违停"智管通"场景应用，截至2022年12月，开设特色应用场景14个，完成浙政钉端上架，累计分析出10个重点时段、路段，提前规划、施划非机动车泊位7396平方米，执法端累计贴单49457单，群众"一键办"缴纳罚款16303辆次。 (吴慧楚)

生态建设

综述

【概况】 2022年，庆元县城环境空气质量综合指数为1.96，排名全省第一；空气环境质量优良率100%，细颗粒物（PM2.5）年均浓度为17微克/立方米，可吸入颗粒物（PM10）年均浓度为25微克/立方米，较2021年同期分别下降15%、16.7%。地表水环境质量综合指数2.28，排名全省第一，地表水断面水质全面达到或优于Ⅱ类水质标准，达标率100%。全县生态环境质量指数（EQI）87.4，生态环境质量类型一类。2022年庆元县生态环境质量公众满意度总得分91.79分，排名全省第二、全市第一。

【生态建设】 创建全国“绿水青山就是金山银山”实践创新基地，增添“国字号”生态名片，在全国生态文明示范建设论坛上，庆元县委书记作为全省唯一代表作典型发言。聚力生物多样性保护，开启争创生物多样性价值转化实践地新征程，建成坑里生物多样性体验地，获授全省首批生物多样性体验地称号。投资3000万元，深入实施庆元县生物多样性保护与可持续利用示范项目，构建区域生态安全格局。庆元县入选2021年度“美丽浙江十大样板地”，莲湖村入选第二批低（零）碳村试点创建单位。

【污染防治】 邀请专家对重点VOCs排放企业进行摸底，推动企业整改，8家企业完成源头替代、7家企业完成低效设施改造；深入推进施工场地污染防治联动协作，组织专项联合整治12次，立案查处161起。聚焦污染源头治理，排查6个工业区块、319家工业企业入河排污口，开展涉水问题专项整治行动，排查整改问题点位94个；推动环境基础设施建设，实施项目25个，地下污水管网建设改造11千米，全域“污水零直排区”建设通过验收。强化固废监管，整改3处隐患点位，探索推进无废城市建设，创建“无废细胞”28个，建设小微企业危废收运体系，建成屏都综合新区危险废物收储转运中心并投入使用。

【环境监管】 先后组织开展蓝天、碧水、清废、绿剑等专项执法行动，开展生态环境领域除险保安问题排查整改，出动执法人员1718人次，检查企业535家次，针对现场检查发现的问题，集中约谈企业4次，下发环境监察意见59份，立案查处环境违法行为26起，作出处罚决定24件，处罚款1269260元；办理5件生态环境损害赔偿案件，赔偿金额32889.64元。做好信访调处工作，及时回应群众热点关切问题，办理各类群众环境信访件38件。完成2022年省委生态环境保护专项督察迎检工作，办理交办信访件1件。有序推进各类上级督察整改，按期完成中央、省环保督察信访交办件、反馈问题整改销号。

【环境宣教】 策划环保主题宣传活动，凝聚生态环境保护思想共识，开展“4•7”庆元生态日、“5•22”国际生物多样性日等线上线下宣传活动10场，入企送法培训10次，开办环保大讲堂，累计参训1000人次。举办中央广播电视总台浙江总站共同富裕（人与自然和谐共生）观察点揭牌暨全省生物多样性保护新闻采风活动启动仪式，发布全县生物多样性本底调查成果和全省首条生物多样性体验游路线，16家省市媒体汇聚庆元报道关注庆元生态环境保护工作。

（吴芳娣）

土地资源保护

【耕地保护】 2022年全县划定耕地保护目标面积11253.33公顷，划定永久基本农田9206.67公顷，完成上级下达庆元县保护工作任务。2022年下达荷地镇、岭头乡、隆宫乡、江根乡4个百、千亩方永久基本农田集中连片整治项目，总建设规模371.47公顷。全面推进“田长制”，设立县、乡、村三级田长271名，村级巡查员191名，实现耕地保护责任到人、到地块，建设视频监控铁塔基站点位80个，“耕地智保”应用场景全面贯通，“人防+技防”的耕地保护新格局基本形成。

【废弃矿山治理】 推进废弃矿山治理和绿色矿山建设，启动屏都街道衢宁铁路庆元火车站场区块取土场恢复治理工程，完成淤上乡高山湾建筑用花岗岩矿绿色矿山建设验收和左溪镇留香村饰面用花岗岩绿色矿山回头看整改验收。

森林资源保护

【林业有害生物防治】 全县成立10支森林病虫害防治专业队，有队员70名。按照属地管理的原则，对尚未发生疫情的乡镇、自然保护区、森林公园和风景名胜区严防死守，全方位阻击疫情传入；对已发生疫情的乡镇街道严格按照以疫木清理为核心，以疫木源头管理为根本的防治思路，积极开展防治。2022年10月，为推行浙江数字森防工作，全县采用无人机和人工开展松材线虫病秋季疫情普查，并对采集的航拍影像数据进行疫木识别，完成松林普查面积10.81万公顷，调查小班22393个，松材线虫病发生面积2564.4公顷，疫点12个，即濛洲街道、松源街道、屏都街道、黄田镇、竹口镇、淤上乡、安南乡、隆宫乡、五大堡乡、贤良镇、张村乡、江根乡等乡镇街道（包含庆元林场、实验林场、永青国有林场等3个国有林场）。百山祖镇、左溪镇、荷地镇、岭头乡、举水乡、龙溪乡和官塘乡等7个乡镇未发现松材线虫病疫情。2021年10月至2022年9月，全面完成2021—2022年度松材线虫病疫木除治任务，烧毁枯死松树4856株；完成注干剂使用保护大径级松树1.5万株及古松树5101株；2022年10—12月，完成新一轮松材线虫病除治面积2564.4公顷，烧毁枯死松树2844株。

【野生动植物保护】 在全县范围积极组织开展2022年“世界野生动植物日”“野生动植物保护宣传月暨爱鸟周”宣传活动，向全社会普及野生动植物保护的法律知识，提高广大群众对野生动植物的保护意识。编制印发《庆元县陆生野生动物疫情应急预案》，组织乡村护林组织开展陆生野生动物疫源疫病监测防控。开展庆元县陆生野生动物（野猪）损害农作物情况评估调查，积极开展野猪危害防控知识宣传。建立庆元野生动植物保护工作联席会议制度，进一步明确联席会议成员单位工作职责；实施“2022 清风行动”“2022 网络市场监管专项行动”“严厉打击破坏陆生野生动物资源专项行动”，严厉打击违法猎捕、经营陆生野生动物的违法行为，2022 年度共查处陆生野生动物违法案件 8 起，行政处罚 8 人，罚没款 6.253 万元。积极开展野生动物救护，共救护放生陆生野生动物 24 只，其中，王锦蛇 1 条、小麂 2 只、鼬獾 3 只、猫头鹰类 9 只、白鹇 3 只、其他鸟类 6 只。

（县自然资源和规划局）

百山祖国家公园庆元片区

【概况】 百山祖国家公园庆元片区（以下简称“庆元片区”）围绕深化创建和项目建设两条主线，以机制体制建设、资源管护提升、重点项目建设、全域联动发展、特色举措创新为重点，利用百山祖国家公园创建标志性成果，助力庆元加快跨越式高质量绿色发展。2022 年，被省林业局授予“浙江省护林先进单位”称号，参与的“浙江省生物多样性保护关键技术及应用”获得省政府科技进步二等奖，林长制（国家公园创建工作）市考核第一名。

【资源保护工作】 推行“一支队伍管执法”进国家公园，在百山祖设立百山祖国家公园综合行政执法中队和公安警务室，有效解决国家公园“看得见管不着，管得着看不见”的执法治理难题。联合县人民法院、县人民检察院设立生物多样性司法保护基地，与县电力公司建立巡线员、护林员互聘制度，构建百山祖国家公园生物多样性多元共管格局。推进林权纠纷调解，成功调处县际插花山 103 片面积 461.43 公顷。加强百山祖冷杉的保护工作，在原生地新建烟雾报警、温湿度等气象因子传输功能的视频监控，在原生树周边安装避雷设施，全面加强百山祖冷杉原生树的保护。强化执法检查，全年查获案件 6 起，其中违法猎捕野生动物 2 起、禁火期内违规野外用火 2 起、滥伐林木 1 起、盗挖林木 1 起。

【科研监测工作】 持续开展百山祖冷杉保护研究，制订实施《浙江省百山祖冷杉抢救实施保护基地建设方案》，举办百山祖冷杉首次野外回归活动，被授予“浙江省百山祖冷杉抢救保护基地”。2022 年原生母树下自然萌发幼苗 60 株，2018 年以来原生树自然繁育幼苗累计 600 余株。建立百山祖镇三堆村野外种群恢复基地，种植百山祖冷杉苗木 200 株；在百山祖和茶木淤保护点回归种植苗木 1100 株；在庆元林场卢峰林区海拔梯度实验地种植百山祖冷杉苗木 1200 株。完成安南乡五岭坑 1.36 公顷的常绿阔叶林生态监测样地的复查，建立五岭坑 2 个 1 公顷的常绿阔叶林生态监测样地。完成百山祖的野生植物——单子叶植物、蕨类植物的野外调查及图书文稿编写，启动庆元片区野生珍稀植物资源、黄皮湿地生态系统群落项目的调查。

【科普研学活动】 先后举办百山祖国家公园志愿者培训、“国际生物多样性日”科普宣传、百山祖国家公园“红领巾”暑期夏令营研学、“百山祖国家公园杯”庆元古道徒步赛、江南书画名家走进百山祖国家公园大型采风献艺等系列活动。拍摄《百山祖寻虎记》《百山祖冷杉》纪录片，在丽水举行百山祖冷杉保护成果发布会。其中，《百山祖冷杉》纪录片在中央电视台纪录频道播出，打造百山祖国家公园的研学品牌。

【社区联动建设】 坚持高标准规划和大格局建设项目，完成庆元主入口社区前期研究和概念性规划编制，国家公园出资完成百山祖村、上庄村、濛淤村美丽社区建设，完成龙珠湾至车根公路沿线绿化美化提升工程。配合完成《钱江源—百山祖国家公园百山祖园区及周边村落提升专项规划》编制，专规涉及庆元县松源街道的九漈、百山祖镇的车根等 16 个自然村。

（吴丽娟）

地质灾害防治

【概况】 2022年,《庆元县2022年地质灾害防治方案》发布实施,明确防灾工作的职责和操作程序;通过多渠道开展宣传工作,在全县91个文化礼堂和地质灾害重点村开展地质灾害防治知识进农村文化礼堂宣传月活动。全年完成地质灾害隐患点综合治理任务1处,启动"6·18"强降雨新增地质灾害隐患即查即治29处。开展地质灾害隐患点核销工作,根据《浙江省地质灾害隐患点核销管理办法》,共核销地质灾害隐患点5处。

【地质灾害监测预警体系建设】 建立地质灾害预警预报体系,与气象局联合预报预警,发送雨情险情,累计发布地质灾害预警预报信息21次,共65667条。强化群测群防体系建设,落实群测群防员126人,完成地质灾害群测群防员培训工作。推进"整体智治"行动,根据地质灾害"整体智治"三年行动要求,完成普适性专业监测点建设20处,顺利通过验收监测数据接入省厅平台。全面推广"地灾智防"APP的使用,全县160多名防灾责任人安装并使用"地灾智防"APP。启动2个重点乡镇的地质灾害风险调查。

【地质灾害风险排查】 开展汛前大排查,全年完成风险防范区调查核实202处,完善地质灾害风险"一张图"。地矿科、基层所、各群测群防员积极开展日常巡查和汛后检查,在强降雨等极端天气下加密巡查次数,发现问题及时处置。在连续强降雨等极端天气,落实24小时值班、领导带班制度,保持信息畅通,严格执行地质灾害灾险情速报制度,加强信息沟通。"地灾智防"APP中完成县级响应47次,巡查9168次。

(方淑君)

科学技术

科技研究

【概况】 2022年，庆元县科技局（以下简称县科技局）在县委县政府的坚强领导下，在市科技局关心支持下，以实干得助，以创新图强，科技工作再上新台阶。县本级财政科技经费投入7112万元，比2021年增长34.7%，占一般公共预算支出（422888万元）比重为1.68%。完成网上技术市场技术合同交易额1.63亿元。

【高新技术产业发展】 全县完成高新技术产业增加值6.7亿元，同比增长4.5%，高新技术产业增加值占规上工业增加值比重为50.7%；完成高新技术产业投资1.57亿元，同比增长13.1%。申报省级高新技术企业研发中心2家（联兴文教、安益新材料），培育方格申报省农业重点企业研究院。

【高层次人才创业大赛】 2022年，成功举办首届高层次人才创业大赛。依托市绿谷精英专项管理办公室举办首届高层次人才创业大赛，共吸引91个高层次人才领衔创业项目参赛，其中23个项目成功入围初赛路演阶段，最终有6个项目进入本次创业大赛总决赛路演活动。参赛项目聚焦庆元产业特点，科技含量高、研究领域广、人才力量强，在11月10日顺利角逐出一、二、三等奖，获奖项目根据丽水市"绿谷精英·创新引领行动"计划实施办法，将直接认定为A、B、C等类别，享受配套创业资助。

【招才引智工作】 大力引进高层次人才和团队。围绕重点项目引进和解决关键技术，6月启动庆元县首届高层次人才创业大赛，征集到参赛项目91个。大赛争取到市绿谷精英政策，推进招商部门跟踪项目落地。针对庆元实际情况，在外专引进政策制度上，最大限度放宽补助范围，提高专项补助资金，对有意向招引外国专家的浙江吸莎新能源有限公司、浙江久灵笔刷有限公司、浙江喜宝家居有限公司等3家企业加强跟踪对接。强化山海协作建设。与嘉善、海曙两地开展科技合作交流，并与其签订山海协作科技合作协议。针对庆元乡村振兴主攻的茶产业和甜桔柚产业，对接山海协作结对单位，取得项目2个。

【校地合作】 2022年3月与浙江工商大学签订校地合作协议，以揭榜挂帅模式推动校企合作，共有揭榜项目4个，并在浙江工商大学校内设立食品（食用菌）加工研究中心，在检验检测、实验室共享、产品研发等方面为庆元提供支持。对接福建江夏学院，在原有合作基础上，该学院与庆元三箭工贸有限公司于6月共同设立实践教学基地。构建县教育局、人力社保局等多部门联动机制，7月与丽水职业技术学院签订校地合作协议。11月与浙江农林大学签订共建“产学研合作中心”合作框架协议。

科技管理

【概况】 2022年，县科技局开展县级项目申报及形式审查工作，共评审立项农业、工业和社会发展类三类项目62项。推荐由实验林场牵头承担的《甜橘柚无病毒苗木繁育及优质高效生态栽培关键技术研究与示范》项目申报省26县竞争性项目，并于11月24日完成立项公示。推荐由五养堂(庆元)生物科技有限公司承担的《灵芝三叶青林下生态栽培关键技术研究与示范》申报市县联动项目。持续推进绿谷精英项目的推荐和落地等工作，前期排摸有意向申报企业12家，第一批通过形式审查并入围评审的项目共5个，通过市科技局“绿谷精英”项目评审答辩后，最终入选项目4个。

【科技型企业培育】 2022年，县科技局通过制定科技型企业“培育计划”，深入挖掘和培育科技型企业，共完成两批57家省级科技型中小企业申报推荐工作，40家已通过认定公示。推荐申报国家科技型中小企业53家；推荐申报国家高新技术企业4家，重新申报5家，其中7家通过评审。全县完成高新技术产业投资1.57亿元，同比增长13.1%，市排名第七。申报省级高新技术企业研发中心2家(联兴文教、安益新材料)，培育方格申报省农业重点企业研究院。加大企业研发费用投入攻坚力度，定期走访企业，召开研发费用辅导培训会等。全县规上工业企业研发费用为1.96亿元，同比增长6.5%。完成2021年度专项奖励资金兑现共计540万元，其中，新认定国家高新技术企业5家，重新认定7家，省级企业研究院1家，省级高新技术企业研发中心2家，省科技型中小企业21家，省级新产品131项。

科技服务

【科技下乡服务】 2022年，县科技局以“走进科技　你我同行”为主题，联合应急管理局、新华书店等部门开展庆元县“科技(科普)活动周”。围绕全国防灾减灾日活动主题，大力开展线上线下相结合的科普宣传，开展“六进”(进社区、进企业、进机关、进学校、进农村、进媒体)活动，累计发放宣传用品400余份，宣传资料500余份，书籍400余本。开展“竹木产业高质量发展”专题讲座、科技特派员送技下乡、防灾演练等多种形式活动，营造科普氛围。

【防震减灾】 2022年，县科技局继续做好站点日常维护，提高地震监测水平，加强地震台站监测设施运维管理，做好站点日常维护，提高地震监测水平。不断增强防震减灾组织保障力度，壮大防震减灾执法队伍，2名工作人员通过执法考试，并落实执法检查工作，全年共开展行政执法抽查2次。建立常态监管机制，开展防震安全检查，开展防震新建扩建工程和区域地震安全性评价抗震设防，从检查排查情况看，庆元县需要开展地震安全性评价工程项目暂无。2021年11月至2022年10月新建、迁建的防震工程建设项目均按规定要求进行设计，新设计的防震工程项目均执行《中国地震动参数区划图》(GB 18306—2015最新版)抗震设防标准。积极稳妥地开展形式多样的防震减灾宣传工作，借助各种资源开展多种形式的科技下乡、科技进社区、科技活动周等活动，利用各种会议、资料、展板等形式有针对性地对开展防震减灾宣传活动，共进行防震减灾基本知识宣传10余次，展出各类展板50余块，投放横幅20余条(幅)，发放防震减灾基本知识宣传材料 2000 余份。

【科技特派员工作】 扎实开展科技特派员项目的申报、实施、管理工作。全县第十五批科技特派员项目 17 个、科技特派员团队子项目 10 个均已落地，累计拨付资金 260 万元。完成 2019 年至 2021 年优秀科技特派员评选工作，并在全县人才科技工作大会上予以表彰。逐步开展县级特派员工作，计划组建县派科技特派员团队 3 个，涉及食用菌、甜桔柚、茶叶等主要农业产业，严格按丽水市工业特派员派驻计划完成年度派驻任务。

（范丽婷）

教　育

综述

【概况】 2022年，全县共有各级各类学校50所，其中普通高中2所，普通初中8所(含4所九年一贯制学校)，小学12所(另有小学教学点5个)，幼儿园22所，特殊教育学校1所，中等职业学校1所，成技校4所。全县共有班级652个，在校学生21498人，其中，普通高中2621人，普通初中4817人，小学8174人，幼儿园4014人，特殊教育学校26人，中等职业学校1846人。全县在岗教职工2319人，其中专任教师1837人，行政人员73人，教辅人员284人，工勤人员125人。县教育局围绕“办好人民满意的教育”目标，求真务实，团结奋斗，敢于担当，圆满完成年度目标任务，扎实推进庆元教育高质量发展。

【教师队伍建设】 2022年，紧紧抓住在“双减”背景下的课堂和作业两个核心，促进教师专业水平与学生核心素养的提升。全县教师完成培训234951.8学分，人均完成130.49学分；90及以上学分集中培训匹配率94.99%。“学评教”满意率为99.9%；按要求组织教师参加省市以上培训及规定培训完成率达100%。25个县级名师工作室开展活动159次，开设公开课122节，讲座101场，受训7521人次。培育市级名优骨干教师94人，新招聘教师28名，定向培养高中紧缺学科教师2人、小学全科4人。16所学校继续深化开展自主评聘试点改革工作(其中省级试点2所、市级14所)，新增省特级教师1人，市级绿谷名教师439人，开展魅力教师评选，共评选出县级先进个人155名，获省春蚕奖1名、省绿叶奖1名，丽水市教育提质突出贡献先进个人12名。深入推进校长教师交流，全年交流教师84人，交流人数占符合交流条件人员的65.9%。

【改善办学条件】 实施学前教育补短提升工程，省一、二级幼儿园覆盖面达94.67%，公办园覆盖面达65.37%。完成学前教育补短工程(五都园、屏都园)项目、小区配套园松源幼儿园装修并投入使用，增加学位990个；实验小学分校区主体结顶，进行墙体砌砖内部装修及室外附属设施建设；实验幼儿园迁建、职业高级中学高质量发展工程项目获得专项债审批资金支持，推进加快政策处理和项目前期工程。继续实施基础办学条件提升工程，完成江滨小学食堂、阅览室改造、庆元三中田径场改造和竹口幼儿园外墙修缮、庆元二中地下部分管网改造。

基础教育

【学前教育】 全县学前教育发展体系已基本形成，学前教育网络布点基本健全，学前教育健康快速发展。全县共有幼儿园22所，其中省一级园3所，省二级园15所。全县在园幼儿4014人，幼儿园教职工623人，其中事业编制的幼儿教师132人，待聘库教师95名，全年发放普惠性幼儿园奖补资金859万元。2022年松源幼儿园、五都幼儿园、屏都幼儿园建成投用并通过省二预评估，新增学位990个；启动新建大坑口幼儿园。关停薄弱园13所（含6个教学点）。全县等级园比例达100%、公办园覆盖面65.37%。

【小学教育】 全县共有小学12所（另有5个教学点不计学校数），其中100人以下小规模学校5所（不含教学点）。共有266个教学班，在校学生8174人，较上学年减少261人。专任教师713人（含九年一贯制学校小学部专任教师），其中女教师518人，具有研究生学历2人，本科学历590人，专科学历121人；正高级教师1人，副高级教师69人，中级教师364人，教师学历合格率和教师证持证率达100%。学校占地面积260986平方米，校舍建筑面积143947平方米。深入推进“双减”工作，教学品质不断提升。

【初中教育】 全县共有公办纯初中4所，九年一贯制学校4所（其中民办1所），班级128个。在校学生4817人，较上学年减少244人。专任教师427人（含九年一贯制学校初中部专任教师），其中：女教师250人，研究生2人，本科学历424人，正高级教师1人，副高级教师151人，中级教师166人。占地面积380760平方米，建筑面积205036平方米。深入推进“双减”工作，初中学业考试继续保持全市中上水平。

【普通高中教育】 全县共有普通高级中学两所，62个教学班（其中庆元中学45个班，濛洲中学17个班），在校学生2621人（其中庆元中学1829人，濛洲中学792人）。专任教师216人，其中女教师120人，研究生12人，本科学历204人，高级教师89人，中级教师71人。学校占地面积95822平方米，建筑面积48460平方米。2022年，庆元C9高校录取3人（其中浙大2人），“985”以上录取10人，“211”以上录取34人，一流建设高校以上录取46人。省重点高校以上录取合计178人，录取率实现“11连增”。

职业教育

【概况】 2022年，庆元县职业高级中学增挂“丽水市食用菌产业学校”牌子，与龙泉市中等职业学校成立“丽水市中等职业学校庆•龙联盟”，选送的案例被评为“浙江省中等职业教育改革典型案例”，办学品质得到进一步提升。同时，学校还被评为“浙江省青少年集邮活动示范学校”，获得丽水市中小学田径运动会职高组团体总分第一名。

【庆元县职业高级中学】 2022年，庆元县职业高级中学共有43个班级，在校学生1846人。专任教师151人，其中：女教师101人，高级教师70人，中级教师50人。学校占地面积78000平方米，建筑面积40846平方米。学校坚持立德树人，推进“五育并举”，中职教育质量稳步提升，单考单招上线率达100%。

社会与民办教育

【成人教育】 庆元县成人职业技术学校成功创建“浙江省现代化社区示范学校”，创建市级优质老年示范学校2所、市级示范性继续教育（社会培训）基地1个、市社区教育示范基地1个、市学习型社区1个、市优秀学习型社团6个。加强职业技能人才培训，2022年各类技能培训达21276人次；各中心成技校通过科普课堂、视频课程、现场操作等形式，开展老年人智能技术应用培训，帮助老年人提高运用智能技术能力水平，深受群众好评。

【民办教育】 庆元县蔚文学校占地面积47686平方米，建筑面积31625平方米，分初中部、小学部。继续实施"公民同招"，2022学年，初中部12个教学班，在校学生477人；小学部24个教学班，在校学生863人；学校教职工118人，其中专任教师99人（初中部38人、小学部61人），外籍教师1人。规范民办义务教育发展，审议通过《庆元县规范民办义务教育工作实施方案》，蔚文学校中学部按原有规模继续以民办机制运行，小学部采用政府购买学位方式办学。

（吴芳媛）

文化　体育

综述

【**概况**】 2022年，庆元县文化和广电旅游体育局(以下简称县文广旅体局)围绕“国家公园 康养庆元”战略定位，依托特色文化和优良生态等优势资源，致力把生态旅游培育成支柱产业，以“见人、见物、见生活”为保护理念，推动优秀传统文化的创造性转化、创新性发展。面对新时代、新形势、新目标，打破传统思维模式和定势，在基层宣传思想文化工作中灵活运用思想理念创新，宣传工作实现新发展。组织编排二都戏现代小戏《网红桥》，参加浙江省十一届群众戏曲小戏大赛。小品《儿时的味道》，分别被授予“庆元县十佳宣传思想创新(亮点)工作”称号和丽水市第六届原创戏剧小品大赛表演银奖。

2022年，贤良镇湖源村文化礼堂“乡村数字驿站” (县委宣传部 供)

【**演艺活动**】 1月31日至2月21日，“文化进万家 视频直播家乡年”庆元县2022年短视频拍摄活动入选作品展，共10期。4月14日，“云端走亲 文化共享”“富美长兴 养生庆元”线上文化走亲文艺演出。6月14日，木拱桥传统营造技艺、黄粿制作技艺参加丽水市“多彩非遗乡村行”云和春季活动。6月25日，文化驿站、文化活动第一期“宋韵文化的飞地——庆元”主题讲座；11月5日，在市民广场举办“礼赞新时代 奋进新征程”第十一届广场舞大赛，13支队伍200余人参与比赛；11月22日，第十五届农村文艺汇演贤良镇贤良村、黄淤村专场演出；12月27日，举行中国木拱桥传统营造技艺保护传承线上研讨会。全年，送戏下乡114场；共开展文化走亲活动13场，分别“走出去”6场，“走进来”6场，“云端走亲”1场。

【**公共文化服务**】 鼓励和引导“村晚”常态化开展，县文化馆深入基层探索指导，“村晚”由春节集中开展向其他传统节日常态化延伸，由侧重文艺演出活动向推介文艺展示、特色文化传承、好物美景等综合性节庆活动转变的演艺方式，用农民自编自演的“村晚”作品，唱身边事，演身边人，道家乡美，赞新生活，展示农村群众精神风貌、传承优秀乡土文化、助力乡村振兴，深受广大群众喜爱。1月29日至2月3日，“欢乐过大年•喜迎冬奥会”庆元县2022年线上春晚启动仪式，推进线上看“村晚”、线下参与“村晚”农村“新风俗”。1月25日，第四十二届月山春晚通过录播的形式播放，新华网浙江观看人数达79.1万人，浙视频7.7万人，无限丽水15.06万人，掌上庆元在线观看7012人，观看量超100万人次。6月，庆元县建成以“村晚驿站”命名的首家文化驿站，图文并茂展示庆元县“月山春晚”“乡村春晚”特色文化品牌。12月，庆元县委文化工作会议召开，表彰一批为庆元文化做出贡献的个人和集体，为“月山春晚”辛勤付出的文化“民星”代表获得月山春晚“捧月”奖。创新改编西洋殿菇民戏现代小剧《网红桥》，融合庆元县的“香菇文化”“廊桥文化”“生态文化”，推动优秀传统戏剧活态传承和创新发展，激发非遗文化生命力。

文化场馆

【博物馆】 2022年，廊桥博物馆免费开放310天以上，接待参观12万余人次；香菇博物馆因提升改造，免费开放80天以上，接待参观4万余人次。全年共推出临时展览4场，馆际文物交流3场，举办社会教育活动28场。举办原创展览《“宋韵华光•天青淬色”——庆元县青瓷文化展》和《“宋韵双珍”浙南闽北银珍织绣展》，申报2022年度“弘扬中华优秀传统文化、培育社会主义核心价值观”主题展览项目；举办“捕捉美好——拍出庆元年味”虎年春节线上活动、2022年国际博物馆日展览海报推送活动、2022年文化和自然遗产日“薪火传承，让文化亮起来”主题活动等。完成香菇博物馆提升改造项目，实施临聘人员清理规范工作；配合乡村博物馆创建和验收工作。注重征集管理，10件红色革命文物参展在泸州市博物馆展出的“红旗漫卷 泸丽相连——浙西南革命文物泸州展”；4件馆藏文物参展浙江省博物馆“天下己任——宋代士大夫的精神世界”。完成两馆展厅和办公区域部分安防、空调等设备功能升级更换和“除险保安”隐患整改。按照全市规范化建设要求，完成两馆“智安单位”创建工作。

【图书馆】 2022年，庆元县图书馆（以下简称县图书馆）共接待读者5.4万人次，图书流通量2.4万册次，新增免押金读者655人，退回读者押金1.63万元。通过集中采购、线上采购及“你选书我买单” 惠民活动等方式采购新书1.9万册。2月，提升改进图书馆基础设施。推进省民生实事项目的城市书房建设，加快推进“15分钟品质文化生活圈”建设。增加途画民宿、青少年宫、村晚文化驿站、镜山里小区、湖源村文化礼堂、五大堡乡人武部、交警城区中队、百山祖管理处等8个图书流通点，全年共计送出流通图书2.7万册，大量增加图书的流通率。开展丰富多彩、形式多样的阅读推广活动，如2022长三角阅读马拉松大赛、丽水市首届朗读大赛等活动。县图书馆与新华书店联合常态开展彩虹故事分享会、处州小讲坛系列活动、手工课堂等阅读推广活动30余场。县图书馆继续加强线上阅读推广力度，日常举办各类线上活动，开展书馆之夜系列活动、宫格闯关填古诗、听书马拉松、“处州小讲坛”阅读分享会、2022温州丽水两地少儿绘画交流作品征集等活动10余场，举办线上微信“六一”儿童节小动物科普展、端午龙舟竞渡文化展、身残志坚优秀人物事迹展等展览20余场，每周推送爱上简笔画、晨星中华诗词、晨星历史故事、亚运小画家、红色故事绘等线上资源。县图书馆为提高图书借阅率，升级借阅证，借阅证一次性借阅册数从每人每次可借5本升级为每次可借10本。丰富馆藏资源，推出“你选书 我买单”读者荐书活动，扩大图书采购范围，满足读者对纸质图书多样化的需求，提高图书利用率。

文化遗产保护

【概况】 2022年，庆元县推进木拱桥传统营造技艺活态传承，建成庆元县虹景木拱桥非遗（非物质文化遗产）工坊（市级）、吴复勇木拱桥非遗工坊（县级），年产值共600万余元，带动当地就业人员40余人。浙江省非物质文化遗产宣传展示基地——庆元县廊桥博物馆常年开展多种形式的廊桥文化展示活动，如“薪火相传 让文化亮起来”庆元县博物馆2022年度文化遗产日活动、“光辉历程 永恒记忆——学习贯彻二十大精神庆元红桥展”等。2022年“文化和自然遗产日”活动，宣传展示木拱桥传统营造技艺；多次参加丽水市多彩非遗乡村行展示活动，以模型、传承人现场演示和观众互动的形式进行宣传。举办2022年文化馆“菇星璀璨”春季、秋季“菇民戏”成人免费培训班60期，参加培训1350人。

【文物保护行动】 一是打击文物违法行为。4月6日，立案查处1起在省保单位大济古驿道违法建坟行为。5月，到省文物局对接上垟窑址有关保护工作，并查处1起销售国家禁止买卖文物案。8月4日，发现6号窑盗挖，执法队和文保所联合竹口镇政府、竹口派出所到现场调查处理。配合有关部门对西洋殿道路硬化问题落实整改措施。二是开展法治宣传工作。开展以“打造平安文旅市场 促进文化繁荣发展”为主题的“3•18”文化和旅游市场安全日系列活动；联合县市监局、文保所分别开展“4•26”知识产权保护宣传日、“6•11”文化遗产日等宣传活动。三是开展汛期安全工作检查。“6•18”防洪抗汛期间，文化执法队严格落实县相关防汛等级调整要求，到各经营场所检查，为全县经营场所张贴“停业”通知书，要求企业做好汛期防灾减灾的各项工作。全县文保单位均做到提前布控，有效防汛。四是严厉打击文物盗卖行为。2022年，文化执法队共办理案件11件，查处1起市首例买卖国家禁止买卖文物案。该文物来源为地下交易而不是《中华人民共和国文物保护法》第五十条规定的合法来源方式，涉案物品经浙江省文物鉴定站鉴定为宋至明代的一般文物，属国家禁止买卖的文物。

【非遗传承人座谈会】 1月，开展“服务传承人月”活动，召开庆元县非遗代表性传承人座谈会和庆元县木拱桥传统营造技艺传承人群座谈会，来自各级代表性传承人和主墨师傅12人参加会议。传承人畅谈木拱桥传统营造技艺的传承，探讨交流木拱桥生产情况以及生产过程中遇到的问题和困难，为技艺传承创造更为有利的条件，不断健全非遗项目保护传承体系及传承人保护机制。

【非遗进校园活动】 2022年，实验小学和实验二小开展庆元菇民戏、唱灯戏曲传统文化传承活动，大济小学开展木拱桥传统营造技艺传统文化传承活动，城东小学开展香菇功夫传统文化传承活动，江滨小学开展木拱桥传统营造技艺传统文化传承活动，五大堡乡中心小学开展农耕文化传统传承活动。

（胡慧侦）

融媒体

【概况】 2022年，庆元县融媒体中心坚持以习近平新时代中国特色社会主义思想为指导，积极配合县委、县政府中心工作，坚持正确的舆论导向，唱响主旋律，传播正能量，为推进庆元经济社会持续健康发展营造良好舆论氛围。2022年度，在省新闻奖评选中，3件新闻作品获浙江省新闻奖二等奖，1件新闻作品获浙江省广播电视节目奖三等奖；在丽水市广播电视新闻奖评选中，3件新闻作品获一等奖，1件新闻作品获二等奖，5件新闻作品获三等奖；在省县（市、区）域报新闻奖评选中，4件新闻作品获一等奖，4件新闻作品获二等奖，6件新闻作品获三等奖。

【报刊】 2022年，《菇乡庆元》共出刊148期，572个版面，开设新栏目17个，发布新闻3200条。一是聚焦重大任务，做深做亮活动宣传。针对重大活动特性，开展前中后三个阶段相关报道，稿件采写范围广泛，全方位、多角度报道全景。全年刊发专版143版，深度报道超百篇。二是聚焦重点工作，做全做实主题宣传。围绕县委、县政府工作重点，新设“六争比拼 勇当猛虎”“稳进提质 百日攻坚”“山海协作奔共富”“企动未来”“奋进新征程 建功新时代”等17个重点栏目，继续沿用“项目百日攻坚”“全力打好疫情防控硬仗”“记者在基层”等15个涉及中心工作的相关栏目，发布新闻报道800余篇。三是聚焦社会现象，做精做细典型宣传。继续深化“记者在基层”“我们共同的价值观——身边的榜样”等栏目，加大对社会主义核心价值观和庆元精神的宣传报道。挖掘身边典型人物，传递社会正能量，推出刘琼、冯惠林、叶正龙、胡常康、郑上玲等最美庆元人和张津慧、胡光宇、范天福等奋斗青年群体，刊发典型报道20余篇；推出正面报道10余篇，宣传菇城的凡人善举。四是聚焦部门合作，做大做好专版宣传。为各部门展示工作成效搭建平台，也为报刊扩充稿源，更为读者提供更多本土化新闻，《菇乡庆元》刊发部门合作专版118期，其中，专版50余版，稿件量1000余篇，全方位多角度宣传各乡镇（街道）、各部门的工作动态和经验做法。

【广播电视】 全年共采制播出广播新闻稿件2385篇，电视新闻稿件1540篇，被中央级媒体录用广播电视稿件14条，被省级媒体录用广播电视稿件52条，被市级媒体录用广播电视稿件983条，新闻传播力、影响力大幅提升。被丽水市广播电视总台授予2022年度丽水市广播全媒体传播协作先进单位二等奖和电视全媒体传播协作先进单位三等奖。一是主旋律报道传播力飙升。创新表达方式，策划出一批兼具高度、速度、广度、深度、力度、温度的主题报道。通过视频、海报等表现形式，做好“六争比拼”访谈等工作。“县领导访谈”“部门一把手访谈”等关注度和点赞率比较高。推出“企动未来”“喜迎二十大·飞越新庆元”系列报道以及策划“世界重要农业文化‘浙江庆元林—菇育系统’申遗成功”“第十二届庆元香菇文化节暨2022年庆元人才科技峰会”等全县重大主题、活动的全媒体报道。二是激活文化基因，打造新闻精品。围绕浙江解码宋韵文化基因、打造新时代文化高地目标，推出文化基因解码融创栏目《庆元印记》。先后推出《廊桥情缘40年后的重逢》《年猪宴》等节目17期，并通过内宣、外宣、网宣“三网齐发”，总阅读量上百万人次。《庆元印记》栏目被丽水市委宣传部评为“品牌栏目”，被庆元县委宣传部评为2022年十佳创新（亮点）工作，节目全部被“学习强国”平台录用。三是对农节目跻身全省优秀。聚焦“三农”工作的热点、焦点，强化农村经济、社会、文化、治理等方面新闻策划，提高对农节目质量和水平。推出《庆元：唤醒野生荒野茶 打造共富“黄金叶”》等一批优秀电视节目。在2022上半年全省对农节目征集活动中，《珍贵树种容器育苗新技术助力庆元林业提质林农增收》《老品种香菇重出江湖身价翻倍效益高》等2个电视对农节目被录用为浙江省通用性电视对农节目。全年播出对农专题节目150余期，在2022年全省广播电视对农节目服务工程建设考核中荣获广播考核优秀奖。四是频段迁频速度全省第一。2021年底，国家广电总局开始部署700兆赫兹无线数字电视迁移工作。为700兆赫兹5G网络的顺利建设，全力调配人力、物力、财力全面投入700兆赫兹无线数字电视移频工作。2022年6月底，通过技术运维人员和北广厂商技术人员密切配合，在全省率先完成骨干台和17个补点基站的频率迁移工作，为用户输送更加优质稳定的无线数字电视信号。五是播出系统安全有保障。主动作为，争取到广播、电视播出系统更新项目经费165万元，从功能性、视音频播出质量、维护便利性、播出安全性、个性化需求等方面进行全面更新迭代，保障今后5年内播出系统安全稳定运行。

【新媒体】 2022年，在各新媒体平台发布稿件（视频）3.75万篇，其中阅读量超10万人次35篇，阅读量超万人次925篇，全网总阅读量1.43亿人次，为2021年全年阅读量的3.5倍。及时向上推送新闻素材，2022年被“学习强国”学习平台录用171篇。从省委宣传部发布的媒体融合指数动态排名显示，融合指数跃升到山区26县前列、全省中上游、全市综合排名第二。“庆元网”被浙江在线新闻网站评为2022年度先进支站，“庆元融媒”被浙江天目新闻客户端评为2022年度浙江省县级融媒体中心优秀天目号。一是拓宽宣传功能，强化阵地建设。围绕新闻这个主责主业，拓宽宣传功能，做好新闻+服务、新闻+政务，将掌上庆元客户端、庆元网、视频号、抖音号等新媒体平台打造成百姓喜爱和信赖的主流舆论阵地、综合服务平台、社区信息枢纽；免费为19个乡镇(街道)和24个部门开通“入驻号”，在政务新媒体规范化建设的背景下，各单位新闻拥有自己的主流宣传平台。2022年各入驻号发布稿件940余篇，总阅读量210万余人次，其中阅读量1万人次以上的有3篇。设立服务板块，包括便民服务、网络问政和书记信箱。做好日常服务信息发布的同时，运营好庆元问政直通车、书记信箱等传递社情民意平台，畅通民意诉求，实现群众意见“一键送达”，打造积分商城，动态调整积分规则，更新上架商品20余件次，培养用户阅读习惯，增强用户黏性，提高APP日活度。二是聚焦社会热点，深耕内容创作。“6•18”特大暴雨期间，充分利用“掌上庆元”APP等新媒体平台，滚动播报汛情最新动态和抢险救援、道路交通、爱心捐赠等一线新闻，以及期间涌现的典型人物和先进事迹。其中，《我们在一起》纪实视频全面展示党员干部众志成城抗击特大暴雨的生动场景，受到市、县领导的表扬。汛情期间，在各新媒体平台发布新闻稿件280篇、短视频310个，总阅读量680万余人次，播放量5万次以上的视频号作品有25个。聚焦县委、县政府中心工作及市民关注的热点事件，做好网络直播工作。2022年先后在客户端、视频号、抖音号上开展直播活动90场次，全网总收看量达340万人次，转赞评62.9万次。其中，香菇文化节开幕式及晚会直播总观看量达14.87万人次，总点赞46.75万次，参与评论互动3363人次。三是拓展对外服务，优化整合资源。到各单位进行自我推荐、争取合作，并推出特色化、订制式的服务项目，为全县30余家单位免费提供普法考试、活动预告、网络直播、有奖答题等服务，主动吸引用户关注。针对校园、文化艺术等群体活动丰富、创作者多的特点，在客户端上开设微校园子频道、庆元文艺专栏进行集纳展示，引导原有平台及用户迁移，组建融媒小记者，倾力打造全县权威专业的小记者品牌。开展“我的庆元记忆”老照片征集活动，用老照片，讲述精彩故事。通过活动的开展提升“掌上庆元”APP平台的下载量与月活量。

（胡琦琪）

文化市场监理

【概况】 2022年，县文广旅体局开展印刷企业市场专项整治，于1月春节前夕及4月对全县的印刷企业进行两次全面检查，通过监督检查有效规范印刷业的经营秩序。开展“双随机”检查，对娱乐场所、网吧、游泳池等经营场所分别开展部门“双随机”和跨部门“双随机”检查，促进场所规范化经营。7—8月，重点对游泳场所开展专项检查。中共二十大召开期间，多次多部门联合开展“平安护航党的二十大”文旅市场专项督导检查。开展全市交叉执法检查，加强县县之间的执法检查经验交流，提升执法办案能力。

【文旅市场专项整治】 县文广旅体局结合元旦、春节、北京冬奥会、两会、中高考、中共二十大等重要保障时段，通过召开工作部署会、日常检查、“双随机”抽查、跨部门“双随机”检查、“突击检查”等方式，开展文旅市场专项整治行动，严格落实24小时值班值守制度。1—3月，集中开展文化市场监管，为北京冬奥会保驾护航。2022年，共出动检查975人次，检查经营场所416家次，行政处罚立案调查11件，结案11件，罚款52000元，没收非法所得4087.91元，没收违法物品284件。

【行政执法检查】 文化市场行政执法队作为意识形态领域的唯一的执法队伍，主要工作体现在

"扫黄打非"有关工作之中。一是开展年画市场专项检查。春节前夕到县城内经营年画场所开展春节年画市场专项检查，引导各业主自觉抵制非法出版物，切实做到合法合规经营。二是与县委宣传部联合开展"护苗开学季"文化市场专项检查。对探长就位剧本杀体验馆、新华书店、校园周边文具店等经营场所进行重点检查。三是强化出版物市场、印刷业、演出市场检查力度。7月初，市支队带领龙泉、松阳执法人员到庆元开展"扫黄打非"暨亚运会版权保护交叉执法检查，抽查印刷业、校园周边市场。根据丽水市文广旅体局安排，完成龙泉、庆元、青田、缙云四县开展迎接中共二十大文化市场交叉执法检查任务。

（胡慧侦）

体育

【概况】 2022年，庆元县体育中心围绕将"提升人民健康水平、促进人的全面发展、满足人民对美好生活的向往"的目标放在首要位置。有序开展各类体育赛事活动，成功举办第14个全民健身日宣传展演活动、庆元县中小学生篮球、乒乓球、足球三大球赛、"百山祖国家公园杯"古道徒步赛、浙江省健身气功站点联赛总决赛、"醉三公杯"夏季篮球联赛、"2022山屿海杯"庆元廊桥越野赛、庆元县干部职工篮球赛、乒乓球锦标赛、足球赛及政协系统第十届乒乓球赛暨趣味运动会等21场大型体育赛事活动。

【体育场地与设施建设】 2022年，完成年初交办的基层体育场地设施建设任务，荷地、同济社区、西门村3个百姓健身房于7月竣工验收并投入使用；屏都街道余村村、隆宫乡隆宫村3个社区多功能运动场于12月竣工验收并投入使用。

【体育类校外培训机构监督管理】 一是严格落实教育部校外培训机构信息化管理要求，进一步规范校外培训机构运营管理。根据省、市"双减"工作专班有关非学科类校外培训机构治理工作部署，由县"双减"工作专班牵头，对全县非学科体育类校外培训机构进行专项摸排核查。二是根据《丽水市体育类校外培训机构重新准入指引》文件精神，对全县非学科体育类培训机构进行重新审核登记，将非学科体育类校外培训机构纳入校外教育培训监管与服务综合平台，推进全县非学科体育类校外培训机构规范有序发展。

【健身服务数字化建设】 浙江省体育局印发了《浙江省体育局关于确定2022年度体育数字化改革试点单位的通知》，公布了17家2022年度数字化改革试点单位，庆元被列入机关、企事业单位体育场地设施开放服务项目试点县创建名单。省级试点工作"动享全城"数字化场景应用将上线。市民可通过线上预约方式选择不同时间段、不同运动内容的体育场地。2022年，完成市监局、供电局、交通局、环卫所等8家单位11个场地实行线下开放，系统上线后市民即可通过线上预约的方式进行订购场地。

【培养输送运动员】 培养输送高质量体育后备人才，提升体育队伍素质，积极参加各级运动会。庆元县输送的运动员王楠，2022年取得全国陆上赛艇锦标赛女子竞速皮艇1万米项目第一名；2022皮划艇世界杯捷克站四人皮艇500米第三名；2022龙舟世界锦标赛男女混合龙舟200米第三名、500米第二名、男女混合龙舟500米第二名、女子龙舟200米第二名；2022年全国皮划艇静水锦标赛女子500米单人皮艇第三名、500米双人皮艇第三名、男女混合四人皮艇1000米第一名、单人皮艇1000米第一名。输送的运动员吴晨琪获得浙江省第十七届运动会田径比赛铅球项目冠军（并破省运会纪录）。输送的运动员季俊宇获得省运会皮划艇激流项目冠军、省运会女子举重55公斤级别第二名。

（胡慧侦）

卫生健康

综述

【概况】 2022年，庆元县共有医疗卫生机构162家，其中医院3家，卫生院17家、社区卫生服务中心（站）7家，村卫生室72家，门诊部1家，诊所（医务室）34家，疾病预防控制中心1家，妇幼保健机构1家，卫生监督所1家，其他医疗机构25家。医疗卫生机构编制床位数679张，实有床位数690张。开放医疗床位690张，每千人拥有医疗床位4.85张。

2022年，全县各医疗卫生健康单位的编制为1290人，实有人数1345人，其中在编1019人，编外277人。在编人员中：高级职称174人，占比17.08%；中级职称248人，占比24.34%。执业（助理）医师587人，注册护士448人，每千人拥有医生4.12人，每千人拥有护士3.15人。庆元县人民医院和中医院住院人次18279人次，比2021年增加240人次，增幅1.33%；两家医院门急诊人次671569人次，同比增加45242人次，增幅7.22%。基层医疗卫生机构门诊人次322347人次，同比增加33006人次，增幅11.41%。两家医院业务收入33266.28万元，同比增加1615.01万元，增幅5.1%。

【卫生应急工作】 建立健全公共卫生事件应急组织，强化应急处置技术。根据国家、省、市相关文件精神，结合《庆元县突发公共卫生事件应急预案》《突发公共事件医疗卫生救援应急预案》《突发急性呼吸道传染病事件应急预案》等各类相应的应急处置技术方案，储备应急物资共计三大类，包含传染病控制类、中毒处置类、队伍保障类。加强卫生应急培训，提升专业人员的应急出击能力。2022年，全县组织大规模核酸筛查等应急演练209场，累计参与138439人次。全年开展公共卫生风险评估共5次，其中新冠专题风险评估1次。

【无偿献血】 2022年，全县参加献血2325人次，献血量701.09升，完成全年献血量101.03%。同时，爱心献血屋正式启用，给无偿献血者提供更加舒适的献血环境。庆元被浙江省人民政府评为2019—2021年无偿献血先进县。

【卫生医疗人才建设】 2022年，共招录省定向培养生11名。其中，本科6名，专科5名。定向培养毕业生20人。制订全年培训计划，丰富培训内容，创新培训模式，提高基层人才专业技能和素质，安排培训经费85万元。开展庆元县第四届“菇乡工匠”养老护理员职业技能大赛，共238人参赛，合格人数 213 人，合格率达 89.5%。

疾病预防控制

【概况】 2022 年，全县共报告甲乙丙类法定传染病共 2215 例，报告发病率 1091.64/10 万，较 2021 年同期上升了 44.58%（2215/1532），无传染病死亡病例报告（含甲类传染病），乙类传染病报告 229 例，报告发病率 112.86/10 万，较上年同期下降了 8.03%（229/249）；丙类传染病病例报告 1986 例，报告发病率 978.78/10 万，较 2021 年同期上升了 54.79%（1986/1283）。全年未有突发公共卫生事件报告。全年无未及时审核卡，无重卡，其中迟报卡一张（中医院迟报），全县传染病诊疗机构网络正常运行率 100%。庆元县作为国家监测点，以居民超重肥胖和特定人群贫血作为特定健康问题开展哨点监测，邀请省疾控中心项目负责人对调查员开展业务培训，全面完成问卷调查、体格检查、血红蛋白检查、实验室检查项目监测任务。全县监测 1908 人，其中 0—2 岁组婴幼儿 180 人，学龄前儿童（3—5 岁）60 人，儿童青少年（6—17 岁）946人，18 岁及以上成人 480 人，其中尿样检测 20 人。通过监测及时发现和预警特定健康问题，为评价防控效果、优化防控策略、评估健康中国行动提供科学依据。

【新冠病毒感染疫情常态化防控】 按照“外防输入、内防扩散”的策略，压实压紧责任，开展新型冠状病毒防控工作。开展消毒及预防性消杀指导，每周开展重点场所、重点食品、物品采样监测等工作，并建立 24 小时值班制度。

【新冠病毒感染医疗救治】 全年组织各层级医疗救治培训，涵盖县乡村三级医疗机构，选送医务人员参加丽水市重症救治专家组培训，组建县新冠病毒感染救治团队。派出医护人员支援重庆、缙云、青田和水阁等地参与医疗救治。疫情防控工作重点转为“保健康、防重症、遏病亡”阶段后，及时进行发热门诊扩容，病床扩容，基层医疗机构全面接诊病人。同时，强化医疗设备配置，配备呼吸机、心电监护仪、高流量吸氧仪、重症床位。

基层医疗卫生工作

【概况】 2022 年，实施 12 类 45 项国家基本公共卫生服务项目，做实做细家庭医生签约服务。全县共建立居民电子健康档案 128361 份，建档率达 90.05%；管理高血压患者 14409 人，规范管理率达 79.6%，管理糖尿病患者 4493 人，规范管理率达 77.72%；家庭医生规范签约 70942 人，常住人口签约率达 49.77%（户籍 35.28%），十类重点人群签约 60892 人，签约覆盖率达85.97%。巩固省级慢病综合防控示范区、省级应急示范县创建成果，加大慢病、传染病防控技术培训与指导。加强健康宣传，完善《庆元县健康教育讲师团方案》，落实健康知识讲座 108 场次。更加关注社会心理健康，完善县、乡两级社会心理服务平台建设，积极推动心理健康知识进社区、进单位、进校园，开展心理健康知识宣教累计 3000 余人次。

【基层卫生院片区化管理】 全面推行基层乡镇卫生院（社区卫生服务中心）片区化管理，出台《庆元县卫生健康局关于乡镇卫生院（社区卫生服务中心）片区化管理的实施意见（试行）》，将全县 19 个乡镇街道卫生院（社区卫生服务中心）分为 6 个片区，把片区医疗卫生机构的人、财、物等资源纳入片区实行统一管理。在全省最大的地质灾害避险搬迁和下山脱贫农民安置小区（同心新村）建成同心社区卫生服务站。

【疾病筛查与疫苗接种】 持续推进重点人群疾病筛查与疫苗接种项目。其中，低保人群胃癌免费筛查项目，2019 年启动，2022 年度完成筛查 201 人，累计筛查 2764 人；高危人群大肠癌筛查项目，2020 年启动，2022 年度完成筛查 3977 人，累计筛查 20723 人；慢性阻塞性肺疾病免费筛查项目，2022 年启动，当年完成问卷初筛 2007 人，问卷阳性 767 人，肺功能筛查 521 人；可疑新生儿先天性心脏病筛查与诊治项目，2022 年度完成筛查 510 例，筛查阳性 19 人；可疑胎儿心脏超声检查项目，2022 年度完成超声检查 110 例；0—12 月龄婴儿耳聋基因筛查项目，2022 年度对符合筛查条件的新生儿免费筛查 647 例；70 岁以上老年人流感疫苗接种项目，2020 年启动，2022 年度接种服务 2500 人，累计接种服务 6950 人；60 周岁以上老人免费接种 1 针 23 价肺炎疫苗项目：2020 年启动，2022 年度接种服务 4085 人，累计接种服务 24621 人。开展 0—3 岁婴幼儿照护服务工作，2022 年新增安南乡托育机构，全县新增托位 131 个，其中普惠性托位 71 个，分别是：江滨幼儿园托育部普惠性托位 31 个；丽水巴学园托育服务有限公司托位 60 个；濛洲实验幼儿园普惠性托位 20 个；安南乡中心幼儿园普惠性托位 20 个。全县托位数共计 457 个，每千人口托位数达 3.2 个。

妇幼保健

【概况】 2022 年，全县产妇总数 922 人，活产935 人，橙色以上高危孕产妇 229 例。其中，红色高危 6 例，紫色高危（传染病）59 例，在册管理 100%。危重孕产妇抢救 1 例，成功 1 例，无孕产妇死亡。全县 3 岁以下儿童 2949 人，系统管理 2818 人，系管率 95.55%，7 岁以下儿童 9841 人，保健覆盖率 98.29%。

【免费检测筛查】 严格落实《庆元县预防艾滋病梅毒和乙肝母婴传播工作实施方案》，2022 年免费为 648 名孕产妇提供艾滋病、梅毒、乙肝初筛检测服务，孕产妇艾梅乙检测率达 100%。持续实施免费婚检和孕前优生检测项目，计划怀孕夫妇免费孕前优生检测和咨询 839 次，孕前优生检测率 82.58%。完成免费宫颈癌筛查 6126 例，乳腺癌筛查 6083 例，筛查率 85.4%。

老龄健康与家庭发展

【概况】 2022 年底，全县户籍人口 20.4914 万人。其中，60 岁以上老年人 39915 人，占年末总人口的 19.48%；65 岁以上老年人 30970 人，70 岁以上老年人 20069 人，80 岁以上老年人 5727 人，90 岁以上老年人 905 人，100 岁以上老年人 20 人；上报出生 1056 人。全员人口数据库户籍人口覆盖率、主要字段完整率、准确率均 95%以上，高于全市水平。全县未发现因违法行政而引发的计划生育重大案件，未出现重大计生负面新闻舆情事件，未发生不稳定事件。

【老龄健康服务】 2022 年，发放高龄老人一次性补贴 39.6 万元，高龄补贴 348.76 万元。配合县财政为年满 80 周岁以上老年人出资投保意外伤害保险，投保人数 5576 人，投保金额 26.762 万元。组队参加全市、全省老年木玩比赛活动，并分别获市级集体第三名、省级第二名；精心创办老年大学，其中蔡段老年大学获评市级先进教学点，屏都街道教学点市级示范教学点；同济社区创成国家级老年友好型示范社区。7 月 12—18 日组织开展“关注口腔健康，品位老年幸福”老年健康主题宣传周活动，引导老年人养成健康生活方式，提高自我保健意识和能力。深入推进“智慧助老”行动。全县共开展“银龄跨越数字鸿沟”科普培训 13 场，516 人参加。开展“温暖重阳”走访慰问老年人活动，共走访慰问高龄、困难、空巢老人 185 人，送去慰问金 10.4 万元及价值 3.8 万元的慰问品。

【依法实施生育政策】 推进生育支持政策落实落地。深入实施三孩生育政策，谋划制定完善鼓励按政策生育的配套政策和优化生育相关公共服务措施，并列为党委政府和相关部门考核的重要指标，促进生育政策与经济社会政策的配套衔接。及时转发新法新条例具体内容和解读内容，方便群众及时学习了解，提高群众的知晓率。及时开展计划生育相关政策规范性文件自查，清理完善不符合当前人口发展形势和现行生育政策的条款，做好三孩政策调整前后的政策衔接，保障此前实行计划生育家庭的合法权益。取消再生育审批，加快推进三孩生育登记，全县三孩生育登记60件。推进母婴室管理服务模式智能化，群众只需要在浙里办搜索“智慧母婴”便可查找最近的母婴室，全县共上平台7家母婴室，其中四星级以上的2家、三星级的4家，给予孕妈妈以最温柔的关爱。

【计划生育奖励扶助】 2022年，农村部分计划生育家庭奖励扶助对象2006人，发放奖扶金192.576万元；计划生育家庭特别扶助对象77人，发放特扶金60.72万元。深入开展特殊计划生育家庭三项制度落实工作，覆盖率100%。通过设立计划生育公益金、独生子女意外伤害保险等对计划生育家庭、独生子女和“农村双女户”在遇到特殊困难时予以帮扶、救助，共发放春节慰问金21.08万元，公益金6万元。

爱国卫生

【概况】 2022年，发送爱国卫生宣传及春秋季灭鼠活动短信32万条；4月，在市民广场开展以“文明健康 绿色环保”为主题的第34个爱国卫生月宣传活动；爱国卫生运动70周年期间报送征文3篇，百山祖镇被全国爱卫会评选为70个爱卫网红打卡点。

【卫生创建活动】 巩固国家卫生县城。成立以县委书记为组长的国卫巩固领导小组，抽调工作人员7名组建工作专班。全年共下发交办单264份，问题点位2118个，截至12月前整改到位1989个问题点位，问题整改率达到93.9%。卫生村镇创建（复评）。2022年，全县4个乡镇参与国家卫生乡镇第一轮复评，3个乡镇申报创建国家卫生乡镇并完成市级检查。85个村成功创建省级卫生村，4个村通过省级卫生村复评。

【健康乡村建设】 2022年，百山祖镇车根村、贤良镇贤良村创成市级除四害村，并被推荐为省级除“四害”样本村。百山祖镇、贤良镇创建健康乡镇，60个村申报创建健康村，12月底完成市级评估。江滨小学成功创建健康促进金牌学校。开展健康家庭创建讲座40场，创建健康家庭2000户。

卫生监督

【概况】 2022年，全县共有卫生监督服务对象558家，其中公共场所296家，医疗机构135家，生活饮用水单位5家，消毒产品生产企业2家，学校卫生被监督单位24家，病媒生物预防控制服务单位2家，职业健康检查机构1家，职业卫生用人单位83家，放射卫生被监督单位8家。

【卫生监督机构建设】 为及时顺应政府机构改革、数字化转型和“互联网+监管”要求，着力提升卫生健康行政执法能力和服务水平，进一步推进卫生健康行政执法体系建设和卫生监督体系建设，加强县级卫生监督机构规范化建设，对办公场所按照《浙江省卫生健康委办公室关于印发浙江省卫生健康行政执法监督工作规范化建设标准（2020版）的通知》的基本要求进行形象设置，庆元县卫生监督所成功创建卫生行政执法规范化建设单位。

【卫生执法监管】 开展“双随机、一公开”监管工作。按照专业类别和抽查比例，从全县500余家经营单位中分批次抽取153家“双随机”抽查对象（含联合执法抽查对象），全县现有的18个“双随机”抽查事项实现全覆盖。至2022年12月31日，完成“双随机”抽查对象现场检查153家，任务总完成率、掌上执法率、应用信用规则率100%；跨部门抽取任务数14次，跨部门监管率42.42%；“双随机” 案件数54起，“双随机”处罚率35.29%。扎实落实“互联网+监管”工作。做好行政监管事项认领工作，共认领行政检查子项72项，认领率100%；加大行政检查工作力度，扩大覆盖面，除“零申报”事项外，做到行政检查100%全覆盖；有“双随机”抽查事项18项，发起或参加“双随机”抽查任务33家，共抽取“双随机”抽查对象153家并完成现场检查，任务总完成率100%。至2022年12月31日，共立案查处各类卫生违法案件145起，其中一般程序86起，简易程序59起。按专业类别分，医疗卫生类27起，传染病防治类40起，公共场所卫生类63起，学校卫生类3起，职业卫生类8起，食品卫生1起，饮用水卫生类1起，消毒产品类2起。简易程序案件结案59起，一般程序案件结案86起，合计执行到位罚没款金额63.2844万元（不含没收财物价值）。

【卫生数字化建设】 在2021年的基础上，全县32家住宿场所杯具洗消间全面完成“数字飞跃”建设，实现“浙江省住宿场所消毒保洁智能监管平台”在线监测，2022年，住宿保洁智能系统共报送预警信息11条，立案查处10家。搭建医疗服务智能监管信息平台，推进医疗机构“全诊通”使用，接入“智慧医疗”HIS系统数据，随时调阅医疗机构医师处方、器械消毒、预检分诊、医废处置等信息，对医疗服务开展动态监测自动纠偏和精准执法。2022年，共完成接入县级及以下公立医疗机构25家，完成率92.59%；社会办医疗机构20家，完成率57.14%；村卫生室12家，完成率17.39%。

中医药事业

【概况】 推进以人民医院迁建项目为主体的卫生健康基础设施项目建设。县人民医院迁建项目已结项、竹口中心卫生院迁建工程顺利竣工并投入使用，基层医疗卫生服务体系提升工程建设完成立项批复并开工建设。积极谋划庆元县疾病防治培训基地、庆元县中医院迁建、庆元县第二人民医院建设，推进庆元县中医院迁建工程，努力把庆元打造成浙南闽北区域中医医疗中心，长三角中医药康养中心。

【中医馆】 2022年，全县共有20家中医馆，配备牵引床、刮痧治疗仪等常用中医设备，实现中医馆乡镇全覆盖。同时，充分利用中医院作为国家中医药适宜技术培训基地优势，印发《庆元县创建全国基层中医药工作示范县实施方案》，持续推广中医药适宜技术。

【中医药适宜技术】 继续推广中医药适宜技术进校园、进机关、进社区等活动，举办以乡镇卫生院（社区卫生服务中心、服务站）、妇幼保健计划生育服务中心、村卫生室为培训对象的基层中医药适宜技术线上培训班，让基层医务人员感受中医药适宜技术的“简、便、验、廉”的特点，让群众切实感受中医药适宜技术的特色优势，使中医药适宜技术扎根于基层、服务于群众。

医政医药管理

【村卫生室规范化建设】 2022年，为进一步夯实村级卫生健康服务网底，提升基层医疗卫生服务能力和水平，对屏都街道菊水村卫生室、竹口镇新窑社区卫生服务站、竹口镇上垟村卫生室、黄田镇桐山村卫生室、五大堡乡梧桐洋村卫生室、杨楼村卫生室、江根乡洋头村卫生室等7个村卫生室（社区卫生服务站）进行规范化建设，实现统一标识、统一布局、统一内部设置和统一配备必要的医疗设备及信息化设备。

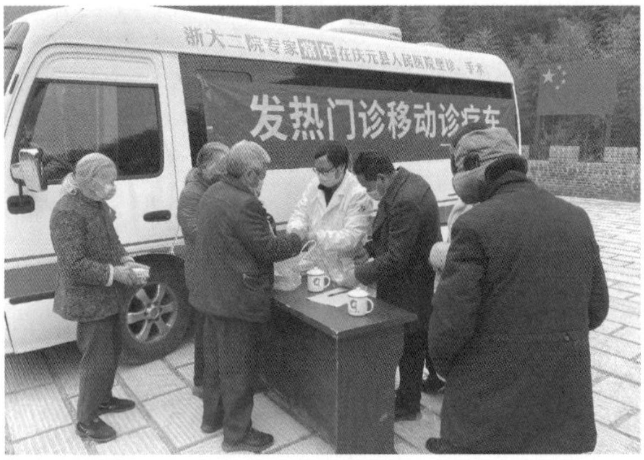

2022年12月29日，官塘乡卫生院医师到白柘洋村为村民提供发热诊疗服务

（县卫生健康局 供）

【“最多跑一次”改革】 2022年，增加140项医学影像检查资料互认项目和23项医学检验结果互认项目的对码工作。扩大检查检验数据信息互认范围，避免重复检查检验，降低就医费用，不断提升患者满意度。

【院前急救体系建设】 建成“120”指挥中心和竹口、荷地、左溪、安南等4个乡镇卫生院急救点。“120”指挥中心入驻县应急指挥中心统一调度后，2分钟出车率为89.6%，较入住前提升了36%，位列全省中上等水平，调度出车评分全市第一。2022年，院前急救共出车1889次，未出现任何差错事件。

【“智慧流动医院”建设】 庆元县“智慧流动医院”结合新冠肺炎疫情背景，依托4辆巡回诊疗车，增设流动发热诊室服务、疫苗接种服务，有效解决山区群众尤其是中老年等重点人群聚集、交叉感染风险高以及就医难等问题，全力守护群众健康。2022年，共计巡回诊疗1373场次，行驶里程4.28万千米，出车622车次，出诊医生787人，车均服务1536人次，健康教育等综合服务3.3万余人，《走进老区看新貌 走向共同富裕的浙西南革命老区》得到中央电视台特别节目报道推广。

（鲍慧斐）

医疗保障

【概况】 2022年，庆元县医疗保障局（以下简称县医保局）以数字医保、公平医保、赋能医保、绩效医保、法治医保、精准医保、清廉医保7个医保建设为主线，以系统化、清单化、闭环化、绩效化“四化”工作机制为载体，深入推进医保经办服务、市级统筹、医保改革、基金监管、多层次医疗保障制度建设、医保阵地建设工作，助力建设革命老区共同富裕先行示范县。

【医保扶贫】 执行《庆元县医疗救助实施办法》，实现符合条件的困难群众资助参保率、救助政策落实率100%。全年累计医疗救助9.61万人次，涉及资金1505.87万元。联合县慈善总会成立全市首支“庆元县大病救助暨高额医疗费用帮扶化解慈善基金”，提升救助服务能力。通过部门联席会议和慈善基金，化解帮扶庆元县2021年度自负（住院起付线内的）费用超过3万元的35名高额医疗费用困难人员，合计帮扶资金48.36万元。

【基本医疗保险】 截至2022年12月底，全县基本医疗保险参保人数16.59万人，其中一档职工2.56万人，二档城乡14.03万人，参保率99.98%。医保基金总收入41743万元，总支出36626万元，年底累计结存25326万元。职工医保（含生育）收入13365万元，支出12723万元，年底累计结存13509万元，其中统筹基金累计结余1039万元，个人账户累计结存12470万元；城乡医保收入28378万元，支出23903万元，年底累计结存11817万元。

【补充医疗保险(浙丽保)】 截至2023年1月,庆元县2022年参保人数15.86万人,参保率95.39%。补充医疗保险(浙丽保)作为保障重特大疾病的补充医疗保险,正面清单连续6次扩面增量,通过谈判和专家评审准入28个高值药品、115个自费诊疗服务项目、29个“指南用药”,为参保群众提供待遇保障,进一步缓解因病致贫、返贫问题,特别是对于灾难性医疗支出,发挥制度性保障的效能。

【医保基金监管】 2022年,全县有75家定点医药机构,通过组织开展专项检查、“双随机、一公开”检查、交叉检查、自查自纠,实现检查全覆盖,处理违规定点医药机构累计28家,扣回违规金额241.69万元,其中行政处罚2家,约谈4家,通报批评1家;查处参保人员骗保案3例,追回违规金额4.36万元,移交公安机关1例。联合县人民检察院、县公安局、县人民法院、县司法局、县人力社保局等部门,建立《医保基金欺诈骗保案件数字化联动核查机制》,推进医保基金监管模式创新,提升打击欺诈骗保震慑力。

【医保便民服务】 全面接入浙江省“智慧医保”平台,打破区域医保信息壁垒,缩小区域发展差异。扎实推进医保公共服务事项“掌上办”“网上办”,2022年度受理11799件,办结12080件(含2021年底受理,2022年初办结),办结率100%。全县定点医疗机构44家,开通异地就医直接结算27家,开通率61.36%。双通道药店“庆元远志大药房”被纳入浙江省第一批异地联网结算试点单位。推进医保电子凭证应用,年度结算率44.85%,二级以上公立医院实现全流程使用医保电子凭证就医服务。

(王　贞)

人力资源　社会保障

人事人才

【概况】　2022年，庆元县人力资源和社会保障局(以下简称县人力社保局)建设及整改人事考试保密库房，通过省人社厅验收；组织2021—2022年事业单位工作人员岗前培训，76人结业；组织完成94名事业单位管理岗位人员的职员等级晋升工作，其中晋升八级职员83名，九级职员11名；做好事业单位工作人员2022年度考核审批工作及各单位先进奖金发放审核工作；统计2022年度事业单位人事年报，汇总整理全县正式工作人员花名册；按规定为237人办理人事调动手续；办理辞职(解聘)手续24人；办理岗位聘用716人次。

【阳光招考】　协助县委组织部做好2022年考试录用公务员考务工作，招录公务员53名。公开招聘事业单位工作人员48名，包括机关事业单位工作人员、教师、卫生健康事业单位检验专业技术人员。公开招聘机关事业单位非正式工作人员69名，包括专职社区工作者、特聘教师、专职应急救援队员等。笔试、面试、政审考察等环节阳光操作，招考工作无投诉、无质疑。

【工资福利】　审批2022年全县机关事业工作人员工资正常晋升，为1296名公务员晋升一个工资档次，月人均增资121.33元；为329名公务员晋升一个工资级别，月人均增资41.33元，为4104名事业工作人员正常增加一级薪级工资。完成全县1767名公务员奖金审批和清算工作以及全县事业人员的奖金审批工作。报送2021年度全县公务员工资年报和事业单位、机关工勤工作人员工资年报两项报表。办理机关事业单位工作人员退休审批手续130人；办理抚恤金领取手续51人；机关事业单位工作人员确认连续工龄97人。完成285名公务员职务变动后工资审批，月人均增资344.46元。配合相关部门做好非营利性服务业工资总额保增长工作。一季度，庆元县非营利性服务业指标增长14.4%；二季度，非营利性服务业指标增幅为9.5%，全市排名第三；三季度，非营利性服务业指标增幅为8.9%，全市排名第六。

【退管工作】　落实机关事业单位退休干部各项工作，开展各类文体活动，丰富业余文化生活，提升老干部幸福指数。加强基础设施建设，强化日常服务，健全制度管理，改善退休人员活动环境，将“老有所学、老有所乐”的宗旨落到实处。组织召开退管中心组会议，听取退休干部的意见建议；春节前夕走访慰问困难退休干部 28 名。

【人才工作】 为 2 家企业、2 个乡镇申报“双百”引领计划；实施“名师带徒”制度，新建县级技能大师工作室 6 家；推荐入选浙江工匠 1 人，浙江青年工匠 4 人，绿谷英才 2 人，市最美高校毕业生提名奖 1 人；选拔县第二批“菇乡名匠”17 人；继续深化职称制度改革，评定初级专业技术职务任职资格 97 人、中级职称 126 人、高级职称 54 人。

劳动就业

【概况】 2022 年，县人力社保局受理工伤申请 272 起，作出工伤认定案件 265 起。调整全县 1401 家用人单位工伤保险缴费浮动费率，其中，费率上调单位 177 家，费率下调单位 1224 家，其他单位维持行业基准费率不变。联合经商局、科技局、财政局、经开区、税务局、市场监管局六部门入企开展政策宣传服务，动员企业依法依规为员工参保社会保险，保障职工合法权益。走访企业 607 家，宣传社会保险助企惠企政策，全年企业养老保险参保扩面 999 人。通过社会保险服务大厅，“掌上庆元”微信公众号、APP 等线下线上双渠道，播放自制维护社保基金安全宣传动画。结合当地每月一次的赶圩日，宣传讲解社会保险政策，发放宣传材料 200 份。张贴自制社保基金宣传海报 226 张，下辖 19 个乡镇(街道)，11 个社区、192 个行政村全覆盖。

【劳动监察】 大力推进“庆元安薪”工程，聚焦系统治理、源头治理、依法治理、综合治理，全县根治欠薪工作迈上新台阶。7 月，顺利完成迎接国务院保障农民工工资支付考核工作。8 月，开展“双爱”活动暨根治欠薪“夏季送清凉”活动，到工地为一线劳动者送去清凉和关爱。10 月，庆元县签订首份新就业形态领域行业集体合同，把保护劳动者的合法权益落到实处。12 月，先后向劳动者发送“安薪码”推广短信 2 万条，开展欠薪问题集中联合接访活动。健全“双爱”活动推进机制，“双爱”活动企业和职工参与度稳步提升。强化欠薪源头治理，以开展根治欠薪秋季、冬季行动为抓手，开展工程建设领域市场秩序专项整治行动。保持监管整治高压态势，加强工程建设领域长效机制落实和工资支付情况多部门联合督查检查，重点整治引发欠薪的违法发包、转包、分包及挂靠等行业乱象。全年开展部门联合检查 15 次，针对用工管理不规范企业下达责令整改文书 62 份，作出行政处罚 1 件。受理各类欠薪案件 172 件，涉及 938 人，清欠金额 1150 万元；通过与法院“诉调对接”处置欠薪案件 5 件；为 82 名劳动者提供欠薪维权法律援助服务。加强欠薪应急处置制度建设，县级欠薪应急周转金 200 万元。

【劳动仲裁】 2022 年，仲裁立案受理案件 187 件，当期结案 186 件，其中调解结案 177 件，仲裁结案率 99.5%，完成目标 92%的 108.15%；仲裁调解成功率 95.2%，完成目标 80%的 119%；网络办案率 65.1%，完成目标 35%以上的 186%，为劳动者直接挽回经济损失 1000.93 万元。通过案外处理争议 81 件，为劳动者挽回经济损失 128.2 万元。

【职业技能培训认定】 通过开设职业技能培训班、举办职业技能大赛、开展企业技能等级认定等形式，提高劳动者素质，提升企业竞争力。开展职业技能培训 5603 人次，新增技能人才 2152 人，其中高技能人才 866 人，技能人才占从业人员比重 32.48%，居全市第一位；举办庆元县第四届“菇乡工匠”职业技能大赛，来自企事业单位 877 人参赛，涉及电工、养老护理员、企业人力资源管理师等 10 个职业(工种)；向 8 家企业开放技能人才自主评价权力，在浙江鸿星文具有限公司、庆元县贝斯特软化板有限公司、丽水巾子峰建设有限公司、梦天家居集团(庆元)有限公司、浙江双枪竹木有限公司等 5 家企业开展铅笔、竹木、工程建设等三大领域企业技能等级认定。

【就业创业】 城镇新增就业1085人，困难人员再就业113人，城镇登记失业率1.4%；脱贫人口稳定在丽就业人数602人；开展创业培训440人；2022年发放创业担保贷款709万元，发放创业担保贷款贴息29.98万元，扶持创业123人；举办返乡入乡合作创业带头人培训班2场。庆元县安南乡安隆村、庆元县屏都街道蔡段村被评为省级2022年度返乡入乡合作创业村考核优秀单位。发放见习补贴18人25.15万元。开展招聘活动22场，其中举办现场招聘会8场，累计参与企业208家，提供岗位3446个，达成初步意向796人；组织线上招聘会14场，累计参与企业463家，提供岗位6773个，达成初步意向1243人。发放740家企业391.99万元稳岗补贴，发放一次性留工培训补助183家企业31.15万元，发放一次性扩岗补助49家企业12.45万元。开发公益性岗位209个，完成公益性岗位人员上岗120人，发放公益性岗位人员补贴120人次129.19万元，将精准帮扶落到实处。发放协理员岗位补贴180.23万元，村级劳动保障员岗位补贴41.25万元；为2523人次发放失业金381.98万元；为130名职工发放技能提升补贴资金23.4万元；为247名就业困难人员发放灵活就业社保补贴126.55万元，缓解就业困难人员的生活负担；推进“国企改革”，按时完成6宗国有资产划转工作，在第五期“国企改革进度”（行政事业单位6宗以上）比拼中获得第三名。

2022年12月12日，县人力社保局在项目工地开展劳动法律法规宣传活动　　（张健楠　供）

以“春风行动”“就业援助月”等就业专项服务活动为载体，多渠道汇集就业岗位，为高校毕业生、退伍军人等重点群体与企业搭建供需对接平台。定期开展送岗位、送培训、送政策下乡入村等就业援助活动，对就业困难人员开展有针对性就业服务。

社会保障

【概况】 2022年，全县城乡居民养老保险参保74230人，企业职工养老保险参保40330人，机关事业单位养老保险参保6268人，工伤保险参保45294人，被征地农民参加基本生活保障参保1176人。机关事业单位养老保险：基金收入22338.53万元，基金支出24230.73万元，离退休人员2702人，基金累计结余3136.29万元。企业基本养老保险：基金收入88114.42万元，基金支出102312.57万元，离退休人员15262人，基金累计结余538.63万元。城乡居民养老保险：基金收入7812.88万元，基金支出11249.98万元，领取待遇27954人，基金累计结余23414.67万元。工伤保险：基金收入1725.24万元，基金支出1399.49万元，领取待遇278人，基金累计结余1097.56万元。被征地农民基本生活保障：基金收入256.46万元，基金支出4829.03万元，领取待遇201人，基金累计结余6088.52万元；被征地农民养老保险：基金收入11879.13万元，基金支出10606.69万元，领取待遇1773人，基金累计结余3508.05万元。

【社会保障卡管理和应用】 联动庆元县社保卡合作银行及乡镇（街道），开展社会保障卡实体卡扩面及电子社保卡签发工作，全年社保卡新申领1491张，电子社保卡新签发25278张，换发第三代社保卡27905张。截至年底，全县社保卡持卡量199960张。其中，第三代社保卡64915张，占比32.46%。继续开展异常卡、库存卡及死亡卡的清理工作，清理注销（主要是库存卡）3422张社保卡。持续推进社会保障卡居民服务“一卡通”在交通出行、旅游观光、文化体验、社会保障、医疗卫生、金融服务等领域的应用。县社保待遇，医保报销金额，计生奖扶，农办分山款、粮食补助，残联“两项补贴”，民政局低保金，教育局补贴，财政发放相关补贴等，都通过社保卡发放。同时，社保卡实现图书馆借还书、博物馆刷卡参观、百山祖景区刷卡入园、乘坐公交车等功能的应用。

【人力社保信息化建设】 根据省厅办公室印发的《人力社保省级一体化业务经办平台管理细则》的通知，结合县人力社保局实际岗位情况，印发《庆元县人力资源和社会保障局关于进一步加强人力社保省级一体化业务经办平台管理的通知》，规范平台各科室的用户管理、权限设置和业务经办。推进“一网通办”，提升人社政务服务质量，全年2.0事项综合“一网通办”率96.8%，线下办件“一网通办”率97.03%，超期办件率低于1%，“一件事”线上受理率90%，政务服务“零差评”。

（郑旭辉）

社会事务

民政事务

【概况】 2022年，庆元县民政局(以下简称县民政局)贯彻落实省市民政工作会议精神，履行基本民生保障、社会治理、社会服务等职责，推进庆元民政事业发展。2022年，建立儿童之家7个、乡镇未成年人保护工作站8个。建成1家智慧公办养老院，为22家乡镇(街道)居家养老服务中心配备无感服务智能终端。

【最低生活保障和孤困儿童关爱保障】 落实低保低边渐退期制度和重残、重病等特殊人员单人户纳入低保制度，提升困难群众覆盖面。2022年发放各类社会救助资金71554577元，其中低保对象3048户5561人，4850.41万元；低边对象1487户3449人；特困人员238户239人，456.76万元；困难残疾人员2206人，生活补贴8113056元；重度残疾人员2871人，护理补贴6983474元。孤困儿童184人(其中孤儿9名)，235.86万元。临时救助140户318人，1027747元。开展探访关爱26363次，送达幸福清单15483次。为提升社会救助的"精准有效"，会同组织部开展低保(低边)工作"人情保""关系保"专项治理行动，完成重要亲属(近亲属)享受低保(低边)情况备案9385人，其中乡镇街道干部职工和村(社区)"三委"成员2571人，县属单位干部职工6738人。

【养老服务管理】 在2021年度试点工作基础上，推进居家养老服务"三级"联动运营工作机制，配齐服务中心、照料中心工作人员及管护，全县城乡社区居家养老服务照料中心运营率从50.8%提升到92.24%。增加认知障碍照护专区床位36张，增加持证养老护理员24人，提升1家敬老院达到国家二级养老机构标准，建成康养联合体1家，提升11个居家养老服务中心运营水平。组建"流动爱心理发服务队"，为偏远农村留守老人提供理发服务6300人次。保障社会养老

2022年重阳节期间，居家养老服务中心组织开展爱心义剪等助老服务　　（县民政局 供）

事业健康发展，下拨养老服务补助资金854.82万元，开展困难老年人能力评估和居家养老服务补贴工作，强化养老机构的安全监管。开展老年人自理能力专业评估，为全县38127名户籍老人进行初筛，专业评估2307人，其中基本自理653人、轻度失能1017人、中度失能270人、重度失能1级184人、重度失能2级165人、重度失能3级18人。

【现代社区建设】 贯彻落实全省现代社区建设会议精神，组建领导机构，实行县委组织部和县民政局双牵头工作机制，梳理6张工作清单177项指标任务，落实每万名城镇常住人口配备14名专职社区工作者，提升庆元县现代化城乡社区建设水平。以濛洲街道新建社区为试点，通过改造传统"一站式"服务窗口柜台，建设"易进入、可互动、能共享"的开放式"居民会客厅"，强化社区与居民互动融合，提升社区服务居民能力。

【移民工作】 核定2021年度直补移民3775人，核减县内行政机关公务员、事业单位在编在职以及死亡人员36人。提高移民直补人口的准确度，发放直补资金224.46万元。安排移民扶持项目43个，扶持资金967.64万元。项目竣工验收率95.35%，核报项目资金832.65万元，资金支付率86.05%。落实移民创业致富扶持政策，补助移民创业致富产业发展扶持资金6户154170元；发放移民小额贷款贴息资金87户223403元；发放移民培训补助资金124人9.82万元。

【婚姻登记和其他登记】 全年办理结婚登记845对、离婚登记179对、补发结婚登记证120件、补办离婚登记证14件，离婚申请386对，家庭婚姻辅导服务452对，辅导服务满意度95.2%。申请"婚育户一件事"联办428对，占新婚联系率83.30%，联办率全市排名第三。办理社会团体登记成立、变更31件，民非成立、变更28件。依法做好收养登记工作，完成收养登记办理9件，不予受理6件；对松源街道、濛洲街道、屏都街道出具（编制、变更、撤销）门牌证319件、出具地名证明525份。

【救助管理】 会同公安部门通过DNA比对、人像识别、方言口音等方式甄别滞留人员身份信息，开展救助寻亲服务行动。2022年，接领护送返乡5人次，落户安置长期托养流浪人员6人，累计救助56人次。开展街面巡查和综合治理行动，加强主城区的街面桥梁、涵洞、废弃建筑物等重点区域巡查，落实24小时值班制度。

【社会工作管理】 组织参加社工考试275人，取得社会工作者职业资格证书104人，提升社工专业化水平。实现乡镇社会工作站全覆盖，开展助困、益剪（理发）、心理慰藉、防诈骗宣传等活动30场，服务3000人次。依照《社会团体登记管理条例》和《民办非企业单位登记管理暂行条例》，依法开展全县社会组织年度检查工作，参加社会团体和民办非企业年度检查的有178家，经审查年检合格154家，年检合格率86.5%。2022年庆元县有社会组织170家，其中社会团体121家，民办非企业49家。

【行政区划管理】 组织开展黄麻淤安置小区地名征集活动，通过"掌上庆元"微信公众号向全社会征集地名，召开征集地名专家评审会，完成地名征集各项工作。根据省厅工作部署，开展国家地名信息库数据质量建设工作，累计完成1822条地名信息的更新和编写任务。根据省厅市局工作部署，牵头组织浙闽线第四轮行政区域界线联检工作，毗邻县市积极配合，全面完成浙闽行政区域界线联检各项工作。为提升界线管理工作，创新界线管理模式，携手福建省松溪县完成浙闽线10号界桩提升工作，将界线管理与地名文化相结合，丰富平安边界创建活动内容。

【殡葬管理】 殡葬改革工作有序推进，完成全县1157具遗体接运等各项日常工作。清明节期间，殡葬管理所统一采购1600束鲜花免费发放或代为祭扫。受理生态安葬补助123例，补助金额

6.15万元。推进惠民政策，按照《庆元县殡葬基本服务项目免费办法》累计减免1093人次70.45万元。启动庆元县社会生态公益性公墓项目建设，完成投资3000万元。

（刘斯琦）

住房公积金管理

【概况】 2022年，丽水市住房公积金管理中心庆元分中心（以下简称庆元分中心）深入学习宣传贯彻中共二十大精神，在市公积金管理中心和县委、县政府的正确领导下，以党的政治建设为统领，以干得助、积极作为，不断在抓好扩面、做好服务、提增资金效益等重点工作上奋发进取，在深化改革、强化监管、确保资金安全等方面出实招、办实事、谋实效，用心用情服务好菇乡的公积金缴存群众，为庆元打造山区县高质量发展共同富裕特色样板做出积极贡献。

【公积金业务】 截至2022年12月底，全县共有缴存公积金单位505个，缴存住房公积金13597人，归集37645.22万元，完成年度指标的102.6%，归集余额101012.43万元。1—12月累计支取住房公积金4015人，支取金额27445.46万元，提取率72.9%，同比下降9.63%。发放住房贷款246户，金额10394万元，完成年度指标的90.4%，同比下降9.03%。贷款余额86888.57万元，同比下降0.04%，存贷比例86.0%，逾期率为0。实现增值收益1705.29万元。按规定时间完成住房公积金年度结息工作，共向全县15558名缴存职工（账户）支付利息1365.66万元，上缴廉租住房补充资金394.34万元。

【公积金管理】 强化公积金提取、贷款过程监督，及时查询掌握职工的购房、贷款等有关信息数据，有效遏制骗提骗贷行为。严格执行“贷前严审、贷中规范、贷后跟进”的贷款管理机制，加快推进贷款全过程管理，强化贷后催收、个人逾期贷款诉讼、期转现等工作。严格落实住房公积金资金内部控制制度，定期分析公积金业务运行和资金收支情况，做好资金使用情况测算，实时调整资金使用计划，有效防范资金流动性风险。完善资金竞争性存放，规范协定存款管理，完成公积金资金竞争性存放工作，竞争性存款19100万元，确保公积金安全增值。

【公积金服务】 一是优化服务场景。推进住房公积金补缴、提前部分偿还住房公积金贷款等新增高频服务事项“跨省通办”。在各地公积金窗口设置“跨省通办”专窗，统一业务管理规范，实现流程标准化、培训全员化、服务同质化。着力优化营商环境，推进新增企业公积金银行代缴代扣协议在线签约。二是拓宽服务渠道。持续加强政银合作，进一步优化服务网点布局，提升就近办事体验。公积金服务延伸至全县6个银行网点。畅通“民呼我为”“问政直通车”“好差评”等投诉咨询渠道，2022年，有效回应各渠道咨询10件，答复满意率100%。三是创设优质品牌。深入开展“惠民公积金，服务暖人心”服务提升行动，打造“公积金+金融党建联建”服务品牌，设立“党员服务专员”，面向不同群体私人定制“预约服务”“延时服务”“容缺服务”“上门服务”等特色服务，深入非公有制企业、项目楼盘、乡镇社区开展上门宣讲服务，宣讲受众3000余人次。

【公积金信息化建设】 一是强化系统融合，服务提质增效。积极推进庆元分中心业务系统与部省市三级应用平台深入融合，不断提高“跨省通办”“全省通办”长三角“一网通办”业务办理效率。偿还购房贷款本息提取、租赁住房提取等民生“关键小事”智能速办率达到100%。公务员、事业单位职业生涯“一件事”和企业开户“一件事”等高频业务公积金环节实现智能速办。二是推动数据流转，提供数据支持。深入推进数据共享工作，不断以应用场景为牵引，高效利用公安、民政、不动产等部门数据，赋能数字化改革。积极推进庆元分中心与银行业金融机构数据共享应用工作。二是持续数据治理，夯实数据基础。修正单位性质与统一信用代码规则不一致的单位数据信息。集中核查睡眠账户，有效解决长期未缴存账户的管理问题。综合分析一人多账户数据，完成缴存人一人多户的信息合并工作。通过优化业务系统，实现小余额账户增量自动处理、存量集中处理。及时补录、修正和完善公积金基础数据，公积金基础数据质量在全国处于领先位置。三是健全制度体系，保障数据安全。完善应用软件开发维护、网络安全数据安全和个人信息保护等制度，优化业务系统账户管理，防范操作风险。综合业务系统通过三级等保测评。运用全国住房公积金监管服务平台和共享信息查询，建立联合评估机制，有效排查各类业务风险。

（余　华）

庆元县慈善总会

【概况】 2022 年，庆元慈善总会（以下简称县慈善总会）聚焦人人慈善标杆区建设，推进“大爱菇乡·善行庆元”慈善新实践。发展村级慈善爱心基金、助力乡村振兴成效明显，9 月，荣获省政府第七届“浙江慈善奖”。县慈善总会会长毛茂丰入选 2022 年浙江省社会组织领军人物，副会长叶时林荣获省慈善联合总会“优秀个人奖”，荷地镇荷地村慈善爱心基金秘书长吴积木荣获丽水市慈善模范称号。浙江庆元农村商业银行股份有限公司、内蒙古国城实业有限公司、浙江佳禾竹业科技有限公司、浙江久灵笔刷有限公司等 11 家企业获得丽水市 2022 年慈善贡献奖。4 月 25 日，《丽水日报》头版头条刊发《庆元城乡慈善惠民蔚然成风》。5 月 24 日，《庆元做细慈善再分配撬动城乡共富》被《浙江信息》录用。12 月 14 日，《庆元县讲好慈善故事助推山区共富》被《浙江信息》录用。

【“慈善一日捐”】 6 月 18 日，庆元突发特大暴雨自然灾害，县慈善总会主动作为，第一时间成立“庆元‘6·18’特大暴雨洪灾紧急救援爱心基金”发起专项募捐。6 月 20 日下午，庆元县举行“6·18”特大暴雨赈灾捐赠暨“慈善一日捐”活动仪式，蔡昉、田健晖、吴青松、洪起平、佘晓君等副县级以上领导带头捐款，168 家单位、32 家企业纷纷响应号召主动参与“慈善一日捐”活动，募得善款 967.43 万元。经庆元县“6·18”洪灾救灾捐赠款物发放工作领导小组专题会议研究议定，首批慈善款 125 万元预拨付到 19 个乡镇（街道），第二批慈善款 684066 元分别预拨给濛洲街道、松源街道、贤良镇、五大堡乡、岭头乡、张村乡、淤上乡、安南乡、隆宫乡、龙溪乡、江根乡、官塘乡 12 个乡镇（街道），发放受灾工业企业救助款 158.75 万元，受灾农业种植户救助款 102.1 万元，受灾食用菌产业大户救助款 98.62 万元，屏都小学受灾救助款 20 万元，定向捐赠支出 162.5 万元，一日捐 186.69 万元，累计发放救灾捐赠款 9220622 元。

【“三个一百”慈善工程】 规范基层慈善组织建设，“百个村级慈善爱心基金”提质扩面，19 个乡镇（街道）全部成立慈善工作领导小组，建立慈善分会及慈善分会共富基金，村（社区）均建立慈善工作站。全县建成村级慈善爱心基金 109 个，募集爱心慈善基金 1262 万元。2022 年，百山祖镇合湖村慈善爱心基金实现筹集善款 100 多万元，成为全县首个百万村级慈善爱心基金。荷地镇石洋工作站、百山祖镇三堆工作站、江根乡坝头工作站入选第三批省级示范慈善工作站。构建“百个冠名慈善基金”，积极对接引导、鼓励发动优秀企业主、贤达爱心人士、社会组织创建个人冠名、企业冠名、专项冠名慈善基金，建成三类冠名慈善基金 64 个，募集资金 1357.11 万元。诚邀百个爱心伙伴，建成全省首个“向善”宣讲团，启动“向善蒲公英”公益计划。

【慈善品牌建设】 开展“重阳敬老百村联动”慈善活动，在全县 109 个村（社区）举办活动 327 场次，发放慰问金 66.53 万元，物资折款 110 万元，排忧解难办实事 500 件次，1 万名留守老人受益。打造“乡村理发师”慈善品牌，成立乡村理发师队伍19支，为191个村的留守老人服务1万人次。实施“千户万灯”工程，为听障人士安装“暖巢敲门灯”闪光门铃51套，为困难留守老人室内照明线路升级改造176户。探索建成“山区爱心食堂”1个，投入慈善基金10万元。实施“慈善光明行·白内障复明”救助项目，投入慈善资金35万元，为152名白内障患者进行复明手术。实施“脊髓损伤者生活重建”救助项目，首期训练营10名学员熟练掌握基本生活技能和自我护理的知识，构建积极乐观的生活态度。

【招慈引善】 落实省、市项目，成立庆元县大病救助慈善基金，为全县35名特困、低保、低边对象个人自负费用超过3万元以上大病救助对象发放慈善救助金483594元，完成大学贫困新生助学项目，资助贫困学生45名，发放助学金22.5万元。对接“山海协作”，“6·18”屏都小学受灾严重，向海曙区慈善总会争取到专项资金25万元，用于学校建设爱心食堂以及购置学生课桌椅等灾后重建工作。8月24日，全省慈善会系统基层慈善网络建设现场会(金衢丽)在庆元召开。8月25日，举行“大爱菇乡”慈善项目签约仪式，包括浙江省慈善联合总会、丽水市慈善总会、浙江省妇女儿童基金会、浙江省青少年发展基金会、杭州益优公益等在内的16家慈善公益组织与庆元县进行现场签约，签约额近1830万元。

(吴裕群)

乡镇(街道)概览

濛洲街道

【概况】 濛洲街道为庆元县城关街道，东接五大堡乡，南连安南乡，西、北邻松源街道，街道办事处驻石龙街58号。街道总面积7550公顷。其中，耕地601公顷，林地6929.7公顷。街道辖14个行政村，5个社区居委会，13280户，户籍人口28209人，常住42877人。其中，农业人口15233人。

全年实现工业产值7.8亿元，解决企业难题113个，达成总部经济招商签约3家，税收入库100万元，完成项目招引3个，内资实际到位7450万元。高标准完成星光近郊农业产业园2公顷农田建设，搭建大棚1.3公顷，打造近郊最大的“菜篮子”。完成大坑数字化食用菌产业园土地流转4.27公顷，招引总投资1.88亿元庆元现代香菇共富产业园建设项目，填补县食用菌产业数字化自动生产技术的空白。全面开展可实施光伏屋面建筑摸排，完成1219千瓦光伏项目的实施。

全年培育集体经济提升村13个、年经营性收入超50万元的集体经济强村7个，14个村实现村级总收入1681万元、经营性收入1571万元，打造6个经营性收入超百万元的“明星村”，强村公司实现利润213万元。巩固脱贫攻坚成果，申报发放低收入农户产业帮扶到户项目补助80户189960元，托底救助资金补助43户7.08万元，完成“雨露计划”补助34户10.2万元。

整治完成企业隐患点位45个，完成89户D级危房、535户C级危房管控布置。

依托全市首个“兴村治社名师工作室”，开设技能讲堂，提升村社干部参与基层治理的技能本领，培育“明星村社”干部5人。聚力现代社区创建，探索“党建+网格”模式，拓展“红色”联盟，建立49个网格支部，303个微网格“红色细胞”，“一社一品”探索建设走在全县前列，完成“村居融合社区试点”建设阶段性任务。

【建设项目政策处理】 全力推进梦天区块月亮湾地块、北岸地块、兰指大坑安置地、半湾休闲文化养生园、大坑数字化食用菌产业园、百山祖人民法庭、现代香菇共富产业园、百花岩风力发电道路工程、杭钢营地项目等11个项目政策处理，同步推进兰指洋心安置地、兰指大坝无障碍施工等扫尾攻坚行动，做好项目跟踪服务工作，调解纠纷，确保无障碍施工。11个项目中5个项目全面销号清零，6个新项目进展迅速，累计完成土地征收 10.27 公顷，土地流转 4.67 公顷，房屋拆除 2 幢，坟墓迁移 9 穴，简易房拆除 18 处。梦天区块政策处理清零入选庆元年度十大“变不可能为可能”案例。

【城乡环境治理】 开展过境公路、庆百公路沿线、主城区零星地块等环境整治行动，整治点位 192 个，完成国卫巩固专项整治点位 142 个。推进福林新村、石龙新街、洋墩新村等 5 个区块污水治理，街道“全域污水零直排区”创建项目通过省级验收。完成 11 个垦造耕地项目、3 个建设用地复垦项目后续管护工作。持续开展蓝天保卫行动，打击秸秆焚烧等野外用火行为 340 起，辖区空气质量保持优良。拆除危旧房 8 幢，拆除重建 8 幢，拆违面积 3.5 万平方米，实现拆后利用率 90%，绿化率 50%。

（姚晨琪）

松源街道

【概况】 松源街道为庆元县人民政府驻地，东与濛洲街道、五大堡乡相邻，南连淤上乡，西与屏都街道、竹口镇相连，北接百山祖镇和龙泉市，总面积 12298 公顷。辖 17 个行政村、6 个社区、57 个基层党组织（党员 1035 人），户籍人口 16037 户 34453 人。其中，农业人口 7719 户 16614 人。农村常住居民人均可支配收入 39758 元，行政村集体经济总收入 1104.59 万元。其中，经营性收入 838.94 万元。

全年项目征迁任务 17 个，涉及土地征收 105.53 公顷。完成香菇小镇工业区块 5 号、6 号地块、实验幼儿园迁建、屏都综合新区三期、香蕈大道二期、仓山路老旧小区改造、松源溪流域综合治理工程、薰山下光伏等 7 个项目政策处理工作；协助揭榜单位龙溪乡完成庆元县社会生态公益性公墓项目政策处理工作；稳步推进职高扩建、南门洋剩余地块、同心新村入口道路、山徐路延伸工程等项目。

巩固提升 17 个村集体收入，村集体经济总收入 1104.59 万元。其中，经营性收入 838.94 万元，同比增长 40.32%，经营性收入突破百万的村 3 个。实施扶贫项目 2 个，扶持资金 659793 元；完成低收入农户帮扶产业项目验收 79 个，发放补助资金 219507 元；完成低收入农户托底救助申报 35 户，发放补助资金 6.66 万元。更新低收入农户信息 407 户。实现强村公司利润 197.96 万元，带动村集体、村民双增收。

致力于荒野茶开发保护和茶产业发展，打造 153 公顷薰山茶园，成为全县最大的岩茶栽培制作及休闲观光茶园，推动浙江千山农业开发有限公司开发 33 公顷岩茶，实现辖区茶产业面积突破 333 公顷；投资 1.5 亿元的薰山光伏项目实现并网发电；以国家公园巾子峰原始森林山岱岗中蜂养殖基地为龙头，有效带动村集体经济和周边村民增收，年产蜂蜜 5000 千克。现有工业园区 3 个，工业企业 253 家，其中规上工业企业 11 家，工业总产值 97444 万元。统筹推进国卫复审、全域污水零直排区创建、“三改一拆”、“五水共治”、秸秆焚烧等工作，持续改善主城区城市形象。

同心社区创建市级现代社区，完成首届业主代表推选。引进伊普诺康抗原、抗体原料研发公司，杭州聚上医总部经济企业入驻庆元。

深入实施“红耀绿谷　强基共富”工程，围绕同心来料加工一条街，打造一站式共富平台，实现 450 名搬迁居民在社区内就业，1800 人在周边工业园区就业。城乡养老保险参保 7637 人，参保率 99.3%；城乡基本医疗保险参保缴费 2.36 万人，参保率 99.42%；“浙丽保”参保 1.99 万人，参保率 91.9%；两性安康保险参保 1917 人；49 周岁及以上独生子女母亲免缴城乡医保个人缴费 1113 人。“6•18”强降雨期间，扎实开展防汛减灾工作，转移人员 2300 人，辖区无人员伤亡；扎实推进府后街、仓山路等老旧区块线路改造、连片菇棚消防整治，为辖区菇农发放 200 个灭火器；组织开展防汛抢险应急救援演练 2 次，参加防台风综合演练

3 次，防汛培训 4 次。采购防汛物资分发到 25 个村社，防汛抢险物资有保障。配备街道森林防火队伍装备。

融合优化社会治理，配齐网格、微网格治理团队，收集群众急难愁盼问题 153 个；重点时段开展平安夜巡 24 次，出动人员 445 人。成立松源街道社会矛盾纠纷调处化解中心，聘请专职调解员 2 名，成立 17 个村、6 个社区社会矛盾纠纷调处化解室。

【香蕈社区揭牌成立】 12 月 2 日，庆元县松源街道香蕈社区揭牌成立。该社区隶属松源街道，所辖范围东至五一路，南至松源溪，西至香蕈大道和五都溪沿路，北至“山上山”，包含菇香公寓等 4 个网格（11 个小网格、35 个微网格），常住人口 2982 户 8817 人。该社区是典型的综合型密集大社区，居民以异地购房户和周边村民为主，人员类别混杂，社区的成立有利于辖区内的经济、文化发展和社会稳定、法律法规宣传教育、公益事业发展。

2022 年 12 月 2 日，松源街道香蕈社区党群服务中心揭牌仪式举行　（松源街道　供）

【同心未来社区开工建设】 9 月 20 日，庆元县第一个未来社区同心未来社区开工建设。同心社区是全省最大的脱贫安置社区，2021 年底被列入全省第四批未来社区创建名单。通过此次建设将探索共富示范背景下移民安置社区与未来社区融合新路径，打造山区县城共富社区新样板，安置社区多元治理新示范，使居民从“有的住”到“住得好”，从“高山移民”到未来城市“新居民”。此次施工优先解决居民急难愁盼问题，首先进行化粪池清淤，后续将陆续推动各个节点同步施工。计划在 2023 年 3 月底完成项目建设，2023 年中旬完成未来社区验收。

【庆元风光储共同富裕示范项目（薰山光伏）并网发电】 12 月 25 日，由中国能建浙江院控股投资的庆元风光储共同富裕示范项目（薰山光伏）并网发电。该项目位于庆元县薰坑村一带，占地约 73.33 公顷，采用“农光互补”发电模式，建设规模 30 兆瓦。项目光伏场区分 10 个光伏发电单元，采用组串式逆变、就地升压、集中并网的方案。项目建成后，预计平均每年可为电网提供电量 3189.7 万千瓦时，每年可节约标准煤约 10094.59 吨。

（吴玉逸）

屏都街道

【概况】 屏都街道地处庆元县西部，东与松源街道、淤上乡接壤，南邻隆宫乡，西与福建省松溪县旧县乡相连，西北、北毗连竹口镇，东北仍与松源街道相邻。行政区域面积 101.1 平方千米。辖八一、八二、八三、菊水、洋背、余村、蔡段、坑里、官山头、白岭头、坪坑、菖蒲洋 12 个村民委员会；下设 71 个村民小组。

2022 年，屏都街道实现规上工业总产值 11.82 亿元，完成在建项目 13 个，引进落地项目 3 个，总部经济 1 家，固定资产投资 2.35 亿元，实现稳进提质。推动农业规模化发展。建立标准化菇棚 0.2 公顷，增加林下中药材种植面积 106.67 公顷、甜桔柚 13.33 公顷，增加后口番茄基地 8 公顷；持续推动庆元县三禾元农业发展有限公司等中药材企业开展产品研发和技术创新；引进浙江森慧宇农业发展有限公司生禽养殖技术，“萌小鸡”带动村集体群众增收。新时代文明实践中心、蔡段村陶艺、书画工坊、坑里生物多样性体验馆等先后接待党政学习交流团、研学团队 53 批次6000人。其中,坑里生物多样性体验馆、三山根博园顺利通过2022年省政府"浙文惠享"民生实事工程验收。

完成在建项目13个,计划实施项目15个,储备重点项目4个,固定资产投资2.35亿元。完成耕地"非粮化"整治项目,推进土地垦造工作,27个土地复垦项目验收入库。推动余村、八一留用地小区主体工程建设,固定资产投资1.35亿元。治理松源溪流域(岙后—八一桥路段)绿道,建设余村火车站连接线桥下空间体育场项目、菊水村文化礼堂迁移项目。推进蔡段桥修建工程,实现竣工验收。开展火车站取土场覆绿整治工作。谋划浙南闽北竹制品检测销售展示仓储中心项目、白岭头等高山三村万亩笋竹两用林基础设施提升项目、庆元县乡愁康养休闲小镇等。

落实社会保障政策,开展低保、五保核查,动态调整低保、五保人员。开展城乡居民医保、城乡养老保险、"浙丽保"等缴费工作。成立街道慈善分会,募集共富资金22327.99元,建立10个村级慈善工作站。

开展"除险保安"百日攻坚行动和道路交通、消防、建筑施工等重点领域整治,在庆元大道余村加油站路口、竹林坪路口等地安排固定人员值守劝导,降低交通事故的发生率。深化"一支队伍管执法"大综合执法改革,在工业园区孵化园、十字路口设立临时便民疏导点,加强马路市场流动摊贩整治。

【屏都街道技能青年团服务活动】 2022年6月,屏都街道技能青年团服务活动成立。打造创建技能型、服务型青年干部队伍,通过重心下移、服务下放、人员下沉等举措,让青年干部在一线岗位历练。2022年,技能•青年团结合"1+1+X"技能服务日开展党课宣讲、企业援助、助农销售等系列活动18场次。同时,开展"技能+过三关""全能干部"集训营系列比拼活动,塑造"当猛虎不当蜗牛"精神气质和工作状态,锻造一支复合型的基层干部队伍。

【防抗"6•18"特大暴雨】 6月18日,屏都街道遭遇特大暴雨。县委、县政府科学预判和靠前指挥,短时间内及时转移群众6230人,无人员伤亡。洪水退去,各村立即组织排摸,详细记录房屋、农田、水利设施等受损情况。据统计,农田受毁面积333.33公顷,香菇受损600万段,房屋倒塌345间,道路受损95条,汽车被淹320辆,街道办事处49台办公电脑、21台打印机、32组文件柜受损。街道直接经济损失4.55亿元。其中,房屋及居民家庭财产损失6000万元,农林牧渔业损失1.35亿元,工业企业损失1.5亿元,基础设施损失6000万元,公共服务损失3000万元,其他损失2000万元。开展灾后救助,重点对住宅受损户、低收入农户、残疾人等开展灾后救助,将社会各界捐赠的物资、款项第一时间发放到位,重振受灾群众的信心,发放慈善救灾款20.2万元。

【庆元县技能型政府建设实训基地】 该基地位于屏都街道,主要由已建成的技能型政府建设展示廊、建设中的敬老院干部教育培训基地和村级实训点构成。该实训基地以打造"民来可办事、客来可参观、干部来可学习"为出发点,通过组织开展红色理念、实用技能的培训实践,以红色旅游撬动地方旅游,实现振兴屏都,反哺和回馈百姓的目标。2022年,该基地获庆元县第十一批爱国主义教育基地、丽水市三星级干部教育现场教学基地等荣誉称号。2022年,吸引省市县各类党政代表团及周边省份的参观人员共计2.3万人次。

【庆元县坑里生物多样性体验馆】 该馆于2021年始建,2022年2月正式竣工,同月22日举行开馆仪式,是全省首批开馆的生物多样性体验馆。室内展馆共两层,分为10个不同的功能区。一层包括综合展区、知识竞赛区、鸟类展区、沉浸式体验空间和两栖爬行动物展区;二层为鱼类展区、大型真菌展区、游戏体验区、昆虫展区和文创区。该馆以"1+1+N"的形式打造,将室内生物多样性体验馆和生物多样性室外体验路线相结合，并配套有可供自然科学教学的专业生物多样性体验课程。2022 年，该馆获评全省首批生物多样性体验地、省级乡村博物馆。2022 年，该馆共接待各类游客 1.4 万余人。

【人大践行全过程人民民主基层单元创建】 屏都街道人大工委作为首批“基层单元”建设培育对象，坚持以数字化改革的理念、思路、方法为牵引，利用“联、商、督、促、智”等功能作用的发挥，全力推进人大践行全过程人民民主基层单元建设，努力打造践行全过程人民民主基层单元示范样板。屏都人大代表联络站积极创新活动方式方法，每月 15 日开展代表接待选民暨“1+1+X”代表服务日活动，加强人大代表与选民群众的密切联系，充分发挥代表主体作用。健全联络运行管理、代表联系群众、主题活动开展、民生实事监督、代表履职登记、代表向选民述职等制度。紧扣“基层单元”建设要求，全力推进联络站迭代升级，着力打造具有辨识度的全过程人民民主基层单元。2022 年，庆元县屏都街道人大代表联络站获评人大践行全过程人民民主基层单元先进单位。

（杨奕莲）

黄田镇

【概况】 黄田镇位于庆元县西北部，地处浙闽两省三县交界，以黄坞、葛田村各取一字得名。G25 长深高速公路、528 国道贯穿全境。东南连竹口镇，西靠福建省松溪县渭田镇、溪东乡，北邻龙泉市小梅镇，距县城 35 千米。总面积 125 平方千米，其中毛竹林 5929.5 公顷，是丽水市最大的毛竹生产基地；林地 9800 公顷，森林覆盖率 81.43%；耕地 1010.67 公顷。辖黄田、曹岭、姚村、陈边、东西、仙湖、柏渡口、龙头山、朱黄、双沈、双坞、中济、桐山、上济、李村、下济 16 个行政村，其中李村、东西村为少数民族村，89 个自然村，5825 户、15307 人，除汉族外有畲族、黎族、土家族、土族、侗族、满族、傈僳族等 16 个少数民族。素有“中国灰树花之乡”“毛竹之乡”的美誉。2022 年，被评为省级林业特色产业强镇，被纳入省第二批绿色农田建设项目实施乡镇，黄田村入选浙江省第二批未来乡村建设试点村，黄田技能型干部团队获庆元县培养技能型干部建设技能型乡镇 15 周年十佳优秀团队等称号。

深入实施开展工业经济稳进提质大比拼活动，10 家规上工业企业产值实现较大增长。“三招三引”落地见效，招引浙江吸莎新能源科技有限公司年产 12000 吨水烟熏片项目，落地屏都工业园区，总投资 5000 万元；招引平湖市在水一方民宿在黄田村投资建设“王者归来”农文旅项目，总投资 3500 万元；与浙江啸枞生态茶叶有限公司签署世界竹海公园荒野岩茶生态养生园项目，落地朱黄村；招引年产 100 吨竹林野茶项目，落地中济村，计划投资 1000 万元；引进总部经济 3 家，年税收超 250 万元。建成灰树花智能化菇棚 18 个，打响“泽山湾”“篁真”稻米品牌，种植灵芝、茄子、生姜、蓝莓、猕猴桃等 93.33 公顷，雾峰茗茶、山水印荒野茶、黄精等特色产业发展及新兴项目有效实施。在崔上红文旅（一期）项目基础上，完成崔上十八骨干雕塑、中济展梦拓展基地建设，黄田“王者部落”重新开园，全年接待龙泉电信、县司法局、隆宫乡等团队及游客 60 余批次 3000 余人。各村深入谋划消薄项目，形成“多元化造血”增收态势，村级集体经济收入 1050 万元，同比增长 30%。镇桥头堡公司承接全县工会“东西结对”消薄项目，从四川泸州市叙永县、古蔺县采购农产品，并发送 100 余家单位 7000 余份，全年利润实现 260 万元。

新谋划中国灰树花特色产业基地、黄田镇全域土地整治、浙闽红色研学创新实践中心、农光互补光伏发电项目、正大康养基地项目、竹口溪流域综合治理等项目 12 个。全年完成各类项目招标 48 个，总投资 4386 万元，竣工验收 25 个项目。黄田村未来乡村建设项目完工验收；总投资 1190 万元的 113.33 公顷绿色农田项目开工建设；农田水利配套设施、灾毁农田修复、千亩方永久基本农田集中连片整治、竹林产业道路等项目竣工验收；桐山村文化礼堂、综合执法业务用房、东西村公厕、姚村村公厕、双坞村公厕、垃圾中转站、雾峰茗茶生产基地等项目建成投入使用；黄田水厂、朱黄村、仙湖村等5个农村饮用水保障工程，东西村、曹岭村美丽宜居示范村建设项目开工建设。投资4.6亿元的李村15万头生猪养殖项目进场桥梁基本完工，进场道路完成90%，现场清表7.13公顷；黄田村（葛田自然村）第十一批历史文化村落保护利用重点村项目成功入选2023—2025年项目库；成功申报“一事一议”财政奖补支持打造共富乡村试点项目——黄田村浙南闽北“两山”共富竹产业园；积极申报国家级农村产业融合园、省级革命老区乡村振兴示范区项目；柏小线柏渡口—朱黄—中济段路面拓宽改建工程、省民生实事项目枫曹线全线完工，枫曹线入选浙江省首批“十大最美农村路”。四是以高站位抓土地、光伏项目。2022年，共立项17个建设用地复垦项目，立项面积14.733公顷，完成一户多宅整治141幢，333户，拆除房屋占地面积合计2.28万平方米，34个垦造耕地整改项目入库。11月25日，全县建设用地复垦工作现场会在黄田召开；雾峰茗茶生产基地、人才公寓、居家养老照料中心、体育中心等屋面光伏建设有序推进。

“礼堂小园丁”全域化志愿服务入围全省志愿服务体制机制改革项目，自发组建的村级红色“药物共享”模式，在全县各乡镇（街道）推广。镇政府在“6·18”暴雨中，及时采取电路抢修、道路封锁、群众转移安置等举措，确保群众生命安全。全年审批通过低保21户32人、低收入家庭9户22人和临时救助9户，向26户“6·18”特大暴雨受灾农户发放3万元赈灾慈善款。坚持全天24小时值守黄田高速防疫服务点。

【“共富工程”建设】 2022年，实施“红耀绿谷、技能争先、强基共富”工程，组织党员干部深入崔上红研学基地、陈边、中济等村开展“喜庆二十大宣讲下基层、服务暖民心”等活动30余次，“理想小园丁”理论宣讲团、“崔上红”志愿服务队深入大街小巷宣讲中共二十大精神；镇村干部积极参与全县“当猛虎、找蜗牛，全县干部技能大提升”主题活动，每个季度赛出猛虎，找出蜗牛，形成责任明确、领导有力、运转有序、保障到位的基层工作体系；开展灰树花种植、项目招引、蔬菜种植等技能培训4期12批次500余人。建成“爱玲之家”、灰树花共富工坊两个示范点，以“共富工坊”建设为抓手，为每个工坊选派联络员，发挥工坊集成作用，开设技术培训班，聚焦“爱玲之家”低收入群体的特殊情况引进低门槛的来料加工产业，传授技能拓宽致富路，帮助低收入群体和村民家门口就业，推动产业发展和群众增收。

【抗旱保供水工作】 黄田镇面对持续干旱天气，全力打好抗旱保供水主动仗。寻找水源，在东西村打井2口，新建备用水源2处，修建自来水水毁点位10个。黄田水厂、朱黄村等5个农村饮用水保障工程（村内管网）开工建设。

【“十五分钟”文化圈建设】 黄田镇实现文化礼堂实现全覆盖。黄田村、中济村等4个村“十五分钟文化圈”全面建成，建设文化礼堂5个，均在6月底前第一批通过验收，陈边村在路演比拼中夺得前三的好成绩。

【黄田镇综合行政执法队挂牌成立】 5月23日上午，全县首个乡镇综合行政执法队在黄田镇正式挂牌成立。同时，举行黄田镇综合行政执法队人员集体谈话会暨赋权事项划转签约会，县自然资源和规划局、农业农村局、市场监管局、市生态环境庆元分局与黄田镇政府就5个条线63项行政处罚权签订赋权事项职能划转协议，标志着黄田镇政府正式承接这部分行政处罚权，将以自身名义开展行政执法工作。

（甘利云）

竹口镇

【概况】 竹口镇位于庆元县西北部，北接黄田镇，南邻屏都街道，西连福建省松溪县旧县乡，东依松源街道和龙泉市屏南镇，距县城20千米。总面积171.9平方千米，其中耕地580公顷，生态公益林13333公顷，森林覆盖率91.06%。G25高速公路、229省道及衢宁铁路穿境而过。全镇辖11个行政村，总人口1.5万人。汇聚文化制笔、竹木加工、综合制造等60家企业，形成了“一支笔”(铅笔)、“一双筷”(竹筷)、“一块板”(竹砧板)三大支柱产业，其中铅笔产量占全国30%，为“中国铅笔生产基地”“全国铅笔出口质量安全示范区”。有以甜桔柚、翠冠梨为主的省级现代水干果园区407公顷。竹口文化底蕴深厚、景观资源丰富，素有青瓷发祥地、尚书故里、《三字经》诞生地的美誉，有黄坛龙井、三坑溪天然浴场、十八卡等自然景观和后坑桥、阜梁桥、“竹口战斗”遗址公园等人文景观。竹口镇是全国重点镇、省级中心镇、市级特色镇，获浙江省小城镇环境综合整治行动突出贡献集体、甜橘柚特色农业强镇、美丽城镇样板镇等称号。2022年，获得“六争比拼”“虎啸百山”年度猛虎，农村产业融合发展示范园成功上榜第四批省级农村产业融合发展示范园创建名单，竹口镇甜桔柚全产业建设项目入选浙江省高质量发展建设共同富裕示范区最佳实践(第一批)名单，平良村获评全省100个省级“美丽庭院”特色村。

2022年，竹口镇工业总产值20.08亿元，同比增长13.94%。鸿星、贝斯特等企业激流勇进，新上研发大楼、马克笔流水线、橡皮等项目。新增规上企业3家。其中，新之助家居实现一个季度上规。创新实施驻企小管家特色服务，选派干部40余人，实现镇干部与企业“一对一、多对一”帮扶，全年走访企业300余次，收集生产经营、转型升级等问题146个，解决问题87个，镇域内餐饮单位可燃气体报警装置实现全覆盖。

完成“非粮化”整治30.67公顷，成为第一批通过验收乡镇。完成全镇48个土地开发项目种植管护任务，全部验收入库。争取省级农村产业融合发展示范园项目，项目总投资额52.6亿元。

全年新建项目10个，续建项目10个，谋划项目8个，项目投资额10.59亿元，累计完成投资2.3亿元。重点项目加快推进，国家级特色农业强镇项目完成80%，岩溪村省级历史文化古村落项目完成80%，菇光互补、茶光互补项目完成3000余千瓦时任务量。完成农村联网公路提升、水管网提升等民生项目7个，景竹苑商住小区完成房屋交付，竹口卫生院迁建项目建成投用，美丽城镇样板镇进入收尾与巩固阶段。谋划招引项目11个，成功招引3个。其中，一产大项目1个，总部经济项目1个，实现年度纳税100万元。完成内资招引6700万元。其中，学泰文具年产1.2万吨文创环保橡皮智能流水线项目开工建设。

谋划实施总投资1亿元的强村富民共同体项目，全镇11个行政村实现村集体经济总收入717万元，经营性收入305万元，增幅均达到20%。黄坛村、崔家田村经营性收入达50万元以上。成功开通2条庆元至竹口园区助企定制公交专线，方便企业员工和沿线群众出行。创成竹口AAA级景区镇，建成竹口城市书房，成功打造省级乡村博物馆。建成4个品质生活文化圈和3个文化礼堂，实现全镇所有行政村文化礼堂全覆盖。其中，黄坛文化礼堂荣获省五星级文化礼堂称号。竹口镇民生议事堂“庆元甜桔柚产业扩面提质强村富民”案例入选浙江省协商议事典型案例集。全面完成60岁以上23价肺炎疫苗、70岁以上流感疫苗、慢阻肺筛查等省市民生实事项目。

聚焦“平安建设”，完成中共二十大及重点节日期间维稳安保工作。强化应急队伍建设，成功应对“6·18”强暴雨，接警处置火灾警情13次，均未发生人员伤亡。

【甜橘柚产业发展】 以甜橘柚国家级特色农业强镇为抓手，完成新增种植面积1800公顷资源调查设计，启动扩面种植333.33公顷前期政策处理工作，并与茗悦公司、省交工集团签订合作协议。谋划推进黄坛冷链仓储物流中心项目，全力招引甜橘柚精深加工企业。举办第二届甜桔柚文化节，国家级特色农业强镇创建稳步推进中。成立甜橘柚专家工作室，引进星期天工程师3名。“培育壮大甜橘柚产业，探索山区农民增收致富新路子”被列入省高质量发展建设共同富裕示范区最佳实践名单。

【竹口窑瓷文化博物馆开馆】 6月，竹口窑瓷文化博物馆正式对外开放。该馆位于竹口镇猫岗路1号，是庆元县首家瓷文化乡村博物馆，也是2022年度浙江省政府民生实事首批乡村博物馆，占地面积1000多平方米，有青瓷展览馆、青瓷制作中心、青瓷体验中心、户外拓展空间等，集休闲康养、文化传承于一体，可接待游客用餐。该馆以历史朝代为时序，展陈唐代至清代以来的各类碗、罐、碟、盏、炉等120余件藏品，展示竹口窑各个时期的特色，对于研究龙泉窑系及其发展历史具有重要意义，既填补了竹口青瓷产业发展空白，也有利于推动文旅深度融合，是乡村文化发展、文明传承和共同富裕的重要承载和展示窗口。

【瓷韵竹口城市书房开放】 9月，瓷韵竹口城市书房通过市级验收并开放。该馆位于竹口文化中心站，建筑面积约200平方米，设置少儿阅览区、成人借阅区、阅读交流区、有声图书馆、“学习强国”角等功能分区。书房共有藏书1.5万余册，精选政治、经济、科学、文学等各类畅销书籍。书房配置自助办证借还一体机、书籍消毒机等电子设备，将纸质资源与数字资源相互融合。

（吴彬彬）

荷地镇

【概况】 荷地镇位于庆元县东部，东邻左溪镇，西靠五大堡乡，南傍岭头乡，北与贤良镇、张村乡接壤，总面积117.6平方千米，林地8771.30公顷，耕地937.6公顷，水田730.60公顷。镇政府驻地荷地村，海拔1040米，是华东地区海拔最高面积最大的高山台地，素有“浙南高原”之美誉。辖荷地、际面、底墅、苏湖、高家庄、联丰、黄沙、杨桥、黄洋、大岩、杨朗坑、石洋、东坪等13个行政村、139个村民小组。2022年，农业人口5614户，11857人，其中常住人口1357人，村集体总收入829.97万元，经营性收入447.23万元。

全年栽培食用菌180万袋，生产反季节夏菇15万袋、灰树花4万袋，年销售额520万元；高山冷水茭白66.67公顷，产值1500万元；科学抚育锥栗266.67公顷，大力改造锥栗低产林6.67公顷，年产量15万千克，产值350万元；探索“林—菇”共育模式，林下黑皮鸡枞、凤尾菇、灰树花等食用菌试种取得成功。深化土地预流转机制，开展筑巢引凤大招引，2022年招引白茶、中草药、黑莓66.67公顷；引进福建省欧品轩公司竹制家居项目落地屏都新区，制造业招引实现新突破；完成峰景建筑公司、竹唯梦家居公司、辰嘉安建筑公司3家总部经济项目签约，并实现税收入库150万元；开展“揭榜挂帅”生物科技项目招引工作，完成华御公司3500万元食品深加工项目招引。全年内资到位1274万元，超额完成年度目标任务的106%。实施“菌粮复合”示范基地项目，新建“菌粮复合”模式食用菌基地1.33公顷，可移动蓄水池1个，“智能化自动开合式”连栋大棚9000平方米，1.33公顷抛荒耕地得到充分利用，总投资200万元。引进市场主体试点羊肚菌和粮食轮作1.13公顷，在完成至少一季粮食种植的基础上，实现羊肚菌、赤松茸等珍稀菌和反季节食用菌种植。

美化亮化荷地村河道、游步道以及主干道，融入体育运动元素，新增5处打卡点。开展省道沿线环境大整治，打造运动型彩虹公路2千米。加大对古村落、古民居的保护与利用，完成总投资25万元的大岩村休闲廊道项目建设。完成松坑、杨冯源、杨朗坑3个村“大搬快聚”安置工作，207户606人住进县城新家。通过党建统领网格智治，推动组织体系向小区、网格、村社等延伸。

开展“当猛虎、找蜗牛，全县干部技能大比拼”活动，在项目谋划比拼、土地资源保障、光伏发电并网3项工作中获得“猛虎奖”。每季度开展“扛旗攻坚 干事赛跑”擂台赛和“猛虎榜”重点工作完成进度晾晒，建设5处“喜迎二十大 奋进新征程”主题党员活动场所，开展大型党员干部培训1次、村“三委”干部培训5次、中共二十大精神学习5次，参加学习培训1500余人次。成立驻莲都区创业人员党支部，强化对流动党员的管理，提高服务在外创业群众的能力。与丽水职业技术学院建立“红耀绿谷 强基共富”党建联建，深化“田园+校园”的校镇合作模式，推动高校人才优势和科创资源向农村基层下移。搭建共富工坊，拓宽富民之路，共促乡村振兴。召开乡贤联谊会，发布招贤纳才“三库两册”(乡贤人才库、自然资源库、创业项目库和招商手册、产业扶持政策)，签约六大产业项目。

【荷地市级中心镇建设】 荷地镇通过公共服务提升、产业转型升级、特色风貌打造、管理体系提升等系列举措，不断推动生活美、环境美、人文美、产业美和治理美，“以小谋大”营造示范发展新业态，“以点带面” 全力构建乡风文明新常态，推进农业、体育、文化和旅游相融合。苏湖村、杨桥村村史馆和东坪村、高家庄村、际面村文化礼堂落成并投入使用，成功创建国家级卫生乡镇、省级美丽城镇和省AAA级景区镇。挂牌成立荷地镇应急管理站，组建综合应急救援队和村级救援队伍，承办全县基层应急管理体系建设现场会和全县应急救援技能大比武，促成东部乡镇应急大联盟，编制印发应急工作手册，为全县东部山区应急管理提供荷地样板。推进“四好农村路”示范县项目建设，促进农村公路与特色产业、美丽乡村、全域旅游融合发展。

【荷地镇应急管理站挂牌成立】 1月29日，庆元县首个乡镇(街道)应急管理站——荷地镇应急管理站正式挂牌成立。该站整合原消防站、安监站等办线职能，独立配备70平方米办公场所，由5名工作人员24小时轮值备勤，把指挥调度集中一处，可同时辐射周边6个乡2个镇，并建立定期会商机制，力促“信息共享、人员共联、救援共担”，确保各类自然灾害和突发事件“报告及时、流转及时、处置及时”。在原荷地镇应急先锋连基础上，还扩充镇属职能单位人员力量充实进应急分队，注重日常演练、业务培训、实战融合，实现“一队多用、一专多能”和多领域覆盖、多灾种救援的工作要求。

【浙西南亚高原运动基地启用】 7月5日，浙西南亚高原运动基地启动暨全县应急管理人员综合素质能力提升培训班开班仪式在荷地镇举办。2021年底，荷地镇开始谋划浙西南亚高原运动基地项目，项目囊括荷地中学提升改造、400米标准体育场建设、风力发电场露营观星大本营、大岩坑水库水上体育运动、大风车观光索道、瀑降探险、亲子游玩、农耕体验等子项目，计划分两期推进。其中，一期项目计划投资约8500万元。该基地可同时承接120余人康养、训练、培训、竞技等活动的能力。2022年，浙西南亚高原运动基地通过发展户外运动、体育赛事、专业培训等项目，承办30余场次大中型活动，吸引游客3000余人次，带动外出村民返乡创业，创造经济收入100万元，拉动乡村民宿、餐饮、旅游等产业发展，探索乡村振兴新路径、“两山”转化新通道。

(张　杰)

左溪镇

【概况】 左溪镇东邻官塘乡，西连张村乡和荷地镇，南与福建省寿宁县相邻，北与景宁畲族自治县交界。镇政府驻地左溪村，海拔435米，距县城63千米，是浙闽两省三县交界交通要道。辖区总面积142.7平方千米。其中，山地14333公顷，耕地417公顷。辖联坑、高枧湖、黄先、石上、红星、石塘岚岭、留芳桥、印柘、永久、左溪、竹坪、青竹、岱根13个行政村，全镇户籍人口4077户、9234人。其中，5个行政村整体搬迁至庆元县城，并进行整村转隶。

培育稻鱼、稻螺共生基地20公顷。推进香榧种苗培育和油茶加工延伸产业链，种植香榧6.7公顷、轮种油茶13.3公顷、林下中药材30.7公顷。引进藏香猪、南江黄羊、仿野生石斑鱼等特色养殖，新成立家庭农场3家，富宇家庭农场被省农业农村厅认定为“省级示范性家庭农场”，瑞利达水果专业合作社香榧基地被省林业局认定为“一亩山万元钱”高质量基地。

通过招引产业、建设项目，村集体经济不断壮大，集体经济总收入662万元。其中，经营性收入268.5万元，13个行政村全部实现总收入20万元、经营性收入15万元的目标。其中，留芳桥行政村经营性收入达50万元。

完成瓯江流域山水林田湖生态修复项目左溪段工程、印浆堰坝生态化改造工程，投入资金600万元。完成高枧湖湖边岭尾至黄柿岗亭人行道路修建、竹坪休闲观光廊亭、芳村混凝土板桥、左溪新时代美丽乡村（休闲农业示范点）、竹坪等村7千米林道等建设项目，总投资100万元。完成镇农村公路管理站标准化建设和青竹等村康庄公路路面修复提升15千米、印竹线边坡排险治理、永青林场至双苗尖农村公路坡脚防护工程及“6·18”农村公路水毁修复。完成左溪村自来水厂修复提升和青竹等7个村农村饮用水修复工程，切实保障群众生活用水。

核查低保194户321人、低保边缘户107户233人，发放低保、特困救助、临时救助等社会救助资金258万元。落实低收入农户产业帮扶63户，发放产业帮扶资金15万元、托底救助资金7万元，“雨露计划”补助18人5.4万元。城乡居民基本医保参保率达99%，“浙丽保”参保率位居全县前列。开展“6·18”暴雨洪灾抢险救灾工作，紧急转移避险群众55人，实现人员零伤亡。

完成国家级卫生乡镇创建基础工作，推进国家慢性病综合防控示范区创建和4个省级卫生村、4个健康村申报创建工作，组织健康素养进文化礼堂讲座3场。建成左溪村“15分钟品质生活文化圈”，举办第十五届农村文艺会演和第二届水果玉米采摘节，微电影《香樟树之约》浏览量超10万人次，点赞、转发3000余人次。完成枫桥式退役军人服务站建设。

开展节水护水宣传活动，镇村两级河长巡河563次，通过微信公众号“丽水河湖长—巡河达人”巡河6300次。完成全域“污水零直排区”创建省级复核验收，推行镇政府驻地市场化保洁，推进农村生活垃圾分类处理，整改污水处理问题65处。持续推进“三改一拆”，拆除建筑面积1.4万平方米，拆后复垦、复绿、规划建设利用率达100%。完成整县分布式屋顶光伏安装630千瓦。完成森林抚育46.7公顷，国乡合作造林133.3公顷。

完成耕地“非粮化”整治42.6公顷、“非农化”问题整治1个，完成土地预流转90公顷，实现流转75公顷，完成19个项目32.2公顷土地垦造管护种植，实现3个垦造耕地项目入库；完成黄岗、高枧湖等7个村，岚头等3个建设用地复垦项目3.3公顷，竹坪二期建设用地复垦完工待验收。

常态化开展安全生产大排查大整治行动，开展极端天气防汛防台实战应急演练。完成黄先、石上等4个村市级民主法治村创建。

全年累计办理人大代表建议和联络站征集建议47件，镇十八届人大一次会议票决产生的3个民生实事项目按时高效完成。

【“双招双引”工作】 开展招商引资，推进领导率先招引、干部全员招引机制，引进落地项目2个，累计到资1500万元。引进庆元吉瓦新能源技术有限公司，通过职能型总部类型认定，总部经济招引实现新突破。精准开展招才引智，与丽水市农林科学研究院、华东药用植物园科研管理中心等单位结对合作，实施“星期天工程师”“百博入乡镇”项目，排摸高校毕业生线索 98 条，有效数据 64 条，其中硕士研究生 8 人。

【乡村爱心理发服务】 庆元县以左溪镇为试点，发起“乡村理发师”爱心慈善项目，组建本土乡村理发师队伍，采取进村入户的方式，为长期居住在村的留守老人提供免费理发服务，全年服务留守老人 430 人次。同时，庆元县民政局联合县慈善总会，整合乡村理发师队伍，组建“流动爱心理发服务队”19 支、成员 278 人，采取定期理发和上门理发两种服务形式，解决留守老人理发难问题，累计为全县农村留守老人理发 7000 多人次。

【大搬快聚工作】 2022 年，全镇搬迁 206 户 681 人。其中，黄岗自然村 93 户 345 人、竹坪村二期 113 户 336 人。完成岱上村和竹坪村三期搬迁资格审查工作。开展农业转移人口共同富裕试点工作，创新“1+5+N”（“1”是制定一份《庆元县农业转移人口共同富裕工作实施方案》，“5”是根据推进落实的各项任务，制定村级组织整村转隶、数字化改革、同心社区物业运维管理、农业转移人口融入社区、部分搬迁村多元共治等 5 份子方案，“N”是针对 5 份子方案中的具体任务，坚持成熟一项就推出一项，形成 N 项具有标志性及普遍意义的工作成果）目标体系，探索村级组织整村转隶、公共服务数字化应用、物业管理模式和多样化社区服务，完成整村搬迁的 5 个村转隶至街道。推进基层改革试点，围绕农业转移人口基层治理、公共服务、民主权益、共同富裕等方面，探索农业转移人口加快融入县城发展。竹坪、青竹、红星、岱根、留芳桥、永久石塘、岚岭等村分别在县城购置村级办公室场所。

【乡贤赋能乡村振兴】 打造乡贤统战品牌，探索“新乡贤+基层治理”“新乡贤+慈善公益”“新乡贤+乡风文明”等模式，助力乡村振兴。依托村级乡贤调解服务阵地，建立矛盾调解服务网络，化解矛盾纠纷 20 余起。摸排整合乡贤资源，合力慈善救助，全镇 5 个行政村先后成立村级慈善爱心基金会，共计募集爱心基金 160 万余元，助学 293 人次，敬老 2700 余人次。

（吴　康）

贤良镇

【概况】 贤良镇位于庆元县东部，东邻张村乡，南接荷地镇，西连五大堡乡，北靠百山祖镇，总面积 76.10 平方千米，距县城 35 千米，辖贤良村、溪林村、湖源村、黄淤村、新村村、石川村 6 个行政村，户籍人口 2141 户，4955 人。全镇海拔510—1100 米，镇域内山地资源丰富，植被茂密，有耕地 326.6 公顷，林地面积 6666.67 公顷，森林覆盖率 90%，系“国家级大鲵水产种质资源保护区”“国家级生态乡镇”“省级森林城镇”“小城镇环境综合整治省级样板”“国家级卫生乡镇”“浙江省 AAAA 级景区镇”。2022 年，入选“绿水青山就是金山银山”实践创新基地先进单位，湖源村文化礼堂入选浙江省农村文化礼堂赋能共同富裕引领计划首批宣教文化活动项目十佳清单。

2022 年，签约蔚兴工贸、山鼎科技 2 个项目，总投资 3000 万余元，山鼎科技首家入住生物科技产业园。引进娃娃鱼蛋白肽粉深加工企业，入驻庆元生物科技产业园。实现椴木香菇、椴木木耳扩繁原木 7 万千克，黄精种植增加 6.67 公顷，香榧种植增加 1.27 公顷，高效笋竹基地 7 公顷，完成 13.8 公顷香榧基地抚育验收。借助国航股份浙江分公司结对帮扶机遇，推动对口帮扶转向合作共赢，激活山区创业发展的内生动力。举办“跨山起航·情满中秋”庆元专场推荐会，线上线下流量超过 12 万人，销售首次突破 10 万元。

庆景青公路万年隧道持续推进，庆景青公路从县道升级至国道。推进“四好农村路”建设，贤良至溪林、后溪桥至半山源、金钟至湖池农村公路大中修，建成岱头林场公路休憩站。

常态化开展流域生态守护巡查，制止垂钓、

网鱼、焚烧秸秆、河道采砂等行为200余次，收缴渔网97副、捕兽夹52个。开展“污水零直排区”创建“回头看”，整改完成污水管道设置不规范、污水管接口脱落、污水收集排放系统不合理、标识标牌设置不规范等问题。拆除猪栏、旱厕、破旧灰寮等890平方米，投资140万元实施黄坛美丽宜居示范村建设项目。

构建湖源村“多合为一”智慧文化礼堂。建成石川村石板仓公厕、新村村红军墓游步道。完成湖源、黄淤等村毛竹林道硬化4千米，建成毛竹林道2.76千米。通过线上预约、“周末代办”机制，为群众代办各类业务1700余次。为留守群众安装煤气安全阀100余户，为农民工讨薪336.46万元。推进“大搬快聚”工程，2022年搬迁县城80户235人，发放安置款项累计378万元。

全镇城乡居民养老保险、医疗保险、“浙丽保”分别达99.3%、99.7%和97.51%。落实独生子女母亲医保免缴224人，计生奖励扶持118人。落实退役军人服务保障工作，完成建档立卡。

全镇设置基层治理网格6个、微网格7个，有网格长6人，网格指导员6人，专职网格员6人，兼职网格员6人，网格队伍人数71人。

【消薄任务全面完成】 结合各村资源现状，积极谋划单建、联建项目，发挥村集体主体作用，强化“强村公司”在资源管理和调配中的作用，提升村级自身“造血”功能。建成新村村170千瓦、石川村81千瓦光伏发电项目，年增收约10万元。推进国乡合作经营改革试点，完成石川村9.67公顷山场合作销售，收益85.2万元。全镇6个行政村，全面完成消薄（消除集体经济薄弱村）任务，集体经济总收入达247.34万元，经营性收入148.69万元，较2021年增长62.55%，强村公司利润198.48万元，较2021年增长300%。

【打造乡村休闲旅游品牌】 以“漫闲凉亲水节”为核心的乡村休闲旅游品牌，进一步扩大影响力，增强知名度，举办贤良镇第八届“慢贤良亲水节”、文艺会演等活动。坚持生态康养地建设，新培育高端民宿1家，建设山水林田湖草项目，投资3000万元。开发生物多样性保护利用及生物多样性研学线路，实施南阳溪休闲旅游及防洪一体项目，建设萤火虫互动休闲营地，两个项目总投资1500万元。

【扶贫济困帮扶工作】 完善低收入人群动态监测体系，逐步改善低收入人群生活环境，完成“净居亮居”工程改造18户，全镇特困对象10户10人享受最低生活保障。关爱残疾人，为2户困难残疾人家庭赠送价值1万元的家电，为9名残疾人创业户提供政府帮扶政策，享受小额贷款贴息，发放困难残疾和重度残疾人护理补贴合计60.8万元，为“6·18”特大暴雨受灾的10户残疾人家庭发放补助14.8万元，17名困难残疾家庭子女享受读书获奖励补助，推动残疾人家庭医生服务机制，签约率达100%。开展“6·18”特大暴雨防御及灾后自救工作，转移受灾群众44人，第一时间抢通公路塌方，向164户受灾群众发放救灾资金5.74万元。

（郭新忆）

百山祖镇

【概况】 百山祖镇位于庆元县东北部，东与景宁畲族自治县和张村乡接壤、北靠龙泉市和景宁畲族自治县、南与五大堡乡和贤良镇交界、西邻龙泉市。全镇下辖9个行政村，31个自然村。户籍人口3266户7821人，常住人口884人。镇政府所在地车根村海拔为1138米，是华东地区海拔最高的乡镇。百山祖镇主要特点为“一园、两区、三地”（“一园”即百山祖国家公园，“两区”即国家级自然保护区、国家AAAA级旅游景区，“三地”即斋郎红色高地、农业文化遗产地、旅游康养胜地）。百山祖镇作为百山祖国家公园命名地、核心区，镇域面积190.2平方千米中有142平方千米被纳入公园范围内（占庆元片区面积的69.26%）。

2022年，全镇引进企业2家，乡贤回归企业2家、总部经济3家。完成非粮化整治80公顷，实现土地流转105.33公顷，安装生产轨道车3574米。建成高山四季豆33.33公顷、中药材种植20公顷、锥栗种植333.33公顷、稻螺共生26.67公顷。特色农业种植规模为533.33公顷，产值2000万元。利用市级扶贫开发示范乡镇补助资金，制定农业产业扶持政策，鼓励留守农户发展高山精品农业，发放补助资金30万元，带动农户增收500万余元。投资70万元建设黄土洋村光伏项目，实现并网发电150千瓦。

2022年，百山祖镇被认定为省级美丽乡村示范镇，创成"美丽城镇"省级样板镇、"百山祖国家公园县域风貌区省级样板区"；完成浙江庆元林—菇共育系统申报全球重要农业文化遗产项目线上考察任务。实施久住洋村建设用地复垦项目，复垦土地2.41公顷；先后建成斋郎红色乡村、黄水办公场所，改造龙岩村、黄土洋村文化礼堂，获2022年全省文化礼堂建设示范乡镇荣誉称号。揭榜职高扩建项目土地征收项目，完成签约率92.63%。完成国有土地2.9公顷用地组件报批，争取到省26县专项用地指标。

走访和记录低收入农户5200人次；低收入农户产业帮扶项目申报38户，拨付资金8.437万元；托底救助申报34户，资金拨付5.334万元；"雨露计划"助学补助申报10户10人。完成养老保险参保6170人，参保率99.5%；完成城乡医保参保7892人，参保率99.51%；完成浙丽保共参保5709人，参保率100%。成立百山祖镇慈善分会，设立共富基金。全镇有8个行政村成立村级慈善基金会，累计募集慈善基金500万余元。

强化百山祖国家公园综合行政执行力量，争设生态型百山祖法庭，创成全市第一个公益诉讼联系点。完成矛盾纠纷调解11起，完成庆元、龙泉、景宁三县共70余片县际山林插花山纠纷调解工作；创建"省级民主法治村"1个、"市级民主法治村"5个。推进基层网格员队伍建设。

【基层建设创新工作】 推出《百山祖镇"135"工作机制》，即实行"一会"：一周工作例会；践行"三项制度"：组团下村服务制、问题会商化解制、落实闭环督查制；实施"五个一线工作法"：镇村干部工作在一线、服务群众在一线、解决问题在一线、化解矛盾在一线、保障民生在一线。开展组团下村服务，为民办实事600余件。依托"三色"（红色引领、绿色发展、蓝色治理）党建联建机制，实现四季豆、锥栗、藜麦等基地共享"百山祖1856"（生产于百山祖镇最高海拔为1856.7米高山上的优质农产品）品牌红利。全镇村集体经济经营收入429.37万元，镇强村公司利润191万元。推动"共富技能学堂"建设，组织党员干部开展技能实训。落实党风廉政建设主体责任，推进政治生态建设。

【开办"爱心食堂"】 百山祖镇斋郎村在村的留守老人有80余人。其中，70岁及以上的老人有50余人。由于村庄距县城44千米，没有菜场、超市，不少老人子女在外工作，用餐困难。为了解决留守老人用餐难问题，斋郎村里启动"爱心食堂"民生工程，为留守老人提供饭菜。

（吴惟民）

五大堡乡

【概况】 五大堡乡位于庆元县中部，距县城12千米，乡域面积158平方千米。其中，耕地559.4公顷，山林15866.67公顷，森林覆盖率达90.9%。下辖13个行政村，10376人，其中常住人口1552人。乡域资源十分丰富，以香菇文化、廊桥文化、古道文化和红色文化最具本土特色，是百山祖国家公园主要辐射区域、市级红色文化教育基地、县级党史学习教育基地，濛淤红色纪念公园，濛淤桥战斗遗址、红军路（应岭岚）融为一体，有西洋殿（AA级）、艺宿西川（AAA级）、濛淤（AA级）三大景区，获"国家级生态乡镇""浙江省美丽乡村示范乡镇""浙江省卫生乡镇"等称号。传统产业以香菇、锥栗、毛竹林为经济发展主体，2022 年香菇标准化生产 1400 万袋、锥栗 513.33 公顷、毛竹林 1266.67 公顷。做大做强傻宝黄粿、东半羊肚菌、中药材产业带、濛淤蓝莓等特色产业品牌。

建成 14 个防汛防台组织机构和 176 名基层救灾员防汛体系，开展夜间、复杂应急演练 4 场次，建成 300 平方米森林消防应急物资库。

完成年度低收入农户核查工作，扎实推进农村医疗保险、浙丽保参保工作。落实残疾人家庭无障碍改造、技能培训、贴息贷款、就业保障等服务。推进“15 分钟文化圈”建设，申报五大堡村、杨楼村文化团队 14 支，文化体育活动场所 18 处。

排查化解各类矛盾纠纷 54 起，开展社会矛盾纠纷“大排查、大化解”专项行动、“除险保安”等专项行动，常态化开展全民禁毒、反邪、反诈等宣传活动，全面完成县乡村反邪教“三级联创”工作。

【产业加速发展】 高标准完成濛淤等 7 个村耕地非粮化整治 47.93 公顷，超额完成五大堡、北坑、濛淤、后奔等村建设用地复垦 2.33 公顷。西洋村回龙湾点位集成展示剁花、椴木、袋料等生产技艺，助力“浙江庆元林—菇共育系统”认定“全球重要农业文化遗产”。新建树莓基地 4.67 公顷。东半羊肚菌、傻宝黄粿等特色产业，被中央电视台《聚焦三农》报道。不断提升红绿融合濛淤游、非遗体验东半游、诗画古村杨楼游的内涵和活力，微改造提升西洋殿—兰溪桥非遗文化、高大红土地、西川—濛淤古道、清凉亭亲水平台、濛淤红色教育基地等一批乡村特色景点，近郊游持续火热。协办第十二届香菇文化节西洋殿香菇始祖吴三公朝圣大典和“山屿海杯”庆元廊桥越野赛。开展以商招商、乡贤招商，组团到杭州、广东等地开展招商引资，招引浙江侨伯基农业科技有限公司、丽水亿康生物科技有限公司等 3 个项目，引进丽水市精展金属科技有限公司等 2 个总部经济项目。

【项目征迁加速推进】 2022 年，推进县重点建设项目 10 个，土地征收丈量面积超 200 公顷。完成兰溪桥水库扩建工程移民征迁任务，库区土地征收 72.27 公顷，库区菇棚复核 223 户，1309 公顷。兰荒线改复建工程新桥至八洋至梧桐洋段交付开工，完成土地征收 9 公顷。配合揭榜单位完成八洋至庆百公路段土地复核 8 公顷。完成生产安置用地调剂项目一期土地征收 12.04 公顷。全面推进两大百亿绿能项目前期各项工作，完成抽水蓄能项目 133.33 公顷土地丈量、实物调查和户主代表签字，外洋饮用水源地整治工作仅用 7 天完成 26 户 91 万袋菌棒的搬迁签约。完成 3 万余平方米菇棚拆除、土地平整，一级饮用水源地范围内土地流转签约 79 户计 11.47 公顷，签约率 100%。完成百花岩风电场项目一期进场道路土地征收 7.07 公顷，五大堡村等 3 个村共 1000 余千瓦时光伏发电项目实现并网发电。完成庆景青公路万年桥隧道及接线工程 2.73 公顷征地任务，仙居至庆元公路五大堡至龙溪段工程项目标志性工程银屏山隧道实现贯通，杨楼至门林后段完成改造提升，配合相关部门完成庆景青万年桥至照田於段、义龙庆高速五大堡段地质勘探等前期工作。

（吴剑波）

岭头乡

【概况】 岭头乡位于庆元县东南部，东邻荷地镇、左溪镇，南接龙溪乡和福建省寿宁县，西倚举水乡、五大堡乡，北靠荷地镇、五大堡乡。驻地岭头村海拔 860 米，距县城 37 千米。总面积 123 平方千米，其中耕地 840 公顷，山林 11604 公顷，山间盆地海拔 600—1000 米。辖岭头、双坑、官云、果洋、岭源、龙源、莲洋、南峰、八炉、杨家庄、小际头、大际头 12 个行政村，35 个自然村，90 个村民小组，4375 户 10041 人。2022 年，获省级美丽城镇建设基本达标城镇称号。

2022 年，整治非粮化抛荒，推进粮食安全工作，在原定 113.27 公顷的目标上超额完成 40.32 公顷种植任务。持续扩大小尖椒产业种植规模，全乡种植面积从5.33公顷发展至15.33公顷。加快建设优势特色农产品基地，中药材等特色产业增加至85.31公顷，小际头、岗后洋蔬菌轮作增加至2.67公顷。稻田养鱼面积32公顷；大际头村肉牛养殖基地投入使用，肉牛进场103头；波尔山羊养殖基地完成立项审批；河道溪鱼养殖初具规模。

引进福建客商开发大际头荒野白茶；建成果洋、岭头光伏项目，投资150万元，与市元旭新能源公司签订框架协议，拟在龙源村兴建装机4兆瓦光伏项目；引进大际头肉牛养殖项目，推动农业产业结构持续优化。招引项目内资到位资金2000万余元，完成既定目标的200%。招引落地项目数8个，完成目标任务的267%；招引总部经济项目3个。

抓实低收入人员年度核查，2022年末全乡低保在册214户389人，低边在册87户169人，特困在册17人。全力开展医疗救助、临时救助等工作，全乡新农合参合率和新农保参保率分别达99.73%和99%。开展拉网式安全大检查12次，累计排查水电站、文化礼堂等人员密集场所162家次，排查隐患1004条，并整改。

定期开展社会稳定治理工作，全乡共排查各类矛盾纠纷30件，调处30件，调处成功率100%。

【产业振兴促消薄】 2022年，由全乡12个行政村抱团联建的小尖椒基地扩种至15.33公顷，销售额达500万余元，日常雇工40余人，盛产期每天近百人，工资性支出达200万余元。通过整合有利资源，推出水电站投资、入股黄精中药材基地和肉牛养殖基地、村集体光伏项目等多种方式，壮大村集体经济。截至2022年底，全乡12个村全部完成经营性收入10万元的任务，9个村实现经营性收入15万元以上；全乡经营性收入合计288.22万元，总收入851.40万元。

【项目建设政策处理】 开展抽水蓄能电站库区实物调查，仅用10天完成永久征用和临时用地162.67公顷的分户丈量外业调查，并在村民代表会上通过规划大纲、规划报告等相关内容。全面完成百花岩风电项目东区电场一期项目机站的勘测，涉及行政村6个，共规划建设风电组28台。全乡28千米道路被列入“四好农村路”项目，县道岗双线岗后洋至岭头段、改建工程共6.885千米，按三级标准建设，预算总投资1030万元；县道官下线官局至小际头段改建工程9千米，按四级标准建设，预算总投资1350万元；下东线共10.199千米，按四级标准建设，预算总投资1529.85万元；全线按照“零政策处理”工作要求，实现全面动工。

【美丽城镇建设】 2022年，岭头乡在小城镇环境综合整治工作基础上，深入推进村容整治“环境之美”、设施建设“生活之美”、抱团发展“产业之美”、文化传承“人文之美”、机制创新“治理之美”等“五美”创建，不断深化美丽城镇建设工作，打造颜值与实力兼具、气质与内涵相衬的“农耕岭头”。12月，经省人民政府批准，岭头乡被列入2022年度省级美丽城镇建设基本达标城镇。

（吴梦丹）

张村乡

【概况】 张村乡位于庆元县东部偏北，距县城52千米，东与景宁畲族自治县秋炉乡相邻，南接本县的左溪镇、荷地镇，西连贤良镇，北毗百山祖镇。境内以山地为主，南阳溪沿途纳大小溪流百余条，除沿南阳溪两岸较平坦外，其余均峻岭连绵，沟壑幽深，峡谷纵横，海拔高度在1000米以上的山峰有10多座。全乡总面积64.7平方千米，耕地面积250公顷、林地4860.87公顷。辖8个行政村、44个自然村，2786户6386人，常住人口660人。旅游资源丰富，有始建于明万历三年（1575年）的八角殿，县级文物保护单位的岙头古民居，后溪、南阳，吴坑、澄湖等国家传统古村落保护村。

2022年，张村乡深化技能型政府建设，设立理论学习“溪畔讲堂”，制定村干部五维能力考核机制。围绕中药材主导产业，创新打造品牌带动型“白芨共富工坊”和电商直播式“8090共富工坊”，开展线上直播23次，农产品销售额25万元，带动村集体经济增收8万元。

积极推动大搬快聚工作，完成222户搬迁对象审核及公示，111户完成同心新村安置房抽签。推进建设用地复垦，增加建设用地2.65公顷，完成任务数的113.4%。统筹实施光伏发电项目。建设466千瓦时光伏发电项目，投资195万元，完成任务数的103.5%。创新村村联建模式并结合消薄工作，张村、库山、南阳、金后西、吴坑等5个村参与筹资，预计可为每个村集体增加收入5万元。

实行网格员竞聘上岗，组建兼职调解队伍。成立乡级应急管理站，选聘8名应急管理员，调整乡应急分队，开展安全生产、消防救援、机器设备使用、防灭火技能比武等培训和活动。加强应急库房和各避灾安置中心物资出入库登记与保养，“6·18”暴雨洪灾期间乡级避灾安置点共转移安置受灾群众55人。

动态调整低收入农户，增加低保14户21人，低保边缘户2户6人。发放临时救助5.58万元，医疗救助3.3万元。审批完成重度残疾人护理补贴106人，困难生活补贴78人。全乡浙丽保参保率97.83%，养老保险参保率99.36%，医疗保险参保率99.56%。成立庆元首个乡镇级慈善分会，发放“6·18”特大暴雨洪灾救灾资金4万元，救灾物资1.61万元。发放留守鸡苗1500羽，开展“青年远志、共富前行”主题论坛。组建“流动爱心理发服务队（乡村理发师）”，常态化为留守老人提供理发服务。完成“浙文惠享”系列，省民生实事“15分钟品质文化圈”点位建设。建成金后西村文化礼堂，打造“礼堂家书”文化品牌。

【特色农业产业】 “药香绿谷”现代农业产业园被列入省级重点建设项目库，实施庆元县“五大堡—贤良—张村”林下中药材特色产业带建设项目，完成中药材种植扩面48公顷，取得700万元补助。新开产业道路3.2千米，完成灌溉系统、溯源系统等建设。申报农业“双强”项目（非试点类），取得补助163万元。树莓种植采摘基地逐步落地，已完成种植2.67公顷。黄牛、锥栗、香榧、留守鸡等产业稳步发展，张村西瓜火爆热销“一瓜难求”。

【兰溪桥水库扩建工程政策处理】 参与县“六争比拼”“揭榜挂帅”主题活动，“揭榜”兰溪桥水库扩建工程（兰荒线公路改复建工程）政策处理任务，乡领导挂帅，组建专班集中攻坚，完成土地丈量及复核7.7公顷，占总任务数的98.9%；项目综合完成进度为98%；累计调解山林、土地纠纷112起，涉及142户。

【庆元县慈善总会张村乡慈善分会成立】 7月，庆元首个乡镇级慈善分会——庆元县慈善总会张村乡慈善分会揭牌成立，“张村乡初心共富基金”同时上线。早在2015年，张村乡青年干部和张村籍“8090”青年就成立以敬老爱老助老为主要目的的公益性团体——张村乡“8090”青年联盟。张村乡慈善分会将推动县级和村级慈善组织的上下联动，形成县乡村三级工作体系，通过“张村乡初心共富基金”帮助更多的人。张村乡将以慈善分会和共富基金为载体，在张村乡“8090”青年联盟品牌基础上，开拓更多公益慈善品牌，为孤老残幼等特殊群体提供多种形式的帮扶，以慈善的力量助力乡村振兴、共同富裕。

（吴彬炜）

淤上乡

【概况】 淤上乡位于庆元县西南部，东邻濛洲、松源街道，南接隆宫、安南乡，西北与屏都街道毗邻。国道528公路自北向南横贯而过，东西两翼多山，中部河谷宽阔，水从东西两侧注入安溪，经菊水与松源溪汇合。驻地山根村，距县城15千米。总面积60.8平方千米，其中耕地737.46公顷，山林4894.5公顷。辖银田、山根、淤上、蒲潭、外童、坑口、石坝、塘根、长垄9个行政村，42个自然村，户籍人口9424人。2022年，淤上乡创成省AAA级景区乡镇、省级农业特色型美丽城镇样板乡镇、省级职工疗休养基地、省级妇女儿童驿站、省级综合减灾示范社区、省级民主法治村等6个省级示范样板。

全乡共有工贸企业22家，其中规上企业5家。谋划招商引资项目23个，落地16个。其中，投入生产制造业企业4个、农业产业园3个，固定资产投资4120万元，完成总部经济招引项目9个。推进黄精种植、建筑废料新型墙材（机制砂、红砖厂）等一批新引进项目和在谈项目的签约落地工作。落实安全生产"一岗双责"，与22家企业、9个村签订安全生产责任状，并定期开展宣传教育、安全生产大检查，确保全乡企业平稳高效运行。2022年，实现工业总产值2.09万元，同比增长20.44%。

坚持绿色产业多元发展，重点推进甜橘柚、设施大棚蔬菜、食用菌、龙爪粟种植等传统农业及蒲潭雾耕蔬菜基地项目化管理；邀请省十里丰监狱农技专家实地培训迷你甘薯双季绿色生产技术，指导淤上、银田、塘根等村种植甘薯2.67公顷。扎实推进耕地"非粮化"整治工作，完成复耕127.53公顷，超额完成县下达的106.67公顷"非粮化"整治任务；核对实际种粮农民754户50.27公顷，发放一次性补贴15.38万元；发放耕地地力保护补贴资金55.23万元；绿色产业发展扶持12户；完成配方肥推广58户92.49吨，统防统治面积84公顷。

搭建"领'菌'学堂""耕读·康养"党建联建等政校企合作平台，聘请技能共富导师3名、星期天工程师1名，引进高校毕业生16人（研究生15人）。开展"扛旗攻坚 干事赛跑"擂台赛，全年开展干部技能培训30次，新培养省社区工作领军人才1名、市问海借力先进个人1名、县兴村治社名师1名、县百佳技能标兵2名。

优化"双拥"工作，优待证建档立卡登记146人。2022年度"浙丽保"、城乡居民医疗保险参保人数均为7481人，参保率100%。全乡发放低保金159.2万元，农村危房改造21户，发放低收入产业帮扶资金116户15.998万元。

解决时代小区征地历史遗留问题，化解石坝、淤上与濛洲街道乌林村饮用水源纠纷、外童村与淤上林道纠纷等矛盾纠纷。推进安置小区公建房办证，为全县安置小区办证难题提供"淤上方案"。完成反邪教社区三级联创，乡司法所建成并投入使用，塘根村获评省级"民主法治村"。

【基础设施建设】 持续强化城镇基础设施建设，对接建设庆元县液化石油气储配站，完成项目规划设计、方案审批并开工建设。推进思麻、甘公坑、横溪等相关自然村大搬快聚工作，完成坑口、甘公坑建设用地复垦约1公顷。整乡推进分布式光伏，投资3625万元，实施光伏项目7个，装机容量5673千瓦，完成验收并网3238.28千瓦；外童村、石坝村实施20公顷宜机化建设项目开工建设，投资1000万元；完成两山公司机制砂、红砖厂选址工作；山根黄泥弄自然村景观节点美化亮化提升工程、历史文化（传统）村落保护利用一般村项目如期完工。推进"6·18"特大暴雨灾后抢险抢修，对接相关部门安排资金，及时完成涉及农业、水利、交通等基础设施修复任务。

【村集体经济发展】 强村共富换挡提速，建成淤上·芸耕共富直播基地，面积500平方米。组建淤上·芸耕共富直播团队，携手乡强村公司打响"淤上芸耕"农特产品地域品牌，全年销售甜橘柚、迷你甘薯、菌菇礼盒等"淤上山货"136.24万元。9个行政村村集体经济总收入768.6万元，同比增长21.2%；经营性收入188.44万元，同比增长33.22%。

【农旅融合发展】 淤上乡串点成线，集山根村文化礼堂、浙图分馆、浙图旧址、农耕博物馆、运动场所等于一体的"15分钟文化生活圈"验收通过。加快建设苍岱银矿硐、涂坑老村、方格菌博园、翁山寨古村等一批农业旅游观光园区和康养田园综合体，构筑全域旅游与各类产业共生共融的格局。引进新乡贤、网红达人，以创建“共富补给站”为契机，探索实行“旅游+产业协会”“旅游+合作社”“旅游+直播间”等模式，搭建助农平台，“多彩田园 活力淤上”近郊旅游品牌知名度持续提升。2022 年，位于淤上乡的省级工会疗休养基地——方格菌博园开业。

（柳廷玉）

安南乡

【概况】 安南乡地处庆元西南部，东与举水乡、五大堡乡相邻，西与淤上乡、隆宫乡相接，北同松源街道交界，南和福建省政和县岭腰乡接壤，有“浙江省南大门”之称。总面积 84.8 平方千米。其中，山林 7910 公顷；耕地 681.8 公顷(包括水田 568.7 公顷)。全乡辖安隆村、甘竹山村、东村村、安溪村、黄竹村、权山村、山头洋村、吾际下村、上余村等 9 个行政村，39 个自然村，3283 户 7970 人。

2022 年，安南乡引进五养堂（安南）灵芝三叶青林下生态栽培项目，完成生态栽培 333.33 公顷、育苗 10 万株、生产灵芝菌棒 20 万段。建成标准化湖羊羊舍 2 万平方米，饲料仓库、兽医室、污水处理系统、监控系统等配套设施逐步完善。依托吾际下村 3.33 公顷成片荒野茶，打造“五翼”荒野红、白、绿茶品牌，在县首届斗茶大赛中，获得“十佳荒野茶”称号。

全年规上工业产值首次突破 2 亿元，增幅达 46%。落地总部经济项目 3 个，招引佳祥竹木、仁亿竹木、盛依竹木、鼎熙节能门窗、土生金项目、精品民宿等项目 6 个，紧抓戴言人家居、风清农牧等 2 个续建项目，累计到位资金 5400 万元。

加快推进安溪集镇建设，完成浙闽边贸交易市场、珍稀食用菌基地改造提升、蝙蝠洞开发、美丽家园、智慧安溪等共富项目。新建、修复、硬化竹林便道 12 千米，投入 120 万元。实施“6•18”特大暴雨水毁水利修复，总投资 160 万元。修复水毁公路，推进流溪洋至山头洋“四好农村路”建设，总投资 630 万元。保障土地要素，耕地入库 32 个项目 65.73 公顷，实现管护“两个 100%”。推进整村、零星等 5 个复垦项目，建设用地复垦实现翻番倍增，增加指标 3.33 公顷。统筹“非粮化”整治、耕地保护补偿等任务，分层分类推进耕地优化升级 148.6 公顷。风电光伏有序发展，百花岩风电项目建设稳步推进，实现装机并网 1830 千瓦。完成飞播造林、人工造林材料调查取证、林木采伐办证等工作。

全年审批低保 152 户 274 人，低边 84 户 215 人，探访关爱困难群众 993 人次。办理困难残疾人生活补贴 108 人，护理补贴 133 人，开展残疾学生及残疾人家庭子女助学、无障碍改造等工作。完善兜底参保机制和社会保险覆盖面，城乡医疗保险参保率 99%，“浙丽保”参保率 97.87%。完成退役军人建档立卡工作及优待证和“老兵码”申领工作，创建上余村退役军人服务站。

【村集体经济消薄】 2022 年，安南乡积极谋划消薄项目，不断提升村集体自身造血功能，强村公司参与生态修复、水毁修复、光伏开发、自来水管理、农产品销售等消薄项目，倾力打造“食安南山”专属农产品礼盒，助力村集体经济增收。实现村级集体经济总收入 546.43 万元，完成率达 114.19%，其中经营性收入 275.35 万元，完成率达 174.06%，全面实现 9 个行政村“30+15”(年收入 30 万元以上，经营性收入 15 万元以上）的消薄目标。

【乡村旅游建设】 2022 年，安南乡创建小安溪（东村—安溪村）、安溪溪（松源溪—安溪村）省级美丽河湖，安溪、安隆 15 分钟品质文化圈，完成安溪蝙蝠洞游步道、半岭遗址道路提升、巴学园儿童之家、小安茶楼改造等项目建设。依托湖羊产业园，举办第一届“湖羊节”。抢抓百花岩风电项目，积极探索“风电+旅游”低碳旅游经济模式，以“政府参与服务+市场主导运作”方式，推动乡村旅游发展。

【跨省政务服务】 通过迭代升级浙闽边界联盟建设，联合福建省政和县、松溪等县设立“闽事浙办 浙事近办”政务服务点，率先推进跨省政务服务事项乡镇可办先行试点。通过专窗实行异地代收代办，将跨省政务服务延伸至乡村级。2022年，专窗可代为办理福建高频政务服务事项20项，涉及医保、社保、税务等6个部门，累计为跨省群众、企业办理服务事项70余件。乡便民服务中心被评为乡镇（街道）花园政务大厅。

（胡玉萍）

隆宫乡

【概况】 隆宫乡位于庆元县西南部，距县城30千米，与福建省政和县、松溪县毗邻，是浙闽两省三县七乡交界地。总面积68.7平方千米。其中，耕地424.4公顷，山林5276公顷（毛竹林3533公顷），辖里源、源山、隆宫、中村、桃园、张地、小关、莲湖、黄坑9个行政村，28个自然村，65个村民小组，2849户7913人。隆宫是庆元毛竹产业发展起源地，第一双竹筷的产出地，林权制度改革先行地，素有“三地一乡”之美誉，是浙江省毛竹之乡和庆元县毛竹重点产区。全乡农民收入1/3来自毛竹，从事毛竹及相关产业的人数占85%。

2022年，成功竞争省级现代农业园项目，11个建设项目全部启动。不断做大“一根竹”“一片叶”“一味药”三大主导产业，持续巩固茄子、梅花鹿、葡萄、蛋鸡等20种特色种养殖业发展。发展黄桃种植2公顷、雪菜种植3.5公顷、湖羊养殖300头。招引茄子种植35公顷。

开展农田水利、道路交通等8个项目建设，总投资0.46亿元。提升乡域交通圈，黄坑至铁岭道路完成路面大中修工程。开工建设后山至桃园、黄坑至小关双车道扩建工程。隆宫至林源联网公路进场施工。多功能篮球场项目顺利验收，建成3处健身路径。

莲湖村入选全省首批金AAA级景区村庄培育名单。莲湖星空露营基地（一期）建成投运，带动周边50名留守村民就业增收，辐射带动农产品销售。开设隆宫、张地村2个文化圈5个活动点。完成隆宫、小关、张地、桃园村文化礼堂建设，实现文化礼堂全覆盖。举办2场文艺会演。

设立优秀学子乡贤奖和教育提质奖。完成40名70周岁以上独居老人“安心铃”安装，并建立“1+N”（独居老人+联系领导、驻村干部、村干部、党员）结对关爱联盟。对涉外婚姻子女开展走访慰问。低保、低边户复核累计172户，发放低保、残疾、优抚等各类补助资金236万元。

开展“平安护航二十大”除险保安专项整治行动，化解矛盾纠纷26件。开展安全生产检查50人次，督促隐患整改37个点位。

【招商引资和人才回流】 庆元毛竹特色园和隆宫双枪小微园建成生产。全年实现规上工业总产值1.65亿元，“两园”工业产值8000万元。累计减免入园企业厂房租金38.1万元。全力推动“三招三引”（招商引资、招才引智、招企引税）。全年共招引项目4个。其中，一产大项目1个，制造业项目2个，内资到位3804万元；认定总部经济项目6个，完成纳税387.1万元。出台全市首个乡镇人才（劳动力）回流“十条”奖励政策，累计回流省内外人才（劳动力）102名，兑现政策奖励资金3.2万元。

【“隆宫山予”上市】 1月21日，庆元首个乡镇特色产品品牌“隆宫山予”上市，当年实现销售收入100万元。“隆宫山予”品牌以隆宫乡土特产和竹制品为主，以灵芝切片、精选大花菇、精品嫩笋干、精选黑木耳、精选香信菇、竹制品礼包六样组成，选取隆宫各村优质农产品以及深林3—5年成熟竹木打造而成。“隆宫山予”产品生产地1000米范围内不种植需要农药的作物，在产品生产管理和采收等作业过程中严防接触污染物。

【生态环境】 全力推进土地整治和光伏建设，种植管护项目完成县任务数 100%；零星建设用地复垦完成县任务数的 100%；完成耕地“非粮化”整治面积 55 公顷；分布式光伏装机完成县任务数的 130.82%。共开展环境巡察 300 次，制止秸秆焚烧行为 40 次，对烧炭作坊进行专项整治。莲湖村入围低碳乡村试点名单，入选 2022 浙江省生态文化基地。

【共富行动】 2022 年，隆宫乡入选全市“共富 123 行动”试点乡镇建设重点项目和林业共富试点项目名单[“1”指“1 个目标”，即到 2025 年，力争实现全市家庭年可支配收入 10 万—50 万元群体比例达到 70%，20 万—60 万元群体比例提高到 20%；“2”指谋划实施产业融合、惠民富民“两大类项目”；“3”指紧盯县(市、区)选择乡镇开展试点、积极探索三产融合、强化市县乡三级联动“三个关键”形成推动“扩中、提低”的强大合力]。全县首个“零碳共富”屋顶光伏示范项目建成投产。成功举办浙闽边首届竹产业技能大赛和首届浙闽边“共富工坊”人才(劳动力)招聘会。

（苏 媛）

举水乡

【概况】 举水乡位于庆元县城东南部，东与岭头乡接壤，南与龙溪乡毗邻，西南接福建省政和县岭腰乡，西连安南乡，北靠五大堡乡，驻地月山村海拔 820 米，距县城 47 千米。辖区面积 79.9 平方千米，辖茶源、丰洋、炉山、地山、照林、月山 6 个行政村，28 个自然村，户籍人口 6109 人。乡域内有如龙桥、来凤桥、步蟾桥、吴文简祠等 4 处国保单位及云泉寺、白云桥、圣旨门等省、县保单位，是中国“乡村春晚”的发祥地，获“国家 AAA 级旅游景区”“全国特色景观旅游名村”“全国环境优美乡”“全国基层文化建设最高奖项——群星奖”“中国最美休闲乡村”“国家级美丽宜居示范村”“全国乡村治理示范村”“国家森林乡村”“全国文明村镇”“全国卫生乡镇”“全国民主法治示范村”等荣誉。

2022 年，银屏山隧道全面贯通具备通车条件，举水乡约 26 千米的“四好农村路”提升项目启动建设，奉化至庆元公路杨楼至举水段项目有序推进，交通环境持续改善。开发门林后自然村(老村)建设用地复垦项目 0.7 公顷，“大搬快聚”比例实现 95%以上。7 个未入库土地复垦项目，8 月全部验收入库，新增耕地面积 13.02 公顷。筹集村集体闲置资金 180 万元，联合建造 500 千瓦分布式光伏发电项目，7 月并网验收 460 千瓦。东部首个“数智乡村”项目启动建设，农村治理信息化水平逐步提升。成功争取 2023 年举水乡丘陵山地宜机化改造、炉山村 2023 年历史文化(传统)村落、举水溪生态清洁小流域治理、月山村灯光亮化、春晚舞台提升、农家乐民宿提升等项目，乡村基础设施建设持续提升。

2022 年，招引制造业和农业产业项目 2 个，内资到位 1061 万元。引入总部经济项目 3 个，缴税 20.08 万元。玫瑰花种植项目试种 2 公顷，13.33 公顷种植区成功规划，百亩玫瑰即将投入种植。“揭榜挂帅”数字经济项目，与上市企业杭州中威电子股份有限公司签订庆元县城市级智慧停车建设项目投资意向协议。以商招商成功对接 10 余家企业，招引渠道不断扩宽。引进科技特派员和星期天工程师 2 名，为种植农户提供技术支持，拓展农产品销售渠道，西红柿喜获大丰收，水稻亩产实现“双倍增”。

完成低收入农户产业帮扶 150 户 272 人，发放产业帮扶资金 233.78 万元；低保低边在册 145 户 267 人。发放临时救助金 64572 元，发放双女户奖扶补助 32 人 30720 元。投入 18 万元，建设饮水井 3 个。设置“共享暖心柜”，开展免费理发等志愿服务 1000 余人次。提升居家养老照料服务中心规范运行能力，3 家获评二星级，4 家获评一星级。创成月山“15 分钟品质文化生活圈”，完成茶源村文化礼堂、荐坑古村落保护提升等项目改善人居环境。丰洋村进行现代社区空心村示范点建设，完成红色根脉强基示范村建设。举水乡、月山村、地山村被评为浙江省首批健康乡镇和健康村，创成美丽城镇省级基本达标乡镇。

开展“除险保安”行动，累计排查农村房屋1884幢，修缮危房5栋19户，进门入户送安全700余次，整改问题点位83处。网格员队伍出动巡查500余次，排查化解村级矛盾纠纷8起。开展应急演练3次，投资10余万元建成举水乡装备物资器材。

【高山台地农业产业】 推进“非粮化”整治73.33公顷，超额完成整治任务。依托举水乡两大高山台地优势，以研学创新的务实举措，培育月丰农业开发有限公司，成功创建省级农业“双强”项目，引入水稻钵苗育秧生产线，66.67公顷耕地实现翻耕、播种、收割、加工一体化生产，开展植保服务和农业机械服务74.73公顷。建成庆元县东部首个机械化千亩“菌粮果蔬”综合产业基地，建设蔬菜大棚20公顷，种植羊肚菌13.33公顷、西红柿10公顷、小尖椒20公顷，规模化产业提质增效；地山梯田重新种植13.33公顷，梯田景色逐步复苏。排查荒野茶资源80公顷，云屏红茶在县首届“斗茶”大赛中获“十佳荒野茶”称号，月山村46.67公顷荒野茶成功流转，“共富”产业样板区打造持续提升。

【大月山景区创建】 2022年，举水乡以推进国家AAAA级旅游景区、省AAAAA级景区乡镇建设为目标，投入30余万元，打造“冰臼”景点颜值，推进大月山景区整体塑造。月山春晚展览馆被省文物局评为浙江省第二批乡村博物馆，入选浙江省首批基层理论宣讲点，上榜浙江省最美乡村文化空间，月山春晚产业党建联建项目获五星。第42届月山春晚，作为2022浙江卫视跨年晚会分会场。第43届月山春晚以“岁有余庆 元梦新年”为主题与浙江民生休闲频道联合打造，分设杭州和月山两个会场，以新形式演绎月山春晚，月山春晚逐渐成为响彻全国的乡村文化品牌。借力2022“山屿海杯”庆元廊桥越野赛举水赛段及广场音乐节平台契机，举办月山美食节，吸引上千名游客到月山观赛游玩，“人文举水、浪漫月山”品牌影响力逐步攀升。

（刘承伟）

龙溪乡

【概况】 龙溪乡位于庆元县东南部，与浙闽两省4个乡镇交界，驻地西溪村距县城71千米，乡域总面积44.5平方千米。全乡辖6个行政村、，15个自然村，53个村民小组，1358户、4290人。龙溪乡有3个自然村整体下山搬迁到县城同心小区，另外有1614人长期生活在嘉善平湖地区。龙溪乡是浙闽边际久负盛名的茶乡，共建成高山有机茶园197.8公顷，茶叶成为龙溪乡富民增收的第一产业。

2022年，龙丰转水自然村林下中药材项目稳步发展，逐步扩大种植面积。后洋坑积极探索清水养鱼项目，养殖面积4660平方米，养殖石斑鱼和铲颌鱼共50万余尾。打造原生态精品锥栗产业基地面积73.07公顷，让。打造“龙溪玉稻”精品粮基地，形成高端原生态稻米品牌。

2022年，启动庆元县社会生态公益性公墓项目。实施村庄环境节点提升改造，投资177.4万元。硬化竹林道路2千米，修复破损路面2千米，投资155.48万元。实施西溪村农村饮用水达标提标兜底保障工程，投资59.99万元。

2022年，赴杭州、嘉兴、丽水、福建南平等地对接招商引资和总部经济项目共计12个。龙溪招引农业产业项目3个，即高山茶产业发展项目，转水村林下中药材项目，原生态水产良种繁育项目，到位内资900万元。对接深圳市锦路文具有限公司，生产高端文具及铅笔，计划投资额3300万元，成项目可研。对接福建瑞特文具用品有限公司，生产高端彩色铅笔芯、高端铅笔，计划投资5000万元，完成入园评估。

加强乡村医疗卫生服务体系建设，城乡居民医疗保险参保率和浙丽保参保率均达99%以上，家庭医生签约服务率达95%。城乡居民养老保险参保率达99%。2022年,共发放低收入农户保障金、特困保障金、临时救助款199.563万元,惠及群众400人次,贫困群众受助率达100%。

2022年,龙溪乡及辖区西溪村、后洋坑村创成浙江省2021年度首批健康乡镇、除四害样板乡镇和健康村。

【野生荒野茶产业】 2022年,龙溪乡有高山有机茶园面积233.33公顷,茶园示范基地62.03公顷。引进种植福鼎白茶7号、安吉白茶等品种,白茶种植面积已达8公顷。龙溪茶叶在庆元茶叶市场占有率达60%以上。2022年,全乡有荒野茶面积130.4公顷,整理开发荒野茶6.67公顷,主要集中在鱼川自然村小洋林场区块。同时,注册远富、银屏功夫、万裕丰等荒野茶品牌,设计3款专门荒野茶包装,制作荒野红茶300余千克、白茶400余千克,市场售价比普通白茶高出3—4倍。2022年5月19日,龙溪乡政府与县农业农村局在龙溪举办庆元县"荒野茶"开发启动仪式暨首届斗茶大赛,邀请浙闽两省40余家茶企代表参加。大赛通过斗茶比武、线上直播、建立茶产业党建联盟、设立茶叶名师工作室、开展茶产业培训等一系列丰富多彩的活动,使庆元"荒野茶"的知名度和影响力迅速提升。同时,依托嘉平便民服务中心,在嘉善平湖地区设立专门茶业展示区,龙溪茶叶品牌在外地进一步得到推广。

【龙溪乡光伏项目】 该项目以庆元县茶乡集体经济发展有限公司为投资主体,发挥增加群众收入和壮大村集体经济的作用,完成投资额220万元。科学合理规划分布光伏项目,完成龙溪乡政府、西溪村委会光伏板铺设,冯家山村委会屋顶等场地光伏架搭设,建成光伏发电2600平方米,装机容量达504千瓦,年收益达18万元以上,助力龙溪乡村集体经济发展。

【红色旅游产业】 龙溪是北上抗日先遣队由闽入浙经过的第一个乡,全乡6个行政村都曾留下北上抗日先遣队的足迹。龙溪乡以红色足迹为基础,实行"红色老家"党建联建,按照建设规划,分别在冯家山村建设红色农耕馆、岙里村建设北上抗日先遣队入浙第一乡纪念馆、龙丰村建设游击队驻地遗址纪念馆。2022年,开展红色联盟研学交流活动、职工疗休养等活动,共接待游客60余批次1800余人,累计组织联建交流活动20余场。

【"6·18"特大洪水防御与救助】 龙溪乡"6·18"特大洪水发生前,乡村干部迅速行动,排查风险隐患,组织转移群众32人。灾后,集中力量统一逐步开展淤泥冲洗处理,电路供水修复,财产受损认定,环境消杀等工作,使群众能快速恢复到正常生产生活当中。与民政、慈善总会等部门对接,争取上级补助救助,最大程度减少人民群众财产损失。2022年,全乡共收到慈善捐助款20万余元,收到爱心物资总价值约5万元,全部发放给灾民,惠及约300人。

(杨华根)

江根乡

【概况】 江根乡位于庆元县东部,东南与福建省寿宁县交界,西靠左溪镇,北邻官塘乡。驻地江根村海拔860米,距县城82千米。总面积57.1平方千米。其中,耕地290.9公顷,山林5214.7公顷。辖洋头寨、上杉坑、江根、箬坑、坝头、青田、后洋7个行政村,3个自然村,76个村民小组,2387户5695人。2022年,《江根乡7个村抱团发展强村富民模式》案例成功入选全省强村富民乡村集成改革典型案例,荣获丽水市实施乡村振兴促进共同富裕工作先进集体、市级疫情防控执行力优秀乡镇称号,坝头村获评第三批省级示范慈善工作站。高山油茶产业民工工资现金发放仪式,被《人民日报》、新华社等80多家媒体点赞报道,吸引3亿多人次关注。

提前完成全县首个招引类"揭榜挂帅"任务,招商引入天能集团,每年可为庆元增加税收超1000万元。建设“两茶”产业厂房2座，白茶文旅综合体施工完成，投资480万余元。招引乡贤助农增收，引进宁波九三学社联合强村公司，打造“九三云水茗心数字订制茶园”，百兴预制菜原料保供基地完成试种。强村公司实体化运营双苗尖星空露营、寻味江根微店等6个项目，利润突破145万元。建设林道路2千米，白茶产业路硬化3千米。启动“四好农村路”项目建设，建成青田村路段，上店至后洋段工程进度超50%；完成投资1350万元的江根至仙岩、江根至双苗尖公路破板修复工程。完成生态堰坝提升修复4座；坝头省级美丽宜居村、洋头寨村庆东游击队纪念馆、后洋村文化礼堂等一批群众关注的民生项目相继顺利落成；由箬坑、青田、洋头寨、上杉坑及强村公司联合投资的光伏项目共完成并网650千瓦，超额完成目标任务。

开设乡级居家养老服务中心食堂，解决留守老人吃饭难问题，全乡8家照料中心全年开门营业。坝头村获评第三批省级示范慈善工作站。创建无邪教村7个。

争取到中国农科院茶叶所专家工作站挂牌和省农科院油茶专家团队支持，茶科技重点项目落地江根，“两茶”产业链博士工作站、“星期天工程师”进入实质阶段。

【高山油茶产业】 2022年，江根乡高山油茶产业突破200公顷，年产精炼山茶油约2.5万千克，产值达600万元，为村集体增加收益25万元以上，为低收入农户发放劳动报酬283万元。油茶剥壳厂建成竣工，通过构建抖音直播、结对帮扶、银行等营销渠道，扩大油茶销售。

【高山白茶产业】 高山白茶生态产业共富园项目投资1000万余元，建成三片花海式白茶园和荒野茶园共66.67公顷，投资360万余元的白茶加工厂于年底建成，金得利养生茶道综合体完成政策处理并施工，预计2023年上半年投入使用。山海协作推出“云水茗心”数字订制茶园新模式，宁波九三同乡强村公司联合成立公司，打造高端订制白茶（含荒野茶）。认购用户可通过手机APP查看茶园及数据，该模式实行先给钱再生产。结对的宁波市海曙区月湖街道和企业投资10万元，开工建设村企合作数字茶园。建设购销平台，月湖街道商会采购价值数万元的农产品。通过和宁波市海曙区的山海协作，落地宁波海曙九三“云水茗心”数字订制茶园项目。海曙公司和江根强村公司共同出资的公司完成注册，箬坑村茶园完成种植，投产后可消薄10万元以上，认购达30余人，金额200万元。4片数字订制茶园（10公顷）完成林权流转和政策处理、地面物处理、水平带开垦和土地增肥，完成高端白茶种植3.33公顷。

【乡村旅游产业】 推进投资近千万的坝头村历史文化（传统）村落保护利用重点村项目、箬坑省级美丽宜居村项目、青田及上杉坑省级一般历史文化村项目。举办第二届浙闽歌会暨第十五届农村文艺汇演，第六届咸菜民俗文化节暨油茶开榨节，吸引两省群众1000余名。提升双苗尖星空露营基地建设，谋划双苗尖—仙岩游步道，打造四片花海（二月云上黄桃花海、三月千亩山樱花花海、五月万亩杜鹃花海、十月三千三百亩山茶花花海），提升好摄之友、和昌裕茶旅体验园、寻味江根等5家农旅综合体，系统打造有路线、有景点、有特色，有的看、有的玩、有的吃、有的住的省际休闲“后花园”。

（张金明）

官塘乡

【概况】 官塘乡地处庆元县东部边际，东和福建省寿宁县相邻，北与景宁畲族自治县接壤，西靠左溪镇，南接江根乡，乡政府驻地官塘村，距庆元县城89千米，海拔1040米。辖内地势高峻，峰峦叠嶂，海拔1300米以上的山峰有4座，山间盆地海拔均在千米以上，有“庆元高原”之称。全乡总面积53.5平方千米。其中，耕地404.72公顷，林地4847.28公顷。辖行政村4个，自然村18个，村民小组35个、1173户，户籍人口2883人，常住人口287人。官塘乡系庆元县最早的革命老区之一，1933年11月成立庆元县第一个红色政权组织——白柘洋村苏维埃政府，1934年12月建立庆元县第一个党组织——中共白柘洋村支部。官塘乡传统主导产业为食用菌、毛竹、高山蔬菜、生态养殖等。

官塘乡屋顶光伏项目建成并网，总装机容量392千瓦，投资168.8万元，完成任务量的261%。该项目每年可增加收入19万元。全县首个青少年主题增收联建项目正式运行，与结对单位团县委以“飞地”模式成功打造“童玩空间”提升项目，为乡强村公司增加经营性收入5.31万元，并提供30个困难群众就业岗位。推进“彩墨横坑”项目建设，创办庆元县度那酒坊，累计酿酒2万余千克，月均促农增收2000元。招商引资、招企引税引进项目5个，累计到资1000万余元，到税20万余元。其中，引进深圳市恒创睿能环保科技有限公司落户屏都工业园区，一期投资约3000万元。引进中赢供应链管理有限公司、珠海市天华贸易有限公司两个总部经济项目。

揭榜县级兰荒线改复建攻坚项目，完成土地丈量及面积复核8公顷，签约并迁移坟墓93穴，调解山林、土地纠纷112起，项目攻坚综合进度高达98%。完成官塘村“微改造、精提升”游步道路灯建设、白柘洋村文化广场建设、白柘洋村防洪堤建设等民生工程，总投资100万余元。推进土地综合整治，拆违3140平方米，“非粮化”整治14.5公顷，增加中际坑村(黄坛、洋头)建设用地复垦耕地面积0.67公顷，完成县交付任务量的155%。

在全县率先完成基本医保100%征缴任务，养老保险参保率达99%，“浙丽保”参保率达97.33%，农村低保、特困供养、残疾人“两项补贴”等各类救助资金累计发放130万元。推进基层应急管理站建设和规范化管理，常态化开展应急演练培训30余次，以官塘村为试点启动全县首个消防安全规范化村建设。完成中际坑村黄坦、洋头两个自然村29户107人的“大搬快聚”搬迁安置。打造官塘村“15分钟品质生活文化圈”，开展精神宣讲、反邪防诈、普法宣传等各类主题宣讲活动20余次。

创新建立“夜学讲堂”技能轮训机制、“板凳学堂”一线工作法、“技能演武堂”比拼机制，打造能说会写、善谋善为、善作善成的全科型干部，开展相关培训比拼活动31次。健全“当猛虎、争标兵、组团赛马”干部履职考评方案，开展各类监督检查60余次。

【生态种养产业】 2022年，扩大茭白、生姜等高山蔬菜种植面积20公顷，生态散养牛羊1088头(只)；引进水稻新品种与亚百合粮药循环轮作试验示范项目，一期试种亚百合0.67公顷，预计亩均创收2万元。官塘山货品牌影响力提升明显，引进“官塘菜园”种养殖项目，流转土地33.3公顷。其中，一期已投入100万余元，种植水稻、玉米、高山蔬菜13.3公顷，全年产销稻谷25000千克，产销官塘小笋、牛肝菌等官塘山货20万余元。

【消薄增收工作】 官塘乡引进“中国结”来料加工项目，为全乡30余名留守妇女增收3万余元，实现留守妇女年增收1.2万余元。创建市级三星巾帼共富工坊(丽晔服饰共富工坊)，为荷地镇杨桥村、张村乡南阳村留守妇女培训“中国结”编织技能，辐射带动东部乡村群众增收。全乡4个行政村实现村集体经济总收入215.7万元，经营性收入共74.9万元，乡强村公司盈利133.75万元。

【官塘乡“红小二”志愿服务队】 官塘乡“红小二”志愿服务队成立于2019年，由乡村两级干部组成，有43人。主要服务内容是开展爱心理发、代跑代办、上门接种、免费拍照、政策宣讲等一系列暖心活动。2022年，官塘乡“红小二”志愿服务队为留守老人免费理发100余人次，代办各类事项2000余件。

(吴裕民)

人物　荣誉

全国特级优秀人民警察

【刘　琼】 女，汉族，1979 年 6 月出生，中共党员。庆元县公安局百山祖派出所所长、一级警长。2022 年，获评全国特级优秀人民警察。参加公安工作 22 年来，她把共产党员全心全意为人民服务的宗旨牢记在心，凭着对公安事业的无限挚爱，在平凡的岗位上诠释着人民警察的责任与担当。曾荣立个人三等功 1 次、嘉奖 3 次；先后被评为浙江省优秀人民警察、浙江省三八红旗手、浙江省千名好民警、丽水市劳动模范、丽水市三八红旗手等。她心系百姓，服务群众暖人心。在行政审批科担任科长期间，创新推出“10+10=100”工作法，坚持推行“无假日工作制”，把服务触角延伸到社区、农村、敬老院。公安窗口连续 12 年未发生一起有责投诉，连续 11 年获得“五星窗口”称号。担任百山祖派出所所长后，快速转变身份角色，创新 1138“红绿融合”警务模式。她秉承“警力有限、民力无穷”的宗旨，建立警景联勤警务站，设立百山义警志愿服务队，全力守护辖区百姓安宁。

全国工人先锋号

【国网庆元县供电公司竹口供电所】 2022 年 4 月 28 日，国网浙江省电力有限公司庆元县供电公司竹口供电所（以下简称国网庆元县供电公司竹口供电所）被中华全国总工会授予全国工人先锋号。国网庆元县供电公司竹口供电所始建于 1979 年，是庆元供电面向大众，服务社会的重要窗口，有员工 26 人，下设运检班和营业班，担负竹口镇、黄田镇共 99 个村的业扩报装、故障抢修、抄表收费和高低压电网维护等供电业务。近年来，国网庆元县供电公司竹口供电所坚持以国网“五统一”文化为引领，围绕安全生产和优质服务等中心工作，从促进电网安全稳定、提高服务水平、推进技术创新等方面入手，不断提升服务品质，加强精细管理，努力铸就和谐团队；积极开展“安康杯”“三位一体”“违者治违”及“全员学习，全员运动”等各类竞赛活动，努力营造“比、学、赶、超”的创建氛围。竹口供电所立足山区特色，不断从党建、安全、管理、培训、数字化应用等角度夯实基础，打造党建引领优、客户服务优、数智应用优、队伍能力优、业绩指标优的山区生态型供电所。

该所先后被授予2018—2019年度全国“安康杯”竞赛优胜班组、中国最美金牌供电所、浙江省工人先锋号、国网公司综合管理标杆供电所、浙江省电力公司标准化五星供电所、浙江省电力公司创建群众满意基层站所先进集体等多项称号。

2022年度庆元县获得高级专业技术任职资格人员一览表

表3

姓　名	性别	出生年月	最高学历	现任职资格	取得时间	所在部门	备注
陶祥生	男	1963.5	专科	高级农艺师	2022.6.2	农业	
吴剑雄	男	1971.4	专科	高级农艺师	2022.6.2	农业	私企
张东北	男	1967.9	本科	正高级工程师	2022.12.5	林业	正高
陈奕浪	男	1983.11	本科	高级工程师	2022.12.5	林业	
吴远海	男	1965.6	本科	高级工程师	2022.12.5	林业	
吴朋兴	男	1977.12	本科	高级教师	2022.12.10	教育	
吴兰英	女	1980.7	本科	高级教师	2022.12.10	教育	
周松霞	女	1985.5	本科	高级教师	2022.12.10	教育	
叶杨晖	女	1969.1	本科	高级教师	2022.12.10	教育	
吴继大	男	1974.12	专科	高级教师	2022.12.10	教育	
刘旅红	女	1978.10	本科	高级教师	2022.12.10	教育	
叶行勇	男	1970.6	本科	高级教师	2022.12.10	教育	
叶　伟	男	1982.5	本科	高级教师	2022.12.10	教育	
吴大勇	男	1976.3	本科	高级教师	2022.12.10	教育	
胡贞华	女	1976.6	专科	高级教师	2022.12.10	教育	
吴日民	男	1972.3	专科	高级教师	2022.12.10	教育	
周先旺	男	1971.9	本科	高级教师	2022.12.10	教育	
邱文奎	男	1963.1	专科	高级教师	2022.12.10	教育	
吴小珍	女	1970.10	本科	高级教师	2022.12.10	教育	
胡大志	男	1973.10	专科	高级教师	2022.12.10	教育	
伊　铭	女	1983.4	本科	高级教师	2022.10.28	教育	
吴　锋	男	1985.6	本科	高级教师	2022.10.28	教育	
李军军	男	1985.11	本科	高级讲师	2022.11.24	教育	
胡盛华	男	1985.10	本科	高级讲师	2022.11.24	教育	
王余丽	女	1986.8	本科	高级讲师	2022.11.24	教育	
刘必伟	男	1973.7	本科	副主任医师	2022.12.24	卫生	私企
杨春芳	女	1985.7	本科	副主任技师	2022.12.24	卫生	
陶昌琼	女	1982.9	本科	主任医师	2022.12.4	卫生	正高
吴利锋	男	1979.3	本科	主任医师	2022.12.4	卫生	正高
徐红建	男	1982.9	本科	主任医师	2022.12.4	卫生	正高
胡世梅	女	1979.9	本科	主任护师	2022.12.4	卫生	正高
张丽燕	女	1980.10	本科	主任护师	2022.12.4	卫生	正高

续表 3

姓　名	性别	出生年月	最高学历	现任职资格	取得时间	所在部门	备注
胡林平	男	1983.11	本科	副主任医师	2022.12.4	卫生	
周雅萍	女	1988.6	本科	副主任医师	2022.12.4	卫生	
李丽伶	女	1986.11	本科	副主任医师	2022.12.4	卫生	
宁建飞	男	1983.6	本科	副主任医师	2022.12.4	卫生	
魏光妫	女	1984.5	本科	副主任护师	2022.12.4	卫生	
叶　晴	女	1987.11	本科	副主任护师	2022.12.4	卫生	
吴惟富	男	1989.11	本科	副主任技师	2022.12.4	卫生	
张春华	女	1974.9	本科	副主任医师	2022.12.4	卫生	
吴良姿	女	1972.2	本科	主任医师	2022.12.4	卫生	正高
吴新琼	女	1974.11	本科	主任医师	2022.12.4	卫生	正高
吴晓美	女	1980.11	本科	主任护师	2022.12.4	卫生	正高
叶丽伟	女	1985.9	本科	副主任护师	2022.12.4	卫生	
叶华海	男	1976.6	本科	副主任中医师	2022.12.4	卫生	
吴金锡	男	1972.1	本科	高级工程师	2022.11.25	建设	私企
吴德慧	女	1987.11	研究生	高级工程师	2022.12.23	环保	
管靖靖	女	1985.10	本科	高级工程师	2022.12.23	环保	
陈伟红	女	1969.9	本科	研究馆员	2022.12.31	文化	正高
周文翾	女	1975.10	本科	高级会计师	2022.11.26	会计	国企

（县人事劳动局）

附　录

2022年庆元县主要组织机构及负责人名录

【中国共产党庆元县委员会】

书　记：蔡　昉（2021年11月起）
　　　　蔡　昉（2021年11月起）
副书记：田健晖（2021年11月起）
　　　　佘晓君（2021年11月起）
常　委：蔡　昉（2021年11月起）
　　　　田健晖（2021年11月起）
　　　　佘晓君（2021年11月起）
　　　　胡显平（2021年12月起）
　　　　王　鹏（2020年3月起）
　　　　李　鹏（2021年12月起）
　　　　吴秋标（2021年12月起）
　　　　金　业（2020年11月起）
　　　　周立飞（2021年3月起）
　　　　黄丽芬（女，2021年12月起）
　　　　叶伟林（2021年12月起）

【庆元县人民代表大会常务委员会】

主　任：吴青松（候选人2015年12月至2016年3月，2016年3月起）
副主任：王林生（2010.3月至2022年2月）
　　　　阎昌远（2022年2月起）
　　　　吴建华（2012.3月起）
　　　　刘义平（2015年3月至2022年2月）
　　　　黄立飞（2022年2月起）
　　　　叶　武（2017年2月起）
　　　　项邦宝（2022年2月起）
党组书记：吴青松（2015年11月起）
党组副书记：阎昌远（2021年12月起）
保留副县待遇：柳昌发（2017年2月起）

办公室

主　任：吴世鸿（2021年12月起）
副主任：杨永超（2021年2月起）

监察司法工委

主　任：连卫东（2020年5月起）

财经工委

主　任：李灵菲（女，2019年1月起）
副主任：叶永强（2019年1月起）

代表与选举任免工委

主　任：吴卫东（2012年4月至2022年6月）
副主任：吴雯杰（女，2012年10月起）

教科文卫工委

主　任：张建平（2015年3月起）

农业与农村工委

主　任：吴长智（2021年12月起）

城乡建设与资源环境工委

主　任：吴卫东（2022年6月起）

副主任：刘章武（保留正科级待遇，2019年7月起）

社会建设工委

主　任：杨志豪（2020年3月起）

【庆元县人民政府】

县　长：田健晖

（代理县长2021年11月至2022年2月，

县长2022年2月起）

副县长：吴秋标（2019年10月起）

李　鹏（2020年5月起）

张延洪（2021年12月起）

李　颖（女，2021年12月起）

赵世杰（2022年2月起）

熊　焕（2021年12月起）

王伟啸（2021年12月起）

黄卫剑（挂职2020年10月至2022年6月）

朱惠汉（挂职2020年12月起）

姜　骏（挂职2022年12月起）

党组书记：田健晖（2021年12月起）

党组副书记：李　鹏（2021年12月起）

【中国人民政治协商会议庆元县委员会】

主　席：洪起平（2020年4月起）

副主席：林昌富（2003年4月至2022年2月）

吴先武（2003年4月至2022年2月）

吴碧兰（女，2007年3月至2022年2月）

夏家天（2015年3月至2022年2月）

吴新清（2017年2月起）

项邦宝（2021年3月至2022年2月）

罗　艳（女，候选人，2022年2月起）

叶华伟（候选人，2022年2月起）

王林生（2022年2月起)

吴小军（2022年2月起)

秘书长：陈定光（2021年12月起）

党组书记：洪起平（2020年4月起）

办公室

主　任：陈定光（2021年12月起）

副主任：胡纯华（2015年5月起）

吴昌森（2021年8月至2022年12）

提案委员会主任：李立新（2012年9月起）

委员工委主任：吴远德（2021年12月起）

经济工作委员会主任：吴永林（2021年2月起）

教科文卫体委员会主任：姚敏荣（2022年8月起）

文史资料委员会主任：范敏姿（女，2021年2月起）

农业农村和人口资源环境委员会主任：

张小贵（2021年12月起）

社会法制委员主任：方　兴（2021年12月起）

港澳台侨和民族工作委员会主任：

李金华（女，2021年2月起）

【中国共产党庆元县纪律检查委员会（监察委员会）】

书　记（主　任）：王　鹏（2020年3月起，

主任2020年4月起）

副书记（副主任）：叶肖峰（2016年12月起，

副主任2017年2月起）

周大标（2021年12月起，

副主任2022年1月起）

常　委（委　员）：张林军（2021年12月起）

叶朋娟（女，2019年6月起）

吴学东（常委2016年12月起，

委员2019年8月起）

范海波（常委2021年12月起，

委员2018年2月起）

吴华龙（委员2021年3月起）

范松玲（委员2022年1月起）

办公室主任：杨剑霞（女，2021年12月起）

干部室主任：李　根（2012年12月起）

宣传教育室主任：杨忠力（2021年12月起）

信访室主任：梁华武（2016年9月起）

案件监督管理室主任：李　玲（女，2019年6月起）

案件审理室主任：胡晓忠

（2016年5月至2022年11月）

党风政风监督室主任：季　珍（2022年6月起）

第一纪检监察室主任：朱金明（2022年6月起）

第二纪检监察室主任：吴传库（2021年12月起）

第三纪检监察室主任：（空缺）

第四纪检监察室主任：

吴华成(2014年12月至2022年12月)

县纪委监委派驻第一纪检监察组组长：

吴思进(2019年6月至2022年8月)

县纪委监委派驻第一纪检监察组副组长：

周美红(女，2019年1月起)

县纪委监委派驻第二纪检监察组组长：

吴继朝(2019年6月起)

县纪委监委派驻第二纪检监察组副组长：

叶伙翠(女，2021年8月至2022年8月)

县纪委监委派驻第三纪检监察组组长：

范良东(2022年4月起)

县纪委监委派驻第三纪检监察组副组长：

胡晓忠(2022年11月起)

李　明(2019年1月起)

洪泉农(2019年6月至2022年11月)

县纪委监委派驻第四纪检监察组组长：

张力军(2019年12月起)

县纪委监委派驻第四纪检监察组副组长：

陈维方(2019年6月起)

县纪委监委派驻第五纪检监察组组长：

杨美菊(女，2019年12月起)

县纪委监委派驻第五纪检监察组副组长：

吴凯军(2019年6月起)

县纪委派驻第六纪检组组长：

郑韶平(2022年4月起)

县纪委派驻组织部纪检组组长：

林显平(2019年6月起)

县纪委监委派驻县人民法院纪检监察组组长：

吴思进(2022年8月起)

县纪委监委派驻县检察院纪检监察组组长：

林晓丽(女，2021年8月起)

县纪委监委派驻县公安局纪检监察组组长：

吴周荣(2022年6月起)

【中共庆元县委巡察工作领导小组办公室】

主　任：张林军(2021年12月起)

副主任：范玲玲(女，2021年2月起)

县委第一巡察组组长：吴云芬(女，2019年3月起)

县委第一巡察组副组长：

黄业廉(保留正科级待遇

2019年6月至2022年12月)

县委第一巡察组巡察专员：姚德叶(2021年8月起)

县委第二巡察组组长：范庆龙(2019年3月起)

县委第二巡察组副组长：毛清付(2021年8月起)

县委第二巡察组巡察专员：郑　伟(2021年8月起)

县委第三巡察组组长：(空缺)

县委第三巡察组副组长：吴长松(2019年3月起)

县委第四巡察组组长：沈光友(2021年2月起)

县委第四巡察组副组长：范飞卫(2021年2月起)

【庆元县人民法院】

院　长：黄　明

(代理院长2020年8月至2021年3月，

院长2021年3月起)

副院长：蓝元福(2015年4月起)

胡向阳(2020年10月起)

陈志敏(2020年10月起)

党组书记：黄　明(2020年8月起)

党组副书记：蓝元福(2015年4月起)

政治处主任：陶　炜(2021年11月起)

执行局局长：杨律俊(2021年6月起)

百山祖法庭庭长：吴小才(2022年4月起)

专职审判委员会委员：邹明夷(2022年4月起)

【庆元县人民检察院】

检察长：丁　丰

(代理检察长2021年11月至2022年2月，

检察长2022年2月起)

副检察长：陈锦峰(2014年8月起)

赵丽萍(女，2020年10月至2022年12月)

党组书记：丁　丰(2021年12月起)

政治部主任：林　艳(女，2020年4月起)

专职检察委员会委员：

吴金松(2014年8月起)

吴安龙(2017年2月至2022年12月)

刘丽妫(女，2022年12月起)

【县委工作部门】

县委办公室[挂县政府外事办公室、政策研究室、县档案局、机要局(县密码管理局)、保密委员会办公室(县国家保密局)、县"最多跑一次"办公室牌子]

主　任:王伟松(2017年2月起)

副主任:叶　伟(2022年4月起)

陈传敏(2022年4月起)

周　浩(2022年6月起)

台湾工作办公室主任:王伟松(2017年2月起)

台湾工作办公室副主任:

王丽青(女,2016年5月起)

县委、县政府政策研究室主任:

王伟松(2017年2月起)

组织部(挂直属机关工作委员会、老干部局、新经济与新社会组织工作委员会、县公务员局牌子)

部　长:金　业(2020年11月起)

常务副部长:胡冬玲(2022年4月起)

副部长:胡小灵(兼2015年11月起)

范修飞(兼2021年8月起)

季文善(兼2019年6月起)

姚德飞(保留正科级待遇,2022年6月起)

李　瑛(2022年11月起)

两新工委书记:姚德飞

(保留正科级待遇,2022年6月起)

"两新"工委副书记:叶闽敏(2021年12月起)

县直机关工委专职副书记:范良健(2022年8月起)

县直机关纪工委书记:林显平(兼,2019年6月起)

县委党代表联络办公室主任(高配副科级):

陈　涛(2016年7月起)

宣传部(挂县政府新闻办公室、县精神文明建设委员会办公室、县新闻出版局、县互联网信息办公室牌子)

部　长:胡显平(2022年1月起)

常务副部长:姚增辉(2021年8月起)

副部长:刘　伟(2021年8月起)

吴旭峰(2021年8月起)

统战部(挂县民族宗教事务局、县政府侨务办公室牌子)

部　长:黄丽芬(2022年1月起)

常务副部长:叶　银(2016年5月起)

副部长:毛志平(2017年4月至2019年1月,

保留正科级待遇2019年1月起)

王　飞(保留正科级待遇2022年8月起)

王晓琼(女,2022年8月起)

刘利明(兼2021年8月起)

归国华侨联合会

主　席:叶　银(2012年5月起)

政法委员会

书　记:佘晓君(2021年12月起)

常务副书记:余兆云(2019年11月起)

副书记:毛传宝(2019年12月起)

姚望平(2020年8月起)

政治处主任:吴　浩(2019年6月至2022年6月)

吴友健(2022年6月起)

政法委员会委员:沈卫平(2019年6月起)

吴孚郎(2021年12月起)

编制委员会办公室(2019年1月,机构改革,编制委员会办公室改为县委机构编制委员会办公室)

主　任:范修飞(2021年8月起)

副主任:张炉均(2022年9月起)

县委、县政府信访局

局　长:叶斌林(2021年8月起)

副局长:叶林华(2016年9月起)

范良标(2019年7月起)

信访督查专员:叶伙翠(2022年8月起)

【县人民政府工作部门】

县政府办公室(挂县政府金融工作办公室牌子)

主　任:

副主任:卢振芳(2016年8月至2022年6月)

胡　雄(正科级2016年12月至2019年1月,

保留正科级待遇

2019年1月至2022年4月)

吴乾岳(保留正科级待遇2019年12月起)

柳林飞(保留正科级待遇2021年2月起)

范　彬(保留正科级待遇

2020年8月至2022年4月)

叶永飞(保留正科级待遇2021年2月起)

叶兆全(2021年2月起)

李志远(保留正科级待遇
2021年8月至2022年3月)
沈国清(保留正科级待遇2021年8月起)
吴亨卿(保留正科级待遇
2021年8月至2022年4月)
余国军(2022年6月起)
党组书记:(空缺)
法制办主任:(空缺)
外事办主任:(空缺)
金融办主任:(空缺)

发展和改革局(挂粮食和物资储备局牌子)

局　长:方　军(2019年6月起)
副局长:胡金焕(2014年9月至2022年3月)
范昌谊(2021年8月至2022年9月)
叶　伟(2019年1月至2022年4月)
黄志民(2021年8月起)
陈新颜(挂职2020年11月起)
刘文俊(2022年3月起)
吴复香(女,2022年4月起)
董　斌(2022年8月起)
吴　冰(2021年12月起)
党组书记:方　军(2019年6月起)

经济商务局(挂中小企业局牌子)

局　长:陈文化(2021年10月起)
副局长:叶春林(2021年8月起)
叶绍椿(2022年3月起)
王　娟(挂职2022年8月起)
总经济师:阙国宪
(保留正科级2019年1月至2022年4月)
党组书记:陈文化(2021年8月起)

教育局

局　长:黄嗣进(2022年4月起)
副局长:王国飞(2019年12月起)
王志亮(保留正科级待遇2021年8月起)
章　琰(挂职2022年8月起)
党组书记:黄嗣进(2022年4月起)
县政府教育督导员:叶其森(2021年8月起)

科学技术局(地震局)

局　长:陈肖波(2021年8月起)
副局长:吴松奇(2021年8月起)
李歆卉(女,2019年1月起)
石　丹(挂职2022年8月起)
王华奎(挂职2022年3月起)
党组书记:陈肖波(2021年8月起)

民族宗教事务局

局　长:毛志平(2020年7月起)

公安局

局　长:赵世杰(2021年12月起)
政　委:吴志明(2021年2月起)
副局长:吴复亮(2009年12月至2013年3月,
正科级2013年4月至2015年7月,
保留正科级
2015年7月至2022年4月)
张祖田(2012年8月起)
林胜龙(2015年7月起)
李　敏(2021年9月起)
吴晓峰(2022年4月起)
党委书记:赵世杰(2021年11月起)
党委副书记:吴志明(2021年2月起)
纪检组组长:吴周荣(2022年6月起)
政治处主任:吴晓峰(2021年8月至2022年4月)
周卫中(2022年11月起)
督察长:赵世杰(2021年12月起)

交通警察大队

大队长:赖志毅(2021年2月起)
教导员:周卫中(2021年12月至2022年11月)

民政局

局　长:吴乎郎(2021年12月起)
副局长:毛爱平(女,2021年2月起)
胡荣淼(2021年8月起)
党组书记:吴乎郎(2021年12月起)

司法局(挂行政复议局牌子)

局　长:赵思恒(2021年2月至2022年4月)
胡　雄(2022年4月起)
政治处主任:吴雪林(2021年8月起)
副局长:郑韶平(2015年5月至2022年4月)
陈文仁(2019年7月起)
宋妮娜(女,挂职2022年8月起)

侯林卫（挂职2022年3月起）
党组书记：赵思恒（2021年2月起）
财政局（挂县政府国有资产监督管理办公室牌子）
局　长：周　峰（2021年10月起）
副局长：江旭奎（2016年2月至2022年4月）
杨进林（2019年1月至2022年11月）
吴松可（女，2021年8月起）
吴继顺（2022年11月起）
姚四荣（2022年4月起）
总会计师：姚四荣（2019年12月至2022年4月）
吴慧菲（女，2022年6月起）
党组书记：周　峰（2021年10月起）
党组副书记：江旭奎
（正科级2013.11月至2019年1月，
保留正科级待遇2019年1月起）
人力资源和社会保障局
局　长：胡小灵（2016年1月至2022年4月）
刘祖成（2022年4月起）
副局长：胡永生（2012年6月起）
吴小明（2022年12月起）
党组书记：胡小灵（2015年11月至2022年4月）
刘祖成（2022年4月起）
党组副书记：
自然资源和规划局（挂林业局牌子）
局　长：全长荣（2021年9月起）
副局长：胡先松（2019年1月至2022年3月）
严维松（2019年1月起）
王卢松（2022年12月起）
吴芬芬（女，2022年8月起）
总规划师：毛和明（2020年9月起）
党委书记：全长荣（2021年9月起）
纪委书记：李光明（2019年1月至2022年8月）
保留副科级待遇：王家兴（2019年1月起）
黄业勇（2019年1月至2022年6月）
住房和城乡建设局[挂人民防空办公室（民防局）牌子]
局　长：周利民（2019年1月起）
副局长：余国军（2014年7月至2022年6月）
陈观军（2016年8月起）
吴　浩（2022年6月起）
黄业勇（2022年6月起）
总工程师：吴伟民（2016年9月至2022年12月）
吴必忠（2022年12月起）
党组书记：周利民（2019年1月起）
党组副书记：
交通运输局
局　长：胡元胜（2019年1月起）
副局长：张小宝（挂职2019年4月起）
胡根妫（2022年4月起）
梁群学（挂职2022年3月起）
总工程师：
党组书记：胡元胜（2019年1月起）
交通战备办公室主任（高配副科级）：
交通运输综合行政执法队队长：
胡元胜（2019年12月起）
交通运输发展中心主任：柳从敏（2021年8月起）
水利局
局　长：吴思文（2020年3月起）
副局长：吴　明（保留正科级待遇2016年1月起）
吴孝安（保留正科级待遇
2017年9月起2022年4月）
胡　峰（2022年4月起）
宣伟栋（挂职2021年12月起）
唐文龙（挂职2021年12月起）
总工程师：叶学斌（2021年2月起）
党组书记：吴思文（2020年3月起）
党组副书记：吴　明（保留正科级待遇2015年7月起）
农业农村局
局　长：叶文标（2019年1月至2022年4月）
吴人豪（2022年4月起）
副局长：胡恒照
（保留正科级待遇2019年1起12月，
2019年12月至2022年4月）
胡晓卫（2020年7月至2022年8月）
胡顺山（2020年8月起）
沈吴艳（女，2022年8月起）
陈加胜（挂职2020年12月起）
郭华伟（挂职2022年3月起）

潘　鹏（挂职 2022 年 12 月起）
总农艺师：周　华（2020 年 7 月起）
党组书记：叶文标（2019 年 1 月至 2022 年 4 月）
吴人豪（2022 年 4 月起）
农业综合行政执法队队长：
叶文标（2019 年 12 月至 2022 年 4 月）
吴人豪（2022 年 4 月起）
农业综合行政执法队专职副队长：
余小平（2019 年 12 月起）

文化和广电旅游体育局

局　长：叶其娇（女，2019 年 1 月起）
副局长：阙文伟（保留正科级待遇 2019 年 1 月起）
吴复香（女，2019 年 1 月至 2022 年 4 月）
刘永兴（2022 年 4 月起）
吴鸿芬（女，2022 年 12 月起）
党组书记：叶其娇（女，2019 年 1 月起）
文化市场综合行政执法队队长：
叶其娇（女，2019 年 12 月起）
文化市场综合行政执法队专职副队长：
吴其华（保留正科级待遇 2019 年 12 月起）

卫生健康局

局　长：黄嗣进（2019 年 12 月至 2022 年 4 月）
范　彬（2022 年 4 月起）
副局长：黄先全（2021 年 2 月起）
徐　鼎（挂职 2021 年 3 月起）
姜建伟（挂职 2022 年 3 月起）
党委书记：黄嗣进（2019 年 11 月至 2022 年 4 月）
范　彬（2022 年 4 月起）
党委副书记：叶加锡（保留正科级待遇 2021 年 8 月起）

计生协会

会　长：吴建华（2012 年 11 月起）
专职副会长：张　萌（2021 年 8 月起）

退役军人事务局（2019 年 1 月，机构改革新成立机构）

局　长：练全裕（2019 年 1 月至 2022 年 4 月）
叶文标（2022 年 4 月起）
副局长：范奕斗（2019 年 1 月起）
周培平（2019 年 12 月起）
党组书记：练全裕（2019 年 1 月至 2022 年 4 月）
叶文标（2022 年 4 月起）

应急管理局

局　长：叶利民（2022 年 3 月起）
副局长：吴元标（2019 年 1 月起）
胡　峰（2019 年 1 月至 2022 年 4 月）
吴仅东（2021 年 8 月起）
毛先华（2022 年 8 月起）
总工程师：范明东（2019 年 1 月起）
党组书记：叶利民（2022 年 3 月起）

审计局

局　长：吴绍华（2021 年 12 月起）
副局长：夏俊松（2014 年 7 月起）
陈　玲（女，2021 年 11 月起）
总审计师：刘永兴（2013 年 8 月至 2022 年 4 月）
吴小敏（2022 年 12 月起）
党组书记：吴绍华（2021 年 12 月起）

市场监督管理局

局　长：刘祖成（2019 年 1 月至 2022 年 4 月）
吴亨卿（2022 年 4 月起）
副局长：吴卫东（2014 年 1 月起）
吴贤付（2015 年 7 月起）
总工程师：范火发（2019 年 1 月起）
党组书记：刘祖成（2019 年 1 月至 2022 年 4 月）
吴亨卿（2022 年 4 月起）
县食品安全委员会办公室主任：
刘祖成（2019 年 1 月至 2022 年 4 月）
市场监管综合行政执法队队长：
刘祖成（2019 年 12 月至 2022 年 4 月）
市场监管综合行政执法队专职副队长：
吴宏福（2019 年 12 月起）

统计局

局　长：胡金焕（2022 年 3 月起）
副局长：胡效灵（2019 年 1 月起）
总统计师：吴霞芬（女，2020 年 7 月起）
吴海燕（女，2022 年 12 月起）
党组书记：胡金焕（2022 年 3 月起）

医疗保障局

局　长：吴小隆（2020 年 7 月起）
副局长：叶　青（2019 年 1 月起）
叶绍椿（2019 年 12 月至 2022 年 3 月）

柳昌美（女，2022 年 6 月起）
党组书记：吴小隆（2020 年 7 月起）
综合行政执法局
局　长：叶利民（2019 年 1 月至 2022 年 3 月）
吴达校（2022 年 3 月起）
副局长：蓝海荣（2016 年 9 月起）
谢善东（2019 年 3 月起）
王长法（2021 年 8 月起）
党组书记：叶利民（2019 年 1 月至 2022 年 3 月）
吴达校（2022 年 3 月起）
市生态环境局庆元分局
局　长：范修亮（2020 年 7 月起）
副局长：林德新（2020 年 7 月起）
周振法（2020 年 7 月起）
总工程师：吴永胜（2020 年 7 月起）
专职副队长：吴志强（2022 年 11 月起）
党组书记：范修亮（2020 年 7 月起）

【群众团体】
总工会
主　席：吴家斌（2021 年 12 月起）
副主席：胡根妫（女，2017 年 8 月至 2022 年 4 月）
巫其平（保留正科级待遇 2019 年 1 月起）
吴秋荷（女，2022 年 9 月起）
胡恒照（保留正科级待遇 2022 年 4 月起）
党组书记：吴家斌（2021 年 12 月起）
共青团县委
书　记：李　红（女，2021 年 2 月至 2022 年 8 月）
叶冰青（女，2022 年 8 月起）
副书记：刘文俊（2020 年 7 月至 2022 年 3 月）
刘　毅（2021 年 2 月至 2022 年 8 月）
胡飞青（女，2022 年 3 月起）
吴健锋（2022 年 8 月起）
妇女联合会
主　席：吴月妫（女，2021 年 12 月起）
副主席：柳昌美（女，2013 年 8 月至 2022 年 6 月）
刘松娟（女 2022 年 6 月起）
朱海青（女，2022 年 9 月起）
党组书记：吴月妫（女，2021 年 12 月起）

科学技术协会
主　席：吴周荣（2019 年 1 月至 2022 年 6 月）
卢振芳（2022 年 6 月起）
副主席：胡应岩（2019 年 1 月起）
党组书记：吴周荣（2019 年 1 月至 2022 年 6 月）
卢振芳（2022 年 6 月起）
工商业联合会
主　席：（空缺）
常务副主席：刘利明（候选人 2021 年 8 月，
2022 年 2 月起）
副主席：季培军（2019 年 1 月起）
党组书记：刘利明（2021 年 8 月起）
文学艺术界联合会
主　席：刘　伟（保留正科级待遇 2022 年 11 月起）
副主席：吴宗祥（2014 年 1 月至 2022 年月）
叶丽娟（女，2022 年 4 月起）
党组书记：刘　伟（保留正科级待遇 2022 年 11 月起）
残疾人联合会
理事长：吴先武（2013 年 3 月—2022 年 8 月）
吴理广（2022 年 8 月起）
副理事长：王　飞（保留正科级待遇
2019 年 1 月至 2022 年 8 月）
吴理广（2021 年 8 月至 2022 年 8 月）
赵剑芳（女，2022 年 8 月起）
胡晓卫（2022 年 8 月起）
党组书记：吴理广（2021 年 8 月起）
红十字会
常务副会长：叶华成（2022 年 6 月起）
社会科学界联合会
副主席：吴发新（2022 年 4 月起）
关心下一代工作委员会
专职副主任：金朱贵（2019 年 11 月起）
供销合作社联合社
主　任：范良东（2019 年 1 月至 2022 年 4 月）
叶文飞（2022 年 4 月起）
副主任：何信肖（2016 年 10 月起）
叶发柱（2021 年 8 月起）
党组书记：范良东（2019 年 1 月至 2022 年 4 月）
叶文飞（2022 年 4 月起）

【事业企业单位】

凤阳山—百山祖国家级自然保护区管理局百山祖管理处(2021 年 6 月机构改革,调整为钱江源—百山祖国家公园百山祖管理局下属正科级事业单位庆元保护中心,不再保留百山祖管理中心)

庆元保护中心

主　任:王伟松(2021 年 11 月起)
副主任:吴明鑫(2021 年 11 月至 2022 年 6 月)
　　　　陈小荣(2021 年 11 月起)
党组书记:王伟松(2021 年 11 月起)
党组副书记:吴明鑫(2022 年 6 月起)

工业园区管理委员会

主　任:李志远(2022 年 3 月起)
副主任:叶积地(2019 年 12 月起)
　　　　吴邦武(2021 年 2 月起)
　　　　陈加胜(2022 年 4 月起)
总工程师:吴枝海(2019 年 1 月至 2022 年 9 月)
　　　　　柳从聪(2022 年 9 月起)
党委书记:吴秋标(2019 年 9 月至 2022 年 3 月)
　　　　　李志远(2022 年 3 月起)

党校(挂浙江广播电视大学庆元分校、县行政学校、县社会主义学校牌子)

校　长:金　业(2020 年 11 月起)
常务副校长:周　青(2021 年 12 月起)
副校长:叶根森(2015 年 7 月起)
　　　　赵剑芳(女,2016 年 9 月至 2022 年 8 月)
　　　　王　玮(挂职,2022 年 11 月起)

党史和地方志研究室

主　任:王丽青(女,2022 年 6 月起)
副主任:吴传彪(2020 年 7 月起)
　　　　龚开坤(2021 年 8 月起)
党组书记:王丽青(女,2022 年 6 月起)

机关事务保障中心

主　任:陈文金(2019 年 12 月起)
副主任:吴坤林(2019 年 12 月起)
党组书记:陈文金(2019 年 11 月起)

经济合作交流中心(挂县招商服务中心牌子)

主　任:叶文飞(2019 年 12 月至 2022 年 4 月)
　　　　李　红(女,2022 年 4 月起)
副主任:吴庶坤(2019 年 7 月起)
　　　　胡永娟(女,2021 年 8 月起)
　　　　李　军(挂职,2020 年 12 月起)
党组书记:叶文飞(2019 年 12 月起)

融媒体中心(挂县广播电视台牌子)

主　任:戴宏梅(2021 年 8 月起)
总编辑:
副主任:蔡章元(2019 年 12 月起)
　　　　林昌根(2019 年 12 月起)
　　　　吴采芬(女,2019 年 12 月起)
　　　　胡利松(2022 年 12 月起)
总工程师:胡利松(2019 年 12 月至 2022 年 11 月)
党组书记:戴宏梅(女,2021 年 8 月起)

行政服务中心(挂县公共资源交易中心牌子)

主　任:柳恒荣(2021 年 12 月起)
副主任:鲍可文(2016 年 8 月至 2022 年 6 月)
　　　　季文夏(2016 年 10 月起)
　　　　张　莉(女,2022 年 6 月起)
党组书记:柳恒荣(2021 年 12 月起)
党组副书记:(空缺)

土地和房屋征收工作指导中心

主　任:胡先松(2022 年 3 月起)
副主任:陶义平(2020 年 7 月至 2022 年 8 月)
　　　　吴宗元(2021 年 8 月起)
　　　　胡晓军(2022 年 8 月起)

老干部服务中心

主　任:季文善(2019 年 6 月起)
副主任:吴方水(2019 年 6 月起)
　　　　吴必伟(2019 年 6 月起)
党组书记:季文善(2019 年 7 月起)

金融发展中心

主　任:吕德红(女,2022 年 4 月起)
副主任:叶　斌(2020 年 7 月至 2022 年 11 月)
　　　　黄业霖(2021 年 2 月起)
　　　　杨进林(2022 年 11 月起)
书　记:吕德红(女,2022 年 4 月起)

食用菌产业中心(挂食用菌科研中心牌子)

主　任:叶晓星(2019 年 12 月起)
副主任:范寿鹏(2019 年 12 月起)

总农艺师：叶长文（2019 年 12 月起）
党组副书记：范寿鹏（2019 年 12 月起）
大数据发展中心
主　任：周宗敏（2021 年 2 月起）
副主任：赵小伟（2019 年 7 月起）
　　　　张耕铭（女，2021 年 2 月起）
全面深化改革委员会办公室
主　任：胡云燕（女,2021 年 8 月起）
副主任：陈传敏（2019 年 6 月至 2022 年 4 月）
　　　　周　浩（2019 年 12 月至 2022 年 6 月）
党组书记：胡云燕（女，2021 年 8 月起）
生态林业中心
主　任：吴　华（2022 年 12 月起）
副主任：吴伟华（2019 年 12 月起）
　　　　夏瑞满（2019 年 12 月起）
　　　　张银涛（2022 年 3 月起）
不动产服务中心
主　任：胡雅琼（女,2021 年 9 月起）
庆元林场（挂浙江庆元国家森林公园管理中心、国有生态公益林保护站牌子）
场　长：吴益庆（2019 年 12 月至 2022 年 9 月）
　　　　张茂付（2022 年 9 月起）
浙江庆元国家森林公园管理处主任：
　　　　吴益庆（2019 年 12 月至 2022 年 9 月）
　　　　张茂付（2022 年 9 月起）
社会保险事业服务中心
主　任：吴小明（2021 年 8 月至 2022 年 12 月）
精神文明建设指导中心
主　任：吴旭峰（2021 年 8 月至 2022 年 9 月）
交通运输发展中心
主　任：柳从敏（2021 年 8 月起）
庆元中学
校　长：吴继华（2017 年 9 月起）
副校长：王　华（2014 年 1 月起）
　　　　廖郁林（2015 年 7 月起）
　　　　姚渝芳（女，2020 年 11 月起）
党总支书记：吴继华（2017 年 8 月起）
职业高级中学
校　长：姚望良（2020 年 11 月起）
党总支书记：吴临水（2020 年 11 月起）
人民医院（2019 年 1 月，机构改革建立人民医院医共体党委、纪律检查委员会）
院　长：林　军（2019 年 4 月起）
执行院长：郑荣宗（2016 年 5 月起）
名誉院长：张继礼（2016 年 5 月起）
副院长：李启武（2010.1 月起）
　　　　王福美（女，2016 年 8 月起）
党委书记：管廷勇（2019 年 3 月起）
党委副书记：林　军（2019 年 3 月至 2022 年 8 月）
　　　　　　刘奕明（2022 年 8 月起）
纪委书记：刘　青（2019 年 3 月起）
中医院（2019 年 1 月，机构改革建立中医院医共体党委、纪律检查委员会）
院　长：兰汉森（2019 年 4 月起）
党委书记：廖瑞龙（2019 年 3 月起）
党委副书记：兰汉森（2019 年 3 月起）
国有资本投资运营集团有限公司
董事长兼总经理：王国政（2019 年 7 月起）
副总经理：蔡章平（2019 年 7 月至 2022 年 3 月）
　　　　　姚伟强（2020 年 7 月起）
党委书记：王国政（2019 年 7 月起）
党委副书记：刘　毅（2022 年 8 月起）
城市投资发展有限公司总经理（比照副科级）：
　　　　吴炉飞（2021 年 8 月起）
水务投资发展有限公司总经理（比照副科级）：
　　　　蔡李振（2019 年 12 月起）
文旅投资发展有限公司总经理（比照副科级）：
　　　　钟淼飞（2019 年 12 月起）
两山投资发展集团有限公司（2021 年 12 月新成立）
董事长兼总经理：蔡章平（2022 年 3 月起）
副总经理：吴其飞（2022 年 6 月起）
　　　　　吴清满（2022 年 9 月起）

【中央、省和庆元县双重管理单位】
国家税务总局庆元县税务局（2018 年 7 月因机构改革，国家税务局、地方税务局重新组建为国家税务总局庆元县税务局）
局　长：董骁俊（2021 年 9 月起）

副局长：吴忠远（2018 年 7 月起）
刘　森（2021 年 9 月起）
范丽雷（2021 年 5 月起）
党委书记：董骁俊（2021 年 9 月起）
纪检组组长：李再玉（2021 年 9 月起）

供电局

局　长：杨劭炜（2021 年 1 月至 2022 年 10 月）
王荣根（2022 年 10 月起）
副局长：葛梦亮（2020 年 5 月起）
姚跃荣（2021 年 8 月起）
党委书记：胡秋生（2021 年 1 月至 2022 年 8 月）
党委副书记：杨劭炜（2021 年 1 月至 2022 年 10 月）
纪委书记：彭捷波（2020 年 5 月起）
工会主席：彭捷波（2020 年 5 月起）

电信分公司

总经理：阙龙伟（2014 年 11 月至 2022 年 12 月）
副总经理：杨永兴（2014 年 11 月起）
总经理助理：吴复松（2021 年 2 月起）
党委书记：阙龙伟（2014 年 11 月至 2022 年 12 月）
纪委书记：杨永兴（2015 年 2 月起）

邮政局

局　长：雷伟军（2019 年 12 月起）
副局长：叶兴平（2019 年 6 月起）
吴晓静（女，2020 年 12 月起）
党委书记：雷伟军（2021 年 6 月起）

邮政分公司

党委副书记、副总经理：
雷伟军（主持工作 2019 年 12 月起）
纪委书记、副总经理：叶兴平（2019 年 6 月起）
党委委员、副总经理：吴晓静（女，2020 年 12 月起）
党委书记、总经理：雷伟军（2021 年 6 月起）

烟草专卖局（公司）

局　长（经　理）：吕飞平（2019 年 2 月起）
副局长：范仁卫（2018 年 8 月起）
副经理：吴　娟（2021 年 10 月起）
副协理员：李智杰（2019 年 10 月起）
党组书记：吕飞平（2019 年 2 月起）
纪检组组长：范仁卫（2018 年 8 月起）

气象局

局　长：徐尚胜（2018 年 9 月起）
副局长：吴春富（2015 年 12 月至 2022 年 11 月）
童永强（2018 年 9 月起）
王　威（2022 年 11 月起）
党组书记：徐尚胜（2018 年 9 月起）

移动分公司

总经理：刘晓竟（2021 年 6 月至 2022 年 12 月）
毛春良（2022 年 12 月起）
副总经理：吴青梅（女，2016 年 5 月起）
毛林军（2021 年 1 月起）

联通分公司

总经理：翁　筱
（主持工作 2021 年 3 月至 2022 年 4 月）
王　晟（2022 年 4 月起）

住房公积金管理中心庆元分中心

主　任：朱美良（2021 年 9 月起）

人民银行庆元县支行

行　长：彭秋伟（2020 年 1 月起）
副行长：吴国锋（2009 年 3 月起）
徐吉宝（2020 年 3 月起）
党组书记：彭秋伟（2020 年 1 月起）
纪检组组长：徐吉宝（2020 年 3 月起）

工商银行庆元县支行

行　长：王　庆(2020 年 8 月起）
副行长：吴雪玲（2019 年 8 月起）

农业银行庆元县支行

行　长：姚凌霄（2018 年 11 月起）
副行长：吴伟东（2021 年 10 月起）

中国银行庆元县支行

行　长：陶敏东（2018 年 7 月起）
副行长：俞金辰（2020 年 9 月至 2022 年 11 月）
姚　龙（2018 年 1 月至 2022 年 4 月）
叶　勇（2022 年 4 月起）
刘锦川（2022 年 11 月起）

建设银行庆元县支行

副行长：吴　勇（主持工作 2021 年 12 月起）

农业发展银行派驻庆元县信贷组

主　任:黄乐文(2021年1月起)

农村商业银行

董事长:陈文炎(2013年3月至2022年11月)
　　　吴步斌(2022年11月起)

行　长:吴步斌(2021年4月起)

副行长:李　花(女,2020年7月起)

党委书记:陈文炎(2013年3月至2022年6月)
　　　　吴步斌(2022年6月起)

纪委书记:周邦新(2020年10月至2022年6月)
　　　　林文文(2022年6月起)

监事长:周邦新(2021年4月至2022年11月)
　　　林文文(2022年11月起)

邮政储蓄银行庆元支行

行　长:周丽红(2016年4月至2022年3月)
　　　叶　丽(2022年5月起)

副行长:王　潇(2020年12月至2022年6月)
　　　周丽松(2022年6月起)

泰隆银行

董事长:吴宗良(2019年5月起)

行　长:于　涛(2019年5月起)

副行长:廖小林(2012年9月起)
　　　林　斌(2017年11月起)
　　　陈鸿燕(2022年6月起)

稠州银行庆元支行

行　长:吴宗良(2019年5月起)

副行长:范仙英(女,2019年3月起)

温州银行

行　长:夏 琪(2021年12月起)

副行长: 吴燕玲(女,2021年12月起)

台州银行

行　长:张建敏(2022年7月起)

副行长:胡　敏(2022年7月起)

中国人民财产保险庆元支公司

总经理:赵　佳(2021年6月起)

中国人寿保险庆元支公司

经　理:黄艳红(2021年2月起)

中国太平洋财产保险庆元支公司

经　理:胡晓松(2018年10月起)

中国人民人寿保险庆元支公司

经　理:陈祝香(2019年6月起)

中国人寿财产保险庆元支公司

经　理:陈祝香(2019年6月起)

中国银河证券庆元濛洲街营业部

总经理:张　勇(2009年12月起)

【濛洲街道】

中国共产党濛洲街道工作委员会

书　记:

副书记:刘　雄(2021年8月起)
　　　柳从聪(2021年8月至2022年8月)
　　　吴建平(2021年8月起)
　　　吴军辉(2022年11月起)

党工委委员:刘　雄(2021年8月起)
　　　　　柳从聪(2021年8月至2022年8月)
　　　　　吴建平(2017年8月起)
　　　　　张景俊(2021年8月起)
　　　　　吴华辉(2021年8月起)
　　　　　吴军辉(2016年9月起)
　　　　　吴树来(2012年3月起)
　　　　　吴志强(2021年8月至2022年11月)
　　　　　吴乾俭(2022年11月起)

纪工委书记:吴华辉(2021年8月起)

县监委派出濛洲街道监察办公室主任:
　　　　　吴华辉(2021年8月起)

组织委员:吴军辉(2016年9月至2022年11月)

宣传委员:吴树来(2019年11月起)

濛洲街道人大工委

主　任:夏念青(2019年7月起)

副主任:林桂峰(2016年10月起)

濛洲街道办事处

主　任:刘　雄(2021年8月起)

副主任:张景俊(2021年8月起)
　　　吴宏飞(2019年7月起)
　　　吴　亮(2015年5月起)
　　　范良敏(2019年7月起)
　　　吴鸿芬(女,2021年8月起)

【松源街道】

中国共产党松源街道工作委员会

书　记：瞿思胜（2019年6月起）
副书记：毛先华（2021年8月至2022年8月）
　　杨平林（2022年4月起）
　　胡世君（2021年8月起）
党工委委员：瞿思胜（2019年6月起）
　　胡世君（2021年8月起）
　　毛先华（2021年8月至2022年8月）
　　叶绍松（2021年8月起）
　　周宜全（2021年8月起）
　　吴立庆（2019年6月起）
　　吴一飞（2016年9月起）
　　吴忠玲（2021年8月起）
纪工委书记：周宜全（2021年8月起）
县监委派出松源街道监察办公室主任：
　　周宜全（2021年8月起）
组织委员：吴立庆（2019年6月起）
宣传委员：吴一飞（2016年9月起）

松源街道人大工委

主　任：练小松（2016年8月起）
副主任：周可荣（2021年8月起）

松源街道办事处

主　任：胡世君（2021年8月起）
副主任：叶绍松（2021年8月起）
　　吴小新（2021年8月起）
　　王春华（2016年9月起）
　　吴明生（2016年9月起）
　　周仙根（2021年8月起）

【屏都街道】

中国共产党屏都街道工作委员会

书　记：吴达校（2019年1月至2022年3月）
　　李志远（2022年3月起）
副书记：柳昌海（2020年7月起）
　　兰际明（挂职2年，2019年12月起）
　　钱　睿（2021年8月起）
　　沈国臻（2021年2月起）
　　姚建东（挂职2022年6月起）
党工委委员：吴达校（2019年1月至2022年3月）
　　李志远（2022年3月起）
　　柳昌海（2020年7月起）
　　钱　睿（2016年9月起）
　　沈国臻（2021年2月起）
　　吴利荣（2016年9月至2022年12月）
　　施洁爽（2020年7月起）
　　李　丽（女，2021年8月起）
　　张炉均（2016年9月至2022年9月）
　　吴善惠（2016年9月起）
　　张晓冲（2022年12月起）
　　吴泉玉（2022年12月起）
纪工委书记：施洁爽（2020年7月起）
县监委派出屏都街道监察办公室主任：
　　施洁爽（2020年7月起）
组织委员：李　丽（女，2021年8月起）
宣传委员：张炉均（2016年9月至2022年9月）
　　吴泉玉（2022年12月起）

屏都街道人大工委

主　任：陈　峰（2020年8月起）
副主任：刘文通（2021年8月起）

屏都街道办事处

主　任：柳昌海（2020年7月起）
副主任：吴利荣（2013年3月至2022年12月）
　　姚德洪（2015年5月起）
　　沈从军（2021年8月起）
　　李明章（2021年8月起）
　　刘旭波（2021年8月起）
　　张晓冲（2022年12月起）

【黄田镇】

书　记：吴应洪（2021年8月起）
副书记：叶昌用（2019年6月起）
　　李　瑛（2019年6月至2022年11月）
　　范联合（2021年8月起）
　　张小宝（挂职2019年3月起）
　　单秀新（挂职2022年6月起）

党委委员：吴应洪（2021年8月起）
叶昌用（2019年6月起）
李　瑛（2019年6月至2022年11月）
范联合（2021年8月起）
张小宝（挂职2019年3月起）
王卢松（候选人2021年8月，2021年8月至2022年12月）
许建泉（候选人2021年8月，2021年12月起）
吴小青（2019年6月起）
吴珍荣（2021年8月起）
鲍群玉（女,2021年8月起）
程卫平（2020年7月起）
叶学勇（2022年12月起）
吴利军（2021年8月起）
纪委书记：许建泉（候选人2021年8月，2021年10月起）
县监委派出黄田镇监察办公室主任：
许建泉（候选人2021年8月，2021年12月起）
组织委员：吴小青（2019年6月起）
宣传委员：吴珍荣（2021年8月起）
统战委员：鲍群玉（女，2021年8月起）

黄田镇人大

主　席：吴立新（候选人2021年8月，2021年12月起）
副主席：郑祖武（候选人2021年8月，2021年12月起）

黄田镇人民政府

镇　长：叶昌用（候选人2019年6月，2019年8月起）
副镇长：王卢松（候选人2021年8月，2021年12月至2022年12月）
吴　勇（候选人2021年8月，2021年12月起）
吴根旺（候选人2021年8月，2021年12月起）
吴琳芳（女，候选人2021年8月，2021年12月起）

【竹口镇】

中国共产党竹口镇委员会

书　记：范传龙（2019年11月起）
副书记：张健飞（2021年8月起）
吴传城（2020年7月起）
杨　清（2021年8月起）
党委委员：范传龙（2019年11月起）
张健飞（2021年8月起）
吴传城（2020年7月起）
杨　清（2021年8月起）
吴　锋（2019年6月起）
吴长义（候选人2021年8月，2021年8月起）
叶冰青（女，2021年8月至2022年11月）
吴守全（候选人2016年9月，2016年10月起）
范小春（2021年8月起）
吴乾俭（2016年10月至2022年11月）
张健飞（2016年9月起）
吴善钦（2022年11月起）
吴秋姿（2022年11月起）
吴林杰（2021年12月起）
纪委书记：吴长义（候选人2021年8月，2021年8月起）
县监委派出竹口镇监察办公室主任：
吴长义（候选人2021年8月，2021年12月起）
组织委员：叶冰青（女，2021年8月至2022年11月）
吴秋姿（2022年11月起）
宣传委员：吴守全（候选人2016年9月，2016年10月起）
统战委员：范小春（2021年8月起）

竹口镇人大

主　席：吴美英（女，候选人2021年8月，2021年12月起）
副主席：李　明（候选人2021年8月，2021年12月起）

竹口镇人民政府

镇　长：张健飞（候选人2021年8月，

2021年12月起)
副镇长:吴　锋(候选人2021年8月,
2021年12月起)
吴雪松(候选人2021年8月,
2021年12月起)
蔡　兴(候选人2021年8月,
2021年12月起)
刘峻峰(候选人2021年8月,
2021年12月起)

【荷地镇】

中国共产党荷地镇委员会

书　记:徐和青(2021年8起)
副书记:薛振华(2019年6月起)
陈俊良(2021年8起)
张欣伟(挂职2022年6月起)
党委委员:徐和青(2021年8起)
薛振华(2019年6月起)
陈俊良(2021年8起)
吴政翰(2019年6月起)
胡余天(候选人2021年8月,
2021年8月起)
张俊卿(2021年8月起)
刘松娟(女,2021年8月至2022年6月)
毛开怀(2021年8月—2022年11)
周丸渊(2022年11月起)
吴莉莉(2022年6月起)
张欣伟(挂职2022年6月起)
纪委书记:胡余天(候选人2021年8月,
2021年8起)
县监委派出荷地镇监察办公室主任:
胡余天(候选人2021年8月,
2021年12月起)
组织委员:张俊卿(2021年8月起)
宣传委员:刘松娟(女,2021年8月起)

荷地镇人大

主　席:吴维本(候选人2021年8月,
2021年12月起)

荷地镇人民政府

镇　长:薛振华(候选人2019年6月,
2019年8月起)
副镇长:吴政翰(候选人2019年6月,
2019年8月起)
周丸渊(候选人2021年8月,
2021年12月至2022年11月)
刘文铭(候选人2021年8月,
2021年12月起)
柳新楠(女,候选人2021年8月,
2021年12月起)
毛开怀(候选人2022年11月起)

【左溪镇】

中国共产党左溪镇委员会

书　记:项进全(2021年8月起)
副书记:夏清平(2021年8月起)
董田丰(2021年8月起)
党委委员:项进全(2021年8月起)
夏清平(2021年8月起)
董田丰(2021年8月起)
胡会珍(女,候选人2021年8月,
2021年8起)
柳荣文(候选人2021年8月,
2021年8起)
潘增辉(2021年8起)
刘　潇(女,2021年8月起)
胡志斌(2021年8月起)
纪委书记:柳荣文(候选人2021年8月,
2021年8月起)
县监委派出左溪镇监察办公室主任:
柳荣文(候选人2021年8月,
2021年8月起)
组织委员:潘增辉(2021年8月起)
宣传委员:刘　潇(女,2021年8月起)

左溪镇人大

主　席:叶良荣(候选人2021年8月,
2021年8月起)
副主席:(空缺)

左溪镇人民政府

镇　长:夏清平(候选人2021年8月,
2021年12月起)

副镇长:胡会珍(女,候选人2021年8月,
2021年12月起)
蔡雨君(候选人2019年6月,
2019年8月起)
吴利涛(候选人2021年8月,
2021年12月起)

【百山祖镇】

中国共产党百山祖镇委员会

书　记:甘庆军(2021年8月起)

副书记:毛琼飞(2021年8月起)
胡东海(2021年8月起)
范标强(2021年8月起)

党委委员:甘庆军(2021年8月起)
毛琼飞(2021年8月起)
胡东海(2016年9月起)
范标强(2021年8月起)
张晓冲(候选人2021年8月,
2021年8月至2022年12月)
周　碧(候选人2021年8月,
2021年8月起)
郑舒文(2021年8月起)
范大为(2021年8月起)
吴金土(2021年8月起)
刘　琼(女,2021年8月起)
周贤杰(2022年12月起)

纪委书记:周　碧(候选人2021年8月,
2021年10月起)

县监委派出百山祖镇监察办公室主任:
周　碧(候选人2021年8月,
2021年12月起)

组织委员:郑舒文(2019年6月至2022年12月)

宣传委员:范大为(2021年8月起)

百山祖镇人大

主　席:吴松蓉(女,候选人2021年8月,
2021年12月起)

副主席:叶余新(候选人2019年6月,
2019年8月起)

百山祖镇人民政府

镇　长:毛琼飞(候选人2021年8月,
2021年12月起)

副镇长:张晓冲(候选人2021年8月,
2021年12月至2022年12月)
吴　明(候选人2016年9月,
2016年12月起)
王加平(候选人2021年8月,
2021年12月起)
郑舒文(候选人2022年12月起)

【岭头乡】

中国共产党岭头乡委员会

书　记:吴孔斌(2019年12月起)

副书记:吴荣贵(2019年6月起)
吴　明(2021年8月起)

党委委员:吴孔斌(2019年12月起)
吴荣贵(2019年6月起)
吴　明(2021年8月起)
吴　青(女,候选人2021年8月,
2021年8月起)
刘　城(候选人2021年8月,
2021年8月起)
周晓飞(2019年6月起)
叶佳琪(女,2021年8月起)
邱焕平(2021年8月起)

纪委书记:刘　城(候选人2021年8月,
2021年10月起)

县监委派出岭头乡监察办公室主任:
刘　城(候选人2021年8月,
2021年12月起)

组织委员:周晓飞(2019年6月起)

宣传委员:叶佳琪(女,2021年8月起)

岭头乡人大

主　席:吴卫平(候选人2021年8月,
2021年12月起)

岭头乡人民政府
乡　长：吴荣贵（候选人 2019 年 6 月，
2019 年 8 月起）
副乡长：吴　青（女，候选人 2021 年 8 月，
2021 年 12 月起）
黄庆森（候选人 2021 年 8 月，
2021 年 12 月起）
吴彬林（2020 年 8，2020 年 8 月起）

【五大堡乡】
中国共产党五大堡乡委员会
书　记：吴东平（2021 年 8 月起）
副书记：吴丽萍（女，2021 年 2 月起）
杨　刚（2021 年 8 月起）
黎东兴（2021 年 8 月起）
党委委员：吴东平（2021 年 8 月起）
吴丽萍（女，2021 年 2 月起）
杨　刚（2021 年 8 月起）
黎东兴（2015 年 5 月起）
曾慧明（2016 年 9 月起）
周顺慧（2021 年 2 月起）
姚德龙（2021 年 8 月起）
练春灵（女，2021 年 8 月起）
姚小明（2021 年 8 月起）
黄业斌（2021 年 12 月起）
纪委书记：周顺慧（2021 年 2 月起）
县监委派出五大堡乡监察办公室主任：
周顺慧（2021 年 2 月起）
组织委员：姚德龙（2021 年 8 月起）
宣传委员：练春灵（女，2021 年 8 月起）
五大堡乡人大
主　席：胡开炳（候选人 2021 年 8 月，
2021 年 12 月起）
副主席：周应荣（候选人 2021 年 8 月，
2021 年 12 月起）
五大堡乡人民政府
乡　长：吴丽萍（女，候选人 2021 年 2 月，
2021 年 2 月起）
副乡长：曾慧明（候选人 2016 年 9 月，
2016 年 12 月起）
傅建平（候选人 2021 年 8 月，
2021 年 12 月起）
吴庆林（候选人 2021 年 8 月，
2021 年 12 月起）

【淤上乡】
中国共产党淤上乡委员会
书　记：叶昌平（2021 年 8 月起）
副书记：黄　忠（2019 年 12 月起）
朱海青（女，2021 年 8 月至 2022 年 9 月）
叶兴良（2022 年 9 月起）
吴彦勋（挂职 2022 年 6 月起）
杨平飞（挂职 2022 年 6 月起）
党委委员：吴兆伟（2021 年 8 月起）
阙岩根（2016 年 9 月至 2022 年 6 月）
李　慧（女，2021 年 8 月起）
吴维东（2021 年 8 月起）
吴　荣（2022 年 6 月起）
叶兴良（2022 年 9 月起）
黄　忠（2019 年 12 月起）
纪委书记：阙岩根（2016 年 9 月至 2022 年 6 月）
吴　荣（2022 年 6 月起）
县监委派出淤上乡监察办公室主任：
阙岩根（2018 年 7 月—2022 年 6 月）
吴　荣（2022 年 6 月起）
组织委员：李　慧（女，2021 年 8 月起）
淤上乡人大
主　席：吴小平（候选人 2021 年 8 月，
2021 年 12 月— ）
副主席：
淤上乡人民政府
乡　长：黄　忠（候选人 2019 年 12 月，
2020 年 1 月起）
副乡长：吴兆伟（候选人 2021 年 8 月，
2021 年 12 月起）
沈旭伟（候选人 2019 年 12 月至 2022 年 11）
胡朝晖（候选人 2021 年 8 月，
2021 年 12 月起）

林叶青（候选人 2021 年 8 月，
2021 年 12 月起）
叶婷婷（女，候选人 2022 年 11 月起）

【安南乡】

中国共产党安南乡委员会

书　记：吴　华（2019 年 1 月至 2022 年 12 月）
李　硕（2022 年 12 月起）
副书记：叶先港（2021 年 8 月起）
王思武（2021 年 8 月起）
党委委员：吴　华（2019 年 1 月至 2022 年 12 月）
李　硕（2022 年 12 月起）
叶先港（2021 年 8 月起）
王思武（2019 年 6 月起）
吴璟发（2021 年 8 月起）
叶海燕（女，2021 年 8 月起）
张用群（2021 年 8 月起）
吴志章（2021 年 8 月起）
吴金平（2020 年 7 月起）
纪委书记：叶海燕（女，候选人 2021 年 8 月，
2021 年 10 月起）
县监委派出安南乡监察办公室主任：
叶海燕（女，候选人 2021 年 8 月，
2021 年 12 月起）
组织委员：张用群（2021 年 8 月起）

安南乡人大

主　席：吴汝明（候选人 2021 年 8 月，
2021 年 12 月起）

安南乡人民政府

乡　长：（空缺）
副乡长：吴璟发（候选人 2021 年 8 月，
2021 年 12 月起）
胡小林（候选人 2021 年 8 月，
2021 年 12 月起）
吴丽红（女，候选人 2019 年 6 月，
2019 年 8 月至 2022 年 8 月）
吴建敏（候选人 2021 年 8 月，
2021 年 12 月起）
吴应土（候选人 2022 年 8 月，
2022 年 8 月起）

【张村乡】

中国共产党张村乡委员会

书　记：吴凌冰（女，2021 年 8 月起）
副书记：吴继顺（2020 年 7 月至 2022 年 11 月）
张祖元（2021 年 8 月起）
党委委员：吴凌冰（女，2021 年 8 月起）
吴继顺（2020 年 7 月至 2022 年 11 月）
张祖元（2021 年 8 月起）
兰　君（2021 年 8 月起）
陈孟文（2021 年 8 月起）
何　飞（2021 年 8 月起）
张　庆（2021 年 8 月起）
纪委书记：陈孟文（候选人 2021 年 8 月，
2021 年 10 月起）
县监委派出张村乡监察办公室主任：
陈孟文（候选人 2021 年 8 月，
2021 年 12 月起）
组织委员：何　飞（2021 年 8 月起）

张村乡人大

主　席：陈丕军（候选人 2021 年 8 月，
2021 年 12 月起）
副主席：

张村乡人民政府

乡　长：吴继顺（候选人 2020 年 7 月，
2020 年 8 月至 2022 年 11 月）
副乡长：兰　君（候选人 2021 年 8 月，
2021 年 12 月起）
姚远良（候选人 2016 年 9 月，
2016 年 12 月起）
陈凯丽（女，候选人 2021 年 8 月，
2021 年 12 月起）

【隆宫乡】

中国共产党隆宫乡委员会

书　记：姚德飞（2021 年 2 月至 2022 年 6 月）
副书记：徐海坚（2021 年 8 月起）
范良兴（2021 年 8 月起）
党委委员：姚德飞（2021 年 2 月至 2022 年 6 月）
徐海坚（2021 年 8 月起）

范良兴(2019 年 12 月起)
叶丽丽(女,2021 年 8 月起)
林美云(女,2021 年 8 月起)
叶海寿(2021 年 8 月起)
刘小平(2021 年 8 月起)
纪委书记:林美云(女,候选人 2021 年 8 月,2021 年 8 月起)
县监委派出隆宫乡监察办公室主任:
林美云(女,候选人 2021 年 8 月,2021 年 8 月起)
组织委员:叶海寿(2021 年 8 月起)

隆宫乡人大

主　席:吴方兴(候选人 2021 年 8 月,2021 年 12 月起)
副主席:

隆宫乡人民政府

乡　长:徐海坚(候选人 2021 年 8 月,2021 年 12 月起)
副乡长:叶丽丽(女,候选人 2021 年 8 月,2021 年 12 月起)
何仕良(候选人 2016 年 10 月,2016 年 12 月起)
瞿林春(候选人 2021 年 8 月,2021 年 12 月起)
陈　惠(候选人 2021 年 8 月,2021 年 12 月起)

【举水乡】

中国共产党举水乡委员会

书　记:陈小文(2021 年 8 月起)
副书记:陶冰华(2021 年 8 月起)
吴俊梅(女,2021 年 8 月起)
党委委员:陈小文(2021 年 8 月起)
陶冰华(2021 年 8 月起)
吴俊梅(女,2021 年 8 月起)
吴永飞(2016 年 10 月起)
吴琳伟(2021 年 8 月起)
叶日珍(2021 年 8 月起)
张丹萍(2021 年 8 月起)
纪委书记:吴琳伟(候选人 2021 年 8 月,2021 年 8 月起)
县监委派出举水乡监察办公室主任:
吴琳伟(候选人 2021 年 8 月,2021 年 8 月起)
组织委员:张丹萍(女,2021 年 8 月起)

举水乡人大

主　席:麻蔚启(候选人 2021 年 8 月,2021 年 12 月起)

举水乡人民政府

乡　长:陶冰华(候选人 2021 年 8 月,2021 年 8 月起)
副乡长:吴永飞(候选人 2021 年 8 月,2021 年 12 月起)
吴雄鹏(候选人 2019 年 12 月,2020 年 1 月起)
吴良松(候选人 2021 年 8 月,2021 年 12 月起)

【江根乡】

中国共产党江根乡委员会

书　记:赵　赟(2021 年 8 月起)
副书记:吴至飞(2021 年 8 月起)
林育建(2021 年 8 月起)
党委委员:赵　赟(2021 年 8 月起)
吴至飞(2021 年 8 月起)
林育建(2021 年 8 月起)
胡　荣(2021 年 8 月起)
胡　林(候选人 2016 年 10 月,2016 年 11 月起)
吴应土(候选人 2016 年 9 月,2016 年 11 月至 2022 年 8 月)
叶邦泽(候选人 2016 年 9 月,2016 年 11 月至 2022 年 11 月)
杨超楠(女,2022 年 11 月起)
纪委书记:胡　林(候选人 2016 年 10 月,2016 年 11 月起)
县监委派出江根乡监察办公室主任:
胡　林(2018 年 7 月起)

组织委员：吴应土（候选人2016年9月，
2016年11月至2022年8月）
杨超楠（女，2022年11月起）

江根乡人大

主　席：周林松（候选人2021年8月，
2021年12月起）

江根乡人民政府

乡　长：吴至飞（候选人2021年8月，
2021年12月起）
副乡长：胡　荣（候选人2021年8月，
2021年12月起）
吴遇华（候选人2021年8月，
2021年12月起）
杨超楠（女，候选人2021年8月，
2021年12月至2022年11月）
吴春明（候选人2022年11月起）

【贤良镇】

中国共产党贤良镇委员会

书　记：李一娇（女，2019年12月起）
副书记：毛守亲（2020年7月起）
吴江锋（2021年8月起）
党委委员：李一娇（女，2016年7月起）
毛守亲（2020年7月起）
吴江锋（2021年8月起）
沈吴艳（女，2021年8月至2022年8月）
吴　荣（候选人2016年10月，
2016年10月至2022年6月）
练超凡（2021年8月起）
吴善钦（2019年12月至2022年11月）
叶邦泽（2022年11月起）
刘　剑（2020年7月至2022年8月）
叶炜昕（2022年12月起）
吴丽红（女，候选人2022年8月起）
纪委书记：吴　荣（候选人2016年9月，
2016年10月至2022年6月）
叶炜昕（2022年12月起）
县监委派出贤良镇公室主任：
吴　荣（2018年7月至2022年6月）
叶炜昕（2022年12月起）

组织委员：练超凡（2021年8月起）

贤良镇人大

主　席：陈朝军（候选人2021年8月，
2021年12月起）

贤良镇人民政府

镇　长：毛守亲（候选人2020年7月，
2020年8月起）
副镇长：沈吴艳（女，候选人2021年8月，
2021年12月至2022年8月）
范祖飞（候选人2021年8月，
2021年12月起）
余　靖（候选人2021年8月，
2021年12月起）
吴丽红（女，候选人2022年8月起）

【龙溪乡】

中国共产党龙溪乡委员会

书　记：吴　雄（2021年8月起）
副书记：沈　毅（2021年8月起）
吴方美（2021年8月起）
党委委员：吴　雄（2021年8月起）
沈　毅（2021年8月起）
吴方美（2021年8月起）
吴春生（2021年8月起）
吴春明（候选人2016年9月，
2016年10月至2022年11月）
周贤友（候选人2016年9月，
2016年10月起）
陈　健（女，2022年11月起）
纪委书记：吴春明（候选人2016年9月，
2016年10月至2022年11月）
陈　健（女，2022年11月起）
县监委派出龙溪乡监察办公室主任：
吴春明（2018年7月至2022年11月）
陈　健（女，2022年11月起）
组织委员：

龙溪乡人大

主　席：吴　斌（候选人2021年8月，
2021年12月起）

副主席：

龙溪人民政府

乡　长：沈　毅（候选人 2021 年 8 月，
2021 年 12 月起）

副乡长：吴春生（候选人 2021 年 8 月，
2021 年 12 月起）
陈　健（女，候选人 2021 年 8 月，
2021 年 12 月至 2022 年 11 月）
沈旭伟（候选人 2022 年 11 月起）

【官塘乡】

中国共产党官塘乡委员会

书　记：张一男（2021 年 2 月起）

副书记：冯宇驰（2021 年 8 月起）
叶兴良（2019 年 6 月至 2022 年 9 月）
廖小丽（挂职 2022 年 6 月起）

党委委员：张一男（2021 年 2 月起）
冯宇驰（2021 年 8 月起）
叶兴良（2019 年 6 月—2022 年 9 月）
吴泉玉（女，候选人 2016 年 9 月，
2016 年 10 月至 2022 年 12 月）
吴　强（2021 年 8 月起）
毛先伟（2021 年 8 月起）
吴雨臻（2022 年 12 月起）

纪委书记：吴　强（候选人
2021 年 8 月至 2022 年 12 月）
吴雨臻（2022 年 12 月起）

县监委派出官塘乡监察办公室主任：
周可荣（2018 年 7 月起）
吴　强（候选人 2021 年 8 月，
2021 年 10 月至 2022 年 12 月）
吴雨臻（2022 年 12 月起）

组织委员：

官塘乡人大

主　席：吴振祥（候选人 2021 年 8 月，
2021 年 12 月起）

副主席：

官塘乡人民政府

乡　长：冯宇驰（候选人 2021 年 8 月，
2021 年 12 月起）

副乡长：吴泉玉（候选人 2021 年 8 月，
2021 年 12 月—2022 年 12）
吴　勇（候选人 2021 年 8 月，
2021 年 12 月起）
吴　强（候选人 2022 年 12 月起）

注：以上情况如与实际不一致，请以文件为准。

（县委组织部）

工作报告选编

乘胜前进追赶跨越 以奋斗实干展现中国式现代化庆元图景

2023年1月30日在县委十五届三次全体(扩大)会议暨县委经济工作会议上的报告

中共庆元县委书记　蔡　昉

这次县委全会暨县委经济工作会议的主要任务是:高举习近平新时代中国特色社会主义思想伟大旗帜,深入学习贯彻党的二十大、省委十五届二次全会和市委五届三次全会精神,全面落实中央、省委经济工作会议部署要求,回顾总结去年工作,分析当前经济形势,重点部署今年任务,动员全县上下乘胜前进、追赶跨越,以奋斗实干展现中国式现代化庆元图景。

下面,我代表县委常委会向全会作报告。

一、变不可能为可能,2022年全县经济社会发展取得转折性的精彩成就

刚刚过去的2022年,是庆元发展历程上极不平凡、极其难忘、极为重要、极具意义的一年。全县上下紧紧围绕"以实际行动迎接党的二十大胜利召开"这一主题主线,认真学习贯彻习近平总书记系列重要讲话指示精神,严格执行中央和省、市各项决策部署,落细落实"疫情要防住、经济要稳住、发展要安全"的重要要求,以干部的"辛苦指数"对冲经济的"压力指数",以创新的"活力指数"对冲竞争的"激烈指数",以举措的"精细指数"对冲形势的"风险指数",经济运行稳中向好、发展势头强劲有力、干事氛围日益浓厚、社会大局保持稳定,全县跨越式高质量发展彰显强大韧性,生动诠释了"唯有干事、别无他求"的实干担当,奋力创造了"变不可能为可能"的庆元业绩。

一年来,在全县广大党员干部群众的苦干实干下,我们干成了事关庆元长远发展,有望重塑县域发展格局、多年来想办而没有办成的十件大事,也是最能体现"变不可能为可能"的十件大事:一是全年GDP增速5.9%,排名全市第二,取得2015年以来最好成绩,是全市唯一连续四个季度增速排名前三的县,达成八年来的突破性成就。这使得庆元的对外形象明显转变,让上级领导和兄弟县市对我们刮目相看。二是投资20亿元的百花岩风电项目在叫停六年后破例获批开工建设,是目前全省装机最大的陆上风电项目,标志着庆元打造"清洁能源强县"迈出了实质性的关键一步。三是投资80亿元的庆元抽水蓄能项目跑出前期工作"加速度",仅用时6个月就完成可研专题审查。四是谋划30多年、投资42亿元的庆景青公路纳入《国家公路网规划》,道路等级实现从县道到省道再到国道的"三连跳",项目控制性工程——万年隧道已先期开工,将成为东部乡镇群众出行的主要通道。五是投资120亿元的义龙庆高速庆元段由"十四五"预备类项目成

功争取升级为实施类项目，省政府已明确2024年开工建设，2028年建成通车，将推动庆元交通条件实现根本性改变。六是屏都综合新区三期建设拉开序幕，年度新增工业用地360亩，产业平台进一步拓展提升，庆元的城市建设和产业发展将迎来更为广阔的长远空间。七是艰辛拼搏15年的“浙江庆元林—菇共育系统”终于入选全球重要农业文化遗产保护名录，成为中国第19个全球重要农业文化遗产，填补了全球食用菌领域遗产类型的空白。八是获授全国“两山”实践创新基地称号，作为备选名额实现逆袭，历时三年成功斩获全国生态环境工作最高荣誉之一。九是重大项目征迁持续攻坚克难取得重大突破，梦天区块、学后路地块、职高扩建、实验幼儿园迁建等一批困扰多年的政策处理难题得到有力破解，为县域高质量发展奠定坚实基础。十是除险保安成效显著，牢牢守住防控转段前不发生规模性疫情的底线，防汛救灾工作经受住“6·18”特大暴雨考验，庆元大道自通车以来首次实现全年亡人事故“零发生”，在加快经济发展的同时，全力维护了社会平安稳定。

一年来，我们勇挑重担、勇担重责，真抓实干、埋头苦干，完整、准确、全面贯彻新发展理念，努力推动革命老区共同富裕先行示范县建设取得新成效、迈上新台阶、展现新面貌。

一是以最美生态催生最美经济，发展潜力充分释放。始终牢记“庆元嘱托”，抓好百山祖国家公园创建，举行百山祖冷杉野外回归仪式。全域“污水零直排区”建设工作通过验收，断面水质达标率100%。全年环境空气质量优良率100%，空气质量综合指数高居全省第一，地表水环境质量综合指数前三季度排名全省第二，入选2022中国最美县域。聚力传统产业转型升级，深入推进“腾笼换鸟、凤凰涅槃”攻坚行动，完成15家低效企业整治。大力培育新兴产业，生物科技产业园20幢标准厂房投入使用。规上工业增加值增长6.1%，排名全市第三；新增高新技术企业6家，新认定省级科技型中小企业40家。全面加强特色农业产业带建设，农林牧渔业增加值增长4.1%。“庆元甜桔柚”国家地理标志获准注册，“一个果催生亿元村”入选全省共同富裕示范区建设最佳实践名单。打响“庆元荒野茶”品牌，保护开发荒野茶园6000亩。成功入选全省林业共同富裕试点县和林业碳汇先行基地，“国乡合作经营改革”获评全省林业推进共同富裕十大典型案例之首。低收入农户人均收入增长16.5%，比全省平均水平高1.9个百分点。

二是以开放视野构建开放格局，发展活力持续迸发。坚定实施“双招双引”战略性先导工程，招引大项目与制造业项目数实现“两个翻番”，新招引认定签约总部企业98家，同比增长近四番。迭代更新人才科技新政23条，建立百山助企智库，精准柔性引进高精尖专家95名，实现海外高端引才破零。大力推进生物科技研究院建设，庆元科创中心完成方案设计，宁波海曙、杭州萧山“科创飞地”建成运营。开展首届高层次人才创业大赛。成功举办第十二届香菇文化节、2022廊桥越野赛。高规格举办人才科技峰会暨浙西南中药产业高峰论坛。持续深化与嘉善、长兴、海曙“山海协作”，完成产业合作资金10.5亿元。南太湖新区—庆元“产业飞地”建设取得重大进展，投资22亿元的“赢合科技智能制造设备生产基地项目”入选“省引领性重大产业项目”名单，投资139亿元的“固态电池生产线项目”签约落地。

三是以项目理念推进项目突破，发展动力加快厚植。坚持“一切围绕项目干”，固定资产投资同比增长16.2%，排名全市第三。19个专项债项目通过国家发改委审核，新增专项债额度4.3亿元、一般债额度3亿元。圆满完成“三区三线”划定，29个项目纳入省级重点项目清单。成功争取首笔国家政策性开发性金融工具——农发基础设施基金2.3亿元。首个地面光伏发电项目建成并网。义龙庆高速庆元段启动勘察设计招标工作。庆景青公路庆元段通过初步设计技术审查和项目立项，列入省重点增补调整名单。S209奉化至庆元公路五大堡至龙溪段上榜全省首批交通服务共同富裕试点名单。枫曹线、柏小线等一批路网项目陆续投用，月山隧道竣工建成。香蕈大道二期、松源溪综合治理、半湾休闲养生文化园、生态公墓等拖延多年的历史遗留问题全面清账。兰溪桥水库扩建、庆元大桥、同心新村三期等工程有序推进。

四是以安全意识筑牢安全防线，发展定力显著提升。聚焦党的二十大安保维稳主题主线，整改重点行业安全隐患6000余处，实现重大安全生产事故“零发生”。精准研判兰溪桥水库扩建施工期存在的防汛隐患，超前制定人员转移避险应急预案，超前开展全域防汛演练。面对史无前例的“6•18”特大暴雨，全县上下闻“汛”而动，梯级转移安置1万余人，解救被困群众560余人，慈善力量全情投入，灾后恢复迅速有力。高标准建设社会治理中心，加快矛调中心、“十台合一”深度融合。打造“大综合一体化”行政执法改革硬核成果，推动“一支队伍管执法”进百山祖国家公园、经济开发区和同心社区。大力推进信访积案清零行动，集中化解省委第三批交办信访积案48件，4起遗留七年之久的国家级信访积案成功息访，实现党的二十大前全部信访积案动态清零目标。严格落实疫情防控政策，开展疫情应急处置“一季一练”实战演练，广大医务工作人员和基层一线干部职工坚守岗位、连续作战，全力以赴守护群众健康。

五是以变革思维撬动变革重塑，发展合力广泛凝聚。严格落实“第一议题”制度，扎实开展党的二十大精神“六学六进六争先”学习实践活动。召开技能型乡镇建设15周年座谈会，迭代更新“技能百事通”，部署实施“红耀绿谷、技能争先、强基共富”工程，进一步深化培养技能型干部、建设技能型乡镇。打造“理响百山”理论发声品牌，组建全域大宣讲联盟，孵化培育“理响青年”“香樟树下”等特色宣讲团。全面打响“菇乡同心”“庆商洄”等统战工作品牌，大力推进庆元统战之家“和美•同心苑”建设，加快构建“大统战”工作格局。坚定不移全面从严治党，高质量完成县委第二轮巡察，持续开展各类正风肃纪检查23次，共查处违反中央八项规定精神问题21起32人，给予党纪政务处分11人。深入开展“当猛虎、找蜗牛，全县干部技能大提升”主题活动，创新实施重点工作“六争比拼”、重大项目“揭榜挂帅”，干部作风和精神面貌焕然一新。

同志们，成绩令人鼓舞、振奋人心，来之不易、成之惟艰。在此，我谨代表县委、县政府，向过去一年来为庆元经济社会发展作出贡献的各位同志，表示衷心的感谢和崇高的敬意！

一年的实践充分证明，“变不可能为可能”已经成为庆元加快跨越发展的新基调，并且这个基调是建立在“三个没有变”的前提之上。一是我们的交通区位没有变。庆元仍是地处浙西南边陲的偏远山区县，对外交通还不够便利快捷，与北京、上海、广州、杭州等大都市的物理距离仍没有明显缩短。二是我们的发展阶段没有变。庆元依然是全省26个加快发展县中的7个重点帮扶县之一，仍处在奋力追赶阶段，一些能够改变发展格局的新增长极还在崛起过程中。三是我们的干部队伍没有变。从连续两年全市老九到现在全市第二，推动庆元发展在一年内实现跃迁的还是同一批干部，并没有搞队伍“大换血”和干部“大调整”。

在“三个没有变”的基础上，庆元之所以能够实现“变不可能为可能”，关键在于“三个变”。一是发展信心变得越来越强。一年来，从年初的“保三争二”到年末的“力争第一”，我们在实现目标的过程中不断积累起做好庆元工作的信心，敢于和最好的比、勇于和最强的赛，逐步走出了“只求不倒数”的自我否定。二是奋斗意志变得越来越旺。一年来，在“六争比拼、勇当猛虎”的主旋律下，四套班子团结一心、乡镇部门团结一心、干部群众团结一心，21万菇乡儿女干事创业的热情愈发高涨，抢抓机遇的意识更加强烈。全年各单位共向上争取竞争性资金9亿元，同比增长27.1%。三是工作方法变得越来越实。一年来，我们充分遵循经济发展规律，对具体指标进行具体分析，对重点工作开展重点突破，对存在的问题不回避，常态化召开分析会、汇报会，做到清单化部署、表格式推进，工作落实成效明显提升。

同志们，人是要有一点精神的。综合“三个没有变”与“三个变”，我们深刻认识到，“人无精神则不立，国无精神则不强”这一习近平总书记重要论述的真理伟力。过去一年，在精神力量的指引下，我们用实干和汗水创造了“变不可能为可能”。当前，庆元发展态势已经扭转，但伟大的事业从来不是毕其功于一役，越是接近目标，越要咬紧牙关。我们要始终坚持“干就干得最好、做就做到极致”，再添一把火、再加一把劲、再争一口气，在展现中国式现代化庆元图景的道路上，创造更多的“变不可能为可能”，铸就新时代“第一等”的业绩！

二、新常态带来新机遇，新征程决定新打法

进入2023年，世界经济复苏的不确定因素仍在增多，特别是我国防疫逻辑已经发生根本性逆转，经济社会发展进入了新常态。在这一新形势下，我县面临风险与挑战并存、危机与机遇同在的“四期叠加”时期，必须进一步看清方位、找准方向、用好方法，才能在千帆竞发、百舸争流的激烈区域竞争中抢得先机、拔得头筹、赢得未来。今日之庆元，正处于爬坡过坎的“关键期”。当前我国经济恢复的基础尚不牢固，疫情防控转段后，短期内供给和需求仍处在恢复期。今年全球经济形势的严峻性不亚于去年，将持续对我国经济发展带来冲击和影响，加之我县经济增长势头虽然初步成形，但GDP总量92.65亿元，仍位于全省末端，且农民人均纯收入的绝对值及增速还处在全省、全市倒数第一，跨越发展与共同富裕依然任重道远。我们必须以稳求进、以进固稳，把稳增长、快增长作为抓好今年工作的“指挥棒”。

今日之庆元，正处于柳暗花明的“转折期”。尽管全球经济持续下行，但我国经济长期向好的基本面没有变。随着后疫情时代到来，以及风电、抽蓄、国道、产业与城市平台等重大项目支撑效应进一步凸显，我县将加快逾越疫情冲击的冬天，迎来经济回暖的春天，迈向更加美好的明天。我们必须坚定自信、坚强乐观，把提信心作为抓好今年工作的“助推器”。

今日之庆元，正处于峰回路转的“机遇期”。在日趋复杂的经济形势下，中央和省委持续发力，将政策措施进一步聚焦到经济发展上。财政部发行面值7500亿元的特别国债，省委、省政府顶格出台“8+4”经济政策体系，宏观政策“东风浩荡、红利不断”。此外，我县自身也站在“国家公园创建”“山区26县高质量发展”“革命老区共同富裕建设”等机遇风口。我们必须把握大势、把准时机，把抢机遇作为抓好今年工作的“工具箱”。

今日之庆元，正处于大有作为的“窗口期”。过去一年，我们苦干、实干、快干，发展潜能持续激活、势能持续积累、动能持续释放，一张描绘着庆元美好未来的宏伟蓝图已经铺就。今年是庆元发展由起势上升为乘势的关键之年，是重大项目全面铺开、全县干群大干快上的利好之年，决定了庆元能否彻底扭转长期羸弱的发展态势，实现县域发展格局的根本性改变。我们必须以干促进、以干图强，把强实干作为抓好今年工作的“动力源”。

本次会议的主题是“乘胜前进、追赶跨越，以奋斗实干展现中国式现代化庆元图景”。“乘胜前进”就是要全力保持发展势头，巩固2022年得来不易的成果基础，不停步、不歇息，意气风发一往无前；“追赶跨越”就是要超常规加快发展速度，认清“标兵渐远、没有追兵”的严峻现状，抓紧干、拼命干，咬定目标奋起直追。我们要在展现中国式现代化庆元图景的新征程上，把学习贯彻落实党的二十大精神与县第十五次党代会精神紧密结合起来，与庆元今后发展趋势紧紧联系起来，在战略、战术、战法上立足全局、打开格局、优化布局。

战略上，要聚力“五大关键仗”，深入推进“631千亿工程”。今后一个时期，是庆元经济大提速、发展大跨越、县域大腾飞的关键时期，我们要在打好“五大关键仗”的基础上，全力实施“631千亿工程”。“6”是600亿元重点项目建设。其中，交通方面200亿元，重点是义龙庆高速、庆景青公路、奉化至下党公路和“四好农村路”建设；绿

能方面100亿元，重点是百花岩风电项目和庆元抽水蓄能项目建设；园区方面100亿元，重点是香菇小镇工业区块、屏都综合新区（栖花园、岗后坑、石坝地块）、竹口洋源区块等平台拓展，以及招商引资带来的工业投资；城市建设方面100亿元，重点是城市更新和旧城改造，促进房地产业健康发展和教育、医疗、文体等公共服务设施提升；国家公园方面100亿元，重点是主入口社区和全域联动项目建设。“3”是300亿元传统工业产值。即竹木、铅笔、食用菌加工三大传统工业产值均达100亿元，合计300亿元，形成三大百亿产业集群。“1”是100亿元农业品牌价值。即“庆元香菇”“庆元甜桔柚”“庆元荒野茶”等特色农产品的品牌价值总计达100亿元，实现特色农业规模化、产业化、品牌化发展。“631千亿工程”契合共同富裕的战略要求、契合庆元发展的现实需求、契合人民群众的美好追求，是“五大关键仗”的量化体现。千亿量级的动能注入，我们必将迎来一个凤凰涅槃、精彩蝶变的美丽新庆元。

战术上，要更好统筹发展和安全，全面开展“三个年”活动。一是重大项目提速年。重大项目是发展之要，今年要狠抓绿能、交通、平台等项目建设，牢固树立“慢人一步就步步难追、差人一招就招招难敌”的超常规理念，给每一个重大项目定目标、定任务、定时限、定责任，通过一批牵引性项目的落地见效，推动我县“产业结构、税收总量、交通条件、资源激活”实现根本性改变。二是百亿产业提升年。实体产业是发展之本，今年要大力实施生态工业创新发展三大百亿行动，在前期调研的基础上谋实策、出实招、办实事、求实效，探索形成以创新为主要支撑的发展模式，加快推动食用菌向健康食品产业、竹木向新材料产业、铅笔向化妆品产业的三大跃迁发展。三是红色根脉强基年。党的建设是发展之基，今年要树牢大抓基层的鲜明导向，以“红色根脉强基示范县”创建为引领，以技能建设为抓手，以补齐人力资源短板为方向，推进党员干部人才三支队伍的现代化和各领域党建的全面进步、全面过硬，大力营造风清气正的政治环境、海晏河清的营商环境、优胜劣汰的用人环境。

战法上，要围绕工作落实全过程管理，充分运用“五项机制”。一是“六争比拼”的赛马机制。聚焦全县工作大局和重点难点，持续深化“六争比拼”机制创新，让比拼主题更加聚焦、方式更加科学、结果更加客观、奖惩更加严格，掀起一场争先恐后、你追我赶、万马奔腾的比拼热潮。二是“揭榜挂帅”的培养机制。做好今年“揭榜挂帅”项目的征集筛选，继续攻坚推进一批土地征收、招商引资、难题争破等重点难点工作，进一步优化资源配置，让揭榜单位主要是东部乡镇更好地服务县域发展大局，在重大项目第一线发掘干部、培养干部、锤炼干部。三是“六重五化”的闭环机制。细化工作颗粒度，建立完善重要指标、重大项目、重大政策、重大资金、重大试点、重大荣誉的“六重”工作清单，实施“目标任务化、任务项目化、项目清单化、清单责任化、责任具体化”的“五化”工作法，确保工作干到实处、落到细处、见到实效。四是重赏勇夫的激励机制。全面推进财政管理体制改革，优化激励补助模式，将乡镇、部门的财力增长和干部使用与总部经济、招商引资、土地整治等工作相挂钩，对税收贡献大、工作成效好的予以分成奖励，激发干事创业积极性，让多劳者多得、吃苦者吃香、出众者出彩。五是过程考核的评价机制。进一步聚焦“突出经济发展”的考核要求，加强对核心经济指标的动态掌握，深入开展“月月考”和“季度考”，实行阶段性考核赋分，以月保季、以季保年，实现指标落实的过程性监测管控，不断提升考核的系统性、前瞻性、科学性。

三、关于今年经济工作的主要任务

今年是全面贯彻落实党的二十大精神开局之年，也是“八八战略”实施20周年。年后第一天，省委就召开深入实施“八八战略”强力推进创新深化、改革攻坚、开放提升大会，为做好今年经济工作赋予了更特殊的使命和意义。县委对标对表党的二十大精神，作出《关于深入学习贯彻党

的二十大精神 乘胜前进 追赶跨越 以奋斗实干展现中国式现代化庆元图景的决定》，并提交此次会议审议。我们要把学习贯彻党的二十大精神作为当前及今后一个时期的首要政治任务，牢固树立“不在上游、就是下游，不争第一、就是落后”的理念，进一步营造干部敢为、地方敢闯、企业敢干、群众敢首创的氛围，全面争先创优、争先进位、争当一流，聚焦“全市争前三、26县争一档”，以优异成绩向“八八战略”实施20周年献礼，向第二个百年奋斗目标奋勇前进。

今年我县经济工作的总体要求是：以习近平新时代中国特色社会主义思想为指引，以党的二十大精神为遵循，坚持稳中求进工作总基调，忠实践行“八八战略”，努力打造“重要窗口”，扎实推进“两个先行”，深入推进“631千亿工程”，全面开展“三个年”活动，充分运用“五项机制”，大抓产业、大抓项目、大抓效能、大抓落实，推动经济实现质的有效提升和量的合理增长，为奋力展现中国式现代化庆元图景开好局、起好步。

今年我县经济社会发展的主要目标是：全县地区生产总值增长6.5%以上，规上工业增加值增长7%以上，固定资产投资增长13%以上，一般公共预算收入增长10%以上，城镇和农村居民人均可支配收入分别增长8%、10%以上。在此基础上用尽全力“跳起来摘桃子”，乘胜前进、追赶跨越，力争GDP总量破百亿、规上工业总产值破80亿，确保财政总收入破10亿。为实现上述目标，关键要做到“五个坚定不移”，力争“五个新突破”。

（一）坚定不移育产业壮实体，力争稳进提质新突破

一要稳企业。坚决落实“两个毫不动摇”，举全县之力开展助企纾困服务，全力破解企业招工难、成本高、融资贵等堵点问题。全面落实工业、科技新政，大力推进数字经济创新提质“一号发展工程”，紧盯成长性好、附加值高、增加值率高的市场主体，培育更多高新技术企业、专精特新“小巨人”企业、单项冠军和隐形冠军。深入实施营商环境优化提升“一号改革工程”，做企业最坚强的后盾、最温暖的港湾，让企业在激烈竞争中轻装上阵，在良好环境下茁壮成长，不断激发创新创业创造活力。

二要拓市场。抢抓扩大内需战略机遇，推动竹木、铅笔、食用菌加工三大传统产业产品升级、技术升级和品牌升级，鼓励企业通过做大自主品牌、完善营销网络、实施内外销产品同线同标同质等方式，融入全国统一大市场。精准培育生物科技产业，主攻生物医药和健康食品两大领域，抢先占据市场制高点、掌握行业话语权。实施地瓜经济提能升级“一号开放工程”，积极对接“一带一路”与RCEP市场，优化服务推动企业出国保订单、抢订单，在稳住外贸基本盘的同时，积极拓展东盟、非洲等新兴市场，让更多庆元企业到全球闯荡翱翔。

三要强园区。全面构建“一区三片”发展模式，聚力屏都综合新区三期建设，做深屏都综合新区矿地综合利用项目谋划，稳妥开发竹口洋源区块，有序推进淤上坑口、黄田生态产业园、竹口盘龙项目前期，加快建设万亩生态工业大平台，今年要力争新增工业用地1000亩以上。坚决以“壮士断腕”的决心和魄力，实施新一轮“腾笼换鸟、凤凰涅槃”攻坚行动，同步开展“厂中厂”专项整治，深化“亩均论英雄”改革，力争规上工业亩均税收增长10%。大力推进产业飞地、科创飞地、人才飞地建设，持续开展企业招引入驻工作，强化交流合作，优化对接服务，进一步推动政策相通、资金融通、产品畅通、人才贯通。

（二）坚定不移扩投资增动能，力争项目建设新突破

一要扩大有效投资。坚持天马行空谋项目，重点谋深谋细谋实项目前期，推动更多战略性、支撑性、引领性项目纳入省市重大项目和专项债项目“盘子”，尤其要大力谋划重大产业项目和省市县长工程，力争6月前谋划重大项目50个以上。坚持完善机制推项目，强化时间倒排、任务倒逼、责任倒查，以最快速度推动各类项目开工，加快形成更多实物量。坚持系统思维成项目，统筹安排项目时序、投资主体、融资方式、后期运维

等，形成重大项目“开工一批、投产一批、储备一批”的良性循环，确保每年都有新项目，每年看到新变化，让项目红利惠及更多群众。

二要大抓三招三引。深化“一把手”招商机制，把三分之一以上的时间投入招引工作，把招引战场作为锻造干部的大舞台。突出精准招商、优势产业链招商，全面推进生物科技、铅笔、竹木等产业补链延链强链的招大引强行动，加快设立产业基金，想方设法、穷尽办法、创新打法招引10亿元以上大项目和重大产业项目，力争招引到资额、大项目数实现20%以上增长。强化驻点功能，优化招商环境，细化落地机制，统筹推进项目招商和人才科技创新主体招引，更大力度引进“链主”企业与总部经济。

三要提速交通建设。坚定实施交通先行战略，以时不我待、只争朝夕的精神，抢抓政策窗口期、战略机遇期、发展黄金期，全面开创庆元交通发展的火红年代。今年要全力以赴推进“三条路”建设，义龙庆高速庆元段要完成工可批复，力争具备开工条件；庆景青公路庆元东段要争取3月底前全面开工；奉化至庆元公路五大堡至龙溪段要在年内上马动工。通过重大交通项目的牵引作用，带动“四好农村路”“城乡公交一体化”等其他各类交通项目协同并进、畅联成网，以项目建设的突破性进展推动交通发展的历史性跨越。不惜一切代价、不留任何余力、不惧所有困难，全力谋划争取金华经庆元至南平高铁项目。

（三）坚定不移优生态促转化，力争点绿成金新突破

一要提升国家公园建设水平。打好生态环境巩固提升战，高标准治水、治气、治土、治废，确保断面水质、空气质量等指标持续领跑。加快推进国家公园主入口社区规划编制工作，抢抓消费复苏窗口期，谋划建设国家公园观星露营、楠木大道等全域联动发展项目，围绕体育赛事、休闲养生、康养旅游等领域开展项目招商和资金争取。精致塑造“中国生态环境第一县”的独特价值，在生物多样性保护、美丽林相改造、户外运动开发等方面精准发力，建设令人向往的天空之城、四季迷人的森林之城、万物竞发的生机之城、活力无限的运动之城、一步一景的花园之城。

二要加快释放绿色发展动能。锚定“千米海拔、万亩台地、百亿产值”，做优做特香菇、灰树花、甜桔柚、荒野茶等特色农业，加大政策帮扶力度，持续推动产业扩面提质和产品精深加工，不断提高庆元“山货”的知名度和附加值。全力构建“风光水储抽”一体化能源体系，把加快抽蓄项目核准和开工建设作为当务之急，同步实施“绿能百亿倍增”计划，积极谋划百花岩二期和双苗尖增容改造项目，扎实推进乌桥岭、甘竹山等中小型抽蓄前期研究，积极发展“菇光互补”等光伏项目，深入探索空气储能、熔盐储能等新形式，打造生态优势转化的“绿能路径”。

三要大力做好林业富农文章。充分发挥245万亩森林资源优势，一体推进国乡合作促富、特色产业增富、国家公园带富、林下经济帮富、林业碳汇造富的“林业五富”工程。加快完成16万亩商品林收储并实施高效经营，大力推进毛竹、锥栗、林下中药材等产业基地建设，稳步开展重点碳汇项目开发工作，不断提高林农租金、薪金、股金等涉林收入，推动资源变资产、活树变活钱。紧紧抓住全省林业共同富裕试点县建设的重大契机，把林业振兴作为扩中提低、扩大就业的有效手段和超车跑道，制定出台林业高质量发展专项扶持政策，助推村级集体经济发展壮大，农民收入和低收入农户收入大幅提升。

（四）坚定不移抓集聚强城乡，力争城乡发展新突破

一要抓城市更新。坚定实施“小县大城”战略，积极推进以县城为重要载体的城镇化，重点推进梦天区块未来社区建设，激活城区东部商气、人气、烟火气。持续推进县域功能品质提升和风貌整治提升，将环境的美丽与城市的魅力融为一体，建设更加优美宜居的好社区、好街区、好城区。集中力量建好屏都新城，积极申请调整庆元香菇小镇四至范围，依托屏都综合新区既有平台，放大“产城融合”辐射效应，加快布局建设竹制品交易市场、科创中心和人力资源交易中心，

着力打造新城核心区。

二要抓要素革新。强化城乡统筹,瞄准中央和省市重大政策跑道,做好省"8+4"政策体系承接工作,对接更多政策性金融工具,推动土地、资金、人力、数据等要素资源向重点领域、重点产业和重点项目集中。打好"大搬快聚"、垦造耕地、"一户多宅"整治等组合拳,统筹整合矿地综合利用、河道清淤、交通项目隧道弃碴等资源,为县域经济社会长远发展提供更多要素保障。完善城乡物流高效配送网络,加强特色农产品冷链物流基础设施和集配中心建设,畅通城品下乡、山货进城、电商进村,促进乡贤回归、资本回流、人口回迁,推动城乡资源优势共享。

三要抓改革创新。稳慎推进农村全域土地综合整治、集体经营性建设用地入市、农村宅基地"三权分置"等土地改革,加快土地流转,促进土地资源优化配置和集约利用。坚持干中改、改中干,系统推进数字化改革、国企改革、"大综合一体化"行政执法改革、"县乡一体、条抓块统"、农村转移人口市民化改革等各领域重大改革,敢于打破思想"误区"、开拓观念"盲区"、探索体制"难区"、突围机制"禁区",争当改革攻坚的"猛将"、城乡治理的"干将"、敢创敢为的"闯将"。

(五)坚定不移惠民生保平安,力争民生福祉新突破

一要坚决防范化解重大风险。建强社会治理中心,以数字化实现监测预警不间断,网格化推进责任落实无盲区,确保"平安县"创建"十八连冠",全力夺取"二星平安金鼎"。紧盯杭州亚运会等重大节点,在安全生产、防汛防台、森林火灾、交通安全、消防安全、信访等方面坚持高线、坚守底线,尤其要预防、减少"民转刑""刑转命"案件,打造公平公正、和谐稳定的平安场景。强化初级产品供给保障,坚决遏制耕地"非农化"、防止耕地"非粮化",全力抓好粮食安全和农产品稳产保供。

二要持续加大民生投入力度。聚焦教育、医疗、就业等民生领域,认真谋划实施今年的民生项目,努力干成一批百姓有感的大众实事和留住未来的长远大事。大力开展教育提质行动,持续攻坚实验幼儿园迁建、职高扩建等重点项目,深化与学军中学、长兴中学等名校结对帮扶,全力推进"县中崛起",不断提升各个阶段的教育教学水平,力争创成全国学前教育普及普惠县、义务教育优质均衡发展县。巩固疫情防控成果,切实关注"一老一小"群体和农村地区群众,以忧患意识和底线思维做好随时应对新一波疫情高峰的万全准备。加快推进县人民医院迁建项目,确保完成建筑结顶及大楼外立面施工等工程。

三要提升精神文明建设水平。挖掘梳理庆元香菇、廊桥、青瓷、名人、古村落等历史文化脉络,围绕不同时期的文化特质,讲好庆元故事、传播庆元声音、展现庆元精神。用心用情塑造"大爱菇乡"县域品牌,壮大志愿者队伍,营造全社会和衷共济、团结互助的浓厚氛围。上接天线、下接地气做好宣传工作,优化升级"十个一"工程,提炼宣传一批有政治高度、有思想深度、有影响力度、有民生温度的精神文明实践成果,打造形成具有区域辨识度的菇乡文化 IP,为庆元"出圈"摇旗呐喊、造足气势、烘托氛围,全方位展示跨越发展的澎湃活力和勃勃生机。

四、聚力打造新时代党建新高地

奋力展现中国式现代化庆元图景,核心在党、关键在人。我们要弘扬伟大建党精神,全面贯彻落实新时代党的建设总要求和党的组织路线,一刻不停推进全面从严治党,把党的伟大自我革命进行到底,把各级党组织建设得更加坚强有力。

一要"忠"字当头,铸牢绝对忠诚的政治品格。深刻领悟"两个确立"的决定性意义,增强"四个意识"、坚定"四个自信"、做到"两个维护",坚持同以习近平同志为核心的党中央保持高度一致,善于用小思路来贯彻落实习近平总书记的大思想,用小谋划来贯彻落实党中央的大精神,用小抓手来贯彻落实国家的大部署。认真抓好主题教育,永葆对党忠诚的政治本色,更加自觉地做

"两个确立"的忠诚拥护者、坚定践行者，确保总书记有号令、党中央有部署，庆元见行动、有实效、出成果。

二要"实"字强基，筑实全面过硬的基层堡垒。以守好红色根脉的高度自觉，推动组织工作重心下移，对全县所有村社、网格开展人员情况调查梳理，将揭榜挂帅、激励淘汰等制度向村社干部延伸，全面提升村社和网格的政治功能、组织功能。迭代升级以"七张问题清单"为牵引的党建统领工作机制，深化浙闽边党建联建，加大边界乡镇跨省交流合作，持续推进现代社区建设。强化头雁队伍建设，依托"扛旗攻坚、干事赛跑"机制，开展村社换届"回头看"行动，调整优化村社干部队伍结构，不断提高兴村治社名师数量。继续推进农业转移人口共同富裕试点工作，加快形成有特色、有亮点、有成效的标志性成果。

三要"能"字为先，锻造放心靠谱的干部铁军。深化技能型干部培养，加大干部教育培训、交流学习力度，组织"90后"科级干部和优秀年轻干部"百山论坛"，强化赛场赛马、晾晒比拼，持续提升领导干部在抓党建工作、共同富裕、稳进提质、项目建设、招商引资、应急管理等方面的能力水平。坚持严管厚爱结合、激励约束并重，既大力培养使用年轻干部，又合理调配各年龄段干部，建立健全能上能下的选人用人机制，让想干事、会干事、能成事的干部有为有位有舞台。

四要"廉"字正己，涵养山清水秀的政治生态。各级党委（党组）主要负责人要带头贯彻落实中央八项规定精神，改进工作作风。各级纪检监察组织要做好新一轮省委巡视迎检准备工作，以"四查四治双优"行动为抓手，加强对决策部署落实、营商环境营造等方面的督促检查、跟踪问效，积极构建亲清政商关系，树立"有错是过、无为也是过，有错要问责，无为也要问责"的理念，严厉惩处不作为、慢作为、乱作为等问题。各级党员干部要把纪律建设摆在更加突出位置，做到挡得住诱惑、守得住初心、管得住小节，让干事且干净成为新时代庆元干部的鲜明标签。

同志们，从今往后的庆元，是创造奇迹的庆元，也是崇尚奋斗的庆元；是造就英雄的庆元，也是呼吁实干的庆元。让我们更加紧密地团结在以习近平同志为核心的党中央周围，以势如破竹、势不可挡、势在必行的压倒性姿态，跳起来定目标、跑起来抢开局、拼起来争进位，变更多不可能为可能，变更多可能为无限可能，以奋斗实干展现中国式现代化庆元图景！

政府工作报告

2023年2月15日在庆元县第十七届人民代表大会第二次会议上

庆元县人民政府县长　田健晖

一、2022年工作回顾

刚刚过去的2022年，是庆元发展历程上极不平凡、极其难忘、极为重要、极具意义的一年。一年来，全县上下贯彻落实“疫情要防住、经济要稳住、发展要安全”三大要求，坚毅笃行“丽水之干”，持续打好“五大关键仗”，奋力推进革命老区共同富裕先行示范县建设，经济社会发展实现稳中有进、稳中提质、稳中向好。全县地区生产总值92.65亿元，增长5.9%；财政总收入8.55亿元，增长6.9%；一般公共预算收入5.91亿元，增长10.3%；固定资产投资增长16.2%，规模以上工业增加值增长6.1%；社会消费品零售总额增长4.1%；城镇和农村常住居民人均可支配收入分别增长5.1%和5.3%，较好完成了县十七届人大一次会议确定的各项目标任务。

一年来，我们抓长远、干重点，大事要事干出精彩篇章

项目建设提速增效。坚持“项目为王”理念，强化项目前期和要素保障，37个项目列入市重大前期项目库，争取专项债4.25亿元，金融工具2.3亿元。双枪日用餐厨具自动化生产基地、污水处理扩建工程（二期）等70个项目开工纳统，20个省市重点项目完成投资118%。兰溪桥水库扩建及移民安置小区、人民医院迁建、松源溪流域治理、半湾休闲养生文化园等项目加快推进，智慧汽车产业园、黄麻淤安置小区等一批项目顺利完工，生活垃圾综合处理项目投入运行。

百亿绿能全面启航。扭住县域发展主要矛盾，全力推进以抽蓄、风电为两大龙头的“风光水储”项目集群。抽水蓄能电站仅用6个多月时间超常规完成所有专题审查和批复，现已成功获得核准。全省装机容量最大的陆上风电项目百花岩风电场破土动工。整县推进分布式光伏规模化开发试点工作，薰山光伏正式并网发电，全县新增光伏发电并网5.2万千瓦，超过历年之和，实现翻番倍增。庆东220千伏输变电工程前期加速推进，城南110千伏输变电工程建成投用。

重大交通再获突破。全面构建内联外畅大交通格局，经过不断争取，义龙庆高速庆元段开工时间提前至2024年，计划2028年建成通车。庆元段项目建议书获省发改委批复，节点性工程万年隧道完成主体工程的25%。奉化至庆元公路五大堡至龙溪段纳入省交通运输厅首批交通服务共同富裕试点项目，银屏山隧道具备通车条件。全面启动“四好农村路”示范县创建，新改建农村公路75公里，柏小线、岗双线等一批重点农村公路建成投用。

一年来，我们抓转型、促升级，产业发展迈出坚实步伐

品质农业稳步发展。完成耕地“非粮化”整治2.9万亩、“非农化”整治3245亩，新增耕地4800亩，调整优化粮食功能区5.14万亩，实现粮食播种面积9.7万亩，生猪出栏4.55万头，粮食畜牧产能稳中有升。成功争取乡村振兴综合试点、农

产品冷藏保鲜整县推进试点、省级农业“双强”等项目，稳步推进食用菌产业示范、高山西红柿产业提升、隆宫省级现代农业园、黄田绿色农田等项目。加快农业特色产业转型升级，不断提升庆元香菇、灰树花、甜桔柚品牌影响力，开发荒野茶园6000亩，甜桔柚产业共富案例获评省级最佳实践。

生态工业转型发展。完善工业强县“3+1”产业体系，修订出台工业新政，推进三大传统产业链式提升和生物科技产业培育壮大。工业投资增长47.2%，申报省千亿技术改造投资工程项目15个，简创家居、新之助家居等11个项目建成投产。开工建设香菇小镇工业区块，竣工投用生物科技产业园标准厂房，成功申报屏都综合新区省级特色生态产业平台，矿地综合利用项目通过市级“十四五”规划评审。深入实施“腾笼换鸟、凤凰涅槃”行动，完成低效企业整治15家，新增规上工业企业7家、“专精特新”企业5家。

现代服务业加快发展。成功举办香菇文化节、廊桥越野赛等系列活动，催生户外露营、房车旅行等新业态，实现四星级旅游饭店“零”的突破，完成省级全域旅游示范县创建验收。深度培育数字经济，招引落地贝讯科技、竹唯梦等优秀电商企业，香菇数字贸易发展区入围省级现代服务业创新发展区名单，实现网络零售总额56.1亿元，增长40.4%。金融服务实体经济能力进一步增强，新增制造业贷款4.51亿元，无还本续贷余额13.48亿元。实现服务业增加值52.58亿元，增长6.2%。

一年来，我们抓招引、重创新，发展动能更加强劲澎湃

“双招双引”成效明显。坚定实施“双招双引”战略先导工程，重塑驻点招商管理体系，常态开展“招引争强”比拼赛马，大力推进靶向产业招商，新引进大项目14个，其中亿元以上项目10个，内资到位资金10.7亿元。新招引总部企业98家，同比增长近16倍。迭代更新人才科技新政23条，人才科技资金投入增长48%，招引大学生青年人才4145人、高层次人才363人、“星期天工程师”31名。实施科技特派员及团队项目27个，落地“绿谷精英”项目3个，实现省级重点人才计划“破零”。举办人才科技峰会，签订招才引智项目9个，揭榜关键难题7个。

创新驱动持续发力。围绕重点产业深化创新，高新技术产业投资增长13.1%，培育国家高新技术企业3家、省级科技型中小企业40家，新增“浙江制造”标准1项，方格药业入围省级重点农业企业研究院创建名单。精心布局科创中心，高标准建成杭州萧山、宁波海曙“人才科创飞地”。与浙江工商大学、浙江农林大学等高校深度合作，设立竹木、食用菌产学研合作中心，建立实训基地10个，技术转化落地12项，助力产业增效升级。

精准服务利企便民。坚守“为民情怀”，厚植“助企公心”，围绕企业全生命周期，千方百计助企惠企，推动政策落地直达快享，落实涉企减税降费2.31亿元，兑现政策奖补1.5亿元。真招实策纾困解难，出台优化营商环境“十条举措”，深入开展助企帮扶行动，解决涉企问题226个，营商环境评价排名稳居全市前列。创新政务服务载体，打造“政银联动”智能流动窗口，延伸服务触角进企业、入基层，实现审批更高效、服务更贴心。

一年来，我们抓建设、优环境，城乡面貌更具品质特色

生态建设领跑全省。持续推进“蓝天、碧水、净土、清废”行动，深化环境综合治理，落实竹木、铅笔行业有机废气源头替代项目8个，省委环保督察反馈问题全面整改到位。全域“污水零直排区”创建通过省级复核验收，出境断面水质连续21年100%达标，PM2.5平均浓度再创新低，空气环境、水环境质量均排名全省第一。建成全省首批生物多样性体验地，入选生物多样性价值转化省级试点，获评“美丽浙江十大样板地”，生态环境公众满意度排名全省第二、全市第一。

县城品质逐步提升。高质量完成“三区三线”划定工作，有序开展国土空间总体规划编制。学后路、仓山路、北岸等区块一批征迁历史遗留问

题得到解决。开工建设同心未来社区，成功出让梦天商住地块。城区地下综合管网竣工验收。市民广场提升改造工程投入使用。庆元大桥至老二中段堤顶绿道、西大桥人行道改造提升等项目顺利完工，完成周墩大桥至庙下村段绿道亮化工程。开展庆元二中、镜山里小区等周边零星地块绿化提升行动，完成经济开发区主入口环境整治提升，推进主城区生活垃圾“两定四分”，市容市貌得到进一步改善。

美丽乡村不断扩延。创成百山祖国家公园县域风貌样板区，创成美丽城镇省级样板乡镇2个、AAA级景区镇4个、新时代美丽乡村达标村30个、花园乡村16个、未来乡村1个、省级美丽河湖2条、省级高标准农村生活垃圾分类示范村4个。迭代升级“大搬快聚”搬迁政策，完成搬迁4007人，建设用地复垦697亩。以零容忍态度严控违法违章建筑，拆除违建30.16万平方米。

一年来，我们抓改革、扩开放，发展活力不断蓄势迸发

集成改革蹄疾步稳。数字化改革纵深推进，累计上线运行应用33个，成功争取省级数字化改革试点18个。食用菌产业大脑入选全省首批种植业“产业大脑”，“村级慈善爱心基金模式”入选省财政十大“小切口”改革最佳实践，国乡合作经营改革经验列为全省林业推进共同富裕十大典型案例，江根乡7个村抱团发展模式入选全省强村富民集成改革典型案例。“大综合一体化”行政执法改革、国企改革等重大改革有序推进。

开放合作活力涌动。创新运用“问海借力”金钥匙，与长兴、嘉善、海曙三地密切合作，到位援建资金1200万元，南太湖新区—庆元“产业飞地”开工建设，嘉善—庆元“消薄飞地”产业园新入驻企业8家，“山海协作”实现19个乡镇结对全覆盖，山海联动格局基本形成。强化浙闽边区位辐射作用，在庆成立全国首个跨省产业农合联，边界村、企业、竹工坊建立多维联盟，人才、科技、产业等要素资源加速流动。协同福建省政和县、松溪县成立“跨省通办”窗口，边界政务服务实现跨省互联。

荣誉试点成果丰硕。“林—菇共育系统”成功入选全球重要农业文化遗产，创成国家“绿水青山就是金山银山”实践创新基地、国家竹木产业示范园区，获评中国最美县域、两山发展指数百强县、省级夜间经济特色城市。成功争取首批省级林业共同富裕试点县、首批省级林业碳汇先行创建基地、水域监管“一件事”等重大试点。“庆元香菇”纳入国家地理标志产品保护示范区筹建名单，“庆元甜桔柚”获批国家地理标志证明商标。竹口镇农村产业融合发展示范园成功入选第四批省级创建名单。公安局、民政局、人力社保局、自然资源和规划局、住建局、水利局、农业农村局、文广旅体局、市场监管局、综合执法局、经合中心等一大批单位获得省市综合考核优秀和单项工作先进。

一年来，我们抓民生、增福祉，社会事业书写崭新答卷

社会事业均衡发展。实验小学分校区完成主体建设，新投用公立幼儿园3家，新增学位990个，学前教育从补短板向争示范跃升，初中学业水平监测位居全市前列，高考再创佳绩。建成投用竹口中心卫生院和4家院前急救服务站，健康浙江考核“四连优”。县人民医院创成国家级创伤中心，实现“创伤、胸痛、卒中”三大国家级中心全覆盖，县中医院与省中医院成功结对。高效完成“浙文惠享”系列省民生实事任务，建成“15分钟品质文化生活圈”42个、乡村博物馆5个，新建农村文化礼堂45家，《宋韵庆元》出版发行。推进现代社区规范化建设，挂牌成立香蕈社区、同舟社区。

民生保障持续提升。成立全市首支“大病救治暨高额医疗费用帮扶化解慈善基金”，城乡居民基本医保参保率达99.98%，“浙丽保”参保率位居全市前列，残疾人意外伤害保险实现全覆盖。城乡居民低保年标准突破1.2万元，发放各类社会救助资金7155.46万元。城镇登记失业率逐步下降，新增就业1085人，妥善化解劳动人事争议案件187件。新建公办智慧养老院1家、儿童之家7个、乡镇未成年人保护工作站8个、残

疾人之家1个，改造无障碍公共场所10个。正式发布“大爱菇乡”慈善品牌，依托“善行庆元”十大行动，帮扶困难群众1.23万人次。

除险保安扎实有效。圆满完成党的二十大、省市党代会维稳安保任务。成功抵御“6·18”特大暴雨，有效应对异常罕见旱情，打赢城乡供水保卫战。完成非标电动自行车置换淘汰任务。道路交通亡人事故数和死亡人数分别下降15.38%和8.33%，电信诈骗发案、案损分别下降23.88%和41.21%，连续17年荣获省级“平安县”称号。有效防控新冠疫情，因时因势动态调整防控措施，以加强疫苗接种、扩容发热门诊等有力举措应对疫情冲击，累计发放防疫包3.95万个，疫情防控平稳转段渡峰，切实守护人民群众生命安全。

一年来，我们抓法治、提效能，政府建设取得长足进步

法治建设加快推进。积极推进法治政府示范创建，严格规范执法队伍建设，推动“一支队伍管执法”进“一园两区”发挥实效，全县行政执法证持证率、行政规范性文件合法性审查率均为100%。依法主动推进政务公开，公开政府信息9196条，政务重点督查50余次，涉及事项260余件。深入一线调处群众矛盾纠纷1917起，调解成功率99.37%，涉及金额近1.2亿元。月山村获评全国民主法治示范村。

行政效能持续提高。自觉接受人大、政协监督，全年累计办理人大代表建议178件、政协委员提案224件，满意或基本满意率均为100%。妥善解决了一批经济社会民生问题，省市县民生实事均100%高效完成。创新政府采购“不见面开标+远程异地评标”“模拟审批”等模式，完成首个庆元作为主场的政府采购远程异地评标项目。统计、审计、档案、民宗、侨台、气象、工会、妇联、共青团、红十字、人民武装、退役军人、老干部服务等工作取得新成效。

廉政防线织密织牢。深入推进政府系统党风廉政建设，聚焦廉政风险点，开展粮食购销、征迁拆违、交通运输、矿产资源等重点领域专项整治，健全廉政长效监督考核机制，织密廉政风险防控网。严格落实中央八项规定及其实施细则精神，从严压减和控制一般性支出，“三公”经费保持总额零增长，把宝贵资金用在发展紧要处、民生急需处。

各位代表，艰难困苦，玉汝于成！面对全球流行的世纪疫情、错综复杂的经济形势、艰巨繁重的发展任务、历史极值的洪灾旱情，全县上下众志成城、栉风沐雨，成功经受住了一系列重大风险挑战，取得了一系列重大发展成果，也收获了许多宝贵经验和深刻启示。

过去一年，我们深感只有聚合力汇民智，才能变满天星为一团火，汇聚发展动能。县委的统一领导和战略决策是政府的工作指针、行动指南，必须毫不迟疑、不折不扣贯彻落实，只有这样，菇乡庆元才有希望，快速发展才有可能，团结稳定才有基础；人大、政协的监督评议和建议建言是政府的工作动力、行动底气，必须诚心虚心、同频同向；人民群众的理解支持是政府工作落地生根的关键，必须既着眼县域发展的大思路，又不忘街巷百姓的细小事，只有上下同欲、勠力同心，才能凝聚起向上向好向善的磅礴伟力。时代是奋斗者的新时代，征程是追梦人的新征程，需要每一个“我”矢志不渝全力打拼，需要每一个“你”躬身奋进创造奇迹。

过去一年，我们深感只有抓重点谋长远，才能变劣势为优势，厘清发展思路。要紧紧围绕庆元“交通区位远、经济总量小、发展动能弱”的经济社会发展主要矛盾，深刻思考、理性研判、辩证认识，不能妄自菲薄，而是要敢破敢立，在劣势中发现优势、把资源转换为资本，在矛盾中寻找破解矛盾的路径，寻找发展的“船”和“桥”。不破除这些主要矛盾，庆元发展就裹脚走路、举步维艰，就甩不开膀子、迈不开步子，就谈不上跨越式高质量。因此，要坚定不移推进“两横两纵”绿色交通，全力实施“风光水储”绿能项目，全面拉开产业集聚、人口集中、服务集成的绿城框架，搭建起支撑县域未来五年乃至更长时间发展的“四梁八柱”，争取通过几年的努力，有效破解庆元

"远、小、弱"的主要矛盾和发展束缚。

过去一年，我们深感只有强担当重实干，才能变不可能为可能，实现发展目标。庆元区位上是"省尾"，发展上是"省尾"，思想上也是"省尾"，已是身处末位、退无可退。我们要站在百山之巅，登高望远、向阳迎风，跳出舒适、无惧风雨，敢想敢闯、善谋爱拼，干就干大事、争就争一流，书写更多超越过去、超越对手的精彩篇章。全年 GDP 增速排名全市第二，是全市唯一连续 4 个季度排名全市前三的县，取得 2015 年以来最好成绩；抽水蓄能前期进度从"跟跑"全市到"领跑"全省，跑出庆元加速度；交通项目前期提级提速、陆上风电破例落地、林菇共育申遗圆梦、"两山"基地成功获评、林业共富竞争夺魁、土地保障破难翻番等一系列工作成果证明，庆元完全能够创造更多麻雀上青天、山鸡变凤凰的"逆袭"。

过去一年，我们深感只有提干劲勇争先，才能变无所谓为拼命干，点燃发展激情。要把担纲"特别肯吃苦、特别能战斗、特别有韧劲、特别善创新"庆元精神的关键，立足在"特别"两字上，深刻理解和用心体会市委提出"特别"两字的良苦用心和殷切期盼。"特别"两字是过往总结，更是未来寄语；是发展良策，更是治病良方；是一碗苦药，更是救命的药。领导干部首先要破除"井底蛙"式的眼界格局，根治"桃花源"式的安逸作风，变"躺平"为拼命，变推诿为揽活，变磨叽为冲刺，盯着发展"转"、围着发展"干"。只有这样，才能从慢悠悠、踱方步到争先比拼，才能从老好人、和稀泥到勇当猛虎，才能在实干破难中展现"庆元担当"，在快拼争先中升华"庆元精神"。

各位代表，看似寻常最奇崛，成如容易却艰辛。发生在菇乡大地上的点滴变化，无不浸润着全县干部群众的智慧和汗水，每个人都不容易，每个人都了不起。在此，我代表县人民政府，向全县广大干部群众，向全体人大代表、政协委员，各民主党派、工商联、人民团体，向离退休老同志、公安干警、驻庆元部队官兵，向奋战在疫情防控一线的医护人员、疾控人员，向所有关心、支持庆元发展的社会各界人士表示崇高的敬意和衷心的感谢！

在肯定成绩的同时，也要清醒地认识到，我县经济社会发展中还存在不少困难和问题，主要是：经济需求紧缩，外部环境不确定不稳定因素增多，扩大有效投资、稳定外贸出口、激活居民消费的压力仍然较大。跨越发展紧迫，双招双引工作还未彻底打开局面、产业转型升级还在艰难推进、生态价值转化的路径还是偏少偏小，推动高质量发展的动能依旧薄弱乏力。发展资金紧缺，我县经济体量不大，财政盘子偏小，举债融资能力受限，建设资金缺口依旧较大。财政平衡紧张，抗疫纾困减收影响明显，土地出让空间逐年压缩，其他增收渠道贡献有限，公共服务供给保障压力不断加大，财政抗压能力脆弱、收支平衡矛盾凸显。此外，一些部门"三服务"意识不够强，部分工作人员担当意识、干事劲头、能力水平、法治意识也亟待提升。对于这些问题，我们将高度重视，认真加以解决。

二、2023 年政府工作的总体要求和目标任务

今年是深入贯彻党的二十大精神开局之年，是实施"八八战略"二十周年，也是庆元实现跨越式高质量发展的关键时期，做好今年工作意义重大，影响深远。我们要把学习贯彻党的二十大精神作为当前及今后一个时期的首要政治任务，牢固树立"不争上游、就是下游，不争第一、就是落后"的理念，进一步营造干部敢为、地方敢闯、企业敢干、群众敢首创的氛围，全面争先创优、争先进位、争当一流，聚焦"全市争前三、26 县争一档"，以优异成绩向"八八战略"实施 20 周年献礼，向第二个百年奋斗目标奋勇前进。

今年政府工作总体要求是：以习近平新时代中国特色社会主义思想为指引，以党的二十大精神为遵循，坚持稳中求进工作总基调，忠实践行"八八战略"，努力打造"重要窗口"，扎实推进"两个先行"，深入实施"631 千亿工程"，全面开展

“三个年”活动，充分运用“五项机制”，大抓产业、大抓项目、大抓民生、大抓落实，推动经济实现质的有效提升和量的合理增长，为奋力展现中国式现代化庆元图景开好局、起好步。

今年全县经济社会发展的主要目标是：地区生产总值增长7%左右，规上工业增加值增长7.5%，固定资产投资增长13%以上，一般公共预算收入增长10%，城镇和农村常住居民人均可支配收入分别增长8%和10%，节能减排完成省市下达目标任务。实现上述目标，要重点突出“五个根本性”重大项目的谋划落地、以“双招双引”为抓手的产业转型升级、以卫生教育为关键的社会民生，切实做好“七个推动”：

（一）推动项目建设再加快，激活跨越赶超动力源

在项目前期上提速度。围绕根本性改善区位交通条件、根本性激活特有资源、根本性拓宽发展空间、根本性改变产业结构、根本性壮大财政实力，持续组织项目谋划大比武，做精做实项目储备库，新谋划重点项目50个以上，争取省市县长工程和省重大产业项目实现新突破。建立健全项目全生命周期监管机制，聚焦“谋划、决策、推进、评价”四大环节，深入推进义龙庆高速庆元段、矿地综合利用、中小型“风光水储”绿能项目等一批重大项目前期。深入谋划并加快推动浙闽边人力资源市场、电商市场等屏都产业新城项目。完成跨乡镇土地综合整治项目前期3个，实施落地1个以上。

在项目建设上提实绩。加快百花岩风电场、污水处理二期、万年隧道等项目进度。开工建设抽水蓄能、638国道庆元段等重大工程，新增光伏装机3.5万千瓦。基本完成兰溪桥水库大坝主体浇筑和大坑口公寓楼建设，竣工投用洋心公寓楼。人民医院迁建工程主体完工，高质量创成省级“四好农村路”示范县。

在项目服务上提效能。主动承接“8+4”等政策大礼包，探索建立全要素精准直达机制，不断简化项目审批程序，确保项目建设“能早则早、能快则快”。坚决打好政策处理攻坚战，加大“三块地”保供盘活力度，全年完成供地800亩，盘活存量用地300亩，消化转而未供土地200亩，建设用地复垦350亩，为项目建设提供有力土地保障。继续积极争取一般债、专项债、政策性开发性金融工具，有序加大国企融资，不断拓宽项目投融资渠道。

（二）推动实体经济再突破，擎起县域发展顶梁柱

力抓全产业链“双招双引”。重塑招商政策体系，靶向招引一批“大好高”项目，全年完成到位内资10亿元，新引进大项目10个以上，其中制造业项目占比不低于60%，5亿元以上产业项目2个，力争10亿元以上制造业项目招引“零”的突破。制定人才科技新政实施细则，引育硕士以上人才100人、高技能人才300人，遴选“绿谷精英”项目15个，落地4个以上，申报省级以上重点人才2人以上。建成投用科创中心，新增博士创新站5家。

力促生态工业转型升级。深入实施产业链“链长”制度，加快竹木、铅笔、食用菌三大传统产业升级，推进双枪全竹产业链、百兴智能工厂、普纳达智能制造、学泰文具等重点项目落地建设，力争全年投产项目6个以上，工业投资增长12%。梯度培育中小企业，新增规上工业企业5家、“隐形冠军”“专精特新”“小巨人”企业3家，培育国家高新技术企业4家、省级科技型中小企业20家。大力度推进“腾笼换鸟、凤凰涅槃”行动，整治低效企业10家以上，腾出低效用地80亩，规上工业亩均税收增长10%。提速建设香菇小镇工业区块，加快黄田、竹口等工业重镇发展。

力推新兴产业做大做强。优化培育生物科技、数字经济等新兴产业，全面投用生物科技产业园，裂变、招引、培育一批重点企业，进一步打通全产业链，壮大产业集群。迭代升级数字经济，大力发展总部经济，在屏都产业新城推动工业设计、科技服务、现代金融、仓储物流等生产性服务业落地见效，战略性新兴产业增加值占规上工业比重达9%以上。

（三）推动民生福祉再增进，筑牢共同富裕基本盘

让百姓生活更舒心。高度重视教育、医疗等民生事业，实施公共服务“七优享”工程，着力办好群众有感的民生实事，让老百姓看到变化、得到实惠。加快推进实验幼儿园迁建、职业高中扩建等教育基础提升项目，投入使用实验小学分校区。实施教育跃阶攀高行动，深化杭州学军中学结对帮扶机制，大力推进“县中崛起”。创建全国义务教育优质均衡发展县，创成全国学前教育普及普惠县。密切与浙大二院、省中医院、温州医科大学合作，扎实推动公立医院改革与高质量发展，加快提升基层医疗卫生服务体系。优化“一老一小”服务，落实优化生育政策促进人口长期均衡发展措施，新增普惠婴幼儿托位40个。提升医养康养水平，新增护理型养老床位100个。

让社会保障更暖心。高质量做好就业帮扶工作，完善重点群体就业支持体系，新增城镇就业1000人以上，城镇登记失业率控制在3%以内。常态开展根治欠薪专项行动。稳步提高养老、医保等保障标准，扩大城乡居民医疗保险、“浙丽保”覆盖面。加强残疾人、孤寡老人、困境儿童、低收入农户等弱势群体的服务保障和慈善帮扶。持续擦亮“大爱菇乡”慈善品牌，设立“庆元慈善奖”，争创全国联动区域慈善协同示范县。落实退役军人优抚优待政策，创成省级双拥模范县。

让人民群众更安心。落实新冠病毒感染“乙类乙管”举措，着力保健康、防重症、遏病亡，全力做好医疗救治工作，最大程度保障人民生命健康安全。减一般、防较大、遏重大，确保安全生产形势持续稳定向好，突出消防安全、道路交通等重点领域，大力开展风险隐患排查整改。高度重视、全力做好防汛防台、抗旱保供工作。增强基层治理“一中心四平台一网格”功能，推进公安机关系统性重塑整体性变革试点，完善风险闭环管控大平安体系，奋力夺取“全省首批二星平安金鼎”。全面落实食品安全“两个责任”，创成省级食品安全示范县。

（四）推动乡村振兴再发力，打造强村富民新样板

致力农业增效。严格落实粮食安全和耕地保护责任，坚决遏制耕地“非农化”，严防“非粮化”。持续推进农业“双强”行动，改造提升高标准农田7600亩，稳定粮食播种面积9万亩、产量3.3万吨。谋划建设现代化冷链物流仓储中心，新增甜桔柚种植2000亩以上，持续提升“庆元甜桔柚”品牌。深化利用6000亩荒野茶园，打造“茶叶一条街”，打响“庆元荒野茶”品牌。争创食用菌国家现代农业产业园，举办第七届东亚农业文化遗产大会，做大做强“庆元食用菌”品牌。深化“两进两回”，培育农创客210名，新增省级农业龙头企业2家。

致力农村增美。推进宜居宜业和美乡村建设，创成花园乡村16个、历史文化村落9个、未来乡村2个、县域风貌样板区1个，争创省大花园示范县。持续推进松源溪、竹口溪、毛垟溪等流域综合治理，提升改造农村饮用水管网。改善全域人居环境，规范农村垃圾清运处置，谋划建设一批垃圾中转站、农村公厕，进一步完善垃圾分类体系网。

致力农民增收。开展“标准地”改革，拓宽农民就业和增收渠道，低收入农户人均可支配收入增长15%。壮大新型农村集体经济，推动强村公司实体化运作，探索集体土地入市、集体资产入股、农村土地预流转等机制，争取村集体经济收入增长12%以上，集体经济年经营性收入25万元以上行政村达45个、50万元以上行政村达28个。因势利导推进“大搬快聚”4000人，完成“一户多宅”分类处置150栋以上，加快农业人口市民化进程。

（五）推动城市品质再提升，建设宜居宜业生态城

持续完善城市功能。唱好“三城记”，推进“景区、城区、园区”融合协同发展，优化国家公园入口社区设计方案，谋划主入口社区生物多样性科普馆、珍稀植物博览园、水生植物园等工程，精雕细琢生态之城。更新完善市政路网、污水管网、

电力燃气等市政基础设施，开工建设静脉产业项目一期，启动星光溪县城段改造，完成庆元大桥、新建路改建工程，打造精致宜居城。以工业新城定位屏都综合新区建设，逐步补齐会展中心、商贸物流、人才公寓、电商微商、科创研发等配套功能，打造吸引青年、留住青年、成就青年的产业新城。

有序推进城市更新。以建设国家公园城市为目标，运用“生态+”“多样性+”等人与自然和谐的理念，研究城市建设发展。完成国土空间总体规划、城东片区整体规划编制。开工建设梦天区块商住小区，竣工宸央春晓、文锦轩等一批商住小区，力争开工玉田“未来社区”，创成同心省级“未来社区”，新增地下空间1.4万平方米，提升城市综合承载力和城市化水平。寻机借力，拆改并举，深化北岸区块、学后路区块等有机更新项目前期，制定科学有序的更新实施计划，积极稳妥推进旧城改造。基本完成庆元大道黄坛至龙珠湾段景观提升工程，新增绿地面积3.5公顷。

不断精细城市管理。加快城市治理数字赋能，全面推广“违建•智管通”场景应用，纵深推进“无违建”创建工作，坚决遏制新增违法建筑。聚焦群众关切的身边小事，应用智慧环卫、智慧工地等数字场景，常态化开展马路市场、不文明养犬、人行道违停等专项整治，巩固文明城市创建成果，高质量完成省级文明县城复评迎检。增强城市承载韧性，完善城市供水安全保障体系，提升城市安全运行水平。

(六)推动生态环境再优化，擦亮国家公园金名片

大力度推进生态修复保护。持续打好污染防治攻坚战，系统推进大气、水体、土壤、固废等污染治理，推动岩下国控断面水质稳定提升，地表水断面水质持续保持100%达标，空气环境质量优良率99.7%以上，创建省级“无废城市”。启动国家生态文明建设示范县创建，开展生物多样性价值转化实践地建设。完成瓯江山水工程，新增绿化造林6400亩、森林抚育3万亩，持续做好松材线虫病防控，提升生态系统的质效性和稳定性。

高水准打造国家公园品牌。顶格推进百山祖国家公园创建，争取第二批成功命名。实施名山公园“带富”行动，探索“生态+”产业文章，新增露营基地、房车基地、观星基地、森林体育公园各1个，打造科研科普研学路线2条，谋划推进百山祖国家公园度假区建设。新建巾子峰—黄皮“环浙步道”30公里，设立巾子峰保护站，多途径大力宣传国家公园品牌，扩大百山祖知名度、美誉度。

多举措推动“两山”转化。推进省级林业共同富裕试点县建设，大力实施“林业五富工程”，加快推进国乡合作经营一期工程，建设千亩毛竹林高效经营示范基地2个，改造千亩锥栗低产林基地2个，探索建立林业碳汇交易机制和林业碳汇交易平台，争创省级第三批低碳试点县。深化绿色金融创新，实体化落地运营“两山合作社”，让更多“生态产品”集中收储、整合优化和转换生成为“生态商品”，壮大绿色生态收入。

(七)推动内生动力再激活，培育绿色崛起增长极

释放集成改革驱动力。纵深推进国企改革，做实做宽主营业务，强化市场运作能力，国企融资规模力争达50亿元，营业收入达3.5亿元。延伸“大综合一体化”行政执法改革触角，全面推进政务服务向镇村下沉，迭代升级“数字化督考推”“技能百事通”等智能应用。全力争取农业转移人口共同富裕试点纳入省级试点名单。联动推进南太湖新区—庆元“产业飞地”建设，建成嘉善—庆元“科创飞地”，争创嘉善—庆元制造业高质量发展促进共同富裕示范县。

提升文化旅游引领力。实施“文兴庆元、挺进共富”工程，打造“唐音宋韵”文化品牌，推进木拱廊桥营造技艺申遗，做好全球农遗“后半篇文章”。推进文旅体深度融合，创建A级景区镇3个以上，培育“丽水山景”示范基地3家以上，加快生态古民居、文体中心等文旅项目建设，完成庆元孔庙复建工程，推动半湾休闲养生文化园形成旅

游业态。谋划东赛道“串珠成链”项目集群，打造东部高原运动基地，举办廊桥越野赛、冬泳邀请赛、古道徒步赛等精品赛事。发展乡村休闲旅游，丰富“宋韵庆元”文创产品和文化演艺消费产品，着力构建“众星拱月”的旅游新格局。

增强市场主体支撑力。大力实施数字经济、营商环境、“地瓜经济”三项“一号工程”，推动各项政策直达快享、应享尽享，全年为市场主体减负 2 亿元以上，新增制造业贷款 5 亿元以上，以“真金白银”帮助企业轻装上阵。搭建商贸交流平台，鼓励更多企业拓展 RCEP 市场，支持庆元企业和庆元品牌“走出去”。围绕“企业办事无忧、政府无事不扰”，落实优化营商环境十条举措，畅通涉企服务绿色通道，实施首违不罚、轻微免罚的包容审慎监管，推行“综合查一次”联合执法机制，依法保护企业合法权益，激发市场主体创新创业热情。

三、切实加强政府自身建设

新的一年，我们将全面深入学习贯彻党的二十大精神，始终把政治建设摆在首要位置，坚持团结奋斗、拼命实干、高效服务、廉洁从政，努力建设人民满意政府。

始终凝聚“众人心齐泰山移”的团结。像爱护眼睛一样爱护团结，把团结视作发展的保障、干事的前提，坚持团结一心、换位思考，互相补台、互相配合。坚决落实县委决策部署，不折不扣把党的全面领导落实到政府工作各领域各方面各环节，真诚接受人大法律监督、政协民主监督，以苦干实干赢得百姓信赖支持，全面营造团结一致、齐心协力的浓厚氛围。

始终充盈“敢教日月换新天”的志气。拿出“破釜沉舟、背水一战”的决心和勇气，增强如芒在背的危机感、加快发展的饥饿感、奋起直追的紧迫感、重担在身的责任感，紧盯事关县域发展的大项目、影响整体环境的硬钉子、困扰群众生活的烦心事，做到“义不逃责、事不避难”。拿出搏命的劲头、玩命的气势、拼命的斗志，人一之我十之，人十之我百之，以“庆元精神”催生“庆元干法”，以“庆元干法”创造更多“变不可能为可能”的庆元奇迹。

始终秉持“俯首甘为孺子牛”的服务。牢记政府前面“人民”二字，在情感上紧贴群众心，在行动上依靠群众力，牢记人民群众的安危冷暖，以直抵人心的民生情怀，把好事实事小事做到老百姓的心坎上。以“自己人”的理念对待企业家，真心与企业家交朋友、公心与企业家打交道、暖心为企业家解难题，进一步浓厚重商亲商安商氛围，让企业家放心投资、安心经营、专心创业。

始终永葆“两袖清风存正气”的本色。运用法治思维和法治方式推动工作、解决问题、化解矛盾，依法民主决策，公正文明执法。扛起全面从严治党主体责任，切实履行“一岗双责”，加强审计监督和统计监督，深化对工程建设、国资国企、公共资源等重点领域监管，从源头上预防和治理腐败。驰而不息落实中央八项规定精神和省“36条”精神，坚持政府过紧日子，把有限的财力用到助企业、增福祉、促发展上来。

各位代表，时间在催赶，使命在召唤！力量生于团结，事业成于拼搏！让我们更加紧密地团结在以习近平同志为核心的党中央周围，牢记“庆元嘱托”，担纲“庆元精神”，朝着县委确定的方向和目标，珍惜团结、坚定信心，顽强拼搏、担当实干，干出一番无愧时代、无愧人民、无愧组织、无愧职责的新业绩，为展现中国式现代化庆元图景而努力奋斗！

统计资料

2022年庆元县居民人均收支主要指标统计表

表4

指标	单位	2021年	2022年	同比±(%)
一、年末总人口	人	201101	199837	-0.6
年出生人口	人	1245	1073	-13.8
年死亡人口	人	1342	1239	-7.7
人口自然增长率	‰	-0.48	-0.83	-0.35
二、生产总值	万元	860636	926514	5.9
第一产业	万元	76199	81332	4.1
第二产业	万元	295352	319404	5.8
#工业	万元	218781	233448	3.8
第三产业	万元	489085	525778	6.2
三、生产总值构成				
第一产业	%	8.9	8.8	-0.1
第二产业	%	34.3	34.5	0.2
#工业	%	25.4	25.2	-0.2
第三产业	%	56.8	56.7	-0.1
四、农林牧渔业总产值	万元	114710	122542	4.4
农业总产值	万元	73977	79378	4.2
林业总产值	万元	29113	31448	3.8
牧业总产值	万元	6801	6614	8.2
渔业总产值	万元	2512	2627	4.4
农林牧渔服务业总产值	万元	2307	2475	6.3
五、规模以上工业主要经济指标				
企业个数	个	65	73	8
总产值	亿元	63.61	70.19	10.3
营业收入	万元	526427	513581	-2.4
营业成本	万元	434941	426030	-2.
税金及附加	万元	2300	2321	0.9
销售费用	万元	24320	24990	2.8
管理费用	万元	23123	245450	6.1
利润总额	万元	22755	14873	-34.6
利税总额	万元	39937	31319	-21.6
资产总计	万元	572294	546229	-4.6

续表 4

指标	单位	2021 年	2022 年	同比±(%)
七、固定资产投资	万元	—	—	16.2
第一产业	万元	—	—	98.2
第二产业	万元	—	—	47.2
第三产业	万元	—	—	9.6
# 房地产开发	万元	85958	65791	-23.5
投资项目完成投资	万元	—	—	27.3
# 工业投资	万元	—	—	47.2
# 制造业投资	万元	—	—	53.7
八、交通运输				
境内公路总里程	公里	1590.52	1527.30	-4.
年末社会机动车保有量	万辆	3.60	4.55	26.2
民用汽车保有量	万辆	2.54	2.68	5.7
# 私人汽车	万辆	2.40	2.53	5.8
九、邮电业务				
邮电业务总量	万元	15211	21470	41.1
快递业务总量	万件	793.0	782.0	-1.4
年末移动电话用户数	万户	16.46	16.93	2.8
年末移动互联网用户数	万户	14.98	15.73	5.
十、全社会用电量	万千瓦时	49030	52691	7.5
工业用电	万千瓦时	25453	25760	1.2
居民生活用电	万千瓦时	11974	14620	22.1
十一、内外贸易				
社会消费品零售总额	万元	493133	513459	4.1
# 限上消费品零售总额	万元	53041	71924	35.6
外贸进出口总额	万元	314033	153260	-52.3
出口总额	万元	313512	152926	-51.2
进口总额	万元	521	334	-35.9
实际利用外资	万美元	1	7	600.
十二、旅游				
旅游总收入	亿元	14.4	13.7	-1.4
# 国内旅游收入	亿元	14.4	13.7	-1.4
十三、财政金融				
财政总收入	万元	80039	85539	6.9
# 一般公共预算收入	万元	53593	59136	10.3
一般公共预算支出	万元	385238	422888	9.8
人民币存款余额	万元	1679590	1875402	11.7
# 住户存款余额	万元	1117054	1332375	19.3
人民币贷款余额	万元	1510304	1684657	11.5
保险业务收入	万元	22773	23722	4.2
# 财产险	万元	8685	9735	12.1

续表 4

指标	单位	2021 年	2022 年	同比±(%)
人身险	万元	14088	13987	-0.7
十四、人民生活				
全体居民人均可支配收入	元	34618	36455	5.3
城镇居民人均可支配收入	元	47034	49433	5.1
农村居民人均可支配收入	元	22563	23759	5.3
城镇居民人均消费支出	元	30593	32826	7.3
农村居民人均消费支出	元	16256	17443	9.0
城镇登记失业率	%	1.89	1.40	-0.49
十五、教育、卫生、科技				
普通中学学校数	所	10	10	—
普通中学在校学生数	人	7482	7438	-0.6
小学学校数	所	12	17	41.7
小学在校学生数	人	8435	8174	-3.1
卫生机构数	个	147	148	0.7
# 医院、卫生院	个	28	28	—
卫生技术人员数	人	1221	1240	1.6
# 执业(助理)医师	人	571	587	2.8
编制床位数	张	660	679	2.9
专利授权量	件	576	562	-2.4
十六、环境和城市建设				
降水量	毫米	1625.2	2038.0	25.4
年平均气温	摄氏度	19.0	19.0	—
水资源总量	亿立方米	25.33	30.70	21.2
行政区域土地面积	平方公里	1897	1897	—
绿地面积	公顷	411.89	395.40	-4.0
建成区绿化覆盖面积	公顷	445.05	450.33	5.3
供水总量	万吨	5036	5307	5.4
# 居民家庭用水	万吨	521	545	4.6

注：本表卫生机构数、执业(助理)医师数、编制床位数包含诊所、村卫生室。

丽水市各县(市、区)地区生产总值和人均生产总值统计表

表 5

指标	2021 年	2022 年	同比±(%)
一、地区生产总值(亿元)			
全　市	1724.75	1830.87	4.0
莲都区	453.57	483.18	4.3
青田县	265.00	279.39	3.1
缙云县	281.62	301.51	5.2
遂昌县	159.81	172.75	5.9
松阳县	130.72	142.98	7.3

续表 5

指标	2021 年	2022 年	同比±(%)
云和县	97.28	95.14	-4.1
庆元县	86.06	92.65	5.9
景宁县	88.45	93.24	4.0
龙泉市	162.26	170.32	3.1
二、人均生产总值(元)			
全　市	68688	72812	3.9
莲都区	80448	85217	3.6
青田县	52007	54623	2.6
缙云县	69400	74355	5.2
遂昌县	82059	88819	5.9
松阳县	63766	69745	7.3
云和县	75298	74331	-3.4
庆元县	60326	65019	6.2
景宁县	79638	84378	4.4
龙泉市	65101	68266	3.1

索　引

说明：

一、本索引分主题索引和表格索引。

二、主题索引中文标目按汉语拼音音序排列（特载、专文、大事记、综述及概况条目、彩页除外），标目后的数字表示内容所在的页码。

三、表格索引以表格题名为标目，标注所在的页码。索引按照表格在全书中的先后顺序排列。

主题索引

数字

A

B

C

D

F

G

K

L

R

S

T

W

X

Y

Z

表格索引